中国电子信息工程科技发展研究

电磁空间学科发展及国内外发展态势研究

中国信息与电子工程科技发展战略研究中心

科学出版社

北 京

内容简介

为了应对电磁空间面临的电磁频谱资源紧张、电磁环境错综复杂、电磁运用方式多样的全新挑战，提升我国电磁空间领域的基础科学研究水平和原始创新能力，服务科技强国战略，助力新质生产力生成，本书根据中国电子信息工程科技发展研究统一部署，瞄准国家重大战略需求，紧密围绕电磁空间领域科技创新发展，结合国际科技前沿发展，将学科传统内涵与技术创新发展方向相结合，其内容具有战略性、前瞻性和引领性。

全书共 6 章，从电磁空间学科与发展规律、科学前沿动态、发展现状与挑战、全球发展态势、研究热点亮点以及年度热词等几个维度对电磁空间进行深入分析和系统论述，以期为科研规划和科技政策制定相关部门提供重要依据，也可为高等院校、科研院所等相关机构提供参考。

图书在版编目（CIP）数据

中国电子信息工程科技发展研究. 电磁空间学科发展及国内外发展态势研究/中国信息与电子工程科技发展战略研究中心编著. —北京：科学出版社，2024.6. — ISBN 978-7-03-078837-5

Ⅰ.G203；O44

中国国家版本馆 CIP 数据核字第 2024BD1297 号

责任编辑：王　哲／责任校对：胡小洁
责任印制：赵　博／封面设计：迷底书装

科学出版社 出版
北京东黄城根北街 16 号
邮政编码：100717
http://www.sciencep.com

天津市新科印刷有限公司印刷
科学出版社发行　各地新华书店经销

*

2024 年 6 月第 一 版　开本：890×1240 1/32
2025 年 8 月第三次印刷　印张：14 5/8
字数：314 000
定价：168.00 元
（如有印装质量问题，我社负责调换）

《中国电子信息工程科技发展研究》指导组

组　长：
　　吴曼青　费爱国
副组长：
　　赵沁平　余少华　吕跃广
成　员：
　　丁文华　刘泽金　何　友　吴伟仁
　　张广军　罗先刚　陈　杰　柴天佑
　　廖湘科　谭久彬　樊邦奎
顾　问：
　　陈左宁　卢锡城　李天初　陈志杰
　　姜会林　段宝岩　邬江兴　陆　军

《中国电子信息工程科技发展研究》工作组

组　长：
　　　　余少华　陆　军
副组长：
　　　　曾倬颖

国家高端智库

中国信息与电子工程科技发展战略研究中心
CHINA ELECTRONICS AND INFORMATION STRATEGIES

中国信息与电子工程科技
发展战略研究中心简介

中国工程院是中国工程科学技术界的最高荣誉性、咨询性学术机构，是首批国家高端智库试点建设单位，致力于研究国家经济社会发展和工程科技发展中的重大战略问题，建设在工程科技领域对国家战略决策具有重要影响力的科技智库。当今世界，以数字化、网络化、智能化为特征的信息化浪潮方兴未艾，信息技术日新月异，全面融入社会生产生活，深刻改变着全球经济格局、政治格局、安全格局，信息与电子工程科技已成为全球创新最活跃、应用最广泛、辐射带动作用最大的科技领域之一。为做好电子信息领域工程科技类发展战略研究工作，创新体制机制，整合优势资源，中国工程院、中央网信办、工业和信息化部、中国电子科技集团加强合作，于2015年11月联合成立了中国信息与电子工程科技发展战略研究中心。

中国信息与电子工程科技发展战略研究中心秉持高层次、开放式、前瞻性的发展导向，围绕电子信息工程科技发展中的全局性、综合性、战略性重要热点课题开展理论研究、应用研究与政策咨询工作，充分发挥中国工程院院士，国家部委、企事业单位和大学院所中各层面专家学者的智力优势，努力在信息与电子工程科技领域建设一流的战略思想库，为国家有关决策提供科学、前瞻和及时的建议。

《中国电子信息工程科技发展研究》编写说明

当今世界，以数字化、网络化、智能化为特征的信息化浪潮方兴未艾，信息技术日新月异，全面融入社会经济生活，深刻改变着全球经济格局、政治格局、安全格局。电子信息工程科技作为全球创新最活跃、应用最广泛、辐射带动作用最大的科技领域之一，不仅是全球技术创新的竞争高地，也是世界各主要国家推动经济发展、谋求国家竞争优势的重要战略方向。电子信息工程科技是典型的"使能技术"，几乎是所有其他领域技术发展的重要支撑，电子信息工程科技与生物技术、新能源技术、新材料技术等交叉融合，有望引发新一轮科技革命和产业变革，为重塑社会经济生产结构提供新质生产力。电子信息工程科技作为最直接、最现实的工具之一，直接将科学发现、技术创新与产业发展紧密结合，极大地加速了科学技术发展的进程，成为改变世界的重要力量。电子信息工程科技也是新中国成立 70 年来特别是改革开放 40 年来，中国经济社会快速发展的重要驱动力。在可预见的未来，电子信息工程科技的进步和创新仍将是推动人类社会发展的最重要的引擎之一。

把握世界科技发展大势，围绕科技创新发展全局和长远问题，及时为国家决策提供科学、前瞻性建议，履行好国家高端智库职能，是中国工程院的一项重要任务。为此，中国工程院信息与电子工程学部决定组织编撰《中国电子信息工程科技发展研究》(以下简称"蓝皮书")。2018年9月至今，编撰工作由余少华、陆军院士负责。"蓝皮书"分综合篇和专题篇，分期出版。学部组织院士并动员各方面专家300余人参与编撰工作。"蓝皮书"编撰宗旨是：分析研究电子信息领域年度科技发展情况，综合阐述国内外年度电子信息领域重要突破及标志性成果，为我国科技人员准确把握电子信息领域发展趋势提供参考，为我国制定电子信息科技发展战略提供支撑。

"蓝皮书"编撰指导原则如下：

(1) 写好年度增量。电子信息工程科技涉及范围宽、发展速度快，综合篇立足"写好年度增量"，即写好新进展、新特点、新挑战和新趋势。

(2) 精选热点亮点。我国科技发展水平正处于"跟跑""并跑""领跑"的三"跑"并存阶段。专题篇力求反映我国该领域发展特点，不片面求全，把关注重点放在发展中的"热点"和"亮点"问题。

(3) 综合与专题结合。"蓝皮书"分"综合"和"专题"两部分。综合部分较宏观地介绍电子信息科技相关领域全球发展态势、我国发展现状和未来展望；专题部分则分别介绍13个子领域的热点亮点方向。

5大类和13个子领域如图1所示。13个子领域的颗粒度不尽相同，但各子领域的技术点相关性强，也能较好地与学部专业分组对应。

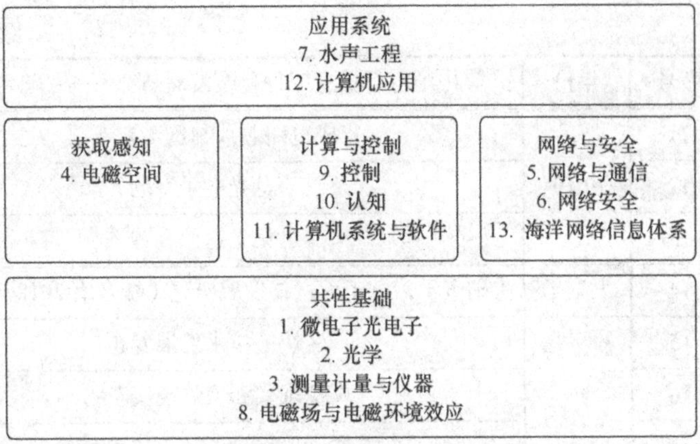

```
┌─────────────────────────────────────────────────┐
│                   应用系统                       │
│                  7. 水声工程                     │
│                 12. 计算机应用                   │
└─────────────────────────────────────────────────┘

┌──────────────┐ ┌──────────────────┐ ┌──────────────────┐
│   获取感知   │ │    计算与控制    │ │    网络与安全    │
│ 4. 电磁空间  │ │     9. 控制      │ │  5. 网络与通信   │
│              │ │    10. 认知      │ │   6. 网络安全    │
│              │ │11. 计算机系统与软件│ │13. 海洋网络信息体系│
└──────────────┘ └──────────────────┘ └──────────────────┘

┌─────────────────────────────────────────────────┐
│                   共性基础                       │
│               1. 微电子光电子                    │
│                   2. 光学                        │
│              3. 测量计量与仪器                   │
│          8. 电磁场与电磁环境效应                 │
└─────────────────────────────────────────────────┘
```

图 1　子领域归类图

至今,"蓝皮书"陆续发布多部综合篇、系列专题和英文专题等,见表1。

表 1　"蓝皮书"整体情况汇总

序号	年份	中国电子信息工程科技发展研究——专题名称
1	大本子	中国电子信息工程科技发展研究
2	2018	中国电子信息工程科技发展研究(领域篇)——传感器技术
3		中国电子信息工程科技发展研究(领域篇)——遥感技术及其应用
4	大本子	中国电子信息工程科技发展研究 2017
5	2019	5G 发展基本情况综述
6		下一代互联网 IPv6 专题
7		工业互联网专题
8		集成电路产业专题
9		深度学习专题
10		未来网络专题

续表

序号	年份	中国电子信息工程科技发展研究——专题名称
11	2019	集成电路芯片制造工艺专题
12		信息光电子专题
13		可见光通信专题
14	大本子	中国电子信息工程科技发展研究（综合篇 2018—2019）
15	2020	区块链技术发展专题
16		虚拟现实和增强现实专题
17		互联网关键设备核心技术专题
18		机器人专题
19		网络安全态势感知专题
20		自然语言处理专题
21	2021	卫星通信网络技术发展专题
22		图形处理器及产业应用专题
23	大本子	中国电子信息工程科技发展研究（综合篇 2020—2021）
24	2022	量子器件及其物理基础专题
25		微电子光电子专题
26		光学工程专题
27		测量计量与仪器专题
28		网络与通信专题
29		网络安全专题
30		电磁场与电磁环境效应专题
31		控制专题
32		认知专题
33		计算机应用专题

续表

序号	年份	中国电子信息工程科技发展研究——专题名称
34	2022	海洋网络信息体系专题
35		智能计算专题
36	2023	大数据技术及产业发展专题
37		遥感过程控制与智能化专题
38		操作系统专题
39		数据中心网络与东数西算专题
40		大科学装置专题
41	2024	软件定义晶上系统（SDSoW）专题
42		ChatGPT 技术专题
43		数字孪生专题
44		微电子光电子国内外发展态势研究
45		光学工程国内外发展态势研究
46		电磁空间学科发展及国内外发展态势研究
47		网络与通信国内外发展态势研究
48		网络安全国内外发展态势研究
49		海洋网络信息技术国内外发展态势研究

从 2019 年开始，先后发布《电子信息工程科技发展十四大趋势》、《电子信息工程科技十三大挑战》、《电子信息工程科技十四大技术挑战》（2019 年、2020 年、2021 年、2022 年、2023 年）5 次。科学出版社与 Springer 出版社合作出版了 5 个专题，见表 2。

表 2　英文专题汇总

序号	英文专题名称
1	Network and Communication
2	Development of Deep Learning Technologies
3	Industrial Internet
4	The Development of Natural Language Processing
5	The Development of Block Chain Technology

相关工作仍在尝试阶段，难免出现一些疏漏，敬请批评指正。

中国信息与电子工程科技发展战略研究中心

前　言

　　近年来，随着电子信息技术的飞速发展，电磁频谱资源日趋紧张，电磁环境也越来越复杂，用于承载和传递电磁信息的物理空间环境——电磁空间，愈来愈凸显其重要性。民用领域，交通枢纽、通信枢纽、自动化生产线、金融与城市安防等系统日趋信息化、自动化和智能化。电磁空间一旦遭到破坏，将导致系统运转受阻、功能受限，甚至瘫痪，难以运行。军用领域，通过博弈和控制实现多电磁装备的信息交联，主动利用和控制电磁空间，可以更加有效地获取对方信息或抑制对方获取信息，电磁空间已经成为继陆、海、空、天、网络传统作战域之后的新作战域。

　　随着电磁空间应用朝着一体化、网络化、智能化方向发展，并逐渐向多领域拓展，对信息量的需求爆发式增长、数据海量聚集，电磁空间呈现资源拥挤、使用受限、环境复杂、博弈激烈等显著特征，这给电磁信号的产生、传播、处理、利用等环节带来了新的机遇，也提出了新的挑战。电磁空间面临电磁环境和电磁对抗的双重复杂性，需要深入理解电磁波的传播理论与作用机理，同时引入先进信号处理、数据处理、人工智能等新技术，最终实现电磁空间信息的实时获取、准确感知、高效传输和灵活运用。

　　本书面向电磁空间领域的国家战略需求，紧密围绕电磁空间领域科技创新发展全局和长远问题，立足于电磁空间的概念内涵、技术规律和应用需求，从电磁空间学科与发展规律、科学前沿动态、发展现状与挑战、全球发展态势、研究热点亮点以及年度热词等几个维度对电磁空间进行了深入分析和系统论述，分析了电磁频谱作战、电磁空间安全、电磁空间传播、电磁信息处理及其运用等方向的发展趋势，对电磁空间领域未来发展进行了展望，以期为读者提供参考。

专家组名单

姓名	工作单位	职务/职称
余少华	鹏城实验室	中国工程院院士
谢明	中国人民解放军第 93216 部队	高级工程师
陶锐	海军上海创新中心	主任
张勇	海军电磁兼容研究检测中心	高级工程师
胡俊	电子科技大学	校长/教授
徐红兵	电子科技大学	副校长/教授
孔令讲	电子科技大学	副校长/教授
杨建宇	电子科技大学	科技委主任/教授
梁应敞	电子科技大学	欧洲科学院外籍院士/教授
樊勇	电子科技大学	教授
黄钰林	电子科技大学	院长/教授
冷甦鹏	电子科技大学	院书记/教授
蒋迪	电子科技大学	副院长/教授
汪学刚	电子科技大学	教授
何子述	电子科技大学	教授

续表

姓名	工作单位	职务/职称
沈晓峰	电子科技大学	研究员
王夷	电子科技大学长三角研究院(湖州)	专家委副主任
杨银堂	西安电子科技大学	副书记/教授
范红旗	国防科技大学	研究员
蒋东	中国电子科技集团有限公司第10研究所	研究员
马林	中国电子科技集团有限公司第14研究所	中国电科首席科学家/研究员
吴健	中国电子科技集团有限公司第22研究所	中国电科首席科学家/研究员
方加云	中国电子科技集团有限公司第36研究所	中国电科首席专家/研究员
罗健	中国电子科技集团有限公司第38研究所	中国电科首席专家/研究员
马小飞	中国航天科工集团公司第504研究所	研究员
王硕威	中国舰船集团有限公司第701研究所	研究员

注：排名不分先后

撰写组名单

姓名	工作单位	职务/职称
陆军	中国电子科技集团有限公司电子科学研究院	中国工程院院士
陈竹梅	电子科技大学	研究员/国防领域首席科学家
张天贤	电子科技大学	教授
李娜	西安电子科技大学	教授
王洪	电子科技大学	副教授
苏一洪	电子科技大学	师资博士后
王国庆	电子科技大学	教授
王军	电子科技大学	教授
杨歆汨	电子科技大学长三角研究院(湖州)	副教授
秦文奕	中国电子科技集团有限公司第10研究所	高级工程师
常文胜	中国电子科技集团有限公司第14研究所	研究员
李辉	中国电子科技集团有限公司第22研究所	研究员
陈鼎鼎	中国电子科技集团有限公司第36研究所	研究员
吴永亮	中国电子科技集团有限公司第38研究所	高级工程师
崔镇	中国航天科工集团公司第504研究所	高级工程师
陶理	中国舰船集团有限公司第701研究所	高级工程师

注：排名不分先后

目 录

《中国电子信息工程科技发展研究》编写说明
前言
第1章 电磁空间学科与发展规律 ………………………… 1
  1.1 电磁空间的内涵及外延 ………………………………… 1
    1.1.1 电磁空间的定义与学科特点 …………………… 1
    1.1.2 电磁空间概念的内涵与外延 …………………… 3
    1.1.3 电磁空间的学科发展规律 ……………………… 12
  1.2 电磁空间的总体发展规律 ……………………………… 15
    1.2.1 电磁空间理论向多学科交叉、
         多领域融合发展 ………………………………… 15
    1.2.2 电磁空间运用向极端频段、超宽带、
         多频融合发展 …………………………………… 16
    1.2.3 电磁空间应用向一体化、综合化、网络化、
         智能化发展 ……………………………………… 16
  1.3 电磁空间的技术发展规律 ……………………………… 17
    1.3.1 电磁计算理论发展规律 ………………………… 17
    1.3.2 电磁传播理论发展规律 ………………………… 31
    1.3.3 射频电路和器件技术发展规律 ………………… 34
    1.3.4 信号处理理论与技术发展规律 ………………… 38
  1.4 电磁空间工程科技发展规律与趋势 …………………… 58
    1.4.1 雷达领域工程科技发展规律与趋势 …………… 58
    1.4.2 通信领域工程科技发展规律与趋势 …………… 68

  1.4.3 电磁对抗领域工程科技发展规律与趋势·········· 76
  1.4.4 电磁空间安全领域工程科技发展规律与趋势··· 79
参考文献 ··· 80

第 2 章 电磁空间科学前沿国际动态················ 88
2.1 电磁空间国际总体态势······························· 88
  2.1.1 电磁空间作战呈现强劲发展态势················ 88
  2.1.2 情监侦体系持续向多维、多域、持久发展······ 92
  2.1.3 应对新威胁预警探测领域发展新技术············ 96
  2.1.4 通信网络领域围绕联合作战推进装备技术的研发部署·· 100
  2.1.5 卫星导航系统的弹性能力及可替代技术成为关注重点·· 104
  2.1.6 重视新兴技术融合增强护航网络安全·········· 108
2.2 电磁空间产业发展动态································115
  2.2.1 雷神与诺斯罗普·格鲁曼公司电磁空间产业发展动态··115
  2.2.2 泰雷兹公司电磁空间产业发展动态··········· 121
  2.2.3 洛克希德·马丁公司电磁空间产业发展动态·· 125
  2.2.4 SpaceX 公司电磁空间产业发展动态············ 131
  2.2.5 波音公司电磁空间产业发展动态··············· 132
  2.2.6 其他国际知名科技公司产业发展动态·········· 132
2.3 电磁空间学术研究动态······························ 138
  2.3.1 电磁空间国际重要会议························· 138
  2.3.2 电磁空间领域重点实验室······················· 155
  2.3.3 电磁仿真计算软件······························· 159
  2.3.4 量子科技领域的重要进展······················· 160

2.4 电磁空间重大政策······162
2.4.1 电磁空间战略政策······162
2.4.2 美国电磁频谱作战政策······162
2.4.3 电磁空间战略规划······167
2.5 电磁空间重大事件······175
2.5.1 电磁空间重大国际事件······175
2.5.2 电磁空间重大安全事件······182
2.6 电磁空间重大科学装置······184
2.7 电磁空间知识产权标准······190
参考文献······193

第3章 我国电磁空间发展现状与挑战······199
3.1 我国电磁空间总体发展情况······199
3.1.1 电磁频谱运用发展现状与挑战······199
3.1.2 电磁空间理论发展现状与挑战······200
3.1.3 电磁空间应用科学发展现状与挑战······204
3.2 我国电磁空间理论发展现状······206
3.2.1 电磁计算理论发展现状······206
3.2.2 电磁传播理论发展现状······208
3.2.3 射频电路和器件技术发展现状······217
3.2.4 信号处理技术发展现状······218
3.3 我国电磁空间应用领域发展现状······219
3.3.1 雷达应用领域发展现状······219
3.3.2 通信应用领域发展现状······222
3.3.3 电磁对抗应用领域发展现状······223
3.3.4 研究成果产业化······223
参考文献······224

第 4 章 电磁空间的全球发展态势 230
4.1 硬件系统呈现微系统化、宽带化、柔性化、可重构化发展态势 230
4.1.1 微系统化推动片上雷达装备发展态势 230
4.1.2 射频电路和器件发展态势与未来展望 231
4.1.3 天线与电波传播发展态势与未来展望 234
4.2 信息处理呈现一体化、分布化、协同化、融合化、认知化发展态势 237
4.2.1 雷达信号和信息处理发展态势 237
4.2.2 通信信号和信息处理发展态势 239
4.3 电磁空间应用领域呈现多学科交叉、多功能化、集群化、智能化发展态势 240
4.3.1 雷达应用领域发展态势 240
4.3.2 通信应用领域发展态势 243
4.3.3 电磁对抗应用领域发展态势 247
4.3.4 电磁空间信息应用领域发展态势 248
4.3.5 电磁频谱作战发展态势 257
参考文献 268

第 5 章 电磁空间研究热点和亮点 275
5.1 电磁频谱作战研究与应用 275
5.1.1 全球态势 275
5.1.2 2021~2023 年热点与成就 293
5.2 电磁空间传播研究与应用 330
5.2.1 全球态势 331
5.2.2 2021~2023 年热点与成就 333
5.3 电磁空间信息处理研究与应用 345
5.3.1 全球态势 345

5.3.2 2021~2023年热点与成就 ················· 350
5.4 电磁空间利用研究与多领域应用 ············ 362
　　5.4.1 全球态势 ································ 362
　　5.4.2 2021~2023年热点与成就 ················· 372
5.5 无人机探测与反制领域的研究 ············· 392
　　5.5.1 全球态势 ································ 392
　　5.5.2 2021~2023年热点与成就 ················· 396
参考文献 ··· 412

第6章 领域年度热词 ······························· 419
6.1 电磁频谱作战 ································ 419
6.2 电磁毁瘫战 ··································· 420
6.3 电磁空间一体化 ······························ 422
6.4 电磁空间安全 ································ 422
6.5 电磁空间态势 ································ 423
6.6 通感算一体化 ································ 425
6.7 综合射频一体化 ······························ 426
6.8 可重构智能表面 ······························ 427
6.9 纳光电子与光子芯片 ························· 428
6.10 软件化雷达 ·································· 430
6.11 人工智能雷达 ································ 431
6.12 量子雷达 ···································· 432
6.13 卫星互联网一体化 ··························· 433
参考文献 ··· 433

致谢 ·· 439

第 1 章　电磁空间学科与发展规律

1.1　电磁空间的内涵及外延

1.1.1　电磁空间的定义与学科特点

按《中国人民解放军军语》的定义，电磁空间是电磁波构成的物理空间，属自然空间的组成部分。

电磁空间是一个以电磁场和电磁波为基础，以时间、空间、频率、强度、相位、编码、极化等形式承载和传递信息的物理空间。它可以用来描述和研究电磁波在空间中的传播和相互作用，以及它们与物体、电荷、电流等之间的相互作用。在电磁空间中，信息可以通过电磁波的形式传递，包括无线电波、微波、光波等。这些波可以携带不同的信息，例如音频、视频、数据等，并通过编码和调制技术进行传输[1]。

在信息时代，信息传递和数据处理已经成为现代社会的重要功能，电磁空间是实现这些功能的主要载体之一。在电磁空间中，人们可以进行信息传输、数据处理、通信、导航、遥感、探测等各种活动，这些活动已经成为现代社会不可或缺的重要部分。同时，电磁空间还可以为各种智能系统和自动化设备提供数据传输和信息交换的通道，是实现智能控制和自动化生产的重要基础。因此，电磁空间已经成为信息时代和智能时代人类社会的主要活动空间之一。随着科技的发展，电磁用频设备和系统数量急剧增加，这些设备和系统形成了由多主体、多因素、多变量构成的互为输入输出的复杂系统，且各个主体之间相互作用、相互影响，而每个因素和变量都可能对整个系统产生影响。

同时，电磁空间已经成为继陆、海、空、天、网络(赛博空间)之后的第六维作战空间，其以电磁波为信息载体，通过电磁波的发射、传输、接收和感知等过程，完成信息传递、数据处理和态势感知等任务。这一维度的存在贯穿于其他五维空间的作战过程中，并且对其他维度的作战效果产生着重要的影响。

网络电磁空间原是一个重要的计算机和哲学领域概念，欧美等国家和地区称之为赛博空间(Cyberspace)，这个概念将继续发挥重要作用。美国的军用术语中定义了电磁空间的特定含义。首先，电磁空间被视为连接各种信息技术基础设施的网络，包括因特网、电信网、传感器、武器平台、计算机系统及嵌入式的处理器和控制器等。其次，电磁空间被视为一个具有时域、空域、频域和能域特征的广阔领域。最终，电磁空间被视为一个虚拟现实环境，在这个环境中，训练有素的核心人物发挥着关键控制作用[2]。由此可见，电磁空间的准确定义，还需要继续不断探索和总结。

与此同时，作为国土空间的重要组成部分，当前电磁空间呈现出环境错综复杂、目标种类多样、用频行为各异等全新挑战，电磁空间的安全问题日益严峻。对于电磁空间秩序的安全管控，也正在成为影响每一个国家和社会安全的重要因素[3, 4]。

1.1.2 电磁空间概念的内涵与外延

1.1.2.1 电磁空间的内涵

电磁空间的内涵是指该概念所反映对象的本质属性的总和，也就是对电磁空间的特有属性的反映。根据不同的角度和层次，电磁空间的内涵可以有以下不同的划分。

从物理角度看，电磁空间的内涵包括了电磁波和电磁场的基本特征，如频率、波长、振幅、相位、极化、传播方向、衰减、干扰等。

从信息角度看，电磁空间的内涵包括了电磁波和电磁场所承载的各类信息，如内容信息、商务信息、控制信息等，以及这些信息的编码、加密、压缩、传输、接收、处理等过程。

从功能角度看，电磁空间的内涵包括了电磁波和电磁场所实现的各种功能，如通信、导航、定位、探测、干扰、欺骗等，以及这些功能对应的设备、系统、平台等。

从战略角度看，电磁空间的内涵包括了电磁波和电磁场所具有的战略价值，如提供情报支持、保障指挥控制、增强打击能力、提高生存能力等，以及这些价值对应的战略目标、任务、规则等。

1.1.2.2 电磁空间的外延

电磁空间的外延，是指具有该概念所反映的本质属性的一切对象，是电磁空间所包含的一切事物。根据不同的范围和界定，电磁空间的外延可以有不同的划分，一般可按以下理解。

(1) 电磁空间的形态

电磁波按照频率从低到高或波长由长到短可划分为无线电波(包括长波、中波、短波、超短波、微波等)、红外线、可见光(纳米级别)、紫外线、射线。其中，长波为低频，频率范围为 30kHz～300kHz，波长范围为 10km～1km；中波为中频，频率范围为 300kHz～3000kHz，波长范围为 1000m～100m；短波为高频，频率范围为 3MHz～30MHz，波长范围为 100m～10m；超短波为甚高频，频率范围为 30MHz～300MHz，波长范围为 10m～1m；微波的频率范围为 300MHz～3000GHz，波长范围为 1m～0.1mm，微波频率比一般的无线电波频率高，通常也称为"超高频电磁波"；红外线的频率介于微波与可见光之间的电磁波；可见光的频率范围为 380THz～750THz，波长范围为 780nm～400nm；紫外线的波长范围为 400nm～10nm；X 射线及 γ 射线的波长小于 1nm。

在电磁波的传输特征和载信息特征方面，电磁波因其工作频率的不同，在空间传输的过程中也存在不同的特点：低频段电磁波绕射能力较强，高频段电磁波穿透能力较强，频率越高信号衰减越大，但是频率越高波长越短，穿透作用越强。

电磁波的模式是指特定频率的能量集中在特定结构中的形式，在考虑波导或传输线的情况下，一般指特定频段电磁波传播的形式，与能量根据结构特性集中在特定频率的现象有关。电磁波的模式最终主要由结构形状决定，也就是要使用特定模式，就必须设计相应的结构形式，使所需的频率能量收敛到预定模式。在实际应用中，TEM

(Transverse Electromagnetic)、TE(Transverse Electric)、TM(Transverse Magnetic)三种传播模式被广泛应用于电路/结构设计中，这是由电磁波传播的方向、E 场和 H 场是否相互垂直决定的，电磁波的传输特征主要有趋肤效应、自由空间损耗、吸收与反射等。

电磁波的形态，其概念对于电磁波是非常抽象的，具有波粒二相性的"波"，在学术上有很多数学模型，但在物理世界却缺乏直观的"物理模型"或"视觉模型"。一束电磁波在真空中的传播路径是直线的，但直观感受却是磁场与电场相互垂直且共同垂直于传播路径的函数概念图。在磁场与电场的函数概念图上，电磁波呈现出"波的空间"具体形状。实际上，空间上是不存在"波状"的电磁波的，电磁波就是一条线，或者无数条线并列组成一束电磁波。概念图上不同点的空间位置，代表的只是实际上某一事物的不同属性，并非一定代表着空间含义。而经典的"磁场—电场"电磁波图，具有一定的空间含义，却并非代表了电磁波真实的空间形态。磁场与电场表示在坐标轴上的点，实际上对应着空间中电磁波的位置，但坐标轴以外的点，则是代表了空间中对应点的电磁属性，而非实际位置。互相垂直的磁场与电场，实际上是作用于空间同一点的，这是电磁波传播路径上的某一点的场的性质，代表着电场/磁场的强度，只有空间位置，没有实际大小[5]。

电磁波中所携带的信息量称为载信息量，载信息量是衡量电磁波传输信息能力的重要指标。信息可以通过调制电磁波的某些特性来传输，如振幅、频率、相位等。这些特性的变化可以表示数字信号或模拟信号，从而将信息传输到接收端。载信息量也可以理解为：在单位时间内，通过电磁波传输的信息量。载信息量的大小与电磁波的带宽和调制方式有关，带宽越大，可以传输的信息量也就越大。若采用更高级的调制方式，则可以在相同的带宽下传输更多的信息。

(2)电磁空间的认知

电磁空间认知主要是针对其理论规律和物理规律、测试理论等开展的认识与科学研究。电磁空间认知的基础是对空间内传输的电磁波与空间各构成要素之间的相互作用与影响机理的认知。电磁空间认知的核心问题是复杂目标及环境对电磁波的作用下电磁辐射与散射的多维特性认知与表征。电磁空间认知的有力工具是对电磁特性调控的机理、理论与方法[6,7]。

电磁空间基础理论是一个涉及电磁学、物理学、数学、工程学等多个学科的交叉融合领域，主要研究电磁波在空间中的传播、辐射、反射、折射、干扰、调制、解调等基本问题，涉及电磁场理论、电磁波传播理论、电感耦合、电磁干扰、电磁兼容性等多个学科领域。

在电磁空间基础理论的研究中，物理学提供了电磁波的基本理论和模型，数学学科提供了电磁波的数学表征和计算方法，工程学则将这些理论应用于实际工程中，例如无线通信、雷达、卫星通信等。此外，电磁空间基础理论还涉及电磁波在大气、海洋等不同介质中的传播特性，需要涉及大气物理学、海洋动力学等多个学科的知识。同样，电磁空间理论的进步也可促进其他基础学科的应用发展，如医学、环境、交通、能源等。此外，电磁空间理论的不断更新迭代，也成为培育壮大新质生产力，实现科技创新的核心力量之一。

(3)电磁空间的运用

电磁空间运用主要是指电磁空间的生成、管理、控制与利用等[1]。

电磁空间的生成，主要是指通过某种方式产生电磁波信号的过程，具体而言，电磁波可以通过电磁发射器、雷达、激光器等多种设备进行生成，从而产生具有特定频率、极化方式、功率和调制方式的电磁波。一是电磁辐射器件通过电子加速或变化产生电磁波；二是雷达可以通过调制电磁波的频率、脉宽和极化等参数，产生不同类型的电磁波信号；三是激光器通过激发介质中的原子或分子，使其受激辐射而产生相干的光子，从而产生激光；四是一些先进的电磁波生成技术，例如，超导器件利用超导材料的特性产生电磁波，超导材料在低温条件下具有零电阻、零磁感应强度等特性，可以产生高功率、高频率的电磁波，目前，超导器件已经应用于微波源、微波测量、微波成像等领域，有望打造并形成基于超导材料及其应用技术的战略性新兴产业；五是量子技术作为一种基于量子力学原理的新技术，可以产生高精度、高安全性的电磁波信号，增加了新的运用方式，推动了新质能力生成。其中量子密钥分发技术可以高度安全地进行密码传递，量子随机数发生器可以产生具有真正随机性的随机数等。总之，随着技术的不断进步和创新，电磁波的生成方式也在不断发展和更新。未来，随着量子技术、人工智能、新材料等技术的发展和应用，电磁波的生成方式将会更加多样化。

电磁空间的管控，主要是指电磁频谱管理与控制，电磁频谱环境在时域、频域、空域、能域、波形域等多维域呈现出高动态起伏、干扰瞬变等复杂特性，现有的频谱感知理论难以覆盖电磁环境的全部维度，无法获取信号特征等深度信息。传统的无线通信电磁环境感知理论与技术仅仅在频域上寻找可以通信接入的"频谱空洞"，而对存在于时域、频域、空域、能域、波形域等广域复杂电磁环境中的"空穴"感知、理解和规划则严重缺乏，最终限制了无线通信的可用维度。目前，已经出现了一些新型的电磁频谱管理技术。一是动态协作频谱监测方面，主要是根据无线电波传播原理，利用特制接收设备检测远方辐射源信号，包括动态环境监测和典型信号监测等；二是电磁环境层面，主要针对已有频谱监测技术难以适应电磁环境动态变化的缺陷，在单点频谱感知的基础上，引入多站协作、多目标感知和非完全样本感知技术，实现复杂高动态环境的稳健感知；三是在目标信号层面，主要针对微弱信号检测、新生信号检测、跳频信号检测、隐蔽信号检测等典型问题进行技术攻关，实现各类电磁信号的高效可靠检测；四是电磁空间态势推演和智能决策，随着通信、雷达、测控、导航、传感、电抗等各类电子设备或系统的数量呈现爆炸式增长，电磁频谱空间日益错综复杂，频谱秩序安全管控已经成为影响国家安全与社会稳定的重要课题。因此，需要从频谱评估、频谱态势分析、智能博弈对抗等方面，推动智能化电磁频谱管控的研究和发展。

电磁空间的利用，目前已经存在多样化的应用场景，电磁波可以应用于通信、雷达、卫星导航、电子对抗等多个领域。电磁波的传播和利用受到多种因素的影响，如电磁波干扰、电磁波遮蔽等问题，因此，需要发展有效的抗干扰技术。另外，由于电磁波的传播具有无线性和广泛性，电磁空间的安全性和保密性问题也日益突出，需要加强电磁空间的安全保障。因此，电磁空间应用涉及侦察、监测、遥控、可视化、电磁兼容以及电磁防护等多种技术，涵盖通信、雷达、广播电视、航空、航天、遥感、能源、医疗等众多领域，范围从陆地到海洋、大气层到宇宙空间。未来，为加快新质生产力的形成，完成传统产业转型升级，电磁空间的应用将趋向智能化，亟待交叉融合机器学习、大数据等智能化技术，以推动电磁空间的智能化应用和发展。

(4)电磁空间的态势

随着电子信息、人工智能、量子计算等技术的快速发展和应用，新质作战能力不断涌现，电磁空间的态势也随之不断发生变化。新型电磁空间态势涵盖了频谱争夺、电子战、空间安全、无人机、人工智能、量子通信等多个领域，为人类社会带来了前所未有的机遇和挑战[2-4]。

随着无线通信和卫星通信的快速发展，频谱资源日益紧缺，频谱使用权的争夺也日益激烈，频谱资源的分配和管理已经成为全球范围内的重要议题。例如，随着电子信息技术的发展和普及，电子战的形式越来越多样化和复杂化；随着卫星数量的增加和依赖度的提高，卫星的安全和稳定性越来越受到关注，卫星碎片的增多、卫星被干扰或攻击等问题都会对卫星的正常运行和数据传输造成影响；随着量子通信技术的发展和应用，将对电磁空间的安全产生重要影响。量子通信是利用量子力学原理，如量子纠缠和量子密钥分布(Quantum Key Distribution，QKD)，提供高度安全的通信方式，可以有效防止信息被窃取和破解。但同时，量子通信的实现需要解决纠缠源、纠缠分发等核心技术难题。目前仍处于探索阶段，进展缓慢，但量子密钥分发已经在局部地区进行了部署，已显示出一定潜力。

电磁空间的态势主要包含以下几个层级：

第一层级：电子信号参数。具体包括所获取的非合作方各类辐射源系统的参数典型值、变化范围、类型、运用规律、特征等信息，己方情报分析人员可通过对上述技术和战术参数进行分析计算，得到信号的各类参数等第一层级的情报信息。

第二层级：电磁目标能力。在信号参数的基础上，结合其他辅助的情报信息，进一步识别出非合作方辐射源的类型、用途、型号或网台属性等更深层级的信息，以此掌握其战斗体制和战术性能，如作用距离、侦察精度、跟踪速度、通信能力及抗干扰能力等，直接用于后续电子对抗方案的确定。

第三层级：目标企图。在第二层级电磁目标能力的基础上，分析非合作方电磁辐射源的工作模式、工作状态和对己方的威胁等级，进一步判断该电磁辐射源的作战企图。

第四层级：战斗序列。在前三级态势信息获取的基础上，基于辐射源的性能、状态和企图来识别敌方的指挥结构、力量部署、部队番号和装备隶属关系等，得到各作战力量之间的组网关系和"战斗序列"态势，用于生成整个战场的电磁空间态势。

第五层级：电磁空间态势。电磁空间态势是电子侦察情报、人力情报以及资料情报等各种不同途径获取的情报之间进行相互融合印证，以此来推测敌方的作战重心，帮助己方找到敌方的作战薄弱环节，形成战场总体的"电磁空间态势"情报。

随着电磁空间态势的发展，不仅需要加强国际合作和规范，加强电磁空间的管理和保护，更需要不断推动如下所述的核心技术创新和发展，以更好地应对新的挑战和机遇，实现电磁空间态势的可持续发展。

一是保护频谱资源，精准支撑国家战略。频谱资源是国家战略资源，也是推动数字经济发展的重要资源，而数据作为新型生产要素，对传统生产方式变革具有重大影响。频谱资源管理技术，可为我国 5G/6G、智能制造、物联网等用频重点业务的频率使用规划和顶层设计提供参考和建议，协调保障北斗导航、载人航天等多项国家重大战略、重点工程的用频需求，紧密围绕强国战略所需的频谱资源精准支撑。

二是维护电磁波秩序，全面提升监测能力。不断提升电磁波监测技术手段，构筑覆盖短波、超短波、卫星主要业务频段的电波天网，全方位守护国家电磁空间安全。例如，持续开展短波重点业务控守监测，支撑开展国际申诉和协调；积极推动各地超短波监测网互联互通和监测数据库建设，逐步形成全国无线电监测"一张网"；持续提升卫星监测能力，逐步补齐能力短板，助力产业发展和国防建设。

三是拓展空间业务，支撑多领域科技发展。服务于社会经济发展和国家重大安全需求以及全球治理技术需求。有效保障我国电磁空间资源的国际地位和使用权益，扎实履行电磁空间的国际申报协调等业务管理技术任务。为顺应我国科技发展，积极拓展实施国家重点科研项目，全方位、多角度、深层次为电磁空间资源的统筹配置、高效利用提供技术支撑和决策支持。

四是优化地面业务，深化监管体系研究。贯彻落实国家"放管服"改革要求，优化无线电管理地面业务的申请流程，扎实开展地面业务国际申报协调等工作，持续做好台站和设备管理技术支撑。加强源头治理，配合做好无线电发射设备型号核准行政许可和监督检查，深化事中事后监管体系研究，促进无线电发射设备的监管逐渐覆盖全生命周期。

1.1.3 电磁空间的学科发展规律

1.1.3.1 电磁空间的学科特点与发展规律

电磁空间技术是一种利用电磁波进行信息传输和控制的技术，在军事、通信、导航、遥感等领域有着广泛的应用。

电磁空间学科领域呈现高度交叉特征，涉及物理学、数学、计算机科学、材料科学、光学工程、微电子、光电子、测量计量与仪器、控制理论与技术、网络与通信、网络安全、水声工程、认知科学等多个基础和应用学科，需要不断进行多学科交叉和拓展新的应用场景。

1.1.3.2 电磁空间的技术发展规律与趋势

随着新质生产力快速发展和应用牵引，电磁空间的技术发展规律和趋势呈现如下特征：

一是电磁空间技术与信息化、智能化、网络化等技术深度融合，需要不断适应和引领信息化、智能化、网络化等技术的发展，形成物联网、无人系统、人工智能等新的电磁空间应用模式和场景。

二是电磁空间技术存在高度动态变化，面对复杂多变的电磁环境和强大的电磁干扰，需要开展高精度、高实时、多维度、多功能、宽幅段的电磁探测、识别、防护、评估与信息传输等技术研究，提高电磁环境适应性和电磁应用安全性。

三是电磁空间技术的高度创新驱动，需要不断突破传统的平面布局和微小型化极限，发展三维晶体管结构、晶元级微集成、光电等新概念、新材料和新技术，实现系统构造和物理形态的变革。

四是电磁空间技术的高度数据驱动，充分利用大数据、区块链等新兴技术，实现电磁数据的快速采集、存储、分析和共享，提高电磁数据的价值和效率。

五是电磁空间技术的高度认知驱动，深度与脑科学、认知科学、人工智能等学科交叉融合，探索新的电磁认知机理和方法，实现对人类认知活动、行为的模拟和优化。

1.1.3.3 电磁空间在应用科学领域的发展规律与趋势

科学技术的进步与人类活动范围的拓展，使得电磁空间的应用也出现了新型战略空间与全新技术领域，其发展规律和趋势主要从民用领域和军用领域进行分析。

在民用领域的发展规律和趋势：电磁空间技术广泛应用、迅速发展，如新一代通信技术、车联网(毫米波雷达)、物联网、电子医疗、电磁可穿戴设备、人工智能(Artificial Intelligence, AI)等。一是5G/6G通信技术的发展和普及，完全借助电磁空间来实现，6G通信将进一步拓展电磁空间的应用深度，实现通信与感知、计算、控制的深度耦合，与卫星、高空平台、无人飞行器等空间网络相互融合，从而构建全球广域覆盖、"空天地海"一体化的通信网络，支持催生新的现象级应用；二是智能汽车领域快速发展，智能汽车的高级驾驶辅助系统(Advanced Driving Assistance System, ADAS)大多将毫米波雷达作为感知环境的主要传感器，利用毫米波雷达实现对车辆周边环境中目标的检测，最终通过分析周边车辆及障碍物与自车的相对距离、相对速度等关系实现控制自车的安全距离与安全车速，实现智能驾驶的相关功能。三是电磁空间在生物医疗领域的应用，典型的磁共振断层成像技术是一种多参数、多核种的成像技术，它不使用X射线或具有放射性的示踪药物，而是利用强磁场和射频脉冲，激励人体中大量存在的氢质子而成像。此外，电磁空间在脑磁图、心磁图等领域的应用，也为心脑血管疾病的检测与治疗提供了全新的技术手段。四是人工智能领域，无论是其系统的环境感知能力、学习推理能力、评估判断能力，还是记忆存储能力的实现，均离不开电磁空间的支持。

在军用领域，借助新质作战能力的赋能，呈现以下快速发展趋势：一是在防空预警探测领域，面向未来威胁，实现综合作战能力跨越式升级发展；二是在反导预警探测领域，强化反导拦截能力，持续加快反导预警探测建设进程；三是在空间目标监视领域，加快研发部署新一代太空监视装备，保护重要军民用太空资产；四是在天基探测领域，随着高分辨率、大幅宽观测等发展，在星端实时处理的需求越来越迫切；五是在舰载雷达领域，朝向多维度、综合化方向不断发展；六是在机载探测领域，重点推进网络化、小型化、无人化与分布化[4]。六是在机载电子对抗领域，电子战智能化、网络化、分布式技术特征得到集中体现，装备发展有序推进；七是在地基电子对抗领域，电子战实战应用不断增加，电子攻击技术装备快速发展；八是在舰载电子对抗领域，电子战系统加速升级改进，舷外电子战成为舰船自卫的重要手段。

1.2 电磁空间的总体发展规律

1.2.1 电磁空间理论向多学科交叉、多领域融合发展

电磁空间基础理论是一个涉及电磁学、物理学、数学、工程学等多个学科的交叉融合领域，同时涉及电磁波产生、发射、传播、接收、处理过程中的一系列理论，主要包含电磁波传播理论、信号传输理论、频谱管理理论、天线理论、传输理论、雷达理论、导航理论、信号处理理论等[1]，当前这些理论之间正在朝着不断交叉融合的方向发展。

电磁空间基础理论的研究现状得益于不断推动的相关学科的技术创新和学术研究。随着相关学科的技术发展，越来越多的交叉应用和新领域的研究，也正在有力推动着

电磁空间基础理论的进一步发展和完善。同时，电磁空间理论研究实验和仿真工具的发展，也为研究者提供了更好的平台来验证和评估电磁空间理论的相关性能。

1.2.2 电磁空间运用向极端频段、超宽带、多频融合发展

随着越来越多无线业务的引入与部署，全球范围内可用的电磁频谱资源越来越紧张[8]。因此，拓展电磁频谱的使用范围，在超低频段和超高频段应用上的研究与开发，已经成为目前电磁空间发展的主要趋势。另外，在现有电磁频谱资源上通过高效统筹利用多频网络资源，实现多频段之间的融合和协同，充分发挥各频段的特点和长处，也能够显著提升电磁频谱的利用效率，在有限的电磁频谱资源条件下，获得最佳网络整体性能和最大化电磁频谱价值。

1.2.3 电磁空间应用向一体化、综合化、网络化、智能化发展

随着新一轮科技革命和产业变革蓬勃发展，电磁空间应用发展向着一体化、综合化、网络化和智能化方向不断发展，其发展规律与趋势具体表现如下[9]：

一是一体化。电磁空间中涉及多种电子设备和系统，如通信、雷达、卫星等[10]。未来，一体化平台将得到更加广泛的应用，进一步实现不同设备和系统之间的互联互通。通过一体化平台，不同电子设备和系统之间可以快速交换信息和数据，提高电子设备和系统的协同作战能力，提高电磁空间的整体效能，最终实现多种电子设备的功能一体化。

二是综合化。电磁空间应用的综合化发展趋势是指在

利用电磁波谱进行通信、导航、侦察、监测等应用中，不同系统和技术之间的融合与协同[11]。电磁空间应用将与信息技术、人工智能、大数据、物联网等多领域相互融合；将不同电磁空间应用系统进行系统集成，实现资源共享和协同操作；将发展出地面网络、卫星网络和空天一体化网络等多层次网络结构；根据环境和任务需求，自动调整参数和配置的自适应技术。

三是网络化。未来，电磁空间应用将构建智能化网络体系，实现不同电子设备和系统之间的信息共享和互通，智能化网络将提高电子设备和系统的协同作战能力，提高电磁空间的信息处理和分析能力，实现设备和系统的自动化和智能化[12-15]。

四是智能化。电磁空间应用中的电子设备和系统，需要进行大量的信息处理和分析，需要综合应用机器学习、人工智能、大数据等智能化技术。未来，智能化技术将得到广泛应用，以提高电子设备和系统的自动化和智能化水平。通过智能化技术应用，电子设备和系统可以更加快速地分析和处理数据，提高电磁空间的信息处理和分析能力[16, 17]。

1.3 电磁空间的技术发展规律

1.3.1 电磁计算理论发展规律

1.3.1.1 电磁计算理论的发展

电磁计算理论是电磁学中的重要分支，通过数值计算方法模拟电磁场在不同情况下的分布和演化，为电磁学研究和应用提供了重要的工具和方法[5]。随着电磁空间的快速发展，电磁计算理论也将在数学工具、算法和理论体系方面得到更加深入和精细的发展。

电磁计算理论的发展经历了从解析法到数值法，从频域、时域到时频域，从线性到非线性，从确定性到随机性，从单尺度到多尺度，从单物理量到多物理量的演变过程[6]。其发展的总体目标是求准、求精、求快。自麦克斯韦方程建立以来，求解已知激励、特定边界条件下的麦克斯韦方程组的解一直是一百多年以来最受关注的问题之一。围绕着麦克斯韦方程组的求解，通过无数科研工作者前赴后继的努力，当今电磁计算理论取得了突破性的进展，其发展过程大致可分为解析法、近似方法、数值方法、快速计算共四个阶段[18, 19]，如图1.1所示。

阶段1：解析法　阶段2：近似方法　阶段3：数值方法　阶段4：快速计算

图1.1　电磁计算理论发展阶段

1.3.1.2　电磁计算方法的发展

当前，正在快速发展的电磁计算方法主要如下：

一是基于深度学习的电磁场模拟方法。近年来深度学习技术在图像识别、语音识别等领域取得了巨大成功。基于深度学习技术的电磁场计算方法也得到了发展。例如，基于深度学习技术对时域有限差分方法进行优化，可以大幅度降低计算时间和资源消耗。

二是混合解法。传统电磁计算方法往往需要采用不同的数值方法来解决精度和效率的矛盾。近年来，混合解法能够将多种数值方法相结合，充分利用它们各自的优势，并避免它们各自的缺点。例如，将细胞自动机与传统电磁场计算方法相结合，可以更准确地模拟出电磁波在多介质中的传播特性。

三是多尺度电磁场模拟方法。实际工程中电磁场往往存在多个尺度，从微观到宏观都涉及电磁场问题。因此，多尺度电磁场计算成为当前研究的一个新方向。例如，基于多道层次模型的多尺度建模方法，可以更加真实地模拟电子元器件内部的电磁场分布。

四是频率域拟合方法。频率域拟合方法是近年来出现的一种新的电磁计算方法。该方法可以通过在频率域内对实验数据进行拟合，提取物体的电磁参数，进而计算出电磁场分布。该方法适用于大型复杂结构的电磁场计算，如汽车、船舶、飞机等。

五是分时域耦合的电磁场计算方法。传统的电磁场计算方法往往采用时域或频域方法，难以完整地描述电磁波的过程。分时域耦合的电磁场计算方法可以有效地综合时域和频域方法的优点，提高电磁场的计算效率和精度。

1.3.1.3 电磁计算软件的发展

随着计算机技术的高速发展，电磁计算软件作为电磁空间领域的重要设计工具，其发展至关重要。

目前，较为主流的国外电磁计算和设计商业软件有：高频电磁仿真软件，包括 HFSS(High Frequency Structure Simulator)、CST(Computer Simulation Technology)、FEKO

等仿真软件；芯片电路设计软件，包括 Cadence、ADS(Advanced Design System)等设计软件；系统设计和可编程设计软件，包括 Protel、SPICE (Simulation Program with Integrated Circuit Emphasis)、CAD(Computer Aided Design)、MicroSim、ISE(Integrated Software Environment)、ModelSim 等。

电磁计算和设计软件国产自主化是我国未来电磁空间软件技术发展的重要方向。目前，国产高频电磁仿真软件已经有了一定的发展，例如，东峻信息公司的 EastWave、云湃科技公司的派岳、飞谱电子科技公司的 Rainbow Studio、霍莱沃电子科技公司的 RDSim、云道智造科技公司的 Simdroid、十沣科技公司的 TF-eMag、波矢量科技公司的 WESim 维信、芯和半导体科技公司的 Hermes 3D、中望龙腾科技公司的 ZWSim Waves、北京理工大学的中算等软件。在芯片设计软件方面，也有部分国产的 EDA (Electronic Design Automation)软件蓬勃发展，例如，华大九天 EDA、EasyEDA、Cellixsoft EDA、Robei EDA、立创 EDA、NavisPro、Xpeedic IRIS、AveCEC、x-epic、SmtCell、GloryEX 等软件。

尽管如此，在技术成熟度和使用普及度方面，国产 EDA 软件相比于传统国外商用 EDA 软件，仍然具有较大的差距。在电磁空间涉及的电磁装备多学科分析与集成设计软件平台方面，目前国内以通用的商业软件为主，例如，结构分析的 ANSYS(Analysis System)、热分析的 Icepak、电磁分析的 HFSS、CST、FEKO、多物理场仿真的 COMSOL、多学科优化设计的 ISIGHT 等。这些软件均是由国外公司开发，存在以下风险和隐患：其一，当前还不能自主可控，成为当前复杂国际形势下存在的较大安全隐患；其二，国外商业软件虽具有良好的通用性和扩展性，但专用性不足，应用于高性能电子装备等专业领域时存在建模复杂、计算效率低、多学科协同困难等诸多不便；其三，由于缺乏耦合模型与影响机理的理论指导，设计及优化的方向不明确，也是导致研制周期长、成本高的主要因素之一；其四，更为严重的是，这些软件无法集成国内众多科研院所数十年积累的相关机理、数据以及装备型号的工程经验，十分不利于国内各领域的专业知识传承、经验累积和人才培养。

综上所述，推动电磁计算和设计软件的国产自主可控工作迫在眉睫，亟待自主研发由多场耦合模型和多域影响机理指导的电磁计算和设计软件，同时开发高性能电磁装备分析与设计国产软件和工具。

1.3.1.4 多维度高边界电磁计算

多维度高边界电磁计算是指由于电磁空间面临的多边界、多维度、多域度等需求，需要强调电磁计算时面临的极端复杂环境、极端尺寸、复杂系统和多维空间耦合等复杂性问题[6]。

工业互联网、工业软件等非实体形态计算工具的广泛应用，极大丰富了电磁计算工具的表现形态，推动电磁计算生产力跃上新台阶。电磁计算理论需要适应电磁空间中出现的复杂性和多样化问题，例如，多层介质、非均匀介质、各向异性介质、非线性介质、随机介质、分形结构、超材料等。电磁场与其他物理场的耦合，也是电磁计算理论研究的重要方向之一，例如，电磁场与结构力学、热学、流体力学等的耦合、电磁-声-热-力耦合、电磁-化学-生物耦合、微观-宏观耦合等研究。随着多物理场协同仿真技术的不断发展和应用，电磁计算理论也在不断探索多物理场协同仿真的方法和技术[7]。例如，电磁场与声场、热场、流场等多物理场的协同仿真，这些研究为电磁学研究提供了更加全面和准确的数值计算工具[20]。

复杂性是对当前的战场电磁空间环境的最本质特性的准确描述，主要是指在当前的战场环境中，自然存在的复杂电磁信息与人为制备的各种电磁辐射信息交杂在一起、敌方的电磁辐射信息与己方的电磁信息在一起，由此呈现出的电磁信号能量密集、种类繁多、对抗激烈、变化迅速等多维复杂特征，具体表现如下：

一是空间上存在多种电磁信号重叠交叉的复杂性。电磁信号特性在空间的分布状态，通常用电磁空间态势图来表示，来自于海陆空天等不同作战平台的众多电磁辐射，形成重叠交叉的电磁空间态势。战场空域的某一个点，同时接收到的电磁信号既包括军用装备的电磁辐射信号、敌我双方的电磁干扰信号，又包括民用电磁辐射信号和自然辐射信号。

二是时间上存在时而密集或时而静默的复杂性。不同电磁辐射源的发射信号时间序列是不一样的，有些是连续波，有些是脉冲波，同时，脉冲信号的脉宽、重复频率等信息也是不同的，并且时间上重叠在一起就会形成更复杂和动态变化的环境，时而密集，时而静默。

三是频率资源上存在有限频谱资源与众多电子设备矛盾的复杂性。电磁空间复杂性除了时间和空间上的复杂性，电磁频谱资源作为一种应用广泛的作战资源，客观上也是十分稀缺的，实际应用受到严苛的限制。例如，无线电通信信号通常从几百 kHz 到十几个 GHz，雷达常用频率集中在 1GHz～18GHz，是十分狭窄的，在有限的电磁频谱范围内必然呈现出重叠的现象，有时候甚至会给同类电子设备产生灾难性的后果。

四是能量强弱的精准控制。通常，可以通过天线及控制技术，将电磁能量发射到任意的特定空间，电磁环境的功率特征更加丰富，可以使局部区域在特定时间内的电磁辐射特别强大，达到对对方的电子设备形成损伤、压制、干扰或者欺骗的作用。

当然，从系统思维的角度看，"复杂性"本身是一个相对的、动态变化的概念。同样的环境，不同适应能力的敌我双方可能对复杂性的感受不一样；同一部电子设备，在不同的频段、时间、位置，其对复杂性的感受也不会一样。随着技术的发展和认知的提高，现在看起来是极其复杂的环境，未来也可能是相对简单的。

1.3.1.5 量子/AI/ChatGPT 智能技术推动探索电磁计算极限

随着新质生产力概念的提出，大数据、云计算、并行计算、量子计算、AI、ChatGPT 等智能技术快速发展，电磁计算理论越来越利用智能化技术以提高其计算能力和智能水平，推动探索电磁计算的极限，以使得电磁计算理论可以处理更大规模、更高维度、更高精度的问题，实现实时仿真和在线优化[21-23]。同时充分利用机器学习、深度学习、神经网络等先进技术，电磁计算理论可以实现数据驱动和知识发现，提取电磁空间中的特征信息和潜在规律，并进行智能设计和控制。

(1)电磁协同计算

随着 5G/6G 通信、工业大数据、智能驾驶等技术的不断进步，空间中的电磁波越来越密集，相互之间的耦合作用也愈来愈明显，电磁耦合效应对信息传输的影响也更加明显。由此使得雷达作用距离缩短、跟踪精度下降；火工品出现引信失效甚至错误启动等故障。为了应对电磁空间的相互耦合效应问题，当前的主流处理方案是为不同的电子设备固定其能够使用的电磁资源，但是由此带来的电磁资源利用率低下问题也日益显著。因此，如何通过合理处理电磁耦合效应，成为提升信息世界运行效率的关键环节。电磁协同为我们提供了一条切实可行的解决之道[23]。

电磁协同的最初概念，来源于德国的物理学家赫尔曼·哈肯。他早在 1971 年，就提出了著名的协同理论。该理论揭示了一个原本远离平衡态的开放性系统，因为受到了外在参量施加的驱动作用，通过其内部子系统之间的相互协同作用，产生有序结构的普遍规律[19-24]。协同的意义在于整体大于部分的总和，微观有序性产生宏观的力量，协同理论的核心机理是序参量的支配原理。序参量是指系统演化过程中的慢变量，快变量服从慢变量，序参量支配子系统。序参量犹如木偶的牵线人，可支配木偶翩翩起舞，而木偶也反过来影响它。系统内部有序的协同合作，让整个系统内的所有个体得以生存，实现了整体大于部分的总和的效果，微观的有序性产生了宏观的力量。

电磁协同计算的主要算法有：并行、协同、综合等，通过自主可控的核心算法，实现计算资源和设计资源的共享，形成支撑超大规模分布式电磁场精确计算的数值算法体系和电磁协同计算平台。通过电磁协同计算，可以实现多个系统或平台之间的信息共享、资源优化。例如，在无人机集群的设计中，可以通过电磁协同计算实现多架飞机之间的信息融合和协同工作，以此提高机群的探测精度和抗干扰能力；同样，在通信系统中，可以通过电磁协同计算实现多个通道通信之间的协同配合和资源优化，最终提高通信质量和通信效率[25,26]。

(2) 人工智能大模型与电磁计算融合应用

大模型指网络规模巨大的深度学习模型，具体表现为模型的参数量较大，其规模通常在千亿级别。OpenAI 研究报告指出，模型的性能(指精度)通常与模型的参数规模紧密相关。模型参数规模越大，模型的学习能力越强，最终的精度也将更高。模型参数规模的不断增大为模型训练带来计算、存储、通信等方面的挑战[27-30]。

"On the Opportunities and Risk of Foundation Models" 提出了人工智能大模型，即基础模型，国际上称为预训练模型，是在大规模数据训练的基础上适应一系列下游任务的模型，相较于小模型(针对特定场景需求、使用人工标注数据训练出来的模型)，具有以下突出技术优势：

一是涌现能力。通过简单的规则和相互作用，大模型能够有效集成自然语言处理等多项人工智能核心技术，并涌现出强大的智能表现，将人工智能的能力从感知提升至理解、推理，甚至近似人类"无中生有"的原创能力。

二是适用场景广泛。人工智能大模型通过在海量、多类型的场景数据中学习,能够总结不同场景、不同业务下的通用能力,摆脱了小模型场景碎片化、难以复用的局限性,为人工智能应用的大规模落地提供可能。

三是研发效率提高。传统小模型研发普遍为手工作坊式,高度依赖人工标注数据和人工调优调参,研发成本高、周期长、效率低。人工智能大模型则将研发模式升级为大规模工厂式,采用自监督学习方法,减少对人工标注数据的依赖,显著降低人力成本、提升研发效率。

人工智能大模型的技术演进趋势主要分为预训练模型、大规模预训练模型、超大规模预训练模型三个阶段,参数量实现从亿级到百万亿级突破,如图1.2所示。

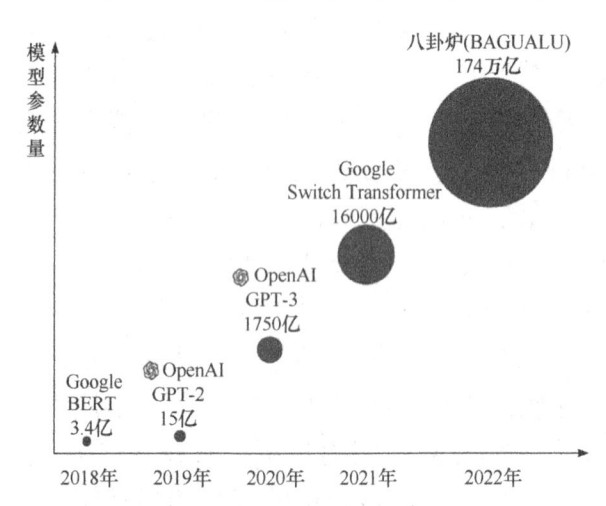

图1.2 人工智能大模型参数量从亿级到百万亿级(来源:CSDN,蚂蚁研究院整理)

阶段一:训练数据演进,"从追求规模到重视质量"。

追求规模。2018年以来,以BERT(Bidirectional Encoder

Representation from Transformers)、GPT-3(Generative Pre-trained Transformer)等为代表的人工智能大模型的成功使人们认识到通过提升参数规模、训练数据量有助于显著提升人工智能的智能水平，引发了大模型研发的军备竞赛，大模型参数呈现数量级增长，充分享受到了算法进步下的数据规模红利。

重视质量。伴随大模型参数的持续扩大，训练数据的质量对模型表现的重要性愈发凸显。OpenAI 对其研发的 InstructGPT 模型进行实验发现：随着参数量增加，模型性能均得到不同程度的提高；利用人工标注数据进行有监督的微调训练后的小参数模型，比 100 倍参数规模无监督的 GPT 模型效果更好。未来，提升大模型的训练数据质量或许比提升数据规模更为重要，人工标注数据仍有其存在的价值和意义，相关产业链的发展也值得重视，如图 1.3 所示。

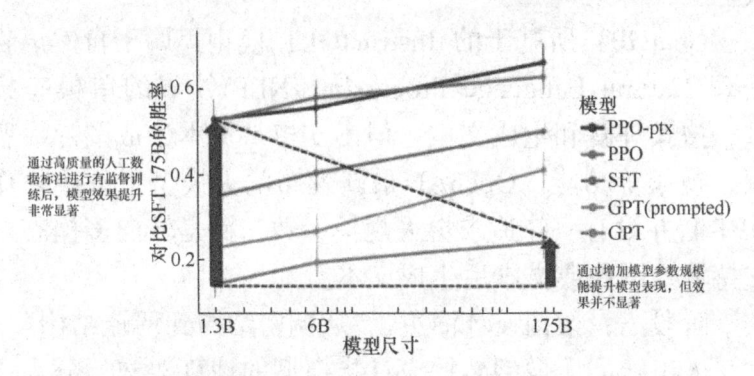

图 1.3 InstructGPT 不同训练方法效果对比(资料来源：OpenAI)

阶段二：模态支持演进，"从单一模态到多模态"。

从支持的模态来看，人工智能大模型先后经历了单语言预训练模型、多语言预训练模型、多模态预训练模型三个阶段，模型能力持续升级，如图 1.4 所示。

单语言预训练模型
- 能够处理自然语言，源于早期的词嵌入工作(Word Embedding)

多语言预训练模型
- 具备多样化的基础语言能力，如机器翻译、问答系统、情感分析等

多模态预训练模型
- 以多语言预训练模型为核心，实现文字、图片、音频、视频的转化，处理多任务目标

图 1.4　从支持模态看人工智能大模型的发展历程(来源：CSDN，蚂蚁研究院整理)

多模态预训练模型代表有 2022 年大火的开源模型 Stable Diffusion，掀起了一波人工智能绘画热潮，已有大量产品级应用；以及谷歌、Meta 推出的文字生成视频、文字生成音乐等预训练模型，但仍在早期研发阶段，技术尚未成熟。

ChatGPT 所基于的 InstructGPT 模型仍属于自然语言处理(Natural Language Processing, NLP)领域的单模态模型，擅长理解和生成文本，但不支持从文本生成图片、音频、视频等功能。OpenAI 最新发布的大模型里程碑之作 GPT-4 并没有一味追求更大规模参数，而是转向多模态，支持输入图像或文本后生成文本。

阶段三：架构设计演进，"从稠密结构到稀疏结构"。

人工智能大模型架构设计指模型的计算架构，分为稠密结构和稀疏结构，二者区别为：在训练中，稠密结构需激活全部神经元参与运算，而稀疏结构仅需部分神经元参与运算。

稠密结构导致高昂的大模型训练成本。以 GPT-3 为代

表的早期的人工智能大模型均为稠密结构,在计算时需激活整个神经网络,带来极大的算力和内存开销。根据国盛证券的测算,GPT-3 一次训练成本高达 140 万美元,采用稀疏结构能够显著降低大模型训练成本。稀疏结构是一种更像人脑的神经网络结构,在执行具体任务的过程中只有部分特定的神经元会被激活,显著降低模型算力消耗。目前稀疏结构已经应用至人工智能前沿研究。2022 年 6 月,谷歌发布了第一个基于稀疏结构的多模态模型 LIMoE(Language-Image Mixture of Experts),证明了稀疏结构在降低模型算力消耗的同时,仍能在多项任务中取得不亚于稠密结构的效果。

人工智能大模型研发已成为全球新一轮技术竞争的核心领域之一,但以下多种因素制约了我国大模型核心技术以及相关产业的进一步发展,导致与美国大模型技术方面存在较大差距:

一是过度依赖开源模型进行复制和模仿。人工智能大模型研发的关键因素之一是算法,而算法的进步又依赖于持之以恒的前沿研究投入。在当下国内企业快节奏的竞争和盈利压力下,企业难以做到不计短期回报的投入。因而,在这些高风险的创新技术领域,国内企业更倾向于采取复制和追随策略,国内大模型大多基于国外公开论文和开源模型的基础上进行模仿和复制,故而总是"慢人一步"。

二是产业链仍有短板,人工智能芯片自研能力不足严重制约算力发展。伴随大模型参数量的指数级扩张,对于算力的要求也呈爆炸式增长,而算力增长主要依靠高端人工智能芯片的储备和芯片技术的持续进步。在芯片方面,美国占据绝对领先地位，我国起步较晚，对美国进口依赖程度高，存在"卡脖子"风险。近年来，国内大厂如阿里巴巴、华为、百度、腾讯等也正加快投入积极研发国产人工智能芯片。

三是制度保障尚不完善，数据流通和管理机制仍有不足。在大模型训练所需要的数据方面，中文数据虽然在规模上有优势，但质量普遍不高，一方面是国内数据积累问题，国内的数据存在严重的"信息孤岛"问题，高质量的数据信息割裂并沉淀在各个机构和企业内部；另一方面是由于数据管理机制不够成熟，也影响了国内数据价值的充分释放。

人工智能大模型作为新质生产力的典型代表，有望赋能乃至颠覆各行各业，包括：制造业、医疗行业、金融行业、传媒与互联网行业以及电磁学领域[31, 32]。将人工智能技术应用于电磁计算学，可使得流场可视化，这是从数据到流场必不可少的一个环节，将流场数据渲染绘制成图像，使相关领域专家通过视觉系统观察和认识流场。流场的数据呈多样性、结构复杂性、高维、大规模的特点，需要高效地挖掘里面的主要特征，然后将其与深度学习结合，这样才能将人类视觉感知能力、领域专家的知识和机器的计算能力紧密结合在一起，这是一个符合人类认知特点的有效理解途径[33-35]。基于 AI 的科学计算可视化，需要重点关注旋涡在可视化中用神经网络快速提取的方法，涡特征的准确提取对于研究流场的规律和机理具有重要意义。

综上，将 AI、ChatGPT、智能化等新质生产力应用于电磁计算学领域，有望产生技术倍增效应，实现对电磁计算能力极限的进一步探索[36-38]。

1.3.2 电磁传播理论发展规律

1.3.2.1 电磁波的发射

天线作为电磁波的收发装置，在电磁空间系统中起到了至关重要的作用。目前较为主流与前沿的天线技术主要包括：毫米波终端天线、大规模多输入多输出(Multiple-Input Multiple-Output, MIMO)基站天线、相控阵天线、毫米波天线阵、太赫兹天线、龙伯透镜天线、智能反射面天线、轨道角动量天线阵、液体天线等[39-42]。此外，当前天线正向小型化、轻量化、多频化、集成化、智能化的方向发展。除了地面基站天线外，还有面向未来的空天地一体化网络的天线。

天线理论则不断朝向阵列的可调控化与多功能一体化的方向发展。天线的频率也朝着更低频段的电小天线、超宽带天线和更高频段(毫米波乃至太赫兹)发展[43]。传统的天线理论与加工工艺结合则朝着异质异构集成的集成封装天线(Antenna in Package, AiP)以及微系统的方向发展，柔性材料、共形天线、3D(3 Dimensions)打印介质天线等新材料和新技术的快速发展推动新型电磁材料结合发展，以及与实际需求相结合，促进了一系列新型天线的技术发展[44-46]。

新型天线技术发展趋势主要表现如下[47-50]：一是一体化共口径天线[50]，主要用于空间电磁波调控的智能超表面天线；二是移动通信系统理论体系和天线基础理论体系的融合发展；三是天线向小型化、场景化发展；四是天线向有源智能化、平台化方向发展；五是天线的工作频率朝着更高频方向发展；六是波束形成方式从模拟波束形成向数字波束形成技术发展；七是波束覆盖方式从固定波束覆盖向跳波束覆盖转变；八是相控阵天线朝着收发共口径、稀疏化方向发展。

1.3.2.2 电磁波的传播

电磁波传播方面，在跨介质通信、非线性复杂介质通信、电离层散射、黑障通信、低频其低频传输与通信、无线传能与能信一体等方面，呈现出新的技术趋势[51]。

在多径传播建模和均衡方面，多径传播是指电磁波在传播过程中经历多次反射、折射和散射，导致接收信号出现时延扩展和频率选择性衰落[52-54]。未来的发展趋势是建立更准确和复杂的多径传播模型，并设计相应的均衡算法来抑制多径干扰，提高接收信号质量。毫米波和亚毫米波通信有望为高速无线通信提供更宽的频谱资源，实现更高的传输速率和更低的时延。可见光通信在室内和室外通信领域具有广泛的应用前景，特别是在复杂电磁环境和高带宽需求的场景下。未来可见光通信的研究将重点关注提高传输速率、降低误码率、增强抗干扰能力等方面。空间激光通信则是一种高可靠性的通信方式，被广泛应用于卫星与地面站之间的通信。未来空间激光通信的研究将重点解决高速传输、高精度跟踪、大气干扰抑制等问题，以实现更加可靠和高速的数据传输。

1.3.2.3 电磁波的接收

电磁波接收理论的发展趋势包括以下几个方面[55-58]：

一是多天线接收系统[59,60]。多天线接收系统，例如多输入多输出系统，是电磁波接收理论的重要发展方向之一。通过在接收端使用多个天线，可以实现空间多样性和空间复用，提高系统的容量和性能。未来的发展将进一步优化多天线接收系统的设计和算法，以适应不同的通信环境和信道条件。

二是自适应信号处理技术[61-63]。自适应信号处理技术是指根据接收到的信号特性和环境条件来动态调整信号处理算法和参数的技术。未来的发展趋势是通过自适应信号处理来提高接收系统的灵敏度、抗干扰能力和解调性能。这包括自适应滤波、自适应均衡和自适应调制等技术的应用[64]。

三是盲信号处理技术[65]。盲信号处理是指在没有先验信息的情况下，对接收信号进行参数估计、信号分离和解调的技术。未来的发展趋势是在接收端引入更多的盲信号处理算法，以实现对复杂信号环境下的自动识别和处理，提高系统的自适应性和灵活性。

四是低功耗接收技术[66,67]。低功耗接收技术是指通过优化电路设计和信号处理算法，降低接收系统的功耗。随着电磁波应用的广泛和无线传感器网络的发展，低功耗接收技术变得越来越重要。未来的发展趋势是设计更高效的接收电路和算法，以延长电池寿命和提高系统的能源利用效率。

五是随着电磁理论不断发展，机电耦合理论与设计方法也呈现出新趋势[68,69]。电子装备的设计面临极端尺寸、极端环境、极端频段的多重挑战，由此使得机电耦合理论呈现出多物理场、跨尺度、跨介质等特征。未来机电耦合基础理论及设计方法，应当深入研究电磁装备的电磁场、结构位移场、温度场等多物理场间的相互耦合关系，探明电磁能量在低频、甚低频、微波、毫米波、太赫兹等频段范围，以及从微纳尺度到百米量级跨尺度的演变规律[64,70,71]。最终探明材料性能、制造因素、装配过程、服役环境对装备电磁性能的影响机理[72-75]。

总之，电磁波接收理论发展是以提高接收性能、适应不同信号环境和降低能耗为目标，通过多天线、自适应信号处理、多径传播建模、盲信号处理和低功耗接收等技术，以实现天线的高性能[76-79]。

1.3.3 射频电路和器件技术发展规律

射频电路和器件作为无线电技术的核心载体，是建立射频通信链路、实现信息互联的基本元件，在无线电及通信系统的各个环节中扮演着重要的角色[80]。

按照其功能的不同，可以大致分为射频开关、滤波器、射频功率放大器(Power Added, PA)、低噪声放大器(Low Noise Amplifier, LNA)、锁相环(Phase Locked Loop, PLL)、多输入多输出(MIMO)天线等。其中，射频滤波器和射频功率放大器是未来发展最快，也是最关键的射频器件。随着5G通信以及Wi-Fi6技术的大范围商业化、6G通信日趋成熟，无线通信速率不断提升、通信协议日趋复杂，链路对于频带内外的指标要求越来越苛刻，均对射频电路和器件的设计和性能提出了新的需求和挑战。

1.3.3.1 射频电路和器件技术发展规律与趋势

射频电路和器件技术发展规律和趋势主要如下[81]：

一是高度集成化。射频电路和器件的设计正经历着从分立器件到集成芯片、由板级集成到系统化芯片级集成的转变。高度集成化能够从系统的全局出发，更加精细地设计射频系统的电磁兼容和信号完整性问题。封装天线(AiP)、系统级封装(System in Package, SiP)技术的发展使射频电路在封装层面集成了射频系统的所有组件，将极大地推动新一代无线通信技术的应用和发展。

二是多模多带化。射频通信技术的迭代发展需要具备对现存技术的继承和兼容。鉴于当前频谱资源的实际分配情况，不同通信模式往往有着各自特定的频带范围。因此，多模多带化是射频器件发展的必然要求。

三是链路数字化。射频电路系统主要可以分为射频模拟前端、模拟数字转换器(Analog Digital Convertor, ADC)和数字信号处理三个部分。其中，射频模拟前端器件无法使用集成度最高的互补金属氧化物半导体(Complementary Metal Oxide Semiconductor, CMOS)工艺制造，必须使用特殊的工艺以保证其性能。为了进一步提升系统的灵活性、集成度和关键性能，射频通信链路的数字化程度将不断提高，如数字基带、数字滤波器、数字上/下变频、数字波束赋形等。

四是频谱资源高效化。高频段具有丰富的频谱资源以及优越的波束指向特性，亚毫米波、毫米波、太赫兹通信的关键器件和集成系统日趋成熟，将促进高速无线通信、高精度空间感知等技术领域的不断发展，主要包括微型化、宽带多频化、集成化、多功能化等几大趋势。技术发展贯穿于设计、制备、测试的整个生命周期，包括单器件的高性能化、多功能芯片组件、微系统集成、板级/芯片级等设计技术；工艺、材料、封装等制备技术；芯片级测试，以及亚毫米波、太赫兹频段的载片测试等高频段测试技术。

1.3.3.2 射频电路和器件应用发展规律与趋势

射频电路和器件应用的发展规律与趋势主要如下[82]：

一是移动智能终端设备领域。移动智能终端包括智能手机、平板电脑、可穿戴设备等，因智能手机具有在无线复杂环境下的通信应用功能，其成为射频前端芯片主要应用市场。随着 5G 在全球主要国家的逐渐普及，全球智能手机出货量在 2021 年达到 13.55 亿部，同比增长 4.88%。随着 5G 手机普及带来的技术创新和全新用户体验，移动手机行业也将迎来新的增长点。2023 年全球 5G 用户总数达到 16 亿，据《爱立信移动报告》称，2023 年底，全球用户普及率达到 61%，这些数据表明，随着技术的不断发展和运营商的大力推广，未来 5G 网络的用户规模将会进一步扩大。

二是 Wi-Fi 领域。Wi-Fi 被广泛应用于智能手机、平板电脑等智能终端、路由器、智能家居、物联网等领域，Wi-Fi 射频前端器件及模组受益于 Wi-Fi 市场持续增长及结构变化。2021 年全球 Wi-Fi 芯片市场规模超过 200 亿美元，2022～2028 年，预计年均复合增长率为 2.5%。国内 Wi-Fi 芯片市场 2018～2025 年将实现 10.2%的复合增长率，到 2025 年，国内 Wi-Fi 芯片市场规模将超过 320 亿元，其中 Wi-Fi6/7 的市场规模将超过 209 亿元，占全部 Wi-Fi 市场的 64%，实现 56.9% 的复合增长率。

三是车联网领域。车载通信模块是车联网的联网接口，涵盖了数据安全、人身安全、导航、娱乐和内容增值等多个环节。2021 年 12 月，中国网络安全信息化委员会颁布的《"十四五"国家信息化规划》中提出：要加快智能网联汽车道路基础设施建设，5G-V2X 车联网示范网络建设，提升车载智能设备、路侧通信设备、道路基础设施和智能管控设施的"人、车、路、云、网"协同能力，实现 L3 级以上高级自动驾驶应用。随着 5G 和人工智能技术的快速发展，全球汽车网联化渗透率将持续提升，并持续带动车载通信芯片模组需求的增长[34, 80]。

1.3.3.3 射频电路和器件应用科技发展预测

射频电路和器件在应用科技领域的发展预测主要如下[80]：

一是通信技术变革推动射频前端芯片需求和价值提升。移动终端从 4G 向 5G 演进的过程中，射频前端产品复杂度提升，器件数量大幅增加。在 4G 时代，射频前端由两颗 PA 模组(TxM & MMMB PA)即可完成所有的蜂窝通信。在 5G 时代，原有 4G 频段向 5G 频段扩展，同时也新增了若干新频段，称为 5G NR(New Radio)，包括 N77、N78、N79、N41 等频段，毫米波频段还将增加 N257、N258、N260、N261 等频段。随着 5G 时代带来的单机射频价值提升，全球的射频前端市场规模也有望进一步提升。

二是 5G 时代射频前端模组化将成为长期趋势。射频前端主要包括功率放大器(PA)、开关(Switch)、低噪声放大器(LNA)及滤波器(Filter)等多个部分，可利用高密度组装技术，将两种或者两种以上器件集成为一颗模组，从而提高整个系统的集成度。随着 5G 智能终端的射频前端器件用量大幅增长，射频前端模组化、集成化、小型化的趋势明显。

三是 5G 方案的复杂度提升推动新材料与新工艺应用。射频前端芯片与数字芯片不同，数字芯片主要依靠不断缩小线宽的制程实现技术升级，而射频电路的技术升级主要依靠新工艺和新材料的结合。

进入 5G 时代，手机射频功率放大器所需的调制带宽从 4G 时代的 20MHz 提升至 160MHz，对线性度和效率的要求也相应提升，对 PA 的材料提出更高的要求。硅基功率放大器主要用于低端的 2G 手机和通信模块中；GaAs 主要用于智能手机、路由器和 5G 小基站中；GaN 则是一种相对较新的技术，能实现更高的电压，大幅简化输出合成器、减少损耗，因而可以提高效率，减小芯片尺寸，但由于开启电压较高和成本较高，GaN 目前还主要用于 5G 基站中。下一代材料 GaN 在工作频率、输出功率等方面优势显著，随着其生产成本降低和低压技术进一步完善，未来有望逐步渗入终端市场。

1.3.4　信号处理理论与技术发展规律

1.3.4.1　信号处理基础理论发展规律

信号处理理论研究一直是一个充满活力和前景的学科领域。自 20 世纪以来，信号处理理论经过深入的研究和探索，已经发展出了许多理论和方法，应用范围非常广泛[36,44]。

信号处理源于 17 世纪的经典数值分析技术，其所涉及的理论基础包括方程论、函数论、数论、随机过程论、最优化理论等，是一门既有着深厚的学术背景，又有着广阔的应用前景的经典学科。当前，其进一步分为模拟信号处理、数字信号处理、统计信号处理、语音信号处理、声音信号处理、图像处理、视频处理、阵列处理等[81,82]。信号处理包括滤波、变换、检测、调制、解调、谱分析和谱估计等，是对信号进行变换、提取、综合、分析等处理过程的统称。

信号处理是电子工程的分支，它建模和分析物理事件的数据表示，以及数据的产生，涉及多个学科并处于中心地位。它是生物技术、娱乐技术和社会交流的交叉学科，增强了我们通信和共享信息的能力，是数字生活背后的科学。信号处理以一定的方式对数据进行转换或变换，使我们看到通过直接观察不能获得的信息。信号处理使工程师和科学家可以对信号进行分析、优化和校正。

信号处理技术应用广泛，例如，音频压缩和信号处理，数据获取和信号处理，数字图像和图形处理，视频压缩和信号处理，语言识别和处理，雷达、声纳和激光雷达的信号处理及信号优化，地震信号研究与数据分析，地球物理应用，数据传输，经济建模与分析，基于生理信号的生物医学，气象预测，海洋学等。

数字信号处理促进了信号处理技术的工程实现，将电磁信号转化为数字化形式，可以使得信号处理过程更加高效、精确和可重复，通过电子计算机软件进行计算，也大大提高了信号处理的灵活性和可扩展性。当前，数字信号处理技术是数字化趋势信息技术的具体体现。数字信号处理对真实世界的信号经数字采集后，通过数学计算完成信号处理，如声音、音频、视频、温度、压力和位置。数字信号处理器专门设计来快速完成信号处理的基本运算，如加、减、乘、除。在电磁空间领域，信号处理关心的是信号的表示、变换和运算，以及它们所包含的信息。

1.3.4.2 信号处理技术发展规律与趋势

随着 MIMO 雷达、频率分集阵雷达、网络化雷达、认知雷达、泛探雷达等新体制雷达系统的提出和发展，雷达数据获取方式逐步由单波段、单极化、单角度等发展到多频率、多极化、多角度和多时相等获取方式，逐步形成了雷达的多维信号处理体系，以满足雷达目标检测、参数估计、目标跟踪和目标识别等任务的需求，目前，空时联合处理算法是以二维采样矩阵为基础，通过各种运算来实现时空域目标信号的检测、回波方向估计与滤波等功能[82]。

长期以来，学科交叉、学术合作，基础理论与应用研究并重、面向未来等发展思路，在信号处理领域得到了广泛的认同和贯彻。近年来，国内外许多机构和科学家在信号处理理论的研究方面都取得了不俗的成绩，例如，基于"α-稳定分布"的信号处理理论，一种全新的"信号压缩"方法新型的编解码策略等。这些成果标志着信号处理理论研究正朝着更为广阔、更加深远的方向发展。信号处理的研究不光局限于理论方面，实际应用和工程实践也在不断地推动着理论和技术发展。在实际操作过程中，越来越多的工程问题得到了解决，部分最新的方法和技术也被有效地应用到工程实践中，主要表现如下：

一是机器学习与信号处理的结合。深度学习、生成对抗网络等技术在信号处理领域得到了广泛应用。这使得信号处理能够更好地适应复杂、非结构化的数据，进一步提高了信号分析的准确性和效率。

二是高维信号的处理。随着通信和传感器技术的发展，信号的维度越来越高。高维信号的处理成为了信号处理领域的一个重要研究方向，具体包括维度规约、分解等方法。

三是信号感知与认知。信号感知与认知的研究旨在理解信号的本质，揭示信号的隐藏模式和规律。这方面的最新研究成果包括深度神经网络、贝叶斯滤波等方法。

四是信号生成与合成。信号生成与合成是信号处理领域的一个重要分支，包括基于数据的信号生成、信号合成、信号处理器设计等各个方面。

五是信号处理在其他领域的应用。除了传统的通信、计算机科学等领域，信号处理在生物医学、物理学、航天等领域也有着广泛的应用，这些相关领域的研究将为信号处理领域提供新的挑战和机遇。

传统信号处理使用不同的数学模型近似表示现实的信号，并基于此进行分析和处理，但绝大部分真实信号是不确定的，而可能是非线性、非因果、时变、非平稳或者非高斯的，其描述不准确、适用性不够广、稳定性不够。硬件技术的不断发展和计算能力的不能增强，使得复杂信号处理的快速实现成为可能，对信号进行多尺度更精确的分析，对非平稳、非线性的信号进行精细化、自适应的分析处理，使信号处理越来越"精确"、"智能"将成为未来的发展趋势。以下是对近期学术界关于信号处理的相关技术的整理。

(1)正交时频空间调制

正交时频空间调制(Orthogonal Time Frequency Space, OTFS)技术主要是将在无线信道上传输的信息符号置于延迟-多普勒域中。Bondre 提出了利用现有 OTES 通信架构实现脉冲多普勒雷达信号处理的框架，其中解调后的 OTFS DD(Differential Detection, DD)帧代表与散射环境相对应的测距-多普勒矩阵。OTFS 离散 DD 域与雷达信号处理中遇到的测距-多普勒矩阵有着天然的联系，如果 OTFS 发射器输入端的 DD 域符号是由所需信号的离散扎克变换(Discrete Zak Transform, DZT)给出的，那么就可以使用 OTFS 发射器发射任意所需的脉冲雷达信号。已有研究证明 OTFS 接收器的处理过程与基本脉冲多普勒雷达接收器的处理过程相同。

(2)时空自适应信号处理算法

时空自适应信号处理算法，主要依赖于对信号子空间和噪声子空间基的估计，基估计值一般是利用数据矩阵的奇异向量或样本协方差矩阵的特征向量形成的。这些估计值并不十分准确，在基于子空间的算法中使用会产生较高的误差。Adhikari 等人提出了对噪声矩阵一阶项最优的基估计值，研究结果显示使用一阶最优基数可显著改善基于子空间的信号处理算法的结果。

(3)快速/短时傅里叶变换

快速/短时傅里叶变换(Short Time Fourier Transform, STFT)是一种与傅里叶变换密切相关的变换，它常常被应用于确定时变信号局部区域正弦波的频率与相位。STFT 的分辨率主要取决于所选择的窗函数，如果要改变分辨率，必须重新选择窗函数。快速傅里叶变换对运算的低要求及其运算快的优点，使得其对于数字信号处理具有不可替代的作用。例如，电磁空间环境中往往充斥着各种电磁波，其中杂波的存在严重干扰雷达想要真正探测的目标。因此必须通过动目标检测来滤除杂波，尽可能保留核心目标的回波信息。因此，在雷达信号领域，STFT常用于动目标的检测，可以显著降低运算要求，节省硬件面积。

近年来，STFT技术广泛应用在雷达信号处理中，通过STFT可以找到微多普勒频谱图，对目标进行精确识别。Kearney等人调整了STFT参数来改变生成的微多普勒频谱图的大小，以找到人类活动的微多普勒雷达回波的最佳表示方法。为了确定这些最佳组合，所得到的微多普勒频谱图被用于训练和测试卷积自动编码器(Convolutional Auto-Encode, CAE)。此外，还利用t分布随机邻域嵌入(t-Distributed Stochastic Neighbor Embedding, t-SNE)和k近邻分类(k-Nearest Neighbor classification, kNN)在频谱图的低维空间中找到最近的表示。

(4)小波变换

在信号处理中，多分辨率分析和数据特征提取备受关注。时频分析方法是分析时变非平稳信号的一种强有力的数学工具，它提供了时域和频域的联合分布信息，该方法清晰地描述了时间与信号频率的关系。与傅里叶变换类似，小波变换可以看作是信号到一组基函数的投影，这些基函数在频域中提供定位。然而，与傅里叶变换相反，它提供恒定的、等间隔的时频定位，小波变换在低频提供高频分辨率，在高频提供高时间分辨率。因此，与傅里叶变换不同的是，小波变换利用一系列不同分辨率的正交基，通过小波基函数的展开和平移来表示或近似一个信号。小波变换被认为是数学分析领域的重大突破。它可以应用于各个领域。例如，信号处理、图像处理、模式识别、语音分析等许多应用都可以引入小波分析。

分类、识别和降噪是传统信号处理的重要应用，将小波分析应用到信号处理中可以获得较好的分类效果，其重点在于特征提取。信号的特征可以是时域的，如过零率、短期能量等。信号的特性也可以在频域，如包含能量、均方频率和频率方差的特性。在识别方面，小波变换可以对线性时不变系取得良好的辨识效果。还可以对小麦穗的反射光谱进行连续小波分析来研究赤霉病的光谱鉴定。小波变换还可以提供有效的降噪方法，采用高斯小波基展开和伪导频复高斯小波基展开，可以提高噪声补偿方法的性能。小波变换还可以与神经网络结合，实现心电信号的去噪。

除了在传统的信号处理中得到了广泛应用，小波变换还在电力系统中的电信号处理、生物医学信号处理、物联网移动预测，甚至量子图像处理中得到了广泛应用，小波变换可以应用于显微镜图像的纹理特征分析，生物信号可以通过小波变换提取特征识别步态。小波变换被用于脑电图(Electroencephalogram, EEG)信号的特征提取，使用小波变换进行信号的预处理，提取特征作为分类器的输入，相比其他方法达到了较高的准确率。光波分复用(Optical Wavelength Division Multiplexing, OWDM)还可以作为正交频分复用(Orthogonal Frequency-Division Multiplexing,

OFDM)的更灵活的替代方案，用离散小波变换(Discrete Wavelet Transformation, DWT)和 IDWT 代替 OFDM 结构中的快速傅里叶变换和反快速傅里叶变换部分。有研究提出了一种新的基于小波的多载波调制技术，即滤波正交小波分复用，作为传统 OFDM 的有效替代方案来降低 PAPR。在该模型中，系统不需要循环前缀，具有较高的带宽效率。相干光 OFDM (CO-OFDM)系统在光纤传输和利用方面具有独特的优势，可以有效地解决系统中产生的色散和干扰问题。有研究将小波变换和 CO-OFDM 结合起来，减少了 CO-OFDM 的缺点。非正交多址(Non-Orthogonal Multiple Access, NOMA)是 5G 采用的一种新兴的多址技术。将小波分析引入 NOMA 可以取得更好的效果。

(5)S 变换

S 变换(Stockwell Transform)是一种线性时频分析方法，将一维时间信号映射为时间和频率的函数，描述信号中频率的时间变化，它在检测局部信号结构和处理非平稳信号方面是非常有效的。S 变换最早提出时就被推导为连续小波变换的"相位校正"，因此它继承了小波变换的多尺度分辨率特征。但与小波变换不同的是，S 变换具有绝对参考的相位信息，S 变换在任何时间给出的相位信息总是参考信号在零时间的傅里叶相位。这个绝对参考相位确保了 S 变换频谱的时间平均值返回信号的傅里叶频谱。因此，S 变换也可以解释为具有频率相关窗宽的短时傅里叶变换变体，这使得 S 变换成为了一个广受欢迎的信号处理工具。

作为短时傅里叶变换和小波变换的混合体，S 变换在信号处理领域得到迅速普及和广泛使用。由于 ST 给出的联合时频分辨率的精度受到不确定性原理的限制，因此逆频率窗宽可能无法很好地分离不同的信号，特别是当它们分布在很宽的频率范围内时。近年来，通过在实际应用中将 S 谱图进行变换，比如乘以参数化的膨胀因子，可使低频被放大、高频被减小。对 S 变换的谱图表面进行重新映射，引入 S 变换的重分配谱图，能使信号能量高度集中在瞬时频率/群延迟曲线上，可以大大提高底层信号时频结构的分辨率和可读性。而通过调整参数的自动优化选择开发出的自适应 S 变换，可以最大限度地分离不同频率成分。

在实际应用中，S 变换的一个主要限制是巨量的计算量。对于长度为 N 的信号，完整 S 变换需要计算 N^2 个 S 变换系数，这限制了它在大尺寸或高维信号中的应用。因此，离散正交 S 变换(Discrete Orthonormal S-Transform, DOST)被提出，DOST 基于一组标准正交基函数，这些基函数定位了信号的傅里叶谱，它对 N 个 S 变换系数进行采样，得到一个零冗余的时频表示，同时保留 S 变换的有利相位特性，近年开发出的快速 2D DOST 算法使得用 2D S 变换分析图像纹理和压缩图像成为了可能，DOST 的发展释放了 S 变换在实际应用中的更多潜力。

S 变换目前广泛应用在地球物理信号分析、电力系统分析、图像压缩、生物医学信号处理和海浪分析等多个领域。

(6)聚类算法

传统的聚类算法可用于雷达信号分类的预分类步骤。该方法可以有效稀释脉冲流，防止密集脉冲流干扰脉冲重复间隔(Pulse Repetition Frequency, PRI)提取。Wan 等人提出了一种新颖的基于深度迁移学习的信号分拣方法。无人机群可以从不同的时域和空域采集脉冲信号，主分拣处理过程中的干扰和脉冲信号缺失问题可以得到显著缓解。该方法使用从多个源区域收集的数据对模型进行预训练，这些源区域对应于无人机群不同部分检测到的不同区域。然后利用目标区域的数据对模型进行微调。实验证明，基于深度迁移学习的方法 YOLO(You Only Look Once)-MobileNet、F-RCNN(Fast Region-based Convolutional Neural Network)和级联 RCNN(Region-based Convolutional Neural Network)的信号分类精度明显高于基线方法。

(7)调频连续波

调频连续波雷达在辅助驾驶和自动驾驶中发挥着至关重要的作用。为了获得更高的角分辨率，发射机和接收机数量的增加使得数字信号处理的成本大大提高。Bernhard 等人提出了一种在神经形态硬件上使用脑激发的尖峰神经网络(Spiking Neural Network，SNN)的高效信号处理方法。学者利用该方法分析了汽车雷达的信号处理过程，并讨论了尖峰神经网络如何取代或补充传统处理，提供了两个 SNN 处理步骤的实例。在雷达目标检测中，具有时序编码的信噪比网络具有较低的计算开销。而 SNN 用于目标分类的精度接近参考人工神经网络，而所需的操作减少到了原有的 1/200。该研究证明了 SNN 在汽车雷达处理中的普遍适用性，并维持了自动驾驶汽车节能实现的前景。

(8)传感器阵列和多通道信号处理

传感器阵列和多通道信号处理有着悠久的历史，它所涉及的研究课题包括波束形成(鲁棒自适应波束形成、频率不变波束形成)、到达方向(Direction of Arrival，DOA)估计(基于稀疏性和欠确定 DOA 估计)、传感器定位优化、基于传感器阵列的目标/源定位和 MIMO 阵列(包括 MIMO 雷达和用于无线通信的 MIMO)。在过去的二十多年间，这一领域的研究活动呈爆炸式增长，虽然传统上它们的应用主要局限于国防领域(如雷达和声纳)，但如今它越来越渗透进人们的生活中来，包括用于超声成像的波束形成、遥感的合成孔径雷达、车载雷达(超声波或电磁)、用于自动驾驶的麦克风阵列以及用于 MIMO 的天线阵列等。

图信号处理是一种新兴的数学工具，用于分析由物理或虚拟传感器节点组成的大量不规则网络中的数据[82]。物理传感器网络包括交通网络、脑神经网络和能耗传感器网络，而虚拟传感器网络包括社交网络。图信号处理已经被证明是一个强大的数据分析工具，比如大脑信号就可以映射到图形网络来分析大脑的认知行为。将图信号处理应用在传统的传感器阵列信号处理问题，测向和目标定位，是未来可以预见到的新兴领域。

许多传感器阵列信号和数据都可以转换成多维形式或多维结构。例如，矩形阵列或多个子阵列接收到的窄带数据是三维的，宽带线性阵列接收到的数据可以转换成三维的空时频域，矢量传感器阵列接收到的数据是高维的。对于 MIMO 通信系统，通过考虑空间、时间、频率和极化的分级，可以将数据置于张量形式。因此，张量处理可以直接用于解决许多阵列信号处理问题，而不需要太多的自适应。张量分解工具和算法，通过多维数据分析和处理应用于阵列信号处理是未来的趋势。

四元数作为复数的高维扩展，具有一个实部和三个虚部，四元数演算已应用于与三维或四维信号相关的一系列信号处理问题，如彩色图像处理、风廓线预测、矢量传感器阵列处理、四元数值无线通信等。除了解决经典的阵列信号处理问题，如 DOA 估计和波束形成，一个重要的发展是四元数值 MIMO 阵列，其中在发射端和接收端分别使用具有正交极化方向的天线对，并使用四元数值表示在两个极化分集信道上采用四维(4D)调制方案。虽然极化状态在信道传输过程中会发生变化，并且这两种状态之间可能存在干扰，但我们可以采用四元数值自适应算法来恢复原始的 4D 信号，该算法自身也进行了干扰抑制操作来分离原始的两个 2D 信号。对于 MIMO 阵列，信道估计和波束形成可采用基于参考信号或盲四元数自适应算法。信号处理经历了从实值处理到复值处理的革命性变化，我们可能正站在一个四元数值新世界的门口，四元数值传感器阵列信号处理有望在不久的将来得到越来越多的关注。

考虑到全数字化大型传感器阵列系统极高的数据速率和存储要求，人们已经开展了大量工作，旨在通过阵列信号的 1 位表示实现合理的传感器阵列处理性能，即在去除幅度信息的同时只保留数据样本的符号。这个问题可以简单地视为正常情况，但具有极高的量化噪声，我们可以执行正常的数组处理，而不管每个数据样本的位数。然而，一种更有效的方法是尝试利用 1 位数据样本对信号的统计量进行有效估计，然后根据新获得的统计信息执行相应的任务。与一比特阵列处理相反，数据样本的符号被去除，只保留幅度信息，这导致了所谓的非相干传感器阵列信号处理问题，其优点是对阵列相位误差具有鲁棒性。一个典型的例子是非相干 DOA 估计和目标定位，这可以转化为相位检索问题。但不同的是，相位检索通常只有一个快照，而在阵列信号处理中，可以有多个快照，这就可以将群稀疏性应用于现有的相位检索算法，如 ToyBar 和改进的 GESPAR(GrEedy Sparse PhAse Retrieval)算法。

(9)波束形成在信号处理的发展

波束形成是一种信号处理技术，它通过利用传感器阵列来将电磁波形成并聚焦到所需的方向。目前已用于多种工程应用，包括雷达、声纳、声学、天文学、地震学、医学成像和通信[83-86]。随着雷达和通信等多天线技术的出现，利用凸或非凸优化方法设计波束形成引起了人们的极大兴趣。最近，机器学习也被用于更复杂的波束形成场景。

凸波束形成的一个典型案例是对各种不确定性源的鲁棒性，例如少量快照、不匹配的 SoI 方向和不匹配的转向向量。在非凸波束形成中，每个问题设置都施加了不同的约束，例如 PSD(Positive Semi-Definite)(一般秩波束形成)、概率分布(机会约束的鲁棒波束形成)、恒定模量(混合波束形成)和接收信噪比(多波束形成)。

每种学习算法在波束形成场景中都有其独特的优点，最常见的监督学习(不监督学习和强化学习)允许标记(未标记)数据集。此外，强化学习中固有的奖惩机制为预定义的成本函数优化学习模型，产生了比不监督学习更好的性能。联邦学习对于多用户场景特别有用，而如果数据集与学习模型的大小相比较小，则首选集中学习。当数据随时间更新时，在线学习是有益的。监督学习、非监督学习和强化学习也可以与联邦学习、集中学习和在线学习结合使用，具体取决于问题和数据；这样的例子很多，例如联邦强化学习、在线强化学习、在线集中学习与集中式强化学习等。

基于新兴应用和理论的进步，波束形成的研究仍然非常活跃。比如，模型驱动网络和深度展开的混合方法可以使波束形成在保留其性能的同时限制算法的复杂性。卷积波束形成在声学和超声领域中越来越受到重视，它是一种将多种(通常是非线性的)操作与波束形成相结合的手段。最近，人们对基于人类或动物双耳方向机制的仿生天线阵列的波束形成也很感兴趣，包括量子里德堡传感在内的各种应用中的合成孔径提出了独特的波束形成挑战。全息波束形成器目前被认为是未来无线应用中多波束导向的比较具有吸引力的解决方案。

而在传统的雷达和通信领域，波束形成也有着长足的发展。联合雷达通信几十年来，传感和通信系统一直在不同的频带上运行，以尽量减少彼此之间的干扰。然而，这种保守的频谱接入方法不再可行，因为为了提高两种系统的性能，需要更宽的带宽。在过去的几年里，人们对设计联合雷达和通信来共享频谱有了很大的兴趣。从波束形成器设计的角度来看，将通信和传感问题结合起来，开发出平衡两者性能的混合波束形成器，是未来发展的重要方向。

太赫兹通信，太赫兹波段(0.1THz～10THz)无线系统具有超宽带宽和非常窄的波束宽度[65]。这些系统的信号处理必须解决几个独特的太赫兹挑战，包括散射和分子吸收引起的严重路径损耗。一般来说，太赫兹通信系统采用超大规模天线阵列，以不同方式配置为子阵阵列或子阵列组，获得比毫米波系统更高的波束形成增益。太赫兹所需的宽带波束形成为所有子载波使用单个模拟波束形成器，以实现硬件效率和计算成本低廉的设计。然而，这会导致在较低和较高的子载波处产生的光束指向不同的方向，从而导致光束斜视现象。为了便于比较，在 30GHz(60GHz,1GHz)带宽下，0.3THz 时，由于波束斜视引起的波束空间角偏差分别约为 6°(0.4°)。处理波束斜视的一种方法是使用时滞网络，这被经典地称为时空滤波。或者，可以设计单个模拟波束形成器，同时将波束斜视效应传递到副载波数字波束形成器中。

(10)压缩感知

物联网、5G/6G 通信技术的发展，对于低时延可靠信号处理技术提出新的要求。自适应信号处理技术在自主驾驶、智能家居等领域也成为了研究热点。压缩感知(Compressed Sensing, CS)技术的发展使得稀疏信号处理在高维数据处理中发挥了重要作用。

压缩感知是一种先进的信号获取和处理方法，从少量的非相干测量中准确地恢复原始信号。在压缩感知中，重构稀疏或可压缩信号所需的样本较少，突破了传统的奈奎斯特-香农采样定理。压缩感知主要由传感和重建两个重要部分组成：在传感部分，使用满足一定条件的传感矩阵来获得稀疏信号，经典的传感矩阵有随机矩阵、确定性矩阵和结构化随机矩阵等。高斯矩阵和伯努利矩阵是典型的随机矩阵，常见的确定性矩阵有多项式矩阵和混沌矩阵，Toeplitz 矩阵和 Hadamard 矩阵是常用的结构化随机矩阵。

在重建步骤中，使用测量向量和压缩感知算法来重建原始信号。重构压缩感知算法有很多种，如凸优化算法、贪婪算法、贝叶斯算法等。除了理论研究之外，压缩感知还被应用于许多不同的领域，如数据压缩、图像加密和密码学等。

压缩感知在数据压缩、图像加密、密码学、复杂网络重构、信道估计、模信转换、信道编码、雷达重构、雷达遥感、数字虚拟资产安全与管理等方面也得到了广泛的应用。在具有能量限制和开放链路的网络中，如传感器和体域网络以及物联网(Internet of Things, IoT)中，压缩感知常被用作数据加密和压缩方法。由于在特定基或字典下图像数据的稀疏性，压缩感知在图像加密方面具有天然的优势。Orsdemir 等人验证了基于压缩感知的图像加密方案对噪声是有效的，他们分析了模型在暴力破解和结构化攻击下的安全性。

压缩感知还用于各种加密方案的构建，考虑到图像认证的篡改检测、定位和恢复三个主要问题，Du 等人提出了基于压缩感知的半脆弱图像认证，Hu 等人提出了一种基于压缩感知的云计算图像重建和身份认证方案，他们的方案将复杂的重建计算外包给云服务器，并且不透露图像的私人信息。Li 等人提出了一种结合 QR(Orthogonal matrices Right triangular matrices)分解和压缩感知，利用输入噪声恢复复杂网络的方法，他们将线性系统模型转化为压缩特征方程，并通过压缩感知重构动态结构。

压缩感知利用信道稀疏性，为信道估计提供了一个新的视角。Fang 等人提出了一种基于 STP-CS(Semi-tensor Product Compressed Sensing)的新型频谱感知算法来判断无线网络中信道占用状态，该算法是对传统频谱感知算法的推广,他们利用了无线网络中信道能量的稀疏性,只需要重建被占用信道的能量向量,而不需要恢复整个频谱信号。他们利用分布式压缩解决了多输入多输出正交频分复用系统中的稀疏信道估计问题,为了减少导频开销,提出了一种基于结构化压缩感知的时空联合信道估计算法。该方法利用了延迟域 MIMO 信道的常见稀疏时空特征。在压缩感知的帮助下,Vaquer 等人提出了一种方法来减少蒙特卡罗模拟的内存占用,其中需要整个问题的标量通量。他们规定随机选取在空间上不相邻的蒙特卡罗粒子计数,在使重构的总变异范数最小的基础上,使用少量的蒙特卡罗粒子计数进行部分重构。TRIGA(Training, Research, Isotopes, General Atomic)反应堆的模拟结果表明,该方法只需要总计数的10%左右,就可以得到准确的热通量和快通量图。

(11)雷达通信一体化信号处理

近年来,雷达通信一体化成为了流行趋势,为了充分发挥有限无线资源(如带宽)的潜力,并实现雷达和通信功能的协同设计,集成传感和通信(Integrated Sensing and Communications, ISAC)系统被提出作为下一代无线网络和雷达系统的关键技术,Liu 等人给出了 ISAC 的信号处理模型和技术框架,雷达与通信功能在 ISAC 发射端共同协调以形成系带 ISAC 信号,接收到的信号可能包括目标信息和通信信息,信号处理包括了以通信为中心、以雷达为中心和联合设计三种类型[87]。以通信为中心的主流方法是基于 OFDM 的 ISAC 信令,直接利用 OFDM 通信波形完成任务;以雷达为中心的方法也被称为信息嵌入方法,除了调制振幅、相位、FSK(Frequency Shift Keying)之外,

LFM(Linear Frequency Modulation)信号还存在一种 DoF(Degree of Freedom)设计,通过使频率随时间增加的斜率来用于数据嵌入,BouDaher 等人还提出了索引调制,可用于 MIMO 雷达发射正交波形,通过在多个天线之间变换波形来传递通信信息,而不破坏正交性。而对于联合设计的权衡,主要通过凸优化技术来实现[88]。

此外,MIMO 雷达数据量大、运算量大,对其实时处理需要非常高速的计算能力。Liu 等人提出了一种改进的 MIMO 雷达信号处理算法,结合以往算法提高了 MIMO 雷达算法的处理速度,在此基础上提出了一种基于 CPU/GPU 架构的 MIMO 雷达并行仿真系统。框架的外层是粗粒度的,在 CPU 上使用 OpenMP(Open Multi-Processing)进行加速,而内层的细粒度数据处理在 GPU 上进行加速。实验结果表明,采用 CPU/GPU 架构的 MIMO 雷达并行仿真系统大大提高了基于 CPU 的方法的计算能力。与串行 CPU 方法相比,GPU 仿真的速度提高了 130 倍。此外,基于 CPU/GPU 架构的 MIMO 雷达信号处理并行仿真系统,与 GPU 方法相比性能提升 13%。

(12)深度学习在信号处理中的应用

深度学习、大数据、物联网以及人工智能等技术的快速发展,推动着信号处理理论的研究,不仅为信号处理理论的研究提供了新的思路和方法,而且也为理论的应用和实践提供了更多的机会和场景。同时,信号处理的应用需求也不断涌现,例如医疗、无线通信、音频处理等领域,这使得信号处理理论的研究更加紧迫和迫切[89,90]。

深度学习方法如卷积神经网络(Convolutional Neural

Networks，CNN)和循环神经网络(Recurrent Neural Networks，RNN)被用于处理复杂的信号问题。自适应新型信号处理算法如基于梯度下降的优化方法被用于自适应过滤器设计，提高了信号处理性能。利用神经网络进行数据表示和特征学习的能力逐渐受到关注。深度学习通过自动学习特征表示和模型构建，使得信号处理得以从传统方法的限制中解放出来。

在深度学习中，最常用的数据表示方法是神经网络的输入层。对于信号处理任务，输入层通常采用适当的方式将原始信号转换为网络可以处理的形式。在图像处理中，可以使用CNN来处理图像信号。CNN通过卷积操作可以有效地捕捉图像中的局部特征，并通过池化操作减小特征图的维度，从而实现对图像的高级表示。除了CNN，RNN和长短期记忆网络(Long Short Term Memory，LSTM)等也被广泛应用于信号处理中的序列数据。RNN和LSTM可以有效地处理具有时序关系的数据，如语音信号或时间序列数据。它们通过记忆单元和门控机制来捕捉序列数据中的长期依赖关系，从而实现对序列数据的建模和表示。

深度学习在信号处理中的另一个重要应用领域是特征提取。在信号处理中，卷积神经网络是一种常用的特征提取方法。CNN通过卷积层和池化层的组合，可以自动地学习信号中的空间和频域特征。在图像处理中，CNN可以学习到边缘、纹理和形状等低级特征，以及更高级的语义特征。这些特征可以用于图像分类、目标检测和图像分割等任务。此外，递归神经网络和长短期记忆网络等也可以用于信号处理中的特征提取。RNN和LSTM通过循环连接和记忆单元，可以捕捉信号中的时序依赖关系，并学习到时间演化的特征。这对于语音识别、音乐分析和时间序列预测等任务非常有用。

传统的信号降噪方法通常基于统计模型或滤波器设计，需要依赖于手工提取的特征或先验假设。深度学习通过使用端到端的学习框架，可以从数据中自动学习噪声模型和信号特征，实现更准确和鲁棒的降噪效果。深度学习在信号降噪中的关键是设计适当的网络结构和损失函数，以最大限度地减少噪声对信号的影响。一种常用的降噪网络是自编码器(Autoencoder)。自编码器由编码器和解码器组成，可以学习到信号的低维表示和重建。在降噪任务中，自编码器通过在编码器中添加噪声和在解码器中进行重建，实现对噪声信号的抑制和去除。

传统的信号增强方法通常基于滤波器设计或模型建立，需要依赖于先验假设或手工设计的特征。深度学习通过学习大量的带有低质量信号和对应高质量信号的样本，可自动地学习信号的有用特征和映射关系，实现对信号的增强和重建。在信号增强中，深度学习网络的设计至关重要。常用的增强网络包括自编码器、生成对抗网络(Generative Adversarial Network, GAN)和变分自编码器(Variational Auto-Encoders, VAE)等。自编码器通过编码器将输入信号压缩为低维表示，通过解码器将低维表示重建为高质量信号。生成对抗网络通过生成器和判别器的对抗训练，可以生成更接近真实信号的样本。而变分自编码器则利用隐变量和概率建模的方式，实现对信号的高质量重建。

1.4 电磁空间工程科技发展规律与趋势

1.4.1 雷达领域工程科技发展规律与趋势

按照功能划分雷达的发展趋势，目前雷达领域逐步向多功能化、高性能化、网络化、低可探测性、量子雷达和人工智能等方向发展，为雷达技术的创新和应用、新质作战能力的生成提供了广阔的空间[90]。

一是随着雷达技术的不断发展和创新，雷达已经从单一的探测和测距设备，逐渐演变成为具有多种功能的综合性雷达系统。如多功能相控阵雷达(Active Electronically Scanned Array, AESA)可以实现目标探测、跟踪、识别、导引等多种功能，提高雷达系统的多用途性和效率。

二是随着微电子技术、光电技术、计算机技术等领域的发展和，雷达系统的性能不断提高。如高分辨率雷达可以实现更精确的目标探测和识别，超高频雷达可以实现更高的测距精度，同时雷达系统的抗干扰能力和隐身探测能力也在不断提高。

三是雷达系统网络化也是未来雷达领域的重要发展趋势，通过将多个雷达系统互联互通，可以形成雷达网络，实现更广泛的目标探测和监测。雷达网络可以应用于军事、民用、航空、海洋等领域。

四是隐身技术发展和应用正在推动雷达领域朝着低可探测性方向发展。低可探测性雷达可以通过降低自身辐射功率、采用隐身涂料、减小雷达反射面积等措施，实现对隐身目标的探测。低可探测性雷达的应用可以提高军事侦察和监测的效率和准确性，同时也可以应用于民用领域，如安全监测、环境监测等。

五是量子雷达技术。最新提出的量子雷达是一种利用量子力学原理进行目标探测和测距的新型雷达技术。量子雷达利用量子叠加态和量子纠缠态实现对目标的探测和测距，具有高精度、高安全性、高抗干扰性等特点，量子雷达虽处于研究阶段，但具有广阔的应用前景。

六是人工智能技术的应用，推动数字经济产业转型升级，打造高质量制造业，都需要人工智能技术赋能，这一技术的发展，对我国经济增长和国家安全也起着至关重要的作用。同样，人工智能也正在推动雷达领域的智能化和自主化发展。利用人工智能技术可以实现雷达系统的自主目标识别和跟踪，提高雷达系统的智能化水平和应用效率。

1.4.1.1 防空预警雷达领域工程科技发展规律与趋势

防空预警雷达主要用于探测与监视空中目标，掌握目标的实时情报信息，从而引导战斗机截击目标并为防空武器系统提供目标指示。随着战场环境日益复杂，在各类新兴威胁不断涌现，挑战现有防空作战体系的同时，防空监视雷达也在不断进行革新和突破。近年来，防空预警雷达领域工程科技的主要发展趋势如下[15, 32]：

一是针对提升防空能力迫切需求，积极研发新型预警雷达装备。面对不断变化的作战环境，全球范围内多个国家正在研发或规划新型防空预警雷达装备，通过发展新体制、新技术来满足当前及未来的防空需求，支撑战场体系化作战。

二是通过部署新装备和升级现役系统，加快提升防空预警能力。随着威胁的不断演进变化，各个国家越来越重视防空预警能力升级，通过维护、更新、换装防空预警雷达来不断提高本国防空预警能力，保障未来防空作战的重任。

三是面向近年兴起的无人机威胁，发展反无人机探测新能力。无人机作战力量成为整个新域新质作战力量中的重要关键作战节点和基础设施，作为智能化战争的力量倍增器，在军事中可以大大减少形成完整杀伤链的时间，在杀伤链的各个环节提升效率和准确性。无人机越来越多地用于军事活动，包括携带侦察和攻击载荷在军事冲突区内外活动。此外，采用商用无人机执行破坏性任务也呈显著增长趋势，这类无人机的活动已对民众产生了严重的人道主义威胁。随着无人机威胁在全球扩散并不断演进，投资开发反无人机雷达技术已成为各国的重点关注方向。

1.4.1.2 反导作战领域工程科技发展规律与趋势

现代战争面临各型导弹功能性能日益增强的威胁，反导作战体系已成为应对导弹打击的主要手段，也是全球军事强国战略威慑力量的重要组成部分。随着导弹威胁的演进，不断完善防御体系，持续提升反导探测与拦截能力，加强一体化空天防御体系建设已成为各国发展的重点。近年来，反导作战领域工程科技的主要发展趋势如下[3]：

一是美国重视国土巡航导弹防御能力建设，不断加强要地安全防御。美国巡航导弹国土防御能力非常有限，冷战和反恐时期遗留的装备仅提供了有限的防御能力，而且功能陈旧，必须进行现代化升级，为此，美国正通过政策指导、装备研发、实弹测试等多种手段来提高巡航导弹防御能力。

二是继续推动反导预警系统建设，填补重点方向反导预警盲区。美俄继续加快反导雷达的建设工作，不断完善其导弹预警体系，填补反导预警盲区。

三是推动研制和采购新型反导雷达装备，积极探索新手段，构建反临预警探测体系。美俄积极推动研制和采购新一代兼备一体化反导反临功能的新型雷达，加快开展相关测试，从而提升综合反导作战能力。

1.4.1.3 机载雷达领域工程科技发展规律与趋势

近年来，随着 AESA 成为各国战斗机雷达的标配，美欧正在加紧装备新型机载 AESA 火控雷达来适应这一发展趋势。新型预警机的采购部署已成为了全面提升作战能力的重要举措，为此全球范围内多个国家正计划部署采购新型预警机来实现机载预警能力升级[50]。

在机载对地监视领域，多个国家正在积极发展适于各型有人与无人空中平台的小型化、模块化监视雷达，新装备不断涌现。在星载对地监视领域，各国也正在全力打造新一代合成孔径雷达(Synthetic Aperture Radar，SAR)卫星星座，并已初步形成了相关监视能力。近年来，机载雷达领域工程科技的主要发展趋势如下：

一是重视机载火控雷达研制，提升战斗机作战能力。机载火控雷达是战斗机获取目标、环境信息的核心传感器，随着新型雷达技术发展和新型战斗机研制发展，机载火控雷达在作战目标、环境、任务等诸多方面面临着新的发展需求。美俄等军事强国持续为战斗机、轰炸机开发和升级 AESA 机载火控雷达，在显著提升战机性能的同时，降低运行与升级成本。

二是加快预警机升级部署,填补机载预警能力空缺。预警机可执行预警指挥、作战管理、信息分发等多种任务,已成为空军作战能力的倍增器,各国对此高度重视,加快采购新型预警机,以补充加强现役预警机机群,以提升机载预警能力,满足未来作战需求。

三是增强雷达成像和动目标探测功能,改善情报、监视与侦察能力。由于机载/星载 ISR 在军事行动中的作用越来越重要,因而对雷达的能力要求也越来越高,已呈现出平台多样化、功能多样化等特点,尤其是星载合成孔径雷达具有全天候、全天时工作、大幅宽大面积成像和穿透能力,已经成为各国重点关注,国际上已经涌现出一批新兴的低轨 SAR 星座项目。

1.4.1.4 太空目标监视雷达领域工程科技发展规律与趋势

太空目标监视雷达系统的主要任务是对重要空间目标进行主动搜索、远距离监视、实时跟踪和精准识别,测定其任务、尺寸、形状和轨道参数等重要目标特性。主要用于探测人造地球卫星、空间探测器、航天飞机及各种空间碎片等重要空间目标,也可兼顾对弹道导弹的预警,在航天活动、太空资产安全和太空攻防作战中起着基础性与关键性作用[82-85]。近年来,太空目标监视雷达领域工程科技的主要发展趋势如下:

一是加强装备建设规划,大幅提升天域感知能力。多国正通过规划建设新装备、升级现役装备,以及采购商用服务等方式,来提升天域感知能力,应对逐渐紧迫的太空安全挑战。

二是加快推动开发深空探测能力,保障高轨资产安全。现有的太空监视网络对同步轨道和高轨存在较大的覆盖缺口,实时监视的能力不足,为此美国太空军正在加紧实施深空雷达项目,以弥补这一能力差距[69]。

1.4.1.5 国家防御体系工程科技发展规律与趋势

随着远程多弹头新型弹道导弹、超高超声速武器、高隐身飞行器、无人机蜂群等新型武器的发展与威胁,军用雷达为实现复杂作战环境下对各类目标的远程、广域、高精度、持续探测、监视及精确制导,向体系化、协同化、一体化、虚拟化方向发展[87]。物联网、智慧社会的发展推动民用雷达在空管、气象、遥感、交通、智能家居及通信感知一体化方向迅速发展,近年来,国家防御体系工程科技的主要发展规律和趋势如下:

(1)体系化

当前,世界主要军事强国高度重视体系化推进新域新质作战力量建设,并将其作为夺取智能化高端战争主导权的重要抓手。美国智库提出五层巡航导弹国土防御架构,2022年7月,美国智库战略与国际问题研究中心(Center for Strategic and International Studies,CSIS)发布《将北美作为一个整体:一体化、分阶段、经济可承受的国土防空反导方法》报告,指出美国国土防御主要集中在远程弹道导弹上,而忽视了巡航导弹威胁,美国在探测、跟踪、识别或拦截巡航导弹方面的能力非常有限,为应对不断加剧的复杂空中攻击形式,防空反导需要新的方法、概念、能力和新的防御设计[51, 84]。

基于七个防御设计原则提出了分三个阶段实施五层巡航导弹国土防御架构：第一层是全球威胁感知，基于情报提供对对手行为模式的理解，并在攻击即将发生时进行预警。第二层是21世纪远程早期预警(Distant Early Warning, DEW)线，聚焦远程预警，对接近北美的空中和海上威胁进行360°超视距探测。第三层是广域监视(Wide Area Surveillance，WAS)，侧重于北美内部，整合现有传感器能力，保持对潜在威胁的感知。前三层负责预警，并将威胁信息传递给下一层。第四层是优先区域防御，负责要地防御，对聚集关键资产的少数地区提供加权防御覆盖。第五层是基于风险的机动性防御，引入具有机动性和灵活性的传感器，北美前突部署或覆盖北美其他地区。最后，通过联合指挥与控制将这些要素和层次结合起来。

美国持续优化反导探测体系，主要的建设思路包括：

一是升级天基预警能力。面对中俄两国高超声速威胁，美国传统的导弹监测体系基本上失去了以往的作用，计划通过构建低轨预警卫星星座，构建反导反临预警一体化能力。美国2019年发布的《导弹防御评估》报告中明确提出，将构建面对高超目标的集探测-打击-评估于一体的反临作战体系。2020年6月，美国太空发展局、国家侦察局与美国军方其他部门共同研发在太空部署一个监测高超音速武器的导弹预警跟踪卫星层，以侦测到地面上的高超音速导弹的踪迹。计划建造由70颗宽视场、中视场卫星构成的高超导弹预警网络，星间数据共享由新型太空架构中的传输层卫星实现，最终2030年在太空建立完整高效的导弹预警跟踪卫星层。这将使地面上的高超音速武器无所遁形，战术数据链负责拦截武器系统的信息传输,持续覆盖重点区域。

二是完善舰载反导探测能力。在舰载反导探测方面,美军已装备43艘具备反导作战能力的宙斯盾战舰。不过,作为"宙斯盾"反导系统的核心,SPY-1D雷达在最初设计时仅针对防空任务,并未考虑弹道导弹防御能力,防空和反导任务不能同时进行。为此,美国开始研发AMDR(Air and Missile Defense Radar)下一代宙斯盾雷达,采用四面阵设计,负责支持防空、反导、反舰战、反潜战、对陆攻击等多种作战任务,包括一部S波段雷达(AN/SPY-6(V)1)、一部三面阵X波段雷达(AMDR-X)和一部雷达设备控制器(Radar System Control, RSC),是构成美国海军今后40年的主力舰载雷达装备。2020年7月,AN/SPY-6(V)1雷达系统正式交付美国海军"杰克·卢卡斯"号"阿利·伯克"级驱逐舰。美国在2021年开始进行SPY-6的缩小版改装测验,让更多的老式伯克级驱逐舰配装SPY-6改型。

三是建设空基反导预警手段。美国利用高空长航时无人机平台,先后开展研制无人机反导预警系统、无人机激光反导拦截系统,构建基于全无人平台的空基层反导预警、跟踪、拦截能力。目前,均处于预研阶段,预计2030年实现装备工程化。

四是提升多系统协同水平。推动全域一体化反导体系建设,采用模块化设计、开放式架构,并且具备一定的可扩展能力。该系统目前已经开展了THAAD(Terminal High Altitude Area Defense)、爱国者-3的互操作拦截试验,已经成功实现了THAAD探测、爱国者拦截,显著提高了末段反导的拦截范围；开发出 IBCS(Integrated air and missile defense Battle Command System)防空反导作战指挥系统，实现了爱国者-2/3、THAAD、复仇者等防空反导系统的互通和互操作，可直接取代部署的多个防空和反导指挥系统，指挥阵地上的多个雷达和防空武器对威胁目标开展协同，可有效应对巡航导弹、无人机等威胁。

(2)协同化

美国在协同化方向的技术发展与建设思路如下：

一是开展有源无源协同试验。2022 年 5 月，亨索尔特公司推出将其 TRML-4D 有源雷达与 Twinvis 无源雷达相结合的 TwinSens 有源/无源雷达协同方案。从效能上看，有源雷达与无源雷达协同，可在有效提升态势感知能力的同时，强化整体抗干扰性能，与传统独立传感器相比，整体解决方案战场效能大幅提升。

二是开展雷电协同试验。2021 年 9 月 9 日，在"北方闪电"(Northern Lightning)演习中，诺格公司的下一代电子战系统和 AN/APG-83 可扩展敏捷波束雷达(Scalable Agile Beam Radar, SABR)在复杂对抗电磁频谱环境中展示了完全的互操作性，演示了全脉冲对脉冲、多功能互操作性，验证了复杂高密度射频环境中，雷达的识别与电子战干扰的协同能力。

三是发展分布式相参探测。美国太空军于 2021 年 7 月宣布在英国建造一个深空先进雷达能力(Deep Space Advanced Radar Capability，DARC)站点，其雷达站由 10~15 部直径约 15 米的抛物面天线组成，多部抛物面天线发射的信号相参，虚拟形成大阵面，可探测同步轨道的目标。

2021年12月，美国国防部国防高级研究计划局(Defense Advanced Research Projects Agency, DARPA)启动了先进的"分布式雷达成像技术"，旨在演示验证以编队飞行的合成孔径雷达卫星簇能够实现的先进能力。该项目包含编队飞行与数据收集、算法等两个技术领域。该项目是"马赛克战"最终愿景的重要组成部分。

(3)一体化

美国在一体化方向的技术发展与建设思路如下：

一是推进先进的阵列技术应用于综合射频。2021年9月，DARPA宣布其在"商业时标阵列-集成和验证"(Arrays at Commercial Timescales-IV, ACT-IV)计划下开发的先进传感器系统已移交给美国空军研究实验室，用于进行数字、多功能射频技术的持续探索和实验，以满足国防需求。ACT-IV是一种新型多功能有源电子扫描阵列系统，能够在不同模式下同时执行雷达、电子战和通信功能。

二是高功率微波的集成。开发了用于装甲车的"宽带可选传输雷达"，在常规装备基础上，显著提升了高功率的微波攻击功能。美国陆军与国防厂商伊庇鲁斯公司近日签署一份总价6610万美元的合约，将以该公司推出的"列奥尼达斯"反电子武器系统为基础，开发美军专用的反无人机高能量微波系统。

三是一体化有源无源技术向实装转化。2023年1月6日，美国雷声公司海军雷达项目高级主管迈克·米尔斯表示，美国海军新型防空和导弹防御雷达SPY-6(V)1将于2024财年第四季度达到初始作战能力(Initial Operational Capability, IOC)。

(4)数字化

数字工程被视为"改变游戏规则"的颠覆性机遇,"数字孪生"等成为行业的热点。美国陆军发布《陆军数字化转型战略》,推进陆军所有技术的现代化工作,支持多域作战。美国太空军随后发布《美太空军数字军种转型战略》,推动军种全方位的数字化转型。在 2020 年秋季由美国太空作战负责人发布的《创建数字军种以加速创新指南》的基础上,2021 年 5 月美国太空军正式发布了一份概述太空军"数字军种愿景"的新文件。该愿景清晰地描述了"数字军种"的含义,指出了美国太空军数字转型应遵循的三大原则,并概述了实现这一愿景所必需的四个重点领域。

1.4.2 通信领域工程科技发展规律与趋势

为适应传统产业变革需求,以颠覆性技术和前沿技术催生新产业,通信技术由模拟通信不断向数字通信演进,光纤通信、互联网、无线通信及卫星通信飞速发展,通信网络向大容量高带宽、广覆盖大连接、异构融合可定制的"空天海"协同一体化泛在通信网演进[69, 72, 79]。

1.4.2.1 天地一体化

卫星通信利用地球同步轨道或低地球轨道的卫星进行长距离通信。卫星通信可提供全球覆盖的通信服务,但通常有一定延迟。近年来,SpaceX 推出"星链"(Starlink)项目,并开始大规模部署低地球轨道卫星通信网络,提供更快速、更可靠的全球互联网服务。构建天地一体化网络信息体系服务国家和社会,推进太空力量建设,已经成为大国争夺焦点和强国强军的重点发展战略。

一是不断加强卫星通信应用，构建天地一体化战略体系。随着对太空威胁认识的不断深化和自身对太空能力需求的不断增长，以美国的"国防太空架构"为例，欧美各国已经开始将太空安全视为核心利益，重视把开发太空资源与维护太空安全统一起来，深度推进太空领域军民融合，开始主动寻求国家军事航天技术体系化、弹性化均衡发展，军民融合的范围不断拓展、模式持续创新。

二是太空攻防手段多样化助力抗干扰技术发展成为主要趋势。2021年，美国SpaceX公司的"星链"卫星，两次危险地接近中国空间站，导致中国空间站组合体两次实施"紧急避撞"。随着太空技术的发展，特别是"星链"的建设，国际太空轨道资源日益趋紧，世界各国也将越来越重视调控的攻防问题，太空攻防体系的构建也将成为重点发展领域。

三是持续推进太空军力量发展。当前世界各国均在加速建设太空部队力量，同时建立更加高效、快速、扁平化的指挥决策体制来增强太空军作战部队弹性及响应能力。美国更加重视太空部队建设，在新建太空司令部、筹组太空部队同时，持续发展态势感知、太空控制、太空作战支援系统，不断完善太空作战体系，大力提升太空作战能力，巩固扩大太空优势地位，确保自由进入太空并在太空开展各种活动。

未来SpaceX公司有可能根据美军方需求，依托现有"星链"卫星搭载电子战装备，增强对地面及空间目标的射频辐射源监测能力及电子干扰能力。太空低轨层目前已成为各国角逐的焦点，随着各国低轨卫星项目纷纷上马，未来低轨层电磁空间作战装备大幅增加,军用电子信息装备数量的激增必然导致对抗装备数量的激增,而在空间直接进行干扰明显具有距离优势和无障碍优势。目前美国已在发展专门用于地面射频辐射源监测的太空电子战装备,而"星链"集成相关装备亦具有较强可行性。同样,"星链"亦可搭载专门对低轨卫星目标进行电磁侦测和攻击的电子战装备,以在必要时瘫痪对手低轨卫星的电磁空间作战能力。如图1.5所示。

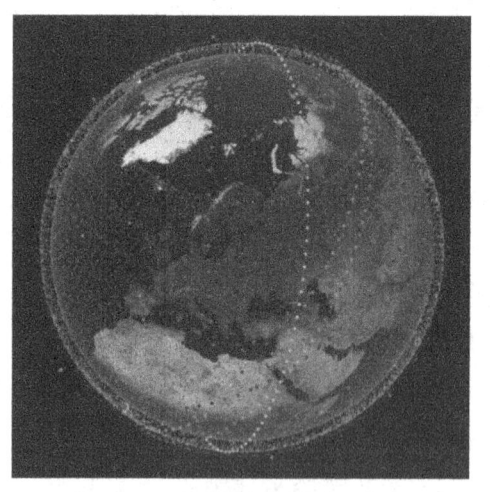

图1.5 "星链"计划示意图

1.4.2.2 多手段、多系统、多作战域联合

聚焦通信及通信抗干扰的全域作战体系能力生成,技术上向多手段、多系统、多作战域联合的方向发展。主要呈现以下发展趋势:

一是从技术手段上,相较单一域的通信抗干扰手段,基于空域、时域、频域、码域的多域联合的协同处理技术,

从多个域区分通信与干扰信号,能够提高通信抗干扰的能力,越来越受到青睐。

二是从系统实现上,基于天基、航空、地面、海面(下)各类通信系统的融合,空天地一体化网络是军事通信发展应对不同环境的必然选择。

三是从作战理念上,无论是美国《AFC71-20-8:网络空间与电磁作战》和《FM 3-12:网络空间作战与电磁战》等条令的颁发,还是各类演习、竞赛中聚焦网络电磁行动能力的提升,均体现了将网络空间作战与电磁战融合,实现多域作战理念的融合是大势所趋。

1.4.2.3 无人化、小型化、智能化、认知化

随着智能化、认知技术发展,在作战应用方面不断催生新质作战能力,在装备发展上重点推进无人化、小型化,实现快速作战部署,技术上向着智能化、认知化方向发展,并不断强化抗干扰动态自适应能力,以有效应对突发干扰,未来通信以及通信抗干扰系统的主要发展趋势如下:

一是无人化系统和装备趋于多样化。以色列推出具有水面战、水下战、电子战和不对称作战相关的重要载荷和能力的无人艇,影响了未来海战的发展趋势。

二是以无人机为主的无人化装备将取代以往精准打击武器,实现自主精确打击目标。

三是通信及抗干扰系统技术不断更新迭代,装备越来越趋于小型化、便携化,使之易于集成到小型平台或无人机群中,可快速满足迫切作战需求。

四是利用智能抗干扰技术,在对电磁干扰环境进行实

时认知基础上，智能地对抗干扰通信系统参数优化配置，采取最佳的抗干扰手段，可极大提高系统的抗干扰能力和频谱利用率。

五是人工智能的发展推动电子信息设备的智能化程度不断提升，技术加快向设备转化。智能通信抗干扰设备的应用和落地实现成为以后的重要研究方向。

六是多国采用先进技术完成对电子战系统的升级改造，战场电磁环境日益复杂，感知目标难度逐渐加大，未来将更注重对战场电磁环境的自主感知能力和快速应变能力。

1.4.2.4 高隐蔽、多维度、软件化

为了应对抗截获风险，通信抗干扰波形的设计与处理向高隐蔽、多维度、软件化发展，主要呈现以下发展趋势[48]：

一是美国受保护宽带卫星(Protected Wideband Satellite, PWS)基于波音公司的702X软件驱动技术，可实现实时和自动波束形成，以提升远距离通信性能和信号保护能力。

二是美国数据矩阵解决方案(Digital Matrix Systems, DMS)公司面向航空航天和国防应用，提出了一种无密钥、无特征安全通信软件波形，使用专门的随机无密钥算法消除波形特征，增强抗干扰能力。

三是联合战术通信系统(Joint Tactical Radio System, JTRS)，将所有时、频、空、能、码域的抗干扰功能通过软件嵌入到各种波形内，实现通信波形抗干扰功能的多维度与软件化。

1.4.2.5 通感一体化

无线通信和感知均基于电磁波的基本理论，发送端对电磁波进行调制，将信源信息调制到信号上，在传播过程中，受到传输环境的改变，因此承载环境信息。接收端通过对所接收到的信号进行解调，得到信源信息与环境信息。这是实现通信感知一体化(Integrated Sensing And Communication, ISAC)的理论基础。与通信感知分离系统比较，通感一体化设计可节约成本、降低功耗、提升效率、减小尺寸、减小通信和感知之间的互干扰等[9, 23]。

通感一体化技术通过在无线信道传输信息的同时，主动认知并分析信道的特性，感知周围环境的物理特征，使通信与感知功能相互增强，提供更高效、更灵活的无线通信方式，实现更智能的感知应用。例如，在智能驾驶领域，通过将车辆的通信和感知功能集成在一起，可以轻松实现车辆之间的信息交流和协同感知，显著提高交通系统的安全性和效率。在物联网领域，通感一体化技术也可以实现更高效、更智能的无线传感器网络，提高物联网的应用价值。

2023 年 3 月发布的《通感一体化系统架构和关键技术》白皮书提出，6G 频段具有大带宽与高穿透能力的特点，辅以更大规模天线阵列与更密集通信网络的部署，将促成 6G 实现更高感知精度与更高感知分辨率的感知服务。

传统信息论的度量只局限于信息的传输，且一般是在电磁波远场条件下使用香农定律，也没有关注信息的感知和获取。通感融合有望打破旧有理论体系，建立更加适应 6G 信息化时代的基础理论体系。太赫兹技术的快速发展，由于太赫兹丰富的频谱信息，既可以用来感知外部环境，或作为无损检测技术，又可以作为通信频段[66]。特别是太赫兹频段的精确定位、测距、高分辨成像、光谱分析、高速通信等多方面功能的智能化协作和资源调度、软硬件共用是通感融合研究的重点，为通感一体化技术应用提供了支撑。

1.4.2.6 深入拓展5G/6G多场景融合

网信事业代表着新的生产力与新的发展方向，应该在践行新发展理念上先行一步。5G的三大核心应用场景分别为：①增强移动宽带业务(enhanced Mobile Broadband, eMBB)整体提升用户体验，即网络覆盖范围更大、速率更快、用户容量更多；②海量机器类通信业务(massive Machine Type Communication, mMTC)属于物联网的应用场景，侧重人与物的信息交互，主要是依靠5G的大容量来支持海量终端接入，从而实现智慧城市、智慧工厂和智能家居等；③低时延高可靠通信业务(ultra Reliable Low Latency Communication, uRLLC)也属于物联网的应用场景，侧重物与物的通信需求，主要是依靠5G的低时延、高可靠、高可用性来实现车联网、自动驾驶、远程医疗等。

5G作为第五代移动通信技术，能够提供更高的数据传输速率(高达20Gbps，比4G快10倍以上)、更低的延迟(低至1ms)和更高的连接密度。5G技术采用了更高的频率(从数百MHz到100GHz)，包括毫米波频段。5G还引入了大规模MIMO、小区技术、波束成形等先进的无线通信技术，进一步进行多场景融合应用。要发展数字经济，加快推动数字产业化，必须依靠信息技术创新驱动，不断催生新产业、新业态、新模式,用新动能推动新发展,与5G通信相比,6G将成为未来社会高效可持续发展的网络信息底座,通过将通信、感知和计算服务集成在一起,提供更加全面、高效和灵活的服务,为未来的数字化社会提供强有力的支持。

5G/6G通信技术、卫星通信、无线传感器网络、物联网和无人机通信等技术正在快速发展,并在自动驾驶汽车、智能家居、环境监测和远程医疗等多领域带来革命性的改变[82]。

一是深入拓展5G应用与6G通信。5G通信应用包括高速移动宽带、物联网、自动驾驶汽车、远程医疗等。未来,正在向深入拓展5G应用领域及6G通信方向快速发展。

二是物联网。物联网是一种通过互联网连接各种物理设备、传感器和系统的技术。IoT的目标是实现设备之间的实时通信、数据共享和智能控制。物联网应用包括智能家居、智能交通、智能城市等。IoT关键技术包括低功耗通信(如LoRa(Long Range Radio)、NB-IoT(Narrowband Internet of Things))、大规模设备连接、数据处理和安全等。

三是无线传感器网络(智慧工厂/城市)。无线传感器网络(Wireless Sensor Networks, WSN)是一种由大量分布在特定区域内的传感器节点组成的网络。这些传感器节点通过无线通信技术收集和传输数据。WSN应用广泛,包括环境监测、农业、工业、交通等领域。WSN关键技术包括低功耗无线通信、数据融合、节能路由等。

四是无人机通信。无人机通信指的是无人机与地面控制站、其他无人机或基础设施之间的通信。无人机通信技术的关键是实现高效、可靠、安全的数据传输。无人机通信应用包括航拍、监测、通信中继、物流等。无人机通信关键技术包括自适应速率编码、多径衰落补偿、安全加密等。由无人机引领的低空经济可以类比新能源汽车 2012年的发展阶段，产业仍处于商业化早期，长期发展前景广阔，而我国发展低空经济具备"后发优势"，4月17日，国家发改委明确指出低空经济涵盖高端制造、人工智能等前沿行业，是极具发展潜力的战略性新兴产业，有望为我国经济开辟新增长极。

上述 5G/6G 通信技术、卫星通信、无线传感器网络、物联网和无人机通信都在电磁空间中发挥着关键作用，用于处理和传输大量数据。这些技术也带来了一些挑战，例如，如何有效地管理电磁频谱资源，以避免频谱拥塞和干扰；如何确保数据的安全和隐私；如何提高设备的能效，特别是对于无线传感器网络和物联网中的低功耗设备。

总体来说，5G/6G 通信技术、卫星通信、无线传感器网络、物联网和无人机通信等技术正在不断发展和创新，将推动电磁空间理论和应用的创新研究，为国家和社会带来更多的可能性和发展机遇。

1.4.3 电磁对抗领域工程科技发展规律与趋势

现代战争不再是正面激战，而是隐蔽性的战斗活动，电磁对抗可以在战场上比较有效地运用。交叉相组合、调制、补偿混淆等手段，使电磁对抗技术可以识别但无法耐受对方的导弹预警系统[1-3, 50]。电磁对抗也可以产生和传播特定的干扰信号，从而使空袭、空军作战、火炮射击等都难以发挥其最大效果。

当前，电磁对抗技术在移动通信、无线网络和精确武器引导系统等领域有着广泛的应用。在移动通信领域，通过对抗技术可以有效地抑制有害信号，从而有效防范移动终端和无线设备由外部干扰而引起的严重危害。在无线网络领域，通过采用电磁对抗技术，可以有效抑制网络攻击，从而阻止可能的外在威胁。在精确武器导引系统方面，电磁对抗技术可以实时处理威胁信号，抑制对敌导弹导航、精确制导和控制系统的外部干扰，有效保障引导系统正确工作。电磁对抗技术水平的提高，以及在电子战方面完善的运用，是电磁对抗技术应用趋势的主要原因。针对当前电子战的发展趋势，电磁对抗技术亟待探索和应用。

首先，抗干扰技术将得到进一步的完善发展和研究。随着电子战的出现，敌方的干扰等会降低敏感度和稳定性，因此，抗干扰技术的研究，将在抑制有害信号的方面有着更新的发展。突破目前出现的各种抗干扰技术，可以处理复杂的对抗情况。

其次，精确武器导引系统的电磁对抗技术也将得到更新的发展。武器导引系统的电磁对抗应用，涉及一系列复杂的技术，特别是抗干扰、抗拒识别和反制等，可以有效阻断和抵御外部威胁，为实现有效精确武器引导服务。

同时，电磁对抗应该更加强调以反制为技术对策。在反制技术中，监测反制情况，发现对方技术漏洞，并利用这些漏洞可以有效抵御外来企图，实现双方协调。

此外，今后有必要重视脆弱性技术应用分析及其介入研究。通过对敏感系统的脆弱性分析，可以发现系统的弱点，探索相对应的电磁对抗技术，以达到增强系统安全性的目的，保护系统免于干扰和攻击的侵扰。

近年来，美国积极谋划重塑电磁频谱优势，不断完善电磁频谱作战理论，持续推进电子战向电磁频谱作战的转型提升，全球电磁对抗领域呈现强劲的发展态势。

面向未来潜在的作战需求、新作战场景和更复杂的作战环境，电子战飞机蓬勃发展，机载电子战装备持续升级，舰载和地面电子战装备稳步有序发展，太空电子战装备发展提速。认知电子战、人工智能、机器学习、量子技术等颠覆性技术的广泛深入应用正在推动电磁对抗装备性能的跨越式提升和智能化发展、协同化运用，网络空间作战和电磁战融合正在加速推进。电磁对抗领域工程科技的主要发展和表现如下：

一是不断完善电磁频谱作战理论[8,9]。

二是电子战飞机蓬勃发展，通过升级或研制和采购新机，促进电磁对抗能力的重大飞跃。机载电子战装备成为优先发展的重点，持续推进装备研制和升级，认知电子战技术运用初显成效。

三是无人机电子战、蜂群电子战快速发展，将成为未来空中电子战的生力军。

四是舰载电子战装备有序发展，性能不断提升，应用更为全面。

五是地面电子战装备面向传统和未来潜在的需求稳步发展，适应多种作战场景。

六是太空电子战装备发展提速，太空成为电磁频谱竞争的新高地[69]。

七是认知电子战加快应用转化，进入平台应用阶段。

八是电子战和网络战能力融合探索不断深入。随着人工智能、机器学习等新技术的发展以及网络空间与电磁频谱的深度融合,电子战与网络战之间也呈现出融合发展趋势。近年来,美军不断探索电子战与网络战的融合理念、技术、装备,旨在向实战运用转化。

1.4.4 电磁空间安全领域工程科技发展规律与趋势

电磁空间安全涉及两个主要方面:一是保障国家的各类电磁波应用活动能够正常进行,不受威胁和没有危险;二是确保国家秘密频谱信息和重要目标信息得到电磁安全保护[1]。近年来,电磁空间安全领域工程科技的主要发展趋势如下:

一是频谱管理与干扰防御[8,9]。频谱管理是保障电磁空间安全的关键。中国周边国家在频谱管理方面加强了监测和防御能力,采取了一系列措施来减少频谱干扰和干扰源的影响。这包括加强频谱监测和干扰源定位技术,制定更严格的频谱管理政策和规定,以保障电磁空间的有序和安全运行。

二是导航与卫星通信安全[83-88]。导航系统和卫星通信在中国周边地区具有重要战略意义。为保障这些系统的安全运行,中国周边国家在导航与卫星通信安全方面加强了研究和防护措施。这包括采取反干扰技术,提高系统的抗干扰能力,采取加密和认证等安全措施,以防范恶意攻击和非法访问。

三是雷达监测与防御[11-15, 91]。雷达系统在军事和民用领域都具有重要意义。为保障雷达系统的安全,中国周边国家加强了雷达监测和防御能力。这包括加强雷达信号监测、干扰源定位和反制技术,以及开展雷达系统的演习和实战训练,以确保雷达系统的正常运行和安全防护。

四是建立多层次防护体系[2]。为应对电磁空间安全挑战,中国周边国家建立了多层次的防护体系。这包括从政策法规层面加强管理,加强网络和信息安全保护,提高系统的鲁棒性和抗干扰能力,加强技术研发和创新,提升人员培训和意识。

五是国际合作与协商[48, 69]。电磁空间安全是全球性的挑战,需要国际合作与协商。中国周边国家积极与相关国际组织和国家开展电磁空间安全领域的合作与协商,共同推动电磁空间安全的发展和保障。这包括与邻国的频谱管理、干扰源定位和电磁兼容性等方面的合作,以及与国际组织如国际电信联盟(International Telecommunication Union, ITU)和国际卫星通信组织(International Telecommunications Satellite Organization, ITSO)等的合作,共同制定和遵守国际电信规则和标准,保障电磁空间的有序和安全运行。

参 考 文 献

[1] 王丹琛. 建设国家电磁空间安全体系维护电磁空间安全国家利益——陈鲸院士谈电磁空间安全中国信息安全, 2020(12): 24-28.
[2] 董海滨, 王暖臣, 穆歌, 等. 网络信息体系标准体系研究现状分析. 中国电子科学研究院学报, 2023, 18(2): 189-194.
[3] 陈爱林. 2022 年情报侦察领域发展综合分析. 中国电子科学研究院学报, 2023, 18(2): 103-107.
[4] 韩长喜, 邓大松, 王虎, 等. 2022 年雷达技术发展综述. 中国电子科学研究院学报, 2023, 18(2): 108-112.
[5] "电磁计算"专刊编委会. 电磁计算方法研究进展综述. 电波科学学报, 2020, 35(1): 13-25.

[6] Kong B B, Sheng X Q. Adiscontinuousgalerk in surface integral equation method for scattering from multi-scale homogeneous objects. IEEE Transactions on Antennas and Propagation, 2018, 66(4): 1937-1946.

[7] Yang M L, Gao H W, Sheng X Q, et al. Parallel domain-decomposition-based algorithm of hybrid FE-BI-MLFMA method for 3-D scattering by large inhomogeneous objects. IEEE Transactions on Antennas and Propagation, 2013, 61(9): 4675-4684.

[8] 吴启晖, 任敬. 电磁频谱空间认知新范式: 频谱态势. 南京航空航天大学学报, 2016, 48(5): 625-632.

[9] 刘凡, 袁伟杰, 原进宏, 等. 雷达通信频谱共享及一体化: 综述与展望. 雷达学报, 2020, 10(3): 467-484.

[10] Zhang A, Rahman M L, Huang X, et al. Perceptive mobile network: cellular networks with radio vision via joint communication and radar sensing. IEEE Vehicular Technology Magazine, 2020, 16(2): 20-30.

[11] Luong N C, Lu X, Hoang D T, et al. Radio resource management in joint radar and communication: a comprehensive survey. IEEE Communications Surveys and Tutorials, 2021, 23(2): 780-814.

[12] Akan O B, Arik M. Internet of radars: sensingversussending with joint radar G communications. IEEE Communications Magazine, 2020, 58(9): 13-19.

[13] Ma D, Shlezinger N, Huang T, et al. Joint radar-communication strategies for autonomous vehicles: combining two key automotive technologies. IEEE Signal Processing Magazine, 2020, 37(4): 85-97.

[14] Feng Z Y, Fang Z X, Wei Z Q, et al. Joint radar and communication: a survey. China Communications, 2020, 17(1): 1-27.

[15] Cager R, Laflame D, Parode L. Orbiter Ku-band integrated radar and communications subsystem. IEEE Transactions on Communications, 1978, 26(11): 1604-1619.

[16] Han L, Wu K. 24-GHz integrated radio and radar system capable of time-agile wireless communication and sensing. IEEE Transactions on Microwave Theory and Techniques, 2012, 60(3): 619-631.

[17] Borky J M, Moghaddasi J, Wu K. Multifunctional transceiver for future radar sensing and radio communicating data-fusion platform. IEEE Access, 2016(4): 818-838.

[18] Nusenu S Y, Shao H Z, Pan Y, et al. Dual-function radar communication system design via sidelobe manipulation based on FDA butler matrix. IEEE Antennas

and Wireless Propagation Letters, 2019, 31(10): 452-456.
[19] Hassanien A, Amin M G, Zhang Y D, et al. Signaling strategies for dual-function radar communications: an overview. IEEE Aerospace and Electronic Systems Magazine, 2016, 31(10): 36-45.
[20] Hassanien A, Amin M G, Zhang Y D, et al. Dual-function radar-communications: information embedding using sidelobe control and waveform diversity. IEEE Transactions on Signal Processing, 2016, 64(8): 2168-2181.
[21] Winkler V, Detlefsen J. Automotive 24GHz pulse radar extended by a DQPSK communication channel//Proceedings of the 4th European Radar Conference, Munich, 2007.
[22] Surender S C, Narayanan R M, Das C R. Performance analysis of communications & radar coexistence in a covert UWB OSA system//Global Telecommunications Conference, Miami, 2010.
[23] Xu S J, Chen Y, Zhang P. Integrated radar and communication based on DS-UWB//The 3rd International Conference on Ultrawideband and Ultrashort Impulse Signals, 2006.
[24] Mealey R M. A method for calculating error probabilities in a radar communication system. IEEE Transaction on Space Electronics and Telemetry, 1963, 9(2): 37-42.
[25] Chen X, Wang X, Xu S, et al. A novel radar waveform compatible with communication. ICCP 2011 Proceedings, 2011.
[26] Wang X, Xu J. Co-design of joint radar and communications systems utilizing frequency hopping code diversity//2019 IEEE Radar Conference, Boston, 2019.
[27] Eedara I P, Hassanien A, Amin M G, et al. Ambiguity function analysis for dual-function radar communications using PSK signaling//The 52nd Asilomar Conference on Signals, Systems and Computers, 2018.
[28] Zhang Q, Zhou Y, Zhang L, et al. Circulating code array for a dual-function radar-communications system. IEEE Sensors Journal, 2020, 20(2): 786-798.
[29] Zhou S, Liang X, Yu Y, et al. Joint radar-communications co-use waveform design using optimized phase perturbation. IEEE Transactions on Aerospace and Electronic Systems, 2019, 55(3): 1227-1240.
[30] Zhang Q, Zhou Y, Zhang L, et al. Waveform design for a dual-function radar-communication system based on CE-OFDM-PM signal. IET Radar, Sonar and

Navigation, 2019, 13(4): 566-572.
[31] Donnet B J, Longstaff I D. Combining MIMO radar with OFDM communications//Proceedings of the 3rd European Radar Conference, 2006.
[32] Sturm C, Wiesbeck W. Waveform design and signal processing aspects for fusion of wireless communications and radar sensing. Proceedings of the IEEE, 2011, 99(7): 1236-1259.
[33] Shi C, Wang F, Sellathurai M, et al. Low probability of intercept based optimal power allocation scheme for an integrated multistatic radar and communication system. IEEE Systems Journal, 2020, 14(1): 983-994.
[34] Dokhanchi S H, Mysore B S, Mishra K V, et al. A mmwave automotive joint radar-communications system. IEEE Transactions on Aerospace and Electronic Systems, 2019, 55(3): 1241-1260.
[35] Liu Y J, Liao G S, Xu J W, et al. Transmit power adaptation for OFDM integrated radar and communication systems. Journal of Applied Remote Sensing, 2017, 11(3): 1-17.
[36] Liu Y J, Liao G S, Yang Z W, et al. Adaptive OFDM integrated radar and communications waveform design based on information theory. IEEE Communications Letters, 2017, 21(10): 2174-2177.
[37] Liu Y J, Liao G S, Yang Z W. Robust OFDM integrated radar and communications waveform design based on information theory. Signal Processing, 2019, 162: 317-329.
[38] Liu Y J, Liao G S, Yang Z W, et al. Joint range and angle estimation for an integrated system combining MIMO radar with OFDM communication. Multidimensional Systems and Signal Processing, 2019, 30(2): 661-687.
[39] Wang H L, Ma H F, Chen M, et al. A reconfigurable multifunctional metasurface for full-space controls of electromagnetic waves. Advanced Functional Materials, 2021, 31(25): 2100275.
[40] 刘峻峰, 刘硕, 傅晓建, 等. 太赫兹信息超材料与超表面. 雷达学报, 2018, 7(1): 46-55.
[41] 陈天航, 何磊明, 袁宏皓, 等. 电磁超材料及智能超材料隐身技术发展现状及趋势. 空军工程大学学报, 2023, 24(3): 26-33.
[42] Cui T J. Microwave metamaterials from passive to digital and programmable controls of electromagnetic waves. Journal of Optics, 2017, 19(8): 084004.
[43] Glybovski S B, Tretyakov S A, Belov P A, et al. Metasurfaces: from microwaves to visible. Physics Reports, 2016, 634: 1-72.

[44] 黎海涛, 黄嘉伟, 张帅, 等. 基于深度强化学习的 UAV 联盟网络通算联合设计. 中国电子科学研究院学报, 2023, 18(4): 350-358.

[45] Caloz C, Deck-Leger Z L. Space time metamaterials part I: general concepts. IEEE Transactions on Antennas and Propagation, 2020, 68(3): 1569-1582.

[46] Caloz C, Deck-Leger Z L. Space time metamaterials part II: theory and applications. IEEE Transactions on Antennas and Propagation, 2020, 68(3): 1583-1598.

[47] 田宇泽, 金晶, 杨河林, 等. 微波电磁超材料设计与应用研究进展. 中国科学: 物理学 力学 天文学, 2023, 53(9): 197-207.

[48] 李郁佳, 孟嫣. 加快研发设计软件发展, 增强竞争力. 中国科技信息, 2022 (12): 125-128.

[49] Cui T J, Li L L, Liu S, et al. Information metamaterial systems. iScience, 2020, 23(8): 101403.

[50] 李松, 张春华, 孙煜飞, 等. 美军无人系统跨域协同作战能力发展研究. 中国电子科学研究院学报, 2023, 18(3): 284-288.

[51] Zhang J F, Cheng Y J, Ding Y R, et al. A dual-band shared-aperture antenna with large frequency ratio, high aperture reuse efficiency, and high channel isolation. IEEE Transactions on Antennas and Propagation, 2018, 67(2): 853-860.

[52] Zhao J, Yang X, Dai J Y, et al. Programmable time-domain digital-coding metasurface for non-linear harmonic manipulation and new wireless communication systems. National Science Review, 2018, 6(2): 231-238.

[53] Zhang L, Chen X Q, Liu S, et al. Space-time-coding digital metasurfaces. Nature Communications, 2018, 9(1): 4334.

[54] Zhang L, Dai J Y, Moccia M, et al. Recent advances and perspectives on space-time coding digital metasurfaces. EPJ Applied Metamaterials, 2020, 7(7): 2020007.

[55] Zhang L, Wang Z X, Shao R W, et al. Dynamically realizing arbitrary multi-bit programmable phases using a 2-bit time- domain coding metasurface. IEEE Transactions on Antennas and Propagation, 2020, 68(4): 2984-2992.

[56] Zhang L, Chen X Q, Shao R W, et al. Breaking reciprocity with space-time-coding digital metasurfaces. Advanced Materials, 2019, 31(4): 1904069.

[57] Dai J Y, Yang J, Tang W K, et al. Arbitrary manipulations of dual harmonics and their wave behaviors based on space-time-coding digital metasurface. Applied Physics Reviews, 2020, 7(4): 041408.

[58] Castaldi G, Zhang L, Moccia M, et al. Joint multi-frequency beam shaping and steering via space-time-coding digital metasurfaces. Advanced Functional Materials, 2020, 31(6): 2007620.

[59] Dai J Y, Yang L X, Ke J C, et al. High-efficiency synthesizer for spatial waves based on space-time-coding digital metasurface. Laser and Photonics Reviews, 2020, 14(6): 1900133.

[60] Ke J C, Dai J Y, Chen M Z, et al. Linear and nonlinear polarization syntheses and their programmable controls based onanisotropic time-domain digital coding metasurface. Small Structures, 2020, 2(1): 2000060.

[61] Dai J Y, Tang W K, Zhao J, et al. Wireless communications through a simplified architecture based on time-domain digital coding metasurface. Advanced Materials Technologies, 2019, 4(7): 1900044.

[62] Dai J Y, Tang W, Yang L X, et al. Realization of multi-modulation schemes for wireless communication by time-domain digital coding metasurface. IEEE Transactions on Antennas and Propagation, 2020, 68(3): 1618-1627.

[63] Renzo M, Zappone A, Debbah M, et al. Smartradio environments empowered by reconfigurable intelligent surfaces: how it works, state of research, and roadahead. IEEE Journal on Selected Areas in Communications, 2020, 38(11): 2450-2525.

[64] 胡敏, 张锐, 徐灿. 太空信息支援发展现状及趋势分析. 中国电子科学研究院学报, 2023, 18(3): 270-273.

[65] Tang W K, Chen M Z, Chen X Y, et al. Wireless communications with reconfigurable intelligent surface: path loss modeling and experimental measurement. IEEE transactions on wireless communications, 2020, 20(1): 421-439.

[66] Smith D R, Yurduseven O, Mancera L P, et al. Analysis of a waveguide-fed metasurface antenna. Physical Review Applied, 2017, 8(5): 054048.

[67] Wang L, Zhang Y, Guo X, et al. A review of THz modulators with dynamic tunable metasurfaces. Nanomaterials, 2019, 9(7): 965.

[68] Li L L, Ruan H X, Liu C, et al. Machine-learning reprogrammable metasurface imager. Nature Communications, 2019, 10(1): 1082.

[69] Li L, Shuang Y, Ma Q, et al. Intelligent metasurface imager and recognizer. Light: Science and Applications, 2019, 8(1): 97.

[70] Liu Y J, Liao G S, Chen Y F, et al. Super-resolution range and velocity estimations with OFDM integrated radar and communications waveform.

IEEE Transactions on Vehicular Technology, 2020, 9(10): 11659-11672.
[71] 魏津瑜, 李翔. 基于工业互联网平台的装备制造企业价值共创机理研究. 科学管理研究, 2020, 38(1): 106-112.
[72] 朱峰, 阳洪灿. 对雷达和干扰机一体化信号的干扰研究. 舰船电子对抗, 2017, 40(3): 69-72.
[73] 石林, 王宏, 周宇. 一种基于调频噪声干扰信号的协同探测定位技术. 舰船电子对抗, 2019, 42(2): 20-23.
[74] Zhang X X, Chen T Q. Noise-linear frequency modulation shared waveform for integrated radar and jammer system//ICCCAS 2007, International Conference on Communications, Circuits and Systems, 2008.
[75] 梁延峰, 王欣九, 张博, 等. 城市环境下反无人机技术发展设想. 中国电子科学研究院学报, 2023, 18(3): 289-295.
[76] 邵珠峰, 赵云, 王晨, 等. 新时期我国工业软件产业发展路径研究. 中国工程科学, 2022, 24(2): 86-95.
[77] 乔凯, 智喜洋, 王达伟, 等. 星上智能信息处理技术发展趋势分析与若干思考. 航天返回与遥感, 2021, 42(1): 21-27.
[78] 臧冀原, 王柏村, 孟柳, 等. 智能制造的三个基本范式: 从数字化制造、"互联网+"制造到新一代智能制造. 中国工程科学, 2018, 20(4): 13-18.
[79] 魏艳艳. 2022年外军定位导航与授时领域发展综述. 中国电子科学研究院学报, 2023, 18(3): 264-269.
[80] 朱樟明, 尹湘坤, 刘晓贤, 等. 硅基三维集成射频无源器件及电路研究进展. 微电子学与计算机, 2023(1): 11-17.
[81] Duan B X, Luo K S, Yang Y T. SiC gate-controlled bipolar field effect composite transistor with polysilicon region for improving on-state current. Chinese Physics B, 2023, 32(4): 753-758.
[82] 金亚秋, 徐丰. 加强智能科学的交叉科学研究, 科技导报, 2018, 36(17): 1.
[83] 金亚秋. 微波遥感及其在中国的发展. 微波学报, 2020, 36(1): 1-6.
[84] 蒋罗婷. 美国商用低轨卫星的军事借鉴. 中国电子科学研究院学报, 2020, 15(9): 840-848.
[85] 林仁红, 高军, 方超, 等. 国内低轨遥感星座密集组网现状及发展态势. 中国航天, 2019(5): 38-40.
[86] 肖永伟, 孙晨华, 赵伟松. 低轨通信星座发展的思考. 国际太空, 2018(11): 24-32.
[87] 于全, 王敬超. 探寻发展电磁感知低轨星座系统. 中国电子报, 2021, 7(1): 1-2
[88] 肖博, 霍凯, 刘永祥. 雷达通信一体化研究现状与发展趋势. 电子与信息

学报, 2019, 41(3): 739-750.
[89] 王艳峰, 谷林海, 刘鸿鹏. 低轨卫星移动通信现状与未来发展. 通信技术, 2020,53(10): 2447-2453.
[90] 金亚秋. 多模式遥感智能信息与目标识别: 微波视觉的物理智能. 雷达学报, 2019, 8(6): 710-716.
[91] 徐丰, 王海鹏, 金亚秋. 雷达图像的智能解释. 北京: 科学出版社, 2020.

第 2 章 电磁空间科学前沿国际动态

针对电磁空间的科学前沿研究,国际上多个国家在应用科学、产业动态、学术前沿、研究团队、重大装置与知识产权等几个方向进行了大量研究和重大投入,以下重点对重要科学研究动态进行说明和总结。

2.1 电磁空间国际总体态势

2.1.1 电磁空间作战呈现强劲发展态势

纵观 2022 年以来的外军电子战发展情况,大国对抗依然是其中最显著的特点[1-5]。全球电子战继续呈现强劲的发展态势,在战略、编制、技术、装备、训练、实战等各个方面展示出众多新的发展动向,进入一个新的高速发展阶段。电磁空间作为一种重要的新质作战能力开始融入作战体系,不断形成实战能力[6-10]。

2.1.1.1 积极采取力量调整与变革应对电磁频谱作战

为应对电磁频谱作战的最新需求,以美日为首,外军积极采取力量调整与变革措施,具体情况如下[11-15]:

一是美国战略司令部正式成立联合电磁频谱作战中心[16-20]。2023 年 7 月 26 日,美国战略司令部正式成立联合电磁频谱作战中心,作为五角大楼频谱优势战略实施计划的关键部分，以获取相对于对手的优势。联合电磁频谱作战中心的目标是提高联合部队在电磁频谱内的战备状态，作为国防部电磁频谱作战的核心，将致力于建立联合部队管理、规划、局势监测、决策和部队指挥的账户，同时重点关注训练、教育以及能力评估，并为作战司令部提供电磁频谱作战训练、规划和需求支持。

二是美军细化空军第350频谱战联队任务。2021年6月，美国空军第350频谱战联队成立以来，不断细化作战任务，负责为美国及国外伙伴的电磁战系统提供电磁频谱能力，负责电磁战的重新编程、建模、仿真与评估。美国空军第412测试联队下属的第412电子战大队重启了第445测试中队，其主要任务是构建联合仿真环境，为作战人员执行研发测试、作战测试、高级训练和战术开发任务提供最先进的建模和仿真环境。

三是日本重组电子战部队。日本防卫省对电子战部队进行了改编重组，成立了三支电子战部队并扩充了现有两支部队的兵力，还与美国进行了多次联合电子战演习。建立和强化的电子战部队驻地均位于日本西部区域，针对朝鲜半岛和我国东海方向，规划中的电子战部队部署位置则更加前突。

2.1.1.2 加速推进认知电子战

认知电子战应用加快向装备转化[21-25]。2022年4月，美国空军"愤怒小猫"战斗吊舱进行了为期两周的飞行测试，结果显示"愤怒小猫"吊舱功能强大，可大幅提升未来美国电子战能力的更新和应变速度；2022年5月，美空军研究实验室传感器分部发布了"怪兽"电子战项目广泛机构公告，旨在研发新型认知电子战技术，提高运输机、轰炸机、加油机、预警机等大飞机在高端对抗前沿地带的生存能力[26-30]。

高功率微波技术广泛应用于反无人机。2022年6月，美国空军研究实验室和美国海军研究办公室透露，即将完成为期五年的高功率微波武器研究项目"高功率联合电磁非动能攻击武器"，可利用微波技术致使敌方的电子系统瞬间瘫痪。美国空军与陆军合作的"托尔"高功率微波反无人机系统已完成海外作战能力评估，获得了很好的用户反馈。美国空军在"托尔"项目的基础上，开始研制下一代高功率微波武器"雷神之锤"。美国伊庇鲁斯公司推出了"列奥尼达斯"系列的第二款产品——"列奥尼达斯"吊舱，加快建造该公司的高功率微波武器体系。

2.1.1.3 加快新型电磁战装备研制和投入

美俄加大重点方向投入，加快新型电磁战装备研制，采取的主要措施如下[31-35]：

一是多款新型电子战飞机频出。美国空军EC-37B电子战飞机研制成功，正式启动了交付测试进程。美国陆军表示正在积极推进下一代空中情报监视侦察飞机的开发，目前是利用"阿尔忒弥斯"和"阿瑞斯"两款飞机作为试验样机，将"高精度探测与利用"系统集成在机上进行测试；澳大利亚皇家空军MC-55A"游隼"电子侦察飞机随后亮相，该机配备情报监视侦察与电子战任务系统，将用于执行电子战、信号情报和情报监视侦察任务。

二是多个机载电子战装备项目取得重大进展。美国空军开展了E-3G空中电子战重编程试验，机载协同电子战综合重编程交换取得重大进展。美国陆军在"利刃 2022"、"会聚工程 2022"演习中对无人机电子战、蜂群电子战进行验证，蜂群电子战技术日趋成熟；多个国家为运输机升级导弹告警、红外对抗系统，为直升机升级电子防御系统，提升平台的战场生存能力。

三是舰载电子战装备应用更为全面[36]。美国海军加大了定向能武器研发力度，持续推进舰载高功率微波武器和激光武器研究，继续推进轻量型"水面电子战改进项目"的研发。加拿大海军将装备"下一代达盖"诱饵弹发射系统。澳大利亚海军"猎人"级护卫舰计划装备电子战系统。德国和挪威潜艇将装备 RESM(Radar Electronic Support Measurement)/CESM(Communication Electronic Support Measures)系统[28,30,36]。

四是多款电子战战车得到运用。美国陆军"电子战规划与管理工具"、"地面层系统"等重点项目正在稳步推进；荷兰和德国陆军将装备"拳击手"新型电子战车；澳大利亚陆军升级"丛林霸主"电子战车能力；以色列多次展示了包括"天蝎座-G"地面电子战系统在内的新型"天蝎座"系列产品，该产品已获得出口合同，标志着其已走向国际。

五是太空成为电磁频谱竞争的新高地[37-39]。美国太空军举行"黑色天空 2022"电子战演习，演练对卫星进行干扰。美国空军与海军联合开展"太空猫"电子战行动，旨在促成电磁攻击中队之间的合作。澳大利亚政府宣布新成立的太空司令部正式运作，是继美国成立太空军两年后，世界上第二个正式宣布建立独立太空军的国家。俄罗斯"芍药-NKS"电子侦察卫星进入战备状态，并成功发射了第 5 颗"莲花"电子侦察卫星。法国在年底发射 3 颗海事信号情报卫星，专门为政府和私营用户提供海事信号情报；英国发射"琥珀-I"负责电子支援措施(Electronic Support Measurement, ESM)的卫星，主要对舰船射频信号进行定位和解调。

2.1.2 情监侦体系持续向多维、多域、持久发展

2022 年，随着新域作战能力在战争体系中的不断涌现，以美国为首的军事强国面向未来的联合全域指控，加速情监侦装备迭代革新，积极研发新质传感能力，加强跨域、跨军种、跨系统以及跨国家的数据和情报共享，为联合全域作战奠定决策数据优势[33-35,37,40]。

2.1.2.1 集成多传感提升跨域情报融合能力

2022 年 2 月，《竞争时代国防部技术愿景》提出"集成传感与网络"技术领域，强调应着力探索同时拥有网络空间、电子战、雷达和通信等多种能力的新型传感器，为强对抗环境中的联合部队提供优势[41-45]。

2022 年 12 月，诺斯罗普·格鲁曼宣布了一项全新的"一体化"的多功能融合感知系统，将感知、干扰、攻击以及通信四项主要功能整合在一起。桑迪亚的国家实验室研制出了一种新型的数字雷达架构，这种结构可以让一种传感器同时执行电子战、通信、情报等多种任务。美国"地基体系"取得显著进步，已成功研制了旅级地面覆盖体系(Terrestrial Layer System-Brigade Combat Team, TLS-BCT)样机，并于 2022 年 8 月正式启用"旅级地面层体系"，为未来态势监侦、电子战和网络空间一体化打下了坚实基础。

2.1.2.2 加速空间监视建设强化太空军情报能力

美俄加速空间监视能力建设，强化太空军情报能力，采取的主要措施如下[46-50]：

一是新设空间侦察组织。美国天军第二分队成立了两个新的太空侦察编队，使用陆基光电深层空间监控系统进行常规空间作战，建立了 18 分舰队及其支持的全国空间信息中心，提高提供基本空间信息的能力。

二是加速空间监视能力建设[51]。2022 年 2 月，诺斯罗普·格鲁曼公司为美国天军开发测试并交付深空先进雷达能力(DARC)系统。2022 年 4 月，美国天军宣布其统一数据库实现从"太空篱笆"雷达直接获取信息，UDL 接入了太空监视网络传感器数据。2022 年 10 月，俄罗斯国防部宣布加快研发与部署新型"银河"(Milky Way)监视系统。

三是探索商业天基情报支持能力[52,53]。2022 年 8 月，美国空军与国家侦察局签署了一项协议，共同研发天基情侦测技术，美国空军计划将情报监测负载配置于商用卫星，而 NRO 仍采用"政务+商用"的多样化结构。在 2022 年 12 月，太空探索技术公司(Space Discovery Technology)官方发布了"星盾"计划，该计划可以通过接力侦查来对陆地上的移动目标进行实时追踪。2022 年 1 月，鹰眼 360 公司为美空军实验室进行了射频分析研究，Hawkeye 360 系统可以通过对特定无线电频率信号进行探测并对其进行对地定位，为美天军提供开发全球数据集的方法，使用户能够监控广大地理区域的广泛 RF(Radio Frequency)活动。

2.1.2.3　发展有人无人侦察装备赋能联合作战

多国发展有人无人侦察装备，赋能联合全域作战，加快能力生成，采取的主要措施如下[54,55]：

一是加强对地面上有人侦察系统的探测。"军团"的红外线搜寻与跟踪吊舱已经完成了多个平台的红外搜寻与跟踪试验，初步具备了可投入使用的能力。SNC 为美国军方发展了一种新的空中态势监视平台，称为 RAPCON-X(Rapidly Configurable-X)。L3 哈里斯公司与雷神公司开始研发高精密检测与发展系统。

二是研制新型无人平台及高性能侦察载荷[56-60]。"灰鹰"-25 M 型、RQ-28A 型、"敏捷发射、战术集成的无人系统"(Agile-Launch Tactically-Integrated Unmanned System, ALTIUS)等 UAV(Unmanned Aerial Vehicle)平台也有了显著的进步。该系统还展示了"多功能电子战空中大型系统"(Multi-Function Electronic Warfare-Air Large, MFEW-AL)对特定地区的电磁波谱进行成像的能力。美国海军从美国国防部获得了 4 艘无人水面舰艇(Unmanned Surface Vessel, USV)。英国在 2022 年 11 月加快了多功能海上侦察舰项目，而韩国的"海洋幽灵"战斗理念也在同一个月份发布。

三是加快有人-无人和无人-无人协同战斗[61-65]。美国海军在 2022 年度"环太平洋"军事演习中，4 艘 USV 成功演示了有人驾驶无人机与无人机协同作战策略，达到了有人驾驶平台使用无人水面艇传感数据的目的。2022 年 5 月，在一次模拟训练中，MQ-25 无人加油机向 300 公里外的 P-8 进行了一次侦察。在 2022 年 12 月，通用原子公司的一款新型无人飞机"小鹰"由 MQ-1C "灰鹰"上发射并进行了第一次飞行试验，其成果将加快无人-无人编队的协作，提高大尺度 UAV 的监测距离。

2.1.2.4 重视前沿技术在情报领域的应用

美国重视前沿技术在情报领域的应用，积极推动情报监侦变革发展，主要措施如下[66-70]：

一是量子感知等新的感知手段有了重大的突破[71-75]。量子计算构建起的新一代计算体系，在处理海量数据并行运算，以及模拟原子、分子演进方面具有得天独厚的优越性。当前全球范围内针对量子计算，已经形成超导、离子阱、光量子、中性原子、半导体量子等主要技术路线，以及以量子门数量、量子体积、量子比特数量等核心指标构成的性能评价体系。2022 年 6 月，美国陆军 C5ISR(Command, Control, Computers, Communications, Cyber, Intelligence, Surveillance, and Reconnaissance)研究中心的"里德堡"量子传感器证明可以持续工作在很宽的频段。同年 6 月，麻省理工学院提出了一种新型的量子探测器，它可以在保持对纳米尺度特性的前提下，探测任意频段的电磁波。DARPA 发起了一项名为"光机热成像"的计划，该计划研制出一种新型的紧凑型室温红外传感器，其性能在量子水平上可以为战场监测带来革命性的变化。

二是在数据融合信号处理方面取得了比较显著的进步[3,4,14,53,54]。2022 年 1 月，波音公司 JADC2 实验室利用数据编织平台，实现了基于多个跨域平台多源数据的融合；9 月，DARPA 的"基于快速事件的神经形态相机和电子"项目进入第二阶段，使用混合架构改善 SAR(Synthetic Aperture Radar)的信号处理能力，探索新型、非线性和迭代信号处理技术，推进大规模交叉关联工作。同时，美国国防部高级研究计划局(ECOLE)发起了"环境驱动的概念学习"计划，该计划旨在开发一种能够通过语音和视频进行连续学习的人工智能系统，以实现图像、视频、多媒体等多种信息的融合。

2.1.3 应对新威胁预警探测领域发展新技术

2022 年以来，在俄乌冲突、大国博弈等驱动下，世界各军事强国为应对弹道导弹、高超声速武器、隐身飞机和无人机等威胁，开始积极探索新型预警探测手段，研究新技术、新装备，推进重大装备的部署[37,59,69,70,71]。

2.1.3.1 加快提升综合防空预警能力应对复杂作战威胁

多国为应对复杂作战威胁，加快提升综合防空预警能力，采取的主要措施如下：

一是积极研发新型预警雷达装备[56]。2022 年 4 月，BAE(British Aerospace Engineering)系统公司成功测试了其多目标跟踪雷达(Innovative Multiple-Object Tracking Radar, iMOTR)样机的探测距离、可运输性、精度和信标跟踪等相关性能参数。5 月，亨索尔特公司推出将其 TRML-4D 有源雷达与 Twinvis 无源雷达相结合的 TwinSens 有源/无源雷达协同方案。6 月，诺斯罗普·格鲁曼公司推出 AN/TPY-5(V)1 先进数字化远程雷达。2022 年 10 月，雷神公司新型"幽灵眼"MR 雷达取得了从先进实时目标搜索与跟踪，到为期一周的传感器多任务能力演示验证等多个重大进展。

二是部署新装备和升级现役系统[5,6]。2022 年 1 月，俄军在伏尔加和乌拉尔地区部署一批"天空-T"雷达系统，进一步增强俄罗斯中部军区的防空能力。3月，洛克希德·马丁公司 TPY-4 雷达中标美国空军三坐标远征远程雷达 (Three-Dimensional Expeditionary Long-Range Radar, 3DELRR) 项目。7月，澳大利亚 CEA 技术公司获得为澳大利亚国防军未来联合空战管理系统建造四部新型 AESA 防空雷达的合同。11 月，挪威国防物资局选定洛克希德·马丁公司 TPY-4 雷达来取代该国老式的军用对空监视雷达。

三是发展反无人机探测新能力[69-71]。2022 年 2 月，莱茵金属意大利公司推出一款能执行反无人机和其他防空任务的软件定义模块化雷达 Oerlikon。4 月，英国布莱特监视系统公司宣布推出 A422 可部署型雷达系统，可用于无人机探测和广域周界监视。6 月，以色列埃尔比特公司推出一款旨在改善边境安全、防止敌方无人机袭击的多任务战术雷达。2022 年 10 月，美国陆军成功验证了 TPQ-53 多任务雷达反无人机能力。

2.1.3.2 新战略和新装备协同试验提升反导实战能力

多国加强制定新战略和新装备协同试验策略，提升反导实战能力，采取的主要措施如下[10,14,15,56]：

一是发布《导弹防御评估》报告。2022 年 10 月，美国拜登政府发布新版《导弹防御评估》报告，强调应关注以无人机为代表的新兴威胁，构建由导弹防御与核力量相辅相成的综合威慑框架，重点加强印太地区反导能力建设，强化一体化防空反导探测器网络及指挥控制系统，以提升对先进威胁的探测跟踪能力。

二是提出中低轨天基导弹预警方案。2022 年 9 月，美国太空发展局宣布未来的导弹预警/跟踪任务将不再依靠大型昂贵的高轨卫星，而依靠太空发展局正在开发的由数百颗低轨导弹预警/跟踪卫星组成的大型星座，以及目前正在规划的四颗中轨导弹预警/跟踪卫星，下一代过顶持续红外系统(Overhead Persistent Infrared, OPIR)将成为最后发展的高轨预警卫星。

三是采购新一代海基、陆基骨干反导雷达。雷神公司获得 AN/SPY-6 雷达的全速率生产合同，涉及 AN/SPY-6(V)1～(V)4 共四种型号，将分别安装在 31 艘"阿利·伯克"Flight III 驱逐舰、航空母舰、两栖舰和"阿利·伯克"Flight IIA 型驱逐舰上，计划该雷达将于 2024 年服役。2022 年 7 月，导弹防御局要求洛克希德·马丁公司启动"宙斯盾关岛"系统的研制工作，采用最新的基线 10 版本软件和 AN/SPY-7 数字阵雷达，配装 42 套 SM-3 和 SM-6 机动式导弹发射器，可使关岛获得相当于 2.5 艘"宙斯盾"驱逐舰的防御能力，覆盖范围更广。

2.1.3.3　积极探索新手段构建反临预警探测体系

美国积极探索新手段，构建反临预警探测体系，采取的主要措施如下[6,11,12]：

一是启动天基高超探测和拦截项目。美国太空军表示将开发"弹性导弹预警/导弹跟踪中地球轨道"新型中轨星座，通过其地面系统与下一代过顶持续红外系统(OPIR)集成，将提升对高超声速目标的探测和精确跟踪能力，以较低的延迟实现反临杀伤链的闭合；欧洲防务基金批准 1 亿欧元论证欧洲高超声速拦截系统(European Hypersonic Defence Interceptor, EU HYDEF)项目，旨在部署一个天基预警网络和拦截系统，能够探测、跟踪和拦截多种威胁，包括速度超过 5 马赫、高度在 100 公里以内目标的高超声速导弹。

二是宽视场卫星和 S-500 系统将服役。2022 年 7 月，美国天军"宽视场"(Wide-field of View, WFOV)导弹预警试验卫星成功发射，旨在解决探测跟踪高超声速导弹的问题，以及 OPIR 预警卫星的技术问题。俄罗斯 S-500 系统进入批量生产阶段，该系统不仅具备传统反导能力还具备反临能力；美陆军与雷神公司签订为期 3 年、价值 1.22 亿美元的合同，用于低层防空反导传感器(Lower Tier Air and Missile Defense Sensor, LTAMDS)先行计划产品改进升级工作，使其具备应对中俄国家的高超声速武器威胁的能力。

2.1.3.4　重视太空监视能力开始关注地月空间

美国高度重视太空监视装备规划建设，开始关注地月空间发展，采取的主要措施如下[23,51]：

一是持续提升太空态势感知能力。2022 年 1 月，美国太空军再发两颗地球同步轨道太空态势感知项目(Geosynchronous Space Situational Awareness Program, GSSAP)卫星，完成了初步的 6 星组网计划。4 月，英国国防部发布市场信息征询书，寻求既能监视太空，又能承担传统地基防空任务的多模雷达。6 月，美国国防部计划赋予美国海军协助美国太空军执行太空态势感知任务，利用近 30 艘配备 SPY-1 雷达的"宙斯盾"舰协助太空军填补太空监视网络的空白。2022 年 9 月，从美国白沙导弹靶场迁移澳大利亚哈罗德·E·霍尔特海军通信站的太空监视望远镜(Space Surveillance Telescope, SST)达到初始作战能力。

二是开始关注地月空间监视。2022 年 2 月，诺斯罗普·格鲁曼公司获得美国太空军太空系统司令部深空先进雷达能力(DARC)雷达开发合同，预计在 2025 年 9 月前在印太地区完成 DARC 雷达站的建设。2022 年 4 月，美国太空军成立第 19 太空防御中队，该中队将专注地月空间态势感知，建设相关传感器和系统。2022 年 11 月，先进太空公司获得美国空军研究实验室建造一艘试验型地月空间监测航天器的合同。2022 年 12 月，美国国防部国防创新单元发布了在地月空间部署与运行载荷的征询书。

2.1.4 通信网络领域围绕联合作战推进装备技术的研发部署

2022 年，为支持联合全域作战，欧美等国家主要围绕陆、海、空、天、网络、电磁域内多种作战要素的动态无缝连接与电磁信息广域深度共享这两大核心要务，继续推进通信装备与技术的研发部署，重点是提高对抗环境下通信网络的安全性、韧性和灵活性[9]。

2.1.4.1 着力推进天基传输骨干体系建设

军用卫星通信体系继续完善。宽带全球通信卫星 WGS-11(Wideband Global SATCOM)开始建造，波音公司披露了在 WGS-11+卫星生产过程中集成的多种最新技术；11 月，波音公司宣布成功演示了受保护战术卫星通信(Protected Tactical SATCOM,PTS)有效载荷抗干扰攻击的能力；美太空军计划延长窄带系统(Mobile User Objective System, MUOS)寿命，并申请在 2023 财年投资建造和发射另外两颗新卫星,将该星座的在轨寿命至少延长到 2034 年，将其支持地面段延长到2039年。

俄、印、欧军用卫星通信再添新星[49,51]。3月，俄罗斯发射"子午线-M"军事通信卫星，将为俄罗斯"北海航线"区域内的舰船和侦察机提供与海岸和地面站之间的通信；3月，印度陆军获批采购专用军事通信卫星GSAT-7B；欧洲开始筹划发展自己的主权宽带卫星星座IRIS^2，该星座是一种多轨道的韧性、互联和安全天基基础设施，将为政府用户提供安全卫星连接，支持对经济、环境、安全和国防至关重要的应用。

2.1.4.2 迭代推进军用战术网络

美国持续加快军用战术网络的迭代推进，研发部署先进机载装备，采取的主要措施如下[9,12,22,30,57]：

一是能力集21即将部署完毕，能力集23开始部署。截至2022年10月，能力集21通信升级和组网增强初始包的部署已接近完成，从2022年秋开始部署下一个迭代——能力集23。能力集21侧重于步兵旅，而能力集23则侧重于Stryker旅，旨在增强数据共享和机动性，同时考虑电子战和网络战。美国陆军官员认为能力集23将开始奠定联合全域指挥控制的基础，使美国国防部推动的无缝通信和数据共享成为现实。

二是增强空中平台卫星通信能力。2022年2月，美陆军宣布和通用原子能-航空系统公司联合演示了增程版MQ-1C"灰鹰"无人机与地球静止轨道Ku/Ka波段卫星和中地球轨道a波段卫星保持链路，并支持高带宽数据速率的能力。6月，IRIS与铱星系统进行了空中演示，美空军全球打击司令部通过通信系统把B-52机队整合至更大的联合全域指挥控制系统中。美国空军技术创新中心授予美国 Space Micro 公司合同，开发一种部署在军用飞机或无人机上的空中对太空激光通信吊舱，可在军用飞机与地球同步轨道卫星之间进行高速数据通信。

三是研发不依赖卫星的安全远程有保障通信手段。美国空军开展机载HF无线电现代化(Airborne High Frequency Radio Modernization, AHFRM)计划，对传统机载 HF 无线电系统进行改造，使其具备有保障的、可抗干扰的无线电通信能力，以适应近对等对抗环境。

2.1.4.3　发展 B5G 增强战术网络服务能力

美国加快推进军用 5G 试验，创新后 B5G 研发，以增强战术网络服务能力，采取的主要措施如下[1-3,10,38]：

一是美国国防部"创新后 5G(IB5G)"计划。2022 年 4 月，美国国防部发布"创新后 5G"计划方案征询，瞄准后 5G 时代新型网络概念和组件，重点关注如何将商业 5G 技术集成到战术网络运行中，使美国能够主导未来网络战场。

二是洛克希德·马丁公司 5G.MIL 解决方案构建跨域高效韧性通信网络。2022 年 8 月，洛克希德·马丁公司与美国电报电话公司(AT&T)利用 5G 网络进行了"黑鹰"直升机数据传输测试，使用一个专有 AT&T 蜂窝网络安全下载并共享了黑鹰直升机的飞行数据，所需时间只是正常情况下的一小部分。2022 年 10 月，洛克希德·马丁公司与 Verizon 公司合作，演示了从支持 5G 的无人机上捕获数据并安全、高速传输实时 ISR 数据的技术。

三是多个 5G 研发项目陆续启动。美国陆军启动"战略和频谱任务先进韧性可信系统"(Spectrum Missions

Advanced Resilient Trusted Systems, S2MARTS)项目,寻找一个可与陆军战术平台、无人机系统和其他应用集成的5G网络原型,为其指挥所生存能力和车辆移动性实验评估提供支持。美国国防部与休斯网络系统公司合作,在美国华盛顿州惠德贝岛海军基地创建一个 GEO(Geostationary Orbit)/LEO(Low Earth Orbit)卫星支持的5G无线网络,为遍布美国全国各地的基地带来现代化高速连接。美国国防部与诺斯罗普·格鲁曼公司和AT&T公司合作,意图建立一个5G赋能的"数字化作战网络",连接来自所有域、地形和部队的分布式传感器、射手及数据。

四是5G智能仓库技术试验取得初步成果。AT&T美海军科罗纳多基地完成了智能仓库5G网络试验台能力演示,使用AT&T的5G频谱和专用5G核心及无线电接入网(Radio Access Network, RAN),演示了大于4Gbps的数据吞吐速度,延迟低于10ms。

2.1.4.4 积极开展激光/量子通信网络研发测试

各国积极开展激光通信、量子通信与网络等技术研发测试,采取的主要措施如下[76-80]:

一是星间、空空激光通信测试取得成功。2022年4月,美国国防部国防高级研究计划局 DARPA "黑杰克"项目的两颗小卫星"曼德拉2号"在近40分钟的试验中成功建立光学链路,在114千米距离内传输了280GB以上的数据,验证了利用商业卫星平台和激光终端建立网状网络的可行性。10月,美国通用原子航空系统公司已顺利实现了空中激光通信链路的示范论证,实现了1 Gbps 速率的实时导航、视频、语音等信息传输。

二是量子安全通信/网络技术不断取得新进展[81]。美国佛罗里达大西洋大学的专家与 Qubitekk 公司和 L3 哈里斯公司一起研发美国基于无人机的移动量子网络。蓝熊系统研究公司与量子加密技术开发商 Arqit 量子公司成功演示了一种用于安全数据传输的量子安全通信信道。2022 年 2 月,印度国防研究与开发组织和印度理工学院的科学家成功演示了在北方邦的 Prayagraj 和 Vindhyachal 之间的量子密钥分发,距离超过 100 公里。20 家欧洲公司组成的联盟设计、开发、发射和运行基于 EAGLE-1 卫星的端到端天基安全量子密钥分发系统。

2.1.5 卫星导航系统的弹性能力及可替代技术成为关注重点

在当前全球力量对比日趋加剧的情况下,美俄等军事大国为了应对未来高强度的对抗战争和均势敌人的挑战,将增强其在对抗环境下的灵活定位导航和授时(Positing Navigating Timing, PNT)的应用价值。

2.1.5.1 卫星导航系统部署日趋完善

美俄在卫星导航系统方面的部署日趋完善,采取的主要措施如下[43-45,60]:

一是美国加快了新一代全球定位系统的应用。美空军的第五枚全球定位系统第三号卫星于 2022 年 5 月正式投入使用。1 月,美太平洋空军和洛克希德签署了 22 枚全球定位系统第三子系统(GPS III)的制造合约,该系统比 GPS II 型更加先进,具有新的地区安全保障功能。美空军的"航海科技卫星-3"(NTS-3)项目也已经有了很大的进步。在航天方面，已对 NTS-3 试验卫星的核心软、硬件部件进行了重点试验，其中对天线阵、卫星平台与负载的指挥与控制等进行了重点试验。在地面部分，已完成了对地面作业中心的硬件购置工作，并进行了与星、地系统的性能验证。在客户方面，已研发出 4 个试验平台，并于 2022 年 3 月份在美国白沙导弹试验场参加了美国"NAVFEST(Navigation Festival)"试验。

二是美国推动了二次伽利略的开发。2022 年 4 月，在 2021 年 12 月升空的 27 号和 28 号伽利略号已经顺利通过了在轨道上的系统/操作检验，并且在 8 月开始运营。2022 年 3 月，空中客车(Air Bus)顺利结束了 G2G 方案的总体方案审核，目前正在进行装置及组件的验证与验收。

三是俄罗斯对 GLONASS 进行了升级改造。俄罗斯已成功完成 3 枚 GLONASS 全球定位系统(Global Navigation Satellite System, GLONASS)，其中第 4、5 枚已于 2022 年 7 月和 10 月完成，而最新一枚 GLONASS-M 也已于 2022 年 11 月完成。与此同时，继续发展 GLONASS-K2，预计在 2030 年前，将有 12 枚卫星投入使用，届时星载原子钟的稳定度将优于 5×10^{-15}，其空间测量的精度有望达到 0.2m～0.3m。

2.1.5.2　加快定位导航与授时装备可替代

多国加大可替代定位导航与授时装备技术的研发力度，采取的主要措施如下[12]：

一是美太空发展局致力于开发一种以低轨道卫星为基础的 PNT 系统。在 2022 年 11 月公布了防务空间结构"传输层"第二阶段 PNT 业务负载的资料，试图在上百个中低轨卫星上使用廉价的 L 波段 PNT 负载。其中，PNT 负载由可再编程序的 PNT 信号发生器、中等功率的高功率放大器，以及固定的宽带波束阵列天线组成。

二是 DARPA 发起了面向军用的微型电子钟研究计划。2022 年 1 月，DARPA 公布了一套基于尺寸、重量和功耗 (Size Weight and Power, SWaP) 的便携式光频标，将实现高精密光钟技术在国际上的推广，其测量精度将超过目前国际上最高精度的 100 个数量级。在保证授时精度的前提下，保证纳秒级的授时精度时间将从几个小时提升至一个月。2022 年 5 月，DARPA 微型、低功耗、可部署的战略级精密钟差，在-40°C 至 85°C 环境中维持一个星期的时间精确测量，以解决地下、水下以及外界环境影响导致 GPS 工作效率下降甚至无法使用的问题。

三是多个国家在 UAV 上进行了可视化导航的研究。以色列阿思欧公司于 2022 年 7 月发布了"导航卫士"型无人驾驶飞机搭载的高级导航系统，该系统利用机载光电相机采集到的地貌影像，通过比对、关联和匹配等方法，实现低时延高精度定位。西班牙 UAV 公司在 2022 年 9 月面向 NATO I(North Atlantic Treaty Organization)、II UAV 的生产商和最终使用者发布了一种全新的可视化导航系统，它采用了"可视里程计"和"模式识别"的方式，并联合其他航空传感器，实现了 UAV 相对位置及姿态的精确估计，保证了 UAV 的长期定位不失真。

2.1.5.3　稳步推进装备部署与演练

美国稳步推进装备技术部署及战场应用演练，采取的主要措施如下[52,55-57,62]：

一是加速 M 代码和武器体系的整合；2022 年 4 月，

GPS 源公司开发的 PNT 系统，整合了军事 GPS 用户装备(Military GPS User Equipment, MGUE)接收板，采用了 M 码和 MGUE 硬件的配置系统，可为"爱国者"导弹的雷达和指挥控制系统提供准确的全球定位，防止被电子战袭击。8 月，美国空军将 M 码授权给了洛克希德·马丁公司，并将其与多种对地打击和反舰导弹进行一体化集成，其中包含了 JASSM(Joint Air-to-Surface Standoff Missile)、JASSM-ER 和 LRASM(Long-Range Anti-Surface cruise Missile)等多种类型的对地打击和反舰导弹。

二是推动多导航源的部署。2022 年 10 月，TRX(Tele Radio Systems)系统公司将第一代便携式可靠 PNT 系统(Driver and Plate Search, DAPS)交付给美国陆军军方，以替代美国国防部的高级 GPS 接收器及"奈特勇士"全球定位卫星定位器，并能与"奈特勇士"进行整合。2022 年 11 月，美军方授予了第二代机载可靠 PNT 制造合约，该项目将采用 M 代码 GPS 接收器及其他可替换的 PNT 信号，具有较高的抗电磁干扰和防欺骗性能。

三是美空军接受新体制，推进装备更新。美空军于 2022 年 7 月收到由雷神公司开发的"远征联合精密进近和着陆系统"(expeditionary Joint Precision Approach and Landing System, eJPALS)，该项目将协助美空军在严酷的条件下快速建设机场，实现固定翼飞机、旋翼飞机以及无人飞行器的精准降落。美空军于 2022 年 9 月向 BAE Systems 公司颁发了一份 Degge-GPS 防干扰接收器(Digital GPS Anti-jam Receiver, DIGAR)的升级合约，使 F-15E 战机具备 GPS 抗干扰与欺骗功能。

四是多型号武器的实战运用演习。美海军 MQ-25 "黄貂鱼"航母无人艇试验队利用一种可替换的飞机进行了 13 个进近作业(Joint Precision Approach and Landing System, JPALS)，该试验队在执行 13 个进近作业后，所采用的软件和硬件与 MQ-25 复飞时一样，用于 MQ-25 的重要资料采集。霍尼韦尔于 2022 年 4 月在军机上展示了视觉、天文和电磁三种可选的导航方法，证实了在 GPS 信号被阻断或失效情况下，该系统仍具有无缝衔接的自主导航功能。

2.1.6 重视新兴技术融合增强护航网络安全

美国白宫于 2023 年 3 月公布了《国家网络安全战略》的修订版，其中包括 27 条旨在构建抗干扰、可恢复的数码生态体系的倡议，并着重对在赛博空间中的作用与职责进行了根本变革，这就需要大的防务厂商担负起更多的职责，将更多的精力放在保障网络安全产品的研发上，以最终实现网络安全目标[8,15]。

美国 DARPA 发布的官方数据显示，2022 财政年度，DARPA 的研究资金总量大约是 38.68 亿美金，而到了 2023 财政年度，这一数字已增加到 41.2 亿美金，并且呈现逐年上升的态势。DARPA 把资金分成四个部分：基础研究、应用研究、高级技术研究，以及支持行政的研究。而每一区域内则包括多个规划单位和工程。比如，在科研的应用方面，又可分为生物医药技术、生化防卫技术、生物材料技术等；6 个项目单位分别为电子技术、战术技术和资讯通信技术等。在 2022 财政年度，DARPA 将 15 亿美金用于应用研究，即大约 40%的资金。其中，IT 类项目投入 4.8 亿美元，占到了 31%，超过了其他类项目的 17%。特别是在网络安全方面,共花费了 2.52 亿美金,相当于信息、通信和技术总投资额的 53%。由此可以看出,美国军方十分关注网络安全,把它列为未来信息化建设的一个重点。

2022 年,在网络安全项目方面,DARPA 致力于创新技术、新型漏洞、数据安全以及包括态势感知在内的很多方面,DARPA 在 2022 年度的网络安全计划中都有部署,如表 2.1 所示。

表 2.1 DARPA 2022 财年网络安全主要项目

项目名称	投入经费/百万美元	技术领域	进展情况
实用规模量子计算系统	11.250(2023 财年预算)	量子计算	启动初始阶段
量子启发的经典计算	10.000(2022 财年投入)	高性能计算	执行期第一阶段(持续 24 个月)
针对紧急执行引擎加固开发工具链	5.000(2022 财年投入)	漏洞攻击	执行期第一阶段(持续 18 个月)
有保证的神经符号学习和推理	8.871(2022 财年投入)	人工智能	执行期第一阶段(持续 18 个月)
空域快速战术执行全感知	24.616(2022 财年投入)	态势感知	执行期第二阶段(持续 14 个月)
可靠微补丁	17.000(2022 财年投入)	漏洞攻击	执行期第三阶段(持续 18 个月)
虚拟环境中的数据保护	16.000(2022 财年投入)	数据安全	执行期第三阶段(持续 12 个月)
安全文档	12.000(2022 财年投入)	数据安全	最后阶段

近几年,美国不断增加新域新质作战力量比重,强化赛博空间态势感知、量子计算[73-75]、人工智能、自动化等

科技领域的研究与开发[82-84]，显著提升了网络空间安全的科技实力，保持其在世界范围内的技术先进性。以量子计算和人工智能为代表的新型技术的不断突破性发展，对信息系统的安全性也提出了更高的要求。一方面，互联网攻击者擅长使用各种新型的安全手段来打破现有的网络安全系统[85-89]。同时，网络守卫者也在不断地与各种新的科技相结合，筑牢自己的网络安全防线。根据DARPA 2022年重大在研课题，美国正在大力发展新型科技，加大对新型信息安全领域的研究与创新，将量子计算、人工智能等先进科技不断引入到信息安全防御体系中，强化信息系统的安全防御体系，为信息系统的科技实力建设，形成一种颠覆式的支持。DARPA最近发布了一项名为有保证的神经符号学习和推理(Assured Neuro Symbolic Learning and Reasoning, ANSR)的人工智能研究计划，旨在通过新型的人工智能方法，把符号推断和数据驱动的学习相结合，构建一个强有力的、可靠的、可保障的安全体系。预期将QICC算法的性能提升两个量级，充分展现其在量子信息领域的应用潜力。该课题目前尚处于国际竞争中，主要研究面向容许量子计算的安全性检验与系统校验、部件与子系统的研制，有望极大地降低实际应用中的容许量子计算的速度。

随着信息技术的飞速发展，网络安全事故频繁发生，数据量呈爆炸性增长，已成为驱动经济社会发展的关键生产要素。以数据为主要特征的新的生产因素和重要的战略性资源，已逐步成为国家网络安全建设的重要支撑。2022年6月，美国众议院和参议院共同公布《美国数据隐私和保护法案》草案，涵盖了过去二十多年在议会中有关隐私问题的争论,体现出美国在数字化社会中对个人信息的保护所持的价值观。美国国防研究署陆续推出有关资料安全性的计划,以运用先进科技及探讨新方式,来确保资料的安全性。比如,虚拟环境中的数据保护(Data Protection in Virtual Environments, DPRIVE)采用了一种新型的格基加密算法,可以对密文进行有效的加密,其结构极其复杂,即使是将来的量子计算机也很难破译。安全文档(SafeDocs)项目以减少电子文件交互的复杂性为目标,研究能够实现对电子文件进行自动检验与安全开启的关键技术,以期显著提升对恶意数据的识别与抵抗,保障文件及流式数据的安全性。

2.1.6.1 充分探索实用规模量子计算项目

2022年2月,DARPA正式公布了实用规模量子计算系统(Underexplored Systems for Utility Scale Quantum Computing, US2QC)的招标文件[79-81]。US2QC计划主要针对容错的量子电脑系统进行安全性检验及子系统的设计。目前,US2QC正在对其运行系统的设计进行确认工作。相比于已有的含噪声的中尺度量子系统,US2QC计划侧重于评价实际应用方案的可行性。所以,在US2QC初期,竞标者需要对其设想的实际应用进行初步的构想。该项目还将进一步完善相关的理论体系,并在此基础上进行实验验证,最终达到实际应用的目的。同时,该项目还将对实际应用中的量子计算方案进行进一步的完善。

这个项目还处于起步初期。在该项目的0阶段,需要每位投标人都提出一个包含各个子系统、各个指标的综合方案,并提出可能存在的技术风险和对策。这个构想并非要建立实际大小的量子电脑,它只是建立了一套元件与子系统的发展规划,其中包含了足够多的技术细节来指导容错原型的设计。

2.1.6.2 量子启发的经典计算项目

基于量子启发的经典计算(Quantum-Inspired Classical Computing, QuICC)计划已于2022年启动并正式运行[76,80]。该项目针对美国国防部优化问题,拟通过发展基于量子级联激光器(Quantum Cascade Laser, QCL)的求解算法,使其性能提升两个量级。量子启发(Quantum Inspiration, QI)求解器是一种混杂的信号处理方法,即通过数字逻辑与模拟组件模拟动态系统。预期其运算能力将比常规计算机及量子计算机高一万倍。QuICC计划要想解决与此有关的问题,就需要克服重重困难。其中主要有:仿真性的硬件受限于不同的动态系统之间的联通性,以及随着问题的大小而呈爆发式增加的数字化资源需求。该项目针对上述问题,从算法和模拟硬件联合的角度出发,结合面向实际的标准测试方法,探索一条全新的途径。为了达到这一目的,研究人员将从两个方面着手。第一个方面侧重于开发求解器算法和建立评价Q-求解器潜力的架构,第二个方面是开发QI动态系统硬件和性能测试的方法。

从2022年5月起,QuICC计划实施期分为三个阶段,历时60个月。这个计划现在只是一个雏形,即小规模问题(24个月)。第二阶段是"系统整合与最优化",即中规模问题(18个月)。第三阶段(18个月),是对应用规模的可行性分析。

2.1.6.3 紧急执行引擎的加固开发工具链项目

2022年，DARPA公布了由亚利桑那州立大学、库杜动态与河岸研究院等机构组成的"强化开发工具链"(Hardening Development Toolchains against Emergent Execution Engines, HARDEN)入围队伍。这个计划的目的是创造出比修补程序更好的缓解方案。当前，修补程序通常仅针对某一具体漏洞，而不会摧毁存在于设计层次上的可能的漏洞执行引擎。HARDEN计划采用正规的验证方法、AI辅助模型、分析与开发工具，以阻止攻击者使用的稳健可靠的攻击方式，阻止应急执行引擎被攻击。该计划历时48个月，共分三期：一期和二期是18个月，三期是12个月。当前已进入首个研发期。

2023财年，制定了以下几个方面的规划：一是针对应急行动与使用对象之间的可信联系，建立相应的模式与减轻手段，即便这些手段能够降低单个行动或缺陷的影响。二是研究自动化的方法，来确定应急行动的执行，这些执行会造成可合并的，并且推荐执行的转化。三是将理念与方法运用到关键的系统元素，如高可靠一体化军用软件等核心组件上，以提升其在全过程中对复杂程序进行复用/应急安全缺陷检测的能力。

2.1.6.4 有保证的神经符号学习和推理项目

2022年6月，DARPA公布了其全新的人工智能计划，即"ANSR"，以新型的(神经-符号)混合的人工智能方法为基础，通过对符号推理和数据驱动的深入研究，建立一个强有力的保障安全体系[14,53,54,82]。ANSR计划的第一个主要目的就是推动人工智能的发展和应用，为人工智能算法提供可靠的决策依据。以国防应用为背景，以安全性、自治性、协同作战为核心，对混合式人工智能进行验证。

ANSR 计划分成三个部分。这个工程现在还处于一期工程中。第一期为 18 个月，期间将发展具有高度安全性的技术组件，了解、确认活动以及安全机动决策。该计划的第二期和第三期工程将分别进行 15 个月。第一个试验是在一个多线程的博弈场景下完成的：在完全感知的情况下，线程 1 给出了一个具备安全性和可靠性的机动决策。在显示人工智能指导下的安全性作业时，线程 2 验证了活动识别和情况理解。线程 3 在假定完全察觉和人工智能指导下的安全运行的情况下，论证了通用作战图的开发能力，将按照工作职责的能力指数和最佳的办法或模式作为基线来进行评价。

2.1.6.5 可靠微补丁项目

美国国防部高级研究计划局于 2019 年末正式启动了"可靠性微型修补"(Reliability Micro-Repair, AMP)计划，试图在保证不对系统正常运行造成任何损害的前提下，在关键业务系统中快速修补旧版二进制文件。

2022 年，AMP 计划建立了一套基于模型的分析方法，分析编译器优化对调用图结构的影响，提出了概率图匹配和推理算法。为实现对微型修补程序的使用效应的交互式展示，提出了二进制分析工具，采用通用的商用控制装置和数据记录仪进行测试。

在 2023 财年的财务预算中，有以下几个方面的内容：一是对不包含内存破坏的漏洞进行自动修复。二是对已有的程序进行了完善与优化，对已有的补丁进行优化和修改。

三是利用即时操控装置,在信息物理系统(Cyber-Physical Systems, CPS)中实现对突发事件的监控。

2.1.6.6 空域快速战术执行全感知项目

2022年4月,空域快速战术执行全感知(Air Space Total Awareness for Rapid Tactical Execution, ASTARTE)为"马赛克战"理念的落实提供了有力的支持。项目旨在通过陆海空一体化的协同,在密集的陆海空环境下,有效地开展空域作战并消除冲突,从而达到有效打击敌方的目的[23,46,47]。

2.2 电磁空间产业发展动态

在电磁空间领域的国际产业发展动态方面,本书针对电磁空间领域知名的核心产业集团公司,进行了产业发展动态梳理。

2.2.1 雷神与诺斯罗普·格鲁曼公司电磁空间产业发展动态

2.2.1.1 电子战规划和管理

雷神公司开发的电子战规划和管理工具(Electronic Warfare Planning and Management Tool, EWPMT)可实现全方位的电子战作战[54,55,57,58]。作为2014年以来美国陆军创纪录的项目,EWPMT可以针对不同的军种进行定制,并且几乎可以部署在任何作战环境中。EWPMT允许电子战军官确定G2/3/6参谋人员的各种行动方案,并为旅战斗队指挥官提供态势感知。EWPMT的协作和共享功能将电子战军官、电磁频谱管理员和网络规划员带入虚拟环境,以消除和管理非常拥挤的频谱。在检视电磁频谱战场时，EWPMT使军官能够完全控制决策过程。该系统将消除和利用敌方信号，并为作战部队配备必要的电子战任务规划能力。其优势包括增强型态势感知、可操作的智能以及传感器到射手(动能和非动能)选项的同步操作。

雷神公司资助的网络和电磁战斗管理将EWPMT的能力扩展到战术网络活动和非动能选项，包括系统装备的远程控制和管理以及机器学习/人工智能算法的集成。网络与电磁战斗管理(Cyber and Electromagnetic Battle Management, CEMBM)将电子战和网络相结合。它允许操作员在通过战斗空间未被发现的情况下规划进攻和防御任务。CEMBM可以与第三方软件和使用完全不同架构的系统进行互操作。CEMBM还支持协作和高级原型设计以降低风险和技术成熟度。CEMBM与EWPMT并行开发，可确保技术可行性，同时最大限度地减少对其他任务的内耗和负面影响。运营和生命周期成本效益包括提高任务效率/成功率、缩短规划周期、协同效果、与其他任务指挥要素合作、电子战和网络效能分析以及减少培训/人力成本。

同时，该系统还具有以下功能：一是在行动进程开发和军事决策过程中集成网络和电子战选项；二是向电子战系统和战术网络设备发布任务和目标参数；三是使外部系统能够执行任务并为CEMBM提供更新和任务状态；四是将技术进程信息集成到一个通用数据视图中，提供操作员更新、记录和协作；五是为客户快速生成软件解决方案提供便利；六是实现高级原型设计、降低使用风险。

2.2.1.2 中程防空反导雷达

GhostEye MR 是一款先进的中程防空反导雷达，如图 2.1 所示，于 2021 年 10 月亮相[69-71]。它具备 360°监视和火控传感器，旨在检测、跟踪和识别各种威胁，包括：巡航导弹和无人机、固定翼和旋翼飞机。GhostEye MR 还有助于应对复杂的远程大规模攻击，并适用于多种作战任务，包括：综合防空和导弹防御、反无人机和关键基础设施防御。

图 2.1 GhostEye MR 雷达

GhostEye MR 可以作为独立雷达运行，也可与先进地对空导弹系统或国家先进地对空导弹系统(National Advanced Surface-to-Air Missile System, NASAMS)集成，并提供更大的射程和高度覆盖范围，从而扩大 NASAMS 的防御区域能力。同时，GhostEye MR 扩展射程还可最大限度地发挥 NASAMS 使用的雷神导弹和防御效应器系列的功能，包括 AMRAAM-ER 导弹。GhostEye MR 继承了包括有源电子扫描阵列和 AESA 技术(增强检测、定位和跟踪),以及军用级氮化镓(GaN)技术,从而增强雷达信号并提高其灵敏度以实现更远距离、更高分辨率和增加容量。

2.2.1.3 模块化阵列 SPY-6 系列雷达

SPY-6 是美国海军装备的系列雷达,如图 2.2 所示,用于 7 个级别舰艇的防空和导弹防御[10]。SPY-6 是集成式的,意味着它可以同时防御弹道导弹、巡航导弹、敌对飞机和水面舰艇。与传统雷达相比,SPY-6 具有许多优势,如探测距离更远、灵敏度更高、分辨更准确。

图 2.2 SPY-6 雷达模块化阵列

SPY-6 由许多较小的雷达组成,称为雷达模块化组件 (Radar Modular Assembly, RMA)。每个 RMA 是一个独立的雷达天线。它可以包括最少 4 个、最多 57 个 RMA,这意味着它可以安装在护卫舰和无人舰等小型舰艇上,也可以安装在下一代驱逐舰等大型舰艇上。

SPY-6(V)1 被集成到海军最新的 Flight III 导弹驱逐舰——USS Jack H.Lucas 上。该型雷达包括四个阵面,每个阵面包括 37 个 RMA,可提供连续的 360°态势感知。SPY-6(V)2 旋转雷达和 SPY-6(V)3 固定面雷达(合称 EASR,即企业空中监视雷达)现已安装在海军新型两栖战舰"理查德-M-麦库尔"号。

2.2.1.4 低层防空导弹防御传感器LTMADS雷达系统

如图2.3所示，LTAMDS是一种多任务传感器，具有高度跨功能性、互操作性和模块化[10,23-25]，是第一个专门为陆军综合防空导弹防御而设计的传感器，可以防御最先进的威胁，包括战术弹道导弹、飞机和巡航导弹。LTAMDS拥有超过360°的战场空间感知能力，能够检测和跟踪高速机动目标并向网络提供数据。美国陆军正在为爱国者导弹系统使用这些雷达，与传统雷达系统相比，它的优势在于能够在360°的战场视图中探测威胁，探测距离超过当今导弹防御雷达和导弹系统的范围。

图2.3 低层防空导弹防御传感器LTMADS雷达系统

LTAMDS利用多个雷达面板实现360°检测。拖车前部有一个大型主雷达阵列,可向下折叠以类似于18轮车的普通拖车。在拖车的背面，有两个较小的折叠式雷达阵列，它们以一定角度面向左右，三个阵列的扇区通过使用 GaN 得到增强，使得扇区重叠，提供 360°覆盖。

LTAMDS 雷达将替代老化的 AN/MPQ-53/65 雷达组，为爱国者导弹以及多种指挥所和发射器共享数据，通过 360°覆盖，创建综合防空网络将需要更少的发射器和雷达，这将使爱国者分散在更广阔的区域，增加它们的作战范围，同时使编队更能适应对手的精确射击。

2.2.1.5 高超声速吸气式武器概念的更多潜力(MOHAWC)项目

雷神公司和诺斯罗普·格鲁曼公司获得了 DARPA 的 "高超声速吸气式武器概念的更多潜力"(MoHAWC)项目合同，MoHAWC 是 "吸气式高超声速武器概念"(Hypersonic Air-breathing Weapon Concept, HAWC)的后续计划。将加强武器概念作战相关性设计，集成改进的制造技术，扩展运行包线，并验证性能模型。相关工作将有助于美国空军的 "高超声速攻击巡航导弹"(Hypersonic Attack Cruise Missile, HACM)的开发[11]。诺斯罗普·格鲁曼公司将在马里兰州埃尔克顿新成立的高超声速能力中心开展相关工作，以支持进一步的飞行测试。

雷神公司和诺斯罗普·格鲁曼公司自 2013 年以来一直是战略合作伙伴，并于 2019 年正式合作，共同开发、生产诺斯罗普·格鲁曼公司的超燃冲压发动机，并将其整合到雷神公司的吸气式高超声速武器中。二者在 2022 年 9 月同时被选中开发 HACM 武器系统。

此外，HAWC 作战原型系统已完成多次飞行测试，证明了数字工程概念在预测和提高系统性能方面的准确性，并得到了真实飞行数据的支持。

根据 GlobalData 公司的"2022～2032 年全球导弹和导弹防御系统市场"报告,雷神公司是北美领先的导弹及其防御系统(Missile and Missile Defense System, MMDS)供应商。该公司将占据北美 MMDS 市场 24.9%的份额,预计 2022～2032 年的收入份额为 347 亿美元。

2.2.2 泰雷兹公司电磁空间产业发展动态

2.2.2.1 三维多波束雷达 SMART-L 系列雷达

SMART-L 是一种三维多波束雷达,用于提供远程空中和水面监视以及目标识别。它是一种全数字控制的 AESA[10]。该雷达采用高端技术,具有 2000 千米远距离探测性能。在这个巨大的范围内,该雷达可以探测到多种目标,包括隐形目标和弹道导弹等。它既可以安装在陆地上,也可以安装在海军舰艇上。

SMART-L MM 可独立搜索弹道导弹类型的目标,如图 2.4 所示。在快速跟踪启动后,弹道目标跟踪一直保持。通过采用前/后扫描和凝视模式,弹道导弹的探测距离大幅提高,从而增加了观察时间。SMART-L MM 是一种 AESA 可编程雷达,具有充分的灵活性,可根据客户需求在其寿命周期内引入附加功能,这使得该雷达能够满足未来不断变化的需求。SMART-L 已在荷兰、丹麦和德国的防空护卫舰上服役。

SMART-L MM/F 是最新一代 SMART-L 雷达的固定版本,作为下一代有源电子扫描阵列多任务陆基雷达,SMART-L MM/F 提供远程空中和水面监视和目标指示。它将有助于大幅提高空中监视能力，并扩展弹道导弹探测能力。

图 2.4　三维多波束雷达 SMART-L MM

2.2.2.2　远程空中监视雷达 Ground Master 400 Alpha

Ground Master 400 Alpha 是一款 3D 远程空中监视雷达，比 Ground Master 400 版本处理能力提高了 5 倍，距离延长了 10%(达 515 千米)，为远程空中监视提供了市场上最值得信赖的雷达，如图 2.5 所示。

Ground Master 400 Alpha 采用数字叠加波束技术，可以探测快速喷气机、导弹、直升机和无人机目标，它的一个独特功能是探测和跟踪隐藏在雷达近区杂波中的战术无人机等目标，同时探测和跟踪高空目标。

Ground Master 400 Alpha 通过应用最新的处理技术，功率提高 5 倍，雷达可以处理大量的复杂数据。其结果是探测范围得到显著改善，达到 515 千米或 278 海里，与之前的版本相比，覆盖面增加了20%以上，而雷达的发射器或接收器部分所需的能量没有变化。

图2.5 Ground Master 400 Alpha 雷达

2.2.2.3 监视雷达 Ground Observer 系列

Ground Observer 系列雷达是泰雷兹公司(Thales)为地面监视提供的高科技感知和预警方案，以监控战场、机场、边境、海岸和其他关键基础设施周围的活动，如图2.6所示。

GO20MM(Ground Observer 20 Multi-Mission)将地面监视和低空监视结合，它可同时探测、跟踪和自动分类整个威胁频谱，并提供连续的360°三维体积覆盖和卓越的早期无人机探测。该雷达可在单次扫描模式下将微型无人机定位在4千米和2600英尺范围内，将人员定位在9千米范围内，将车辆定位在12千米范围内，将直升机定位在15千米范围内。

GO12(Ground Observer 12)是结构最紧凑、重量最轻的地面监视雷达，适用于高机动性地面侦察任务。它可以探测、跟踪和监视地面目标，其至低空飞行的直升机。该雷达可在 10 千米范围内定位行人，或在 20 千米范围内定位车辆。GO80(Ground Observer 80)是一种远程地面和海上监视雷达，可满足军队、海军、边防和海岸警卫队对监视、侦察和目标捕获的严格要求。它的探测距离可达 40 或 80 千米，对行人的探测距离可达 23 千米，对小船的探测距离可达 27 千米。

图 2.6 Ground Observer 20 Multi-Mission 雷达

GA10(Ground Alerter 10)是一种用于 360°部队保护的便携式(Counter-Rocket Artillery Mortar, C-RAM)系统。它已在各种任务中得到实战验证，如车队保护、营地保护，并在近期挽救了许多生命。其集成警报网络可在估计的弹着点区域发出声光警报，向军事人员发出导弹和迫击炮威胁警告。

它们可在各种环境下工作，并具有高度机动性，可满足对灵活、紧凑型地面雷达解决方案日益增长的需求。

2.2.3 洛克希德·马丁公司电磁空间产业发展动态

2.2.3.1 防空雷达 TPY-4

TPY-4 雷达是洛克希德·马丁公司(Lockheed Martin)最先进的防空雷达,该型雷达采用了氮化镓(GaN)技术,是一款面向防空监视的多任务地基雷达,能够在复杂的电磁环境中运行,为作战人员提供探测和跟踪当前和新型威胁的能力。TPY-4 雷达集成了包括 GaN 放大器在内的多种最新的成熟商用技术,并采用了高密度天线电子器件和基于图形处理器的数据处理设备,如图 2.7 所示。

图 2.7 TPY-4 雷达在测试机构

TPY-4 雷达是一款软件定义雷达,每一个发射/接收单元均为全数字化,采用了软件定义传感器架构,能够迅速适应未来的威胁和任务需求。该型雷达通过对数字发射机和接收机的独立软件控制,可以根据新的任务和环境快速改变自身性能，同时也易于适应未来的各种威胁。TPY-4 雷达能够通过软件增强迅速改变自身的性能和能力，不需像老式雷达架构那样对设计或硬件进行改变。

TPY-4 相比于传统雷达，能够在强杂波环境中探测到较小的、较难探测的下一代威胁目标，能够迅速从一个任务切换到另一个任务，使用户具备在复杂环境中应对威胁的能力，能够快速升级以应对新型威胁，采用开放的硬件、软件和接口标准。同时该系统有固定式和可运输式两种型号，可通过 C-130、C-17、公路、铁路或直升机运输。

2.2.3.2 "哨兵"Sentinel 系列雷达

"哨兵"防空雷达是美国重要的空中监视、目标捕获与跟踪传感器，其主要任务是为机动部队和重要设施提供防御巡航导弹、无人机以及旋翼/固定翼飞机的能力。"哨兵"雷达具有远距离目标探测能力，可为防空武器系统提供充足的反应时间，使其在最佳射程拦截目标，如图 2.8 所示。

"哨兵"雷达系统由"悍马"等高机动性多用途轮式车和安装在宽轮距拖车上的天线发射接收机组、敌我识别系统以及前方地区防空指挥、控制和情报系统接口等组成，"哨兵"系统可通过 FAADC2I 数据链路向防空武器系统和战场指挥官提供重要的目标数据。"哨兵"系列雷达采用 X 波段距离选通多普勒脉冲系统，天线采用相频电子扫描技术，形成清晰的三坐标笔形波束。

"哨兵"系列的最新款式是 Sentinel-A4，是传统哨兵 A3(AN/MPQ-64A3)防空和导弹防御雷达的高性能替代品，它将极大地改进现有哨兵应对巡航导弹、无人机系统、旋转翼和固定翼威胁的能力，Sentinel-A4 将增加探测火箭、火炮和迫击炮(Rocket Artillery Mortar, RAM)威胁的能力，提供 RAM 起爆点和弹着点位置，同时还增加了对电子威胁的防护能力。Sentinel-A4 可以与美军现有的防御系统轻松集成，不仅包括间接火力防护能力 (Indirect Fire Protection Capability, IFPC)和国家首都地区综合防空任务 (National Capital Region Integrated Air Defense System, NCR-IADS)，还包括 NASAMS、宙斯盾作战管理系统和北美防空司令部等系统。

图 2.8 "哨兵"雷达系统

2.2.3.3 固态相控阵 AN/TPQ-53 雷达

AN/TPQ-53 雷达系统是洛克希德·马丁公司的经典产

品，十多年来一直为美国陆军提供保护。Q-53 在探测迫击炮、火箭弹和大炮方面拥有丰富的经验，负责保护地面部队。固态相控阵 AN/TPQ-53 雷达系统或 Q-53 可以 360°或 90°模式探测、分类、跟踪和确定敌方间接火力的位置。Q-53 取代了美国陆军库存中的 AN/TPQ-36 和 AN/TPQ-37 中程雷达。与 Q-36 和 Q-37 相比，Q-53 性能更强，包括更高的机动性、更高的可靠性和可支持性、更低的生命周期成本以及更少的乘员人数。Q-53 的 AESA 为多任务能力奠定了基础。Q-53 已经展示了识别和跟踪无人机系统(UAS)的能力，显示了在单个传感器中同时集成空中监视和反目标捕获的能力，如图 2.9 所示。

图 2.9　AN/TPQ-53 雷达系统

2017 年，美国陆军授予洛克希德·马丁公司一份追加 Q-53 系统的订单合同。自 2007 年洛克希德·马丁公司赢得 Q-53 雷达的开发合同以来，该公司又赢得了 5 份合同，共计 100 多套雷达系统。此次获得全速生产合同后，陆军的 Q-53 雷达系统总数将超过 189 套。

2.2.3.4 机载预警雷达 AN/APY-9

AN/APY-9 雷达是美国海军执行监视和战区防空与导弹防御(Theater Air Missile Defense, TAMD)任务的"先进鹰眼"计划的组成部分。APY-9 为海军的 E-2D 飞机提供增强型机载指挥和控制，并扩大了监视范围。该雷达是一种全天候机载预警雷达，设计用于探测密集的濒海和陆地环境中的小型、高机动性目标，如图 2.10 所示。

图 2.10　APY-9 机载预警雷达

AN/APY-9 雷达是世界上最先进的机载预警雷达，它具有机械扫描和电子扫描两种模式，可为作战人员提供全方位 360°的态势感知，可通过电子扫描增强能力，将额外资源用于任何方向的挑战性目标或 90°扇区。APY-9 雷达可同时探测空中和海面目标，它独特的 STAR 结构可抑制杂波、干扰和其他电磁干扰源，从而集中探测目标。APY-9 雷达的工作频率为超高频，非常适合远距离探测受压目标。高功率固态发射器电子设备提高了可靠性和灵敏度，高级处理功能可实现灵活的波束管理和增强目标处理能力。

2.2.3.5 任务感知路由

洛克希德·马丁公司与瞻博网络(Juniper Networks)公司成功展示了任务感知路由技术，该技术通过连接两家公司的产品，创建了一个混合软件定义的广域网(Software Defined Wide Area Network, SD-WAN)解决方案，能够精简并优先处理从有争议的远程环境流向全球各地指挥官的重要信息流。这两家公司展示了两项关键的技术进展，可以为美国国防部(United States Department of Defense, DOD)提供关键应用[23]。

一是任务感知路由技术优化了数据流，以确保指挥官通过 5G 军用网络(5G.MIL)优先、安全和实时地收到更重要的信息。这些信息根据数据内容、信息交换要求和任务阶段的优先次序来确定重要性，通过异质"网络的网络"(Network of Networks)中的可用数据链路传递，包括战术数据链。

二是验证了任务感知路由技术可以抵御军事环境中固有的连接挑战。在实验室环境中，这两家公司切断了主要的通信渠道，而基于任务感知路由技术的解决方案通过辅助链路成功地重新发送了信息，验证了其在面对干扰或其他不利条件时的网络弹性。

这两家公司将软件集成到作战实验室硬件中，将军事平台跨领域连接起来，包括军事基地、地面车辆、有人和无人驾驶飞机以及舰船。洛克希德·马丁公司的动态数据链路管理器(Dynamic Data Link Manager, DDLM)监控和收集了这些平台采集的信息，并将其传递给由瞻博网络公司

Mist AITM (Adaptive Information Transfer Multi-task)驱动的会话智能路由(ShadowsocksR, SSR)，以基于预先存在的策略要求确定最佳路由优先级和信道；随后，使用安全的5G.MIL分布式开放系统网关连接，将优先级数据传递给指挥官，以支持及时的决策。如果传送的主要路径不可用或降级，则该技术通过备用路径传送信息。连接DDLM和SSR创建了一个混合的软件定义SD-WAN解决方案。混合SD-WAN解决方案将不同的战术节点和网络连接起来，形成具有安全5G和军事数据链路连接的分散、异构网络。除了任务感知路由技术，洛克希德·马丁公司和瞻博网络公司正在积极合作，以增强无线电接入网络(RAN)智能控制器(RIC)功能。RIC功能提高了无线接入网络的性能，这是安全5G连接的关键组成部分。RIC增强将使5G.MIL能够优化通信性能并提供额外的射频分析，连同任务感知路由技术将使得5G.MIL能够满足各种任务通信需求。洛克希德·马丁公司和瞻博网络公司的下一步演示有望将SD-WAN混合网络从实验室扩展到具有额外网络节点的真实战场环境。

2.2.4 SpaceX公司电磁空间产业发展动态

SpaceX公司于2015年成立下属的"星链"部门，专责"星链"近地轨道宽带互联网通信卫星的研发与运营。"星链"卫星属微小卫星，单颗质量仅260千克，采用"一箭多星"方式，使用运载力达23吨的"猎鹰9号"火箭单次推送60颗星入轨。目前，SpaceX公司正同步着手建设地面站和卫星间高速通信线路，大幅提升系统建网效率。"星链"卫星采用模块化设计，已实现大规模批量制造，目前产能是每月120颗，单颗卫星研制成本低于100万美元。

"星链"卫星通过太空探索公司的可回收火箭发射,单星发射成本约50万美元。随着产能提高和发射技术的改进,未来卫星的造价和发射成本还能进一步降低。

截至2023年2月,SpaceX共发射"星链"卫星3800余颗,目前在轨3100多颗。"星链"现有星座规模与组网结构几乎可无差别覆盖除两极之外的所有地区。按照这个构想,马斯克成立的SpaceX拟于2019~2024年间在太空近地轨道发射1.2万颗通信卫星,构建一个巨型3层卫星网络。这3层网络分别位于距离地面340千米、550千米和1150千米的轨道上,最终使所有卫星形成一个巨大的"星座",提供覆盖全球的全天候、高速率、低成本卫星互联网服务。根据计划,SpaceX共将发射4.2万颗"星链"卫星。

2.2.5 波音公司电磁空间产业发展动态

美国波音公司所属的极光飞行科学公司取得了DARPA"赋能信心"(EC)计划的研究合同,该项目主要是聚焦研发可扩展方法,将传感器和环境的不确定性作为重点在机器学习系统中进行考虑。作为项目重点,极光飞行科学公司力求训练并开发全新的机器学习系统,在引入相关不确定性的前提下,实现了图像目标的探测与跟踪。

该项目另外一个目的是使DoD能够利用人工智能开发高效计算工具,实现多源信息的处理和组合,为军用程序提供强大的性能[3,4,14,53,54]。

2.2.6 其他国际知名科技公司产业发展动态

近年来,电磁空间相关国际知名科技公司产业发展动态如表2.2所示。

表 2.2 电磁空间相关的国际产业发展动态

公司名称	公司介绍	科技进展
是德科技 (Keysight Technologies)	是德科技是一家生产测试与测量仪器与软件的美国公司。公司的电子设计及测试软件、硬件收入均位居行业第一；在商业通信、航空及国防、电子工业、网络测试等领域的份额也位居全球第一。截至 2021 年，公司客户覆盖世界前 25 强科技公司，全球前 25 大电信运营商/服务供应商，世界前 100 强企业中的 78 家；在全球 100 多个国家拥有超过 17500 个客户，间接服务客户超过 32000 个。2018 年，是德科技推出了业界首创的设计和测试软件平台 PathWave，通过连接产品开发路径中的每个步骤来加快开发流程；同年，Infiniium UXR 系列示波器面世，最高带宽可达 110GHz，信号完整性行业领先。	公司业务包括针对台面(Benchtop)仪器、模块(Modular)仪器、现场(Field)仪器的硬件与软件，包括示波器、万用表、逻辑分析仪、信号发生器、频谱分析仪、电路网络分析仪、原子力显微镜(AFM)、自动光学检查、自动 X 光检查(5DX)、in-circuit test、电源与手持工具。此外，还生产电子设计自动化(EDA)软件(EEsof 部门)。主要服务行业有半导体工业、计算机、制造业、航空航天、防务、电信等。科技进展：①是德科技与英国国家物理实验室和萨里大学建立英国首个 100Gbps 6G Sub-THz 连接；②是德科技与 DOCOMO 和 NTT 合作推进 6G 无线通信。
Ansys	Ansys 是一家美国跨国公司，总部位于宾夕法尼亚州，主要开发和销售用于产品设计、测试和操作的 CAE/多物理场工程仿真软件，并向全球客户提供其产品和服务。Ansys 是全球 CAE 龙头，高壁垒构筑稳健成长性，持续	公司业务主要包括开发并在全球范围内销售工程仿真软件和服务，这些软件和服务被行业和学术界的工程师、设计师、研究人员和学生广泛使用，包括高科技、航空航天和国防、汽车、能源、工业设备、材料和化学品、消费品、医疗保健和建筑。

续表

公司名称	公司介绍	科技进展
Ansys	专注于仿真技术的发展，产品已经覆盖结构、流体、电磁、光学、3D 设计、嵌入式软件等各个细分，解决方案也覆盖航天航空、国防、汽车、能源、医疗等各领域，全球市场份额最大，是名副其实的全球龙头。Ansys 的产品能与多数 CAD 软件对接，实现数据交换，综合来看，Ansys 已经成为最经典的 CAE 工具。Ansys 在国内占据了最大的市场份额，在中国有 100 多所理工院校采用 Ansys 软件进行有限元分析或者作为标准教学软件，为 Ansys 在国内的普及打下了坚实的基础。	科技进展： ①Ansys 达成收购 Diakopto 的最终协议，进一步扩展半导体设计多物理场仿真产品组合； ②Ansys 多物理场解决方案荣获台积电 N4 工艺技术和 FINFLEXTM 架构认证； ③Ansys 3D-IC 电源完整性和热解决方案通过台积电 3DbloxReference Flow 认证； ④三星采用 Ansys 仿真产品创建半导体设计，优化高速连接。
达索系统 (Dassault Systèmes)	隶属法国达索航空的达索系统公司成立于 1981 年，是全球工业软件巨头。截至 2020 年末，公司拥有近 20000 名员工，全球拥有 188 个站点，12 条产品线，在近 140 个国家中拥有 29 万企业客户，业务遍及全球市场。法国达索航空生产了世界著名的幻影 2000 和阵风战斗机。为配合战机研发，达索系统于 1981 年成立，在达索集团成立后的很长一段时间里专注于飞	公司业务包括提供 PLM 相关软件服务，CAD/CAE 和工业仿真软件系统。工业仿真方面，涵盖结构、电磁、流体、多体动力学、振动声学等领域，提供的电磁仿真软件产品有 Electromagnetics、CST Studio Suite、Antenna Magus、Opera 等。 达索公司通过并购等手段，提高在 PLM 和 CAD/CAE 领域的实力，并且积极将各个子产品平台化，便于在不同软件中进行设计。

续表

公司名称	公司介绍	科技进展
达索系统 (Dassault Systèmes)	机的研发和制造。该公司是平台型工业软件巨头。达索系统以3DEXPERIENCE平台为核心，提供3D建模、仿真、社交协作、智能信息四大板块产品，为航空、汽车、机械、电子等11个行业提供软件服务及技术支持。	科技进展： ①达索系统的"科学周"利用虚拟孪生探索人工智能、模拟和研究的突破； ②达索系统参加MWS2023：通过虚拟孪生体验高速科技创新； ③达索系统在2022年CES上展示人体的虚拟双胞胎体验。
思佳讯 (Skyworks)	Skyworks公司总部位于美国马萨诸塞州沃本市，是全球最大的射频(Radio Frequency, RF)半导体厂商之一，目前公司在全球范围内拥有9000余名员工、3500多项专利和3200多位客户，总市值超过200亿美元。公司高度创新的模拟半导体将人、地点和事物连接到航空航天、汽车、宽带、蜂窝基础设施、工业、医疗、军事、智能手机、平板电脑和可穿戴市场中许多新的和以前无法想象的应用。	公司业务包括提供各种标准和自定义线性产品，高线性度小型蜂窝功率放大器，适用于5G的高效小型蜂窝功率放大器、高功率单刀双掷和单刀单掷引脚二极管开关、用于互联家庭、工业、M2M、医疗、智能能源和可穿戴设备的前端模块、蜂窝物联网和M2M的前端模块等。 科技进展： ①Skyworks和Sequans推出全球最小的LTE-M/NB-IoT系统级封装解决方案； ②Skyworks与联发科合作提供端到端5G汽车解决方案。
威讯联合半导体有限公司(Qorvo)	2015年，RFMD和TriQuint两家公司合并成立一家新公司Qorvo。Qorvo是一家设计、开发及生产"射频"集成电路产品的美国独资企业，公司为移动产品、基础设施	公司业务包括放大器、控制产品、分立式晶体管、滤波器和双工器、变频器和频率源、集成产品、电源管理、开关等。应用领域包括汽车、消费品和电子设备、用户端设备、国防和航天、

续表

公司名称	公司介绍	科技进展
威讯联合半导体有限公司(Qorvo)	和国防航天市场提供标准型和定制型产品解决方案以及战略制造服务，总市值接近100亿。目前 Qorvo 是全球主要的功频放大器供货商，为客户涉及的所有射频产品提供核心技术。公司的客户为华为、苹果、三星、联想、小米、OPPO、Vivo、高通等众多国内外知名通信行业先锋。	工业、信息技术、物联网、移动产品、电源和照明等。 最新产品：采用 TOLL 封装的 5.4 mΩ 750V SiC FET、业界首款 20 电池组智能电池管理单芯片解决方案、首款单个模块即可支持 5.1GHz～7.1GHz 频段的 FEM、小型 UWB 模块等。 科技进展： ①Qorvo 推出业界首款 20 电池组智能电池管理单芯片解决方案； ②Qorvo GaN 功率放大器模块荣获 2022 世界电子成就奖； ③Qorvo 为智能家居和物联网应用提供大范围、高效率的 Wi-Fi FEM。
美国高通公司(Qualcomm)	美国高通在《财富》2019 "改变世界的公司"榜单中，因其对无线技术发展的巨大贡献和对 5G 的推动，位列第一。它也是 5G 研发、商用与实现规模化的推动力量。高通公司致力于发明突破性的基础科技，赋能了整个移动生态系统，毫不夸张地说，当前每一台 3G、4G 和 5G 智能手机中几乎都包含其发明。Qualcomm 将移动技术的优势带到汽车、物联网、计算等全新行业，开创人与万物能够顺畅沟通和互动的全新世界。	高通公司业务涵盖了应用处理器、射频前端等各领域。其产品和业务正在变革医疗、汽车、物联网等多个领域。 科技进展： ①高通推出先进智能视频协作平台套件，赋能家庭和企业场景数字化转型； ②高通推出开创性物联网和机器人产品，扩展智能网联边缘生态系统。

续表

公司名称	公司介绍	科技进展
美国康普 (Commscope)	康普是一家提供企业网络、宽带、无线和有线通信网络的连接解决方案的美国公司。秉承优良的研发传统，康普在全球拥有约3000项专利和专利应用。过去10年中，公司的研发投资超过10亿美元，总市值目前达到9.48亿美元。公司突破了通信技术的界限，创建世界上最先进的网络。公司设计、制造、安装和支持硬件基础设施和软件智能，使公司的数字社会能够互动和繁荣。公司与客户合作，推进宽带、企业和无线网络，以推动进步并建立持久的连接。	公司业务包括天线(基站天线、微波天线、建筑内天线)、宽带和接入网络系统(电缆前端光学平台、PON等)、宽带和视频设备、电缆和组件(光缆组件、同轴电缆、光缆、波导等)、室内蜂窝系统(分布式天线、小基站等)、网络系统(通信插座系统、有源光缆系统、结构化布线等)、多路复用无源器件(分路器、合成器、滤波器、光学无源器件)等。 科技进展： ①康普推出 SURFboard mAX6E 三频 Mesh Wi-Fi 系统； ②康普推出基于AI的新软件以优化宽带运营商的网络容量、效率和质量。
德国罗森博格 (Rosenberger)	罗森博格集团总部位于德国，销售和制造地点遍布全球，2017年产值达12亿欧元，作为国际领先的制造商，在高频、高压和光纤技术方面提供广泛的标准化和定制连接解决方案。罗森博格是世界领先的阻抗控制和光连接解决方案制造商之一。	射频、光纤和高压连接器以及电缆组件是公司产品组合的核心。但公司在连接方面的能力也体现在公司的测试与测量设备、天线和远程信息处理设备中。这些解决方案可确保在高要求应用中可靠地传输信号、数据和电源。产品包括连接器和适配器(射频同轴连接器、差分数据连接器、磁性连接器、电源连接器等)、电缆组件(射频电缆组件、电源线组件、光缆组件、射频微波测试电缆)、测试设备等。

续表

公司名称	公司介绍	科技进展
德国罗森博格 (Rosenberger)		主要服务行业有移动和电信、工业测量技术、汽车电子、医疗和工业电子、数据技术和航空航天领域。 科技进展： ① SMP 和迷你 SMP 弹簧加载子弹,弹簧子弹非常适合航空航天、安全和国防市场应用; ② 三频优化的新型 12 端口和 8 端口天线,用于下一代无线网络。

2.3 电磁空间学术研究动态

2.3.1 电磁空间国际重要会议

2019 年 5 月 13～15 日,"老乌鸦"协会第 23 届欧洲电子战年会在瑞典斯德哥尔摩召开,会议主题是"在复杂世界里整合电磁战"[24,42,54,55,58]。

这次会议探讨了在当前新威胁下,在混合战、信息作战、多域战、赛博、反进入/区域拒止等领域中电子战与电磁作战的未来发展,包括可能的响应、思维与态度的转变以及需要发展的能力等。会议的重点议题是作战、防御能力发展和工业界投资等方面。"老乌鸦"协会欧洲电子战会议是迄今为止参加人数最多的一次,共 2603 名代表参加了会议。

这次会议提出与电磁空间相关的重要观点如下：

新威胁与未来电子战系统。当前和未来电子战系统的设计重点是必须有效对抗当前与未来威胁。在面对未来更加复杂的威胁时，电子战系统必须能够快速升级。电子战系统从研发之初就应该考虑到未来的改进。在实际操作中，升级电子战系统应该像手机或个人电脑升级一样简单，以确保随着国防需求的发展，可以很容易地开发和应用新的能力。

——瑞典防御研究局无线电电子战系统部主管 Johan Falk 先生

被忽视的电子战。即使是在最简单的作战场景中，忽视电子战都可能会对作战任务产生重大影响。北约如果继续忽视电子战的重要意义，会将国家置于危险中。

——北约联合电子战中央参谋部 Malte Spreckelsen 先生

飞行员的电子战训练。阐述了利用电子战装备和雷达进行飞行员训练，包括电子支援、电子防护、电子攻击训练的核心要素，以提高飞行员、指控人员和支援人员的电子战知识。

——瑞典空军"鹰狮"中队电子战军官 Lars Siggelin 先生

战术信号情报与电子战的集成与同步。报告概述了美国陆军驻欧洲部队在 2019 年 Dragoon Ready 演习中地面战术电子战部署与应用的经验教训，包括地面信号情报与电子战传感器的集成、战术技术程序的制定等。

——美国陆军第二骑兵团 Maurice Erickson 上士

赛博攻击：未来武器最大的威胁。武器装备研制的复杂性给黑客提供了机会，比如在武器开发过程中入侵承包商。美国洛克希德·马丁公司的 F-35"闪电 II"项目就面临该问题，有些联合研制国家称其工业部门长期遭受赛博入侵。敌对国家会针对武器系统的赛博脆弱点而发起攻击，取代传统的动能攻击。

——瑞士 Kudelski 安全公司 Julien Chesaux 先生

电子战与赛博融合。电子战与赛博融合的概念已经提了几年。报告根据电子战与赛博领域中的条令、机构、训练、装备、领导、教育、人员、设施和政策(Doctrine Organization Training Materiel Leadership Personnel Facilities-Policy, DOTMLPF-P)来客观论证其融合的方式，举例说明电子战与赛博如何互相促进，并讨论如何让电子战与赛博兵力有效融合，为战场人员带来更好的效果。

——美国"老乌鸦"协会前主席 Wayne Shaw 先生

电子战中的人工智能。人工智能中最重要的技术是搜索与优化、逻辑性、概率统计法、经典机器学习方法、神经元网络、深度学习，其中最重要的是深度学习。报告介绍了萨博公司采用人工智能/机器学习的结果对信号进行处理的技术，用人工智能可以处理传统威胁数据库不能识别的捷变辐射源。

——瑞典萨博公司电子系统部主管 Henrik Holter 先生

用于新场景的电子战。未来几年，电子战将发生重大变化。报告介绍了对传统电子战系统进行升级的技术，还介绍了全新的电子战系统。内容包括无人机蜂群分布式对抗措施、无线电导航/无线电定位电子战、人工智能在武器系统的应用等。

——西班牙 ALFADELTA-RIO 公司 Antonio Filho 先生

频谱的多域与多国特性。频谱及电子战、射频-赛博、导航等相关能力从本质上来说具有多域与多国的特性。报告探讨了如何更好地感知作战环境，以及在大范围作战时如何协调效果、去除干扰并提供可靠信息。

——美国切萨皮克技术公司总裁 Dustan Hellwig 先生

电磁频谱正在变化，利用数据获得作战优势。电子战是整个情报环境的一部分，其有助于任务规划和任务效能提升。必须采用创新的方式来处理数据，以产生有用信息、保证作战优势，这就要求是人在回路上，而不是人在回路中。决策者要根据对多源情报数据的深入分析而提出有效和及时的选项。

——英国 Mass 公司电子战商务发展部经理 Shaun Vickers 先生

电子情报的深度学习应用。麦克唐纳·迪特维利联合有限公司(MacDonald Dettwiler and Associates Ltd., MDA)在电子情报中采用了机器学习工具，为各种电子战项目提供支持。公司开发的 CNN 能够对数百种高信噪比雷达信号进行分类，精度超过 98%。对于 7dB 以下的低信噪比雷达信号，CNN 的分类精度也超过 89%。此外，MDA 公司还论证了采用射频指纹方法对雷达辐射源进行分类的能力。

——加拿大 MDA 公司首席电子战工程师 Kyle Davidson 先生

"鹰狮 E"电子战系统的作战目标达成。报告概述了"鹰狮 E"战斗机多功能-电子战系统(Multi-Function Self-Protection Electronic Warfare System，MFS-EW)的起源与发

展、作战规划、如何应对需求及局限、用户与工业部门的协作、方案评估与改进，以及未来的发展。

——瑞典防御物资管理局 Kristoffer Broqvist 先生

美国陆军 GPS 改进与 PNT 升级。美国国防部正在推动定位导航授时装备的升级与改进，其中 3 个重点项目是改进 GPS 的 M 码、车载式精确 PNT 以及由美陆军快速能力办公室领导的一个项目。报告介绍了这些项目的进展并探讨了提供不受限、可靠的 PNT 能力的方式。

——美国通用动力公司全球防御商务发展部 Les Berry 先生

先进与标准化飞机电子战系统的集成。报告概述了北约 STANG 4781 防御辅助系统集成(NADS)项目的进展，并讨论了与美国类似项目的关联。

——丹麦特玛公司首席系统工程师 Benny Hede 先生

复杂环境中的信号源探测与威胁仿真。随着技术的发展，如大量多输入多输出系统的普遍使用，商用和军用用户都难以达到理想的行动效果。报告概述了针对 MIMO 系统的信号源/调制识别算法；并介绍了具有大动态范围的最新仿真测试技术和装备，以用于当前和未来电子战和通信系统的威胁测试。

——美国南佛罗里达大学 Ravi Sankar 先生

电子情报如何应对当前与未来的雷达威胁。随着军事重点向非对称威胁转变，电子情报/电子侦察措施研发人员必须快速而准确地倾听用户的新需求。现代雷达普遍采用固态技术，并具有复杂的调制方式，很难在频谱中发现并对其进行分析。报告讨论了电子情报的发展，以应对当前与未来的复杂雷达。

——美国罗德与施瓦茨公司 Andrew Owen 先生

虚拟世界中数据传输的安全与性能。网络世界日益复杂,数据传输的安全与网络性能问题越来越突出。报告提出了一些几乎不影响网络性能的数据传输的新方式。

——法国泰利斯公司 Joseph Warren 先生

有源相控阵天线的最佳排列方式。有源相控阵天线具有很高的扫描速率,能有效应对多个目标。采用单部天线来实现多个功能能够减小平台的雷达截面积、重量和体积。报告提出了多功能应用中一种相控阵天线的最佳排列方式。

——土耳其 ASELSAN 公司 Sevda Sahin 先生等

电子战威胁靶场系统。报告讨论了电磁机动战的发展以及重要的作战训练。

——意大利莱昂纳多公司商务发展部主管 Paul Vavra 先生

作为地基防空组成部分的无源 ESM 跟踪传感器。ESM 跟踪传感器是重要的电子战态势感知工具,具有覆盖范围大、操作模式隐蔽和非协同目标定位等功能。

——西班牙 ERA 公司 Vojtěch Stejskal 先生

利用联网的无源传感器获得态势感知的原理与技术。报告描述了从多个传感器中搜集、处理并综合电子支援措施数据的原理,详细说明了各个传感器的类型与技术,特别是其优缺点。另外还讨论了数字化控制天线(Digitally Steerable Antenna, DSA)等未来可采用的技术。

——瑞典萨博公司电子侦察产品经理 Christo Pelster 先生

机载无源雷达传感器技术。报告描述了雷神德国分公司的机载无源雷达感知技术，包括软件定义概念、模块化设计及潜能等。公司开发了 0.5GHz～40GHz 频段的全数字化接收机并成功进行了验证，接收机的天线前端可根据用户需求进行定制，适用于各种机载平台。

——雷神德国分公司常务董事 Sebastiaan Verton 先生

机载下一代甚高频/超高频(Very High Frequency/Ultra High Frequency, VHF/UHF)辐射源定位系统。射频技术能帮助提供实时信息，再加上图像情报和通信情报传感器就能快速准确地形成战术态势感知，从而对地面电子通信装置进行定位。面临的挑战是在飞机或无人机中集成何种设备以及如何简化集成过程。

——美国 Avantix 公司产品管理部主管 Marc Houry 先生

用于电子战任务的多功能有源相控阵。电子战作战场景已越来越具挑战性。整个频谱充满着雷达、通信、军用系统和大量其他辐射信号。现代装备都是软件定义的，其波形、行为和机制都可能快速改变，目标信号工作在低截获概率模式，并可能应用先进的对抗措施。因此，电子战技术也在随之发展，例如，被雷达广泛采用的 AESA 技术与各种信号处理技术相结合，成为新一代有源与无源电子战系统的基础。基于 AESA 的电子战系统对微弱信号具有很高的截获灵敏度，并能同时处理各种信号。

——以色列埃尔塔公司首席技术官 Nitzan Barkay 博士

变化世界中的频谱优势。冷战时期，德国和其他国家都使用了平台防护等电子战设备。当时工业部门的任务是交付可让飞机安全返航的装备。冷战结束后，电子战被忽视。现在我们已经意识到缺乏在不断变化环境中的适应能力，因此研究发展基于认知技术的电磁空间技术尤为重要。认知、机器学习等先进技术能使我们重获频谱优势，它们能提供可靠方案以应对当前和未来的电磁频谱。

——德国亨索尔特公司信号情报与电子支援产品经理 Frank Kessler 先生

认知电子攻击系统的测试与评估：对未来测试系统的需求。研制基于认知人工智能的电子攻击技术非常复杂，电子攻击系统必须经过性能测试，以评估对抗各种威胁的能力。报告讨论了当前测试技术的能力缺陷，并讨论了未来可能采用的测试系统架构。

——美国 Keysight 技术公司 Dan Pleasant 先生

经济型 3D 有源相控阵雷达的技术发展及其对电子战的影响。当前，雷达用户只能在便宜的 2D 雷达和昂贵的 3D 有源相控阵雷达之间做出选择。市场对经济型 3D 有源相控阵雷达需求很大。Tron 公司最近研制出适用于中短程电子战应用的便携式经济型 3D 数字化有源相控阵。报告探讨了有源相控阵的作战原理及技术发展，并展示了初期测试结果。

——中国台湾地区 Tron 未来技术公司 Yu-Jiu Wang 博士

评估雷达电子对抗效能的新技术。雷达具有截获、跟踪等多种类型，因此对其干扰效能的评估是个复杂的问题。报告描述了采用高性能、可编程雷达模拟器对雷达对抗措施性能进行评估的方式，讨论了在电子战和雷达系统设计中如何确定电子对抗措施效能。

——意大利 ELDES 公司 Robert Andrews 博士

民用天基电磁频谱分析。20 年前，民用地球观测公司的出现证实卫星的商用图像能够为政府提供重要的情报价值。同样，由于小型卫星技术、软件定义无线电和卫星发射装置的发展，以前仅由政府执行的天基电磁频谱任务现在也逐渐民用化。民用公司能够实现射频信号的天基探测、地理定位和分析，能为政府提供之前难以获得的地理数据并带来新的见解。商用技术的快速发展能让政府进行数据融合，以获得全面的态势感知，并减少烟囱式发展。报告描述了天基商用电磁频谱感知的发展，并讨论如何将射频方案进行更广泛的整合。

——美国鹰眼 360 公司 Rob Miller 先生

防御机构的使能技术。氮化镓等固态技术的不断发展给军用雷达、电子战和通信系统带来了机遇。在电子战领域，有数个项目和平台正在寻求利用氮化镓来提高电子攻击能力，采用相控阵等技术实现更高的功率和更灵活的数字化。

——美国战略分析公司战略技术主管 Asif Anwar 先生

高功率固态技术的发展。半导体射频技术的发展与电子战密切相关。高速可编程器件、模数/数模转换器、数字信号处理器、光纤装置等的最新发展技术都可用于高功率固态发射机中。

——英国 Empower 射频公司首席技术官 Paulo Correa 先生

工业部门在真空电子器件领域的发展。目前对高功率的技术创新需求很高。虽然行波管和其他真空电子器件都被视为老式技术，但它们是真正可在高频段提供带宽和功率的装置。然而，欧洲的真空电子器件工业基地规模正在逐渐萎缩，很难满足下一代系统的技术需求。值得注意的是，目前有些新兴国家正在大量投资开发高频产品，如果我们不跟上就会面临麻烦。

——"老乌鸦"协会 Ken Miller 先生

电子战中机器学习的案例。

——美国 L-3 技术公司首席科学家 Paul Brittan 先生

定向能防御行动：保护民用机场不受小型商用无人机的干扰。从 2017 年开始关注民用机场周围的小型无人机威胁，考虑采用定向能并结合常规电子战手段进行防御的可行性。2018 年，重点关注的是定向能防御的致命性、连带损伤以及降低连带损伤的手段。2019 年，关注的是面临的发展障碍，帮助决策者建立采用定向能防御作为作战能力的信心。

——美国博思艾伦咨询公司 David Stoudt 先生

射频武器的潜能与局限。报告从对抗人员和武器的角度来讨论射频武器，列举了几种射频武器系统并描述了其效能。

——美国 Owner-O "Hara 咨询公司 John O" Hara 先生

保持电子战的先进性。当前电子战的技术发展跟不上雷达、导弹、通信、指控、赛博等的发展。这并非是缺乏尝试或者投资，而是因为目光短浅地把重点放在了"点方案"上。我们必须打破现有思维，具有"系统、捷变、采用软件定义方案快速部署"的思维，系统地讨论威胁以及未来的发展。

——英国伦敦大学电子战研究主管 David Stupples 教授

近年来,国际上与电磁空间相关的重要会议如表 2.3 所示。

表 2.3 重要的国际会议情况

时间	会议名称	主要报告内容	参与单位
2022	第十三届亚太电磁兼容国际会议	会议主题涉及电磁兼容、电磁环境、电磁安全、电磁标准、芯片及系统的信号完整性等诸多领域,特别关注新兴及热点技术中的 EMC 问题。展览会展出了最新的电磁屏蔽材料、电波暗室、屏蔽室、电磁兼容测量仪器、信号模拟及分析仪器、静电测试技术、雷达天线及防护系列产品。	浙江大学、北京邮电大学、天线与微波技术重点实验室、中国科学院空天信息创新研究院等
2021	IEEE iWEM	会议主题涉及电磁学理论、天线与传播、无线系统、微波电路与系统、毫米波/太赫兹技术、微波/毫米波芯片、电磁兼容、无线输能、仪表与测量、先进材料与工艺等电磁学领域前沿研究方向。华为公司的杨睿博士、美国得克萨斯州立科技大学的李长志教授、东京工业大学的 okada 教授和韩国浦项科技大学的 Wonbin Hong 教授等四位国内外知名学者受邀作大会主题报告。	华为、得克萨斯州立科技大学、东京工业大学、韩国浦项科技大学等

续表

时间	会议名称	主要报告内容	参与单位
2020	第六届 IEEE 全球电磁兼容国际会议	会议主题涉及电磁防护仿生、飞机 EMC 领域的数字孪生技术、电磁防护材料和电磁环境与电磁安全领域。报告展示了电磁兼容学科领域的科研新进展，促进了学术交流，扩大了该研究领域的国际影响力。西安交通大学杨旭教授作大会报告，介绍了当前研究极其活跃的宽带隙器件在电力电子中的应用及其相关的电磁兼容问题。满梦华、孙红鹏、王东红和谢彦召分别就电磁防护仿生、飞机 EMC 领域的数字孪生技术、电磁防护材料和电磁环境与电磁安全领域技术挑战等作专题报告。	西安交通大学、IEEE 电磁兼容学会、北京交通大学、电磁环境效应航空科技重点实验室、中国工程物理研究院复杂电磁环境重点实验室、瑞士洛桑联邦理工学院、英国德蒙福特大学、意大利米兰理工大学等
2021	第八届电磁场问题和应用国际会议	会议主题涉及电磁设计中的优化方法、耦合问题、材料建模、应用电磁学中的反问题、非线性电磁学、软件方法论、电磁器件及应用、电磁兼容和电磁计量、无损电磁检测及应用、微纳机电系统、等离子体中的电磁学、纳米电磁学及其应用、光子学、超材料与超表面、生物电磁学及其应用、应用超导、无线电力传输与采集等方向，为科研工作者、电气工程师和企业家提供了展示和讨论电磁场及应用问题最新研究进展的平台。李巍报告 "Iron loss calculation based on loss surface hysteresis model and its verification"，介绍了	中国电工技术学会、中国电机工程学会、国际计算电磁学会、中国电工技术学会电工理论与新技术专业委员会、中国电机工程学会电工理论与新技术专业委员会、中国电工技术学会生物电工专业委员会等

续表

时间	会议名称	主要报告内容	参与单位
2021	第八届电磁场问题和应用国际会议	课题组近年来在铁磁材料磁滞模型、磁特性测量、电磁场数值计算和永磁同步电机铁损计算及测量等领域的相关工作内容和研究成果，并与参会成员针对汇报内容进行充分的交流讨论，获得了参会成员对研究内容的高度认可。	
2023	第十八届国际电磁流变学会议	会议主题涵盖了铁磁流体、磁流变液、电流变液、磁流变弹性体和其他新型智能材料的制备、物理性质、力学行为、工程应用，以及新的实验方法、器件的建模仿真控制理论。 龚兴龙作"3D printing magnetorheological elastomer for magnetic actuator applications"的大会特邀报告； 宣守虎报告"Dual-mode soft actuators with electrothermal and magneto-responsive performance"； 王胜报告"Preparing smart magnetorheological foam and designing multifunctional devices"。	重庆大学、中国科学技术大学、中国力学学会、纽约州立大学、日本东北大学、美国马里兰大学、清华大学、重庆大学光电工程学院、光电技术及系统教育部重点实验室、中国力学学会流变学专业委员会等
2023	第十届中国国际信息化装备复杂电磁环境效应技术展览会	会议主题涉及电磁兼容、微波、毫米波、太赫兹、天线、射频、测试测量和安规认证产品技术，供应商、代理商、检测认证机构和行业实验室参展，全面涵盖电磁兼容、电磁环境、电磁安全、电磁防护、电磁标准、电磁频谱、电波暗室、电磁屏蔽、材料、仪器、系统、芯片及	华为、瑞士EM测试有限公司、中国电科科思仪科技股份有限公司、天津大学、CST上海软波工程软件有限公司、中国电

续表

时间	会议名称	主要报告内容	参与单位
2023	第十届中国国际信息化装备复杂电磁环境效应技术展览会	系统的信号完整性、静电测试及防护、微波、太赫兹、雷达、天线、电磁场与微波设计、仿真软件、安全与维护、实验室建设与管理、测试测量、安规认证产品、技术和整体解决方案和创新服务，及其在航空航天、5G/6G、无线通信、国防电子、新能源与智能汽车、车联网、物联网、智慧制造、人工智能、轨道交通、能源、智能电网、广播电视、医疗和生物等领域的应用。苏州泰思特电子科技有限公司高级工程师惠晓晖主要针对不同雷电标准之间的差异及试验方法进行报告。	子科技集团北方工程设计研究院有限公司、南京纳特通信电子有限公司、中国电科科思仪科技股份有限公司、杭州远方电磁兼容技术有限公司、浙江诺益科技有限公司、瑞士哈弗莱公司、苏州安辐捷电子科技有限公司、达索系统(上海)信息技术有限公司等
2022	国际应用计算电磁学会议	会议主题涉及应用计算电磁学及其特定应用、技术、代码或计算问题。会议内容包括技术邀请全体会议和定期演讲、软件教程、供应商展位和短期课程。该会议的召开对于计算电磁、无线电波传播、天线理论与技术等相关领域的发展和应用将会带来积极的影响和推动作用。中国科学院院士、东南大学崔铁军教授作"Intelligent metamaterials"主题报告；中国工程院院士何友教授作"Intelligent processing technology for marine target detection: opportunities, challenges and prospects"主题报告。	东南大学、新加坡南洋理工大学、肯塔基大学、航天科工集团、浙江大学-伊利诺伊大学联合学院等

续表

时间	会议名称	主要报告内容	参与单位
2022	全球电磁兼容国际会议	会议由阿布扎比技术创新研究所(TII)旗下的定向能源研究中心(DERC)主办。来自中国、意大利、巴西、日本、美国、奥地利、德国、俄罗斯、瑞士、英国等十几个国家200余名专家学者参会，交流前沿学术成果，探讨本领域发展前景，并作了多场分会场报告，交流电磁兼容学科领域的科研进展。清华大学电机系博士后李泉新以雷电回击与 M 分量模拟及测量(Modelling and measurement of lightning return strokes and M-components)为主题作报告，并因在其研究领域取得的突出研究成果，荣获青年科学家奖。	西安电子科技大学、清华大学、西安交通大学、电子科技大学等
2021	国际应用计算电磁学会议	会议由国际应用计算电磁学协会和电子科技大学等多家单位联合主办，会议开幕式及大会报告全程线上直播，各分会场采用线上线下相结合的方式进行。大会围绕计算电磁、无线电波传播、天线理论与技术等领域应用展开交流。西安电子科技大学天线与微波技术重点实验室刘能武副教授进行了特邀会议报告，报告内容以"Multiple-resonator-based wideband and multiband microstrip patch antennas"为题，分享了课题组在多模天线方向的最新研究成果。	电子科技大学、东南大学、西安电子科技大学、新加坡南洋理工大学、浙江大学等

续表

时间	会议名称	主要报告内容	参与单位
2022	光子与电磁学研究国际研讨会	会议旨在介绍与促进光子与电磁学进展的大型系列国际性学术会议。自 1989 年由美国麻省理工学院 Jin Au Kong 教授在美国波士顿举办首次会议以来，PIERS 每年在世界各地主要城市巡回举办，是光子与电磁学界的年度盛会。主题涵盖计算电磁学、电磁兼容、电磁散射理论、光学与光子学、遥感、逆问题、成像、雷达与遥感，包括光子与电磁学的前沿及热门课题，以及经典光学与量子光学的各类应用。邀请专家对业内关注科研议题进行主题报告，吸引了与会人员的广泛参与及热烈讨论，议题包括探索合成维度的拓扑物理、智能超材料与超表面、基于锑化物的创新型缺口工程 II 型超晶格成像系统、人工神经网络技术在微波元件反演建模中的研究进展、可扩展的半导体经典和量子光子系统、生物医学逆散射和环境传感中微波观测的学习辅助信息检索的最新进展等。大会还特别设立一个 Hot Topic 大会报告专场，邀请了 9 位业内专家介绍光子与电磁学的热点议题，涵盖单细胞的激光粒子分析、电磁能量传输与光子电压转换、前沿等离子纳米腔、信息超材料与智能超材料、基于平台的液态光量子计算、量子优势及优越性、用于大面积光伏组件和平板 X 射线成像仪的钙钛矿材料及从超表面光学到拓扑极化激元。	浙江大学、厦门大学、国际电磁科学院、新加坡国立大学、得克萨斯大学阿灵顿分校等

续表

时间	会议名称	主要报告内容	参与单位
2022	先进应用电磁学国际会议(IEEE ICEAA)	会议主题涉及电磁学、天线、电磁兼容、无线、生物医学工程、纳米技术、数值模型、电磁脉冲、辐射效应、电磁干扰、测量电磁器件、计算电磁学、光电器件、集成光电子、光子学、太赫兹成像、雷达、射电天文学、射频识别、通信系统、通信系统安全、材料等电磁学领域前沿研究方向。 会议最佳论文：Davide 等的"关于预处理电磁积分方程的快速直接求解"。	斯泰伦博斯大学、都灵理工大学和伊利诺伊大学芝加哥分校等
2022	微波天线传播与 EMC 国际会议(MAPE)	会议主题涉及无线通信所需的微波、天线、传播和电磁兼容方面的所有理论和技术，以技术论文、小组讨论的等形式就 6G、NB-IoT、LoRa 等不断发展的无线通信领域应用提出新的想法和贡献。浙江大学的李二平教授、意大利特伦托大学的 Andrea Massa 教授、英国肯特大学的史蒂文高教授、中国华南理工大学的张秀银教授受邀作大会主题报告。	浙江大学、特伦托大学、肯特大学、华南理工大学
2023	IEEE Radar Conference	会议主题涉及雷达系统与应用、雷达信号与数据处理、雷达子系统与组件、雷达现象学与遥感、天线技术、新兴雷达技术等雷达相关的前沿领域方向。 杨百翰大学的 David G Long 教授、加州理工学院的 Paul A Rosen 教授、阿拉巴马大学的 Sevgi Gurbuz 教授以及卡尔加里大学的 Elise Fear 教授在本次会议作主题报告。	航空航天与电子系统学会(AESS)、IEEE 孤星分会、美国西南研究所(SwRI)、陆军未来司令部(AFC)

2.3.2 电磁空间领域重点实验室

近年来,国际上在电磁空间领域相关的重点实验室情况如表 2.4 所示。

表 2.4 与电磁空间领域相关的重点实验室情况

实验室名称	国家	隶属	最新成果
IHF(高频技术研究所)	德国	斯图加特大学	Millimeter-wave leaky-wave antennas based on polymer rod with periodic annular metal strips(基于带周期性环形金属条的聚合物棒的毫米波漏波天线)(2019); Lens antenna with planar focal surface for wide-angle beam-steering application(带平面焦面的透镜天线,用于广角波束控制应用)(2019)
Temasek Laboratories	新加坡	新加坡国立大学	A compact self-multiplexing antenna for quadband applications(用于四频带应用的紧凑型自复用天线)(2022); Analysis of antennas with composite structure using theory of characteristic modes(使用特征模式理论分析具有复合结构的天线)(2022); Progressive phase shifter for beam-scanned waveguide array(用于光束扫描波导阵列的渐进移相器)(2021); Collapsible, wideband, dual-polarization patch antenna(可折叠、宽带、双极化贴片天线)(2021)
ESL(The ElectroScience Laboratory)	美国	俄亥俄州立大学	Noncontact characterization of antenna parameters in mmW and THz bands(毫米波和太赫兹波段天线参数的非接触式表征)(2022); Wideband radomes for millimeter-wave automotive radars(用于毫米波汽车雷达的宽带天线罩)(2022);

续表

实验室名称	国家	隶属	最新成果
ESL(The ElectroScience Laboratory)	美国	俄亥俄州立大学	Millimeter-wave tightly-coupled phased array with integrated MIMS phase shifters(集成 MIMS 移相器的毫米波紧耦合相控阵)(2021)
MIT Lincoln Laboratory	美国	麻省理工学院	Nearfield anechoic chamber and farfield on-site antenna calibration pattern comparison of an S-band planar phased array radar(S 波段平面相控阵雷达近场电波暗室与远场现场天线校准方向图对比)(2022); Effect of a wet spherical radome on the reflected power for an s-band planar phased array radar antenna(湿球形天线罩对 S 波段平面相控阵雷达天线反射功率的影响)(2021)
RaSS(The Radar and Surveillance Systems)	意大利	国家实验室	A compact double-ridged horn antenna for ultra-wide band microwave imaging(用于超宽带微波成像的紧凑型双脊喇叭天线)(2021)
The Antennas & Electromagnetics Research Group	英国	伦敦玛丽女王大学	A power-efficient compact Ku-Band system-on-antenna module with chip-first package integration(具有芯片优先封装集成的高能效紧凑型 Ku 波段天线模块)(2023); X-band passive circuits using 3-D printed hollow substrate integrated waveguides(使用 3-D 打印空心基板集成波导的 X 波段无源电路)(2022); Design optimization of a 77 GHz antenna array using machine learning(使用机器学习优化 77 GHz 天线阵列的设计)(2021)

续表

实验室名称	国家	隶属	最新成果
mmWave Antennas & Arrays Lab	美国	佐治亚理工学院	On-chip 60 GHz coplanar folded slot antenna with air cavity and reflector(带气腔和反射器的片上60 GHz共面折叠缝隙天线)(2023); Vanadium dioxide aperture-coupled mmWave 1-bit reconfigurable dual polarization reflectarray(二氧化钒孔径耦合毫米波1位可重构双极化反射阵列)(2023); Exploiting nonlinear properties of the VO_2 in mmWave antenna-coupled Sensor(利用VO_2在毫米波天线耦合传感器中的非线性特性)(2022); Paraffin-based RF microsystems for millimeter-wave reconfigurable antenna(用于毫米波可重构天线的基于石蜡的射频微系统)(2022); Magnetically reconfigurable metamaterial as conformal electromagnetic filters(作为共形电磁滤波器的磁性可重构超材料)(2022); A low-cost vertically-integrated antenna array at 60 GHz with 85% efficiency(60 GHz的低成本垂直集成天线阵列,效率为85%)(2021)
The Institute of Microwave Engineering	德国	乌尔姆大学	Highly efficient calibration of antenna arrays by active targets in the Near-field(雷达传感器的高效校准程序可以通过使用主动雷达目标同时存储多个测量点)(2023); A switchable biomimetic antenna array(可切换的仿生天线阵列)(2022); Vielkanalige biomimetische antennensysteme für hochauflösende radarsysteme bei 77GHz(用于77GHz高分辨率雷达系统的多通道仿生天线系统)(2019)

续表

实验室名称	国家	隶属	最新成果
EM Antenna Systems Lab	荷兰	埃因霍温科技大学	Extending the scan range of phased arrays using reconfigurable antenna elements(使用可重构天线元件扩展相控阵的扫描范围)(2023); A class of dielectric resonator antennas with thermally enhanced performance(一类具有热增强性能的介质谐振器天线)(2022); Active Ka-band open-ended waveguide antenna with built-in IC cooling for use in large arrays(具有内置IC冷却功能的有源Ka波段开放式波导天线,适用于大型阵列)(2022); A mm-Wave phased-array fed torus reflector antenna with ±30° scan range for massive-MIMO base-station applications(具有±30°扫描范围的毫米波相控阵馈电环形反射器天线,适用于大规模MIMO基站应用)(2022); Beam shape reconfigurability of widescan focal plane array antennas(宽扫描焦平面阵列天线的波束形状可重构性)(2022); Dual rampart antenna for radar systems with enlarged field of view(用于具有扩大视场的雷达系统的双Rampart天线)(2022)
广川实验室	日本	东京工业大学	Design of a probe-fed waveguide feeder in a dual-polarized parallel plate slot array antenna(双极化平行板缝隙阵列天线中探针馈电波导馈线的设计)(2023);

实验室名称	国家	隶属	最新成果
广川实验室	日本	东京工业大学	Design of waveguide stacked E-plane crossed directional couplers(波导堆叠E平面交叉定向耦合器的设计)(2023); 小型合成開口レーダ衛星用のCFRP製2次元スロットアレーアンテナ(小型合成孔径雷达卫星用CFRP二维缝隙阵列天线)(2021); Design of a slot array antenna on alternating-phase feed parallel-plate waveguide(交流馈电平行板波导缝隙阵列天线的设计)(2021)

2.3.3 电磁仿真计算软件

近年来,国际上与电磁空间相关的电磁仿真计算软件情况如表 2.5 所示。

表 2.5 电磁仿真计算软件情况

软件名称	所属公司
Altair HW FEKO 2022	南非 Altair 公司
ANSYS HFSS 2023 R1	美国 Ansoft 公司
IMST EMPIRE XPU 7.5	德国 IMST 公司
ADS 2023	美国安捷伦(Agilent)公司
CST STUDIO SUITE 2023	德国 CST 公司
Sonnet Suites 18.52	Sonnet Software 公司
IE3D 15.0	美国 Zeland Software 公司
AWR Microwave Office 2023	美国 AWR Corporation 公司
WIPL-D Pro 18	塞尔维亚 WIPL-D 公司

2.3.4 量子科技领域的重要进展

量子技术是基于量子力学和其他学科交叉产生的新兴学科，涉及计算、信息、导航、能源等多个应用领域。作为新质生产力中未来产业的重要组成部分，将开辟产业新赛道。随着量子技术的发展，量子力学理论快速向电磁空间进行交叉融合发展，近年来的重要进展情况如表 2.6 所示[72,76,77,78,79]。

表 2.6 量子科技领域相关突破情况

主要理论	主要突破的理论
量子电动力学理论	量子电动力学(Quantum Electrodynamics, QED)理论将麦克斯韦方程与量子力学的基本原理相结合，建立了描述电磁相互作用的量子场论。QED 理论成功地预测了多种精细的实验结果，例如氢原子的光谱结构，为精密实验和技术应用提供了支持。
量子场论	量子场论(Quantum Field Theory，QFT)是一种在量子力学和相对论基础上建立的理论框架，可以同时描述粒子和场的运动和相互作用，进而对物质、能量和空间时间的结构进行研究。一些学者将 QFT 与量子力学的基本原理相结合，构建了一种新的理论框架——量子场论重整化群(Quantum Field Theory Renormalization Group, QFTRG)，用于描述粒子和场的演化和相互作用。
新的非线性光学模型	针对麦克斯韦方程中的非线性光学现象，李卫东等人在 2018 年的论文 "Nonlinear optics in complex systems" 中提出了一种新的非线性光学模型，该模型可以描述复杂介质中的非线性光学效应，为实现光学信息处理、光学计算等应用提供了新的思路。

续表

主要理论	主要突破的理论
基于薛定谔方程的光子的量子计算方案	"Quantum computational advantage using photons"(2019)提出了一种基于薛定谔方程的光子的量子计算方案,该方案可以实现可扩展的量子计算,并在特定任务上展示了与经典计算机相比的量子计算优势。
高效量子算法	"Efficient quantum algorithms for simulating sparse Hamiltonians"(2020)提出了一种高效的量子算法,可以用来模拟稀疏的哈密顿量,该算法可以在实际应用中用于量子化学计算、量子优化等领域。
量子计算和量子通信	量子计算和量子通信一直是量子力学领域的研究热点。近年来,量子计算机的发展有了很大突破,实现了更多量子比特的控制和稳定操作。另外,量子通信方面的研究也在不断推进,包括量子密钥分发、量子网络的远程传输等。
量子模拟和量子优化	量子模拟是利用量子系统模拟和研究复杂量子系统,例如化学反应、材料性质等。最新研究在量子模拟领域已经取得了一些重要的结果。而量子优化则是利用量子计算机求解优化问题,近年来的研究致力于设计更高效的量子优化算法。
量子态控制和量子测量	控制和测量量子态是实现量子计算和量子通信的关键。最新研究致力于开发更精确的量子态控制技术,例如量子门实现的精度和容错性的提高,以及开发更高灵敏度的量子测量技术。
量子材料和量子模式	研究人员在探索新型的量子材料,这些材料具有特殊的量子性质,并在制备、探测和应用方面取得了一些突破。此外,研究人员还在量子模式的研究中取得了进展,包括光子模式、声子模式等。

2.4 电磁空间重大政策

2.4.1 电磁空间战略政策

随着电磁空间技术快速发展,各国加快了电磁空间的战略政策制定,近年来的重要电磁空间战略政策情况如表 2.7 所示[8,61,67,77,86,]。

表 2.7 各国电磁空间战略政策情况

国家/地区	主要政策
美国	《国家防务授权法案》(NDAA)2021 年版将电磁频谱作为一种战略资源,要求美国政府制定全面的电磁频谱战略,以应对中国和俄罗斯等竞争对手在该领域的挑战。《国家防务授权法案》(NDAA)2022 年版则进一步强调了加强对太空、网络和电磁频谱等新型作战域的投资和创新。
欧盟	《欧洲防务行动计划》(EDAP)提出了加强欧洲防务工业基础设施和技术能力的目标,其中包括提升欧洲在太空、网络和电磁频谱等关键领域的自主性和竞争力。欧盟还制定了《无线电频谱政策计划》(RSPP),旨在实现欧洲无线电频谱资源的高效管理和协调利用,以支持欧洲数字化转型和可持续发展。
日本	《中期防务力量整备计划》(MTDP)提出了加强多域联合作战能力的目标,其中包括建立多域指挥控制系统,以实现太空、网络和电磁频谱等新型作战域的有效整合。日本还制定了《无线电波基本计划》,旨在实现无线电波利用环境的优化,以促进日本社会经济发展和提升国际竞争力。

2.4.2 美国电磁频谱作战政策

美国关于电子战、电磁战和电磁频谱作战的相关政策非常系统。2019年发布了新的电子战条令，用《电磁战与电磁频谱作战》替代了2014年的条令附录3-51[27,31,33,42]，这是美国空军条令的重要风向标[64]。2020年6月，美军发布新的《美国国防部军事及相关术语词典》，将"电子战"替换为"电磁战"，并将"电磁战"定为美军正式军语。电磁战沿用了电子战的定义与组成，是对电子战的改名。

美国参联会于2020年5月制定并完成JP3-85《联合电磁频谱作战》条令，7月正式发布，同时宣布废除JP3-13.1《电子战》、JP 6-01《联合电磁频谱管理行动》条令以及JDN3-16《联合电磁频谱作战》条令说明。条令新的维度定义了电磁频谱内的军事行动，将电磁频谱作战确立为新的作战类型并赋予电子战新的定位。

美国国防部于2020年10月29日发布了《电磁频谱优势战略》。该战略是美国国会在《2019 财年国防授权法案》中要求美国国防部制定的，由国防部电磁频谱作战跨职能小组拟制，目的是确保美军保持全球电磁频谱作战优势。

电磁频谱作战条令方面，美国不断进行更新迭代，对"电子战"重新进行了定义。在美军电子战的发展历程中，"电子战"先从属于指挥控制战，后隶属于信息作战。条令明确了"电子战"不仅转身成为"电磁战"，更重要的是"转隶"到"电磁频谱作战"，成为"电磁频谱作战"的核心组成。新增电磁频谱作战凸显了其在美军作战体系中的重要地位，将对美军的军队建设、作战规划、组织、实施产生重大影响，也会深刻影响到电子战和电磁频谱管理行动乃至所有军事用频系统的发展。

以JP3-85《联合电磁频谱作战》、《电磁频谱优势战略》

为代表的众多条令的发布（见图 2.11），或许是美军条令发展上的一小步，但却是美军电磁频谱作战理念与实践上历史性的一大步，为美军未来在三十年乃至更长时间内电磁频谱领域的军事行动确定了基调，规划了发展路线，意义重大，影响深远，如图 2.12 所示。

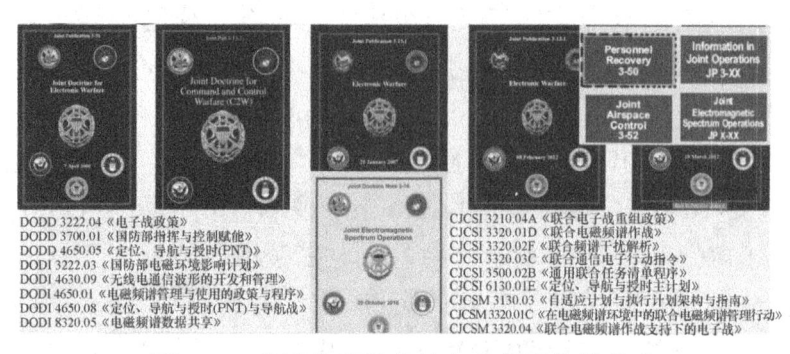

DODD 3222.04《电子战政策》
DODD 3700.01《国防部指挥与控制赋能》
DODD 4650.05《定位、导航与授时(PNT)》
DODI 3222.03《国防部电磁环境影响计划》
DODI 4630.09《无线电通信波形的开发和管理》
DODI 4650.01《电磁频谱管理与使用的政策与程序》
DODI 4650.08《定位、导航与授时(PNT)与导航战》
DODI 8320.05《电磁频谱数据共享》

CJCSI 3210.04A《联合电子重组政策》
CJCSI 3320.01D《联合电磁频谱作战》
CJCSI 3320.02F《联合频谱干扰解析》
CJCSI 3320.03C《联合通信电子行动指令》
CJCSI 3500.02B《通用联合任务清单程序》
CJCSI 6130.01E《定位、导航与授时主计划》
CJCSM 3130.03《自适应计划与执行计划架构与指南》
CJCSM 3320.01C《在电磁频谱环境中的联合电磁频谱管理行动》
CJCSM 3320.04《联合电磁频谱作战支持下的电子战》

图 2.11 美国公开发布的电磁频谱作战条令

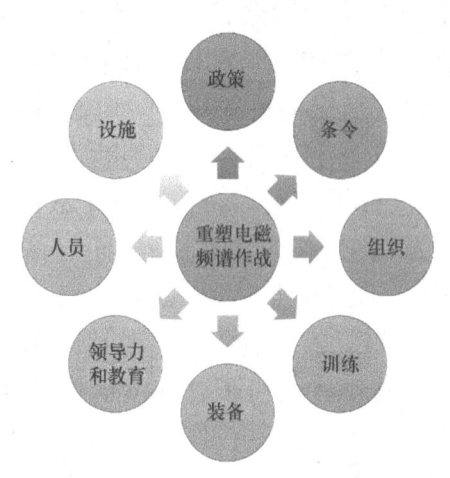

图 2.12 美军重塑电磁频谱作战全方位部署与实施

美国加快节奏重塑电磁频谱作战能力体系，从制定战略到发布条令再到成立专门的机构和部队，美军正在加快

第 2 章　电磁空间科学前沿国际动态　·165·

节奏重构电磁频谱作战的机构和部队,并且在条令、组织、训练、装备建设、领导力和教育、人员、设施以及政策方面全方位部署与实施,值得高度关注,如图 2.13 所示。

图 2.13　美军成体系重塑电磁频谱作战相关政策

2020 年,美军深化电子战机构调整,围绕电磁频谱作战构建新的组织架构体系[18,20,31]。《2021 财年国防授权法案》要求在两年时间内,美国国防部应将与电磁频谱作战相关的职能从目前美军战略司令部转交至其他实体,国防部应组建独立的电磁频谱作战机构。在政策方面,美国法典第 10 卷第 2 章第 113 节《国防部部长》在反制俄罗斯军事能力的计划方面,除了国防部部长认为合适的要素外,还应包括以下建议:一是提高美国武装部队在全球定位系统(GPS)环境中的能力;二是提高美国武装部队应对俄罗斯无人系统、电子战和远程精确打击的能力;三是反击俄罗斯的非常规能力和混合威胁;四是提供资金用于由电子战执行委员会负责的"电磁频谱战和电子战"的试点项目(电磁频谱战系统和电子战能力现代化和防护试点项目),如图 2.14 所示。

2023 年 7 月 26 日,美国战略司令部正式成立联合电磁频谱作战中心,作为五角大楼频谱优势战略实施计划的关键部分,以获取相对于对手的优势。联合电磁频谱作战中心的目标是提高联合部队在电磁频谱内的战备状态,作为国防部电磁频谱作战的核心,将致力于联合部队管理、规划、局势监测、决策和部队指挥的账户,同时重点关注培训和教育以及能力评估,并为作战司令部提供电磁频谱作战训练、规划和需求支持。奥福特空军基地联合电磁频谱作战中心的启动,是《国防授权法案》中所做系列工作的产物,代表了一项重大成就。

美军用于电子战研发试验与鉴定的未来五年预算申请与批复金额(亿美元)

军种与业务局	FY2019 申请	FY2019 通过	FY2020	FY2021	FY2022	FY2023	申请预算总计
海军	24.43	23.935	23.457	20.904	16.119	14.17	99.081
空军	11.433	11.943	10.89	9.667	9.462	12.014	53.466
陆军	8.597	9.455	6.21	5.811	5.763	5.285	31.666
DARPA	7.405	7.363	8.096	9.443	9.654	9.916	44.514
其他	3.41	5.206	3.127	3.114	3.138	3.517	16.306
总计	55.275	57.902	51.78	48.94	44.136	44.901	245.033

数据来源:2019年4月15日美国国会服务处第IN11100号简报(https://crsreports.congress.gov)

图2.14 美军在电磁频谱作战领域的投入情况

新的联合电磁频谱作战中心将在评估联合作战部队在频谱内的战备状态以及标准化每个作战司令部现有的联合电磁频谱作战单元方面提供作战领导,从而为指挥官提供规划的专业知识。该中心还将充当电磁作战管理系统的作战赞助商,该系统是一种允许指挥官在不可见频谱内可视化和规划作战的工具。

未来,战略司令部的联合电磁频谱作战中心,将建设得克萨斯州安东尼奥-拉克兰联合基地联合电磁作战中心和内华达州内利斯空军基地电磁战备联合中心。

2.4.3 电磁空间战略规划

随着电磁空间技术快速发展,各国加快了电磁空间的战略规划,近年来的重要电磁空间战略规划情况如表 2.8 所示[31,33,34,42,65]。

表 2.8 各国电磁空间战略规划情况

主题	时间	部门	内容
电磁频谱优势战略 (Electromagnetic Spectrum Superiority Strategy)	2020	美国国防部	该战略旨在协调国防部的全部 EMS(电磁频谱)资源、能力和行动,以支持美国核心国家安全目标,同时保持对美国经济繁荣的重视。此外,这一战略为强大的 EMS 体系奠定了基础,为 EMS 专业人员利用新技术做好准备,并着重强调加强联盟,以实现国防部在电磁频谱中行动自由的愿景。该战略制定以下五大目标: ①开发卓越的 EMS 能力:改进技术使系统能够在复杂的 EMOE(电磁频谱作战环境)中进行感知、评估、共享机动和生存;采用综合方法获得适合于大国竞争的 EMS 能力;利用和调整商业技术;开发强大的 EMBM(电磁战管理)能力;部署破坏性 EMS 能力。 ②发展敏捷、完整一体化的 EMS 基础设施:加速将 EMS 信息整合到作战和规划中;收集可靠情报以保持 EMS 优势;建立和管理可实现互操作性、高效率和信息共享的体系架构和标准;使 EMS 测试、培训和分析基础设施实现现代化。 ③寻求全面 EMS 战备:培训和维持 EMS 专长;将 EMS 概念和条令纳入正规教育;评估和跟踪 EMS 战备情况。

续表

主题	时间	部门	内容
电磁频谱优势战略 (Electromagnetic Spectrum Superiority Strategy)	2020	美国国防部	④为 EMS 优势建立持久的合作伙伴关系：加强国际论坛的领导地位；加强与盟国和合作伙伴的可访问性和互操作性；增强国防部对国内 EMS 管理规划的领导力。 ⑤建立有效的 EMS 管理体系：统一整个国防部的 EMS 活动；构建 CPI(持续流程改进)文化；促进 EMS 政策的制定。
JP 3-85《联合电磁频谱作战》	2020	美国参谋长联席会议	新版条令文件的主要内容包括： ①联合电磁频谱作战综述：介绍了电磁环境效应以及联合电磁频谱作战与其他联合作战行动之间的关系。 ②联合电磁频谱作战的组织：介绍了联合电磁频谱作战中的职责划分、组织机构、军种支持、情报支持组织、多国部队组织。 ③联合电磁频谱作战的规划：介绍了联合电磁频谱作战的规划流程、规划考虑因素、多国作战规划考虑因素、跨机构规划考虑因素。 ④联合电磁频谱作战的实施：介绍了联合电磁频谱作战中的执行与效能评估的过程。
ATP 3-12.3《电子战技术》	2023	美国陆军司令部	ATP 3-12.3 为美国陆军在作战过程中进行电子战提供了理论指导。描述了电子战的概率、作用、关系、责任以及支持军队和联合行动的能力。还提供了陆军电子战的技术和程序细节，把电子战技术发展纳入到军队和联合行动的建设进程。该文件与 FM 3-12 和 JP 3-85 相互依存、相互支持。描述了电磁频谱内的电子战任务和行动，以及这些活动之间的相互关系和所有军事行动。 ①电子战的三个组成部分：电子攻击、电子防护和电子战支援。

续表

主题	时间	部门	内容
ATP 3-12.3《电子战技术》	2023	美国陆军司令部	②在各个梯队进行电子战的关键人员的作用。 ③电子战计划的考虑。它包括一个电子作战运行评估的例子，并描述了单兵、车载、固定场地和机载的电子战装备。讨论了对员工产品和流程的依赖，包括战场情报准备、电磁环境调查和目标定位。 ④电子战的准备、执行和评估。描述了电磁波谱资源，并讨论了联合限制频率表；提供了整合信号情报和电子战资源以增加作战灵活性的技术。 ⑤规划和执行选举战争的技术。包括对测向技术的描述。 ⑥支持大规模作战行动的电子攻击计划和协调技术。讨论电磁干扰和提供关于电子攻击的部分。 ⑦电子保护技术。包括电子战与信号规划相结合，进行电子保护。向无线电用户和工作人员提供了防止威胁无线电拦截以及探测和瞄准友军部队的技术。
国防部国防科学与技术投资组合	2022	英国国防部	该组合是一系列计划和独立项目，旨在满足英国国防部(MOD)的能力需求并确保英国武装部队始终处于技术前沿。该投资组合预计到2026年，国防部将至少投资66亿英镑用于研发，提高国防实力。 该组合的第11项为电磁活动(Electromagnetic Activities)，研究旨在开发同步和协调电磁活动的能力与服务，还包括加强电子攻击，在未来的电磁环境(EME)中

续表

主题	时间	部门	内容
国防部国防科学与技术投资组合	2022	英国国防部	实现多领域的操作和效果。研究的技术挑战包括： ①综合电磁活动：企业级的系统架构能够融合和分析来自整个行动区域的射频系统数据，并能够远程提供有针对性的电磁效果。与目前的独立系统相比，在能力上有一个阶跃式的提高，并将电磁领域与空中、陆地、海上和太空整合在一起，作为未来多领域行动的一个组成部分。 ②创新的电子攻击概念：寻求识别和利用电磁系统和标准中的漏洞，以破坏和削弱对手的能力。 ③战斗空间欺骗概念：削弱对手的态势感知，保护部队在电磁环境中不成为目标。 ④电子防御概念：为英国的平台和系统提供保护，使其免受威胁，同时针对不断发展的威胁技术提供更多的复原力。 ⑤电子监视感念：提供战术态势感知并描述对手的电磁活动，以实现精确的电子攻击。 ⑥电磁测试和评估：通过使用真实和合成环境以及建模和模拟，实现电磁概念和技术的快速原型设计和评估。 这项研究可以使英国获得：电磁环境态势感知能力；威慑、拒绝、破坏、降低/摧毁对手的能力；加强对自己部队的保护；能够进行多领域的行动。
频谱声明政策文件	2023	英国科技、创新和技术部	重点关注无线技术的创新，加强频谱带的共享，继续扩大可用频谱的边界，开发先进的频谱管理技术，改善干扰管理，将使当局能

续表

主题	时间	部门	内容
频谱声明政策文件	2023	英国科技、创新和技术部	够大大改善频谱的可用性，从而通过增加对频谱的使用创造更大的增长机会。提出了频谱是一种战略资产，是一系列政府政策目标的重要推动力。频谱管理应促进创新和投资以及以消费者为中心的结果。频谱管理应确保高效和最佳使用，并与实际使用情况挂钩，授权用户在适当的时候做出决定。频谱管理本身应最大限度地利用创新，并支持使用频谱的服务创新。当局要不断审查频谱立法框架，并继续与通信管理局合作，以确保其拥有必要的权力，在适当的时候采取创新的频谱管理方法。共享接入许可(SAL)频段的许可自动化必须是一个优先事项，以确保企业网络的规模化发展。未来将致力于在适当的时候引入动态频谱接入DSA,支持通信管理局审查频谱共享框架的工作，以确保技术条件是最佳的，使频谱的效用最大化。
防卫白皮书	2022	日本政府内阁会议	未来要强化在太空、网络、电磁等新兴领域的防卫力量。日本将推动天网电等领域防卫力量有机结合，新设的"天网电"司令部将完成日本军事力量体系建设的重要阶段，实现跨领域作战，构建"多域联合防卫力量"。电磁轨道炮技术:其原理是借助电磁能高速发射弹丸，凭借强大的动能杀伤敌人。优势在于，电磁轨道炮能根据目标远近和强度的不同，自主调节发射速度，并且能够连续多次发射，避免了传统火炮中依赖炮弹装药量和发射仰角攻击目标的弊端。缺点是电磁轨道炮所需电能较大，难以小型化。2022年1月，日本媒体报道了日本政府将斥巨资研

续表

主题	时间	部门	内容
防卫白皮书	2022	日本政府内阁会议	发电磁弹射技术,该技术可用于拦截潜在对手超高音速导弹,提高弹丸发射速度,并可以连续多次发射。报道指出,现有导弹拦截速度为1700m/s,而采用电磁轨道炮拦截速度可超过2000m/s,而日本原型机的发射速度最高曾攀至2300m/s。"天网电"司令部:具备统一指挥太空、网络空间和电子战部队的能力。日本政府认为,当前太空和网络空间已经被定位为继陆海空之后的第四、第五大战场。
俄罗斯电磁脉冲作战报告	2021	美国国家和国土安全电磁脉冲特别工作组	俄罗斯的军事理论将核高空电磁脉冲攻击视为信息战、电子战和网络战的一个维度,俄罗斯拥有他们称为"超级电磁脉冲"的武器,也就是专门用于高空电磁脉冲攻击的核弹头,根据俄罗斯军队和技术消息源,"超级电磁脉冲"的爆炸当量非常低(10千吨或者更少),但伽马当量非常高,可以产生强烈的高空电磁脉冲。"超级电磁脉冲"可以产生100000V/m或更高的高空电磁脉冲场,这大大超出了美军对高空电磁脉冲的强化标准(50000V/m)。俄罗斯在开发非核电磁脉冲武器方面也领跑全球,通常被称为射频武器,俄罗斯的军队和技术消息源经常将射频武器的射程描述为10~20公里,远超西方国家类似武器的1公里射程。这些武器正在变得更强大、更小型化、更轻量化,可以通过巡航导弹或无人机发射到目标电网的关键节点,解决其作用范围小的问题。

续表

主题	时间	部门	内容
电磁频谱智胜对手	2023	美国智库兰德公司	美国空军旗下的 EWIR 机构负责编译对手在电磁频谱领域(特别是雷达和干扰器)的各类情报,并以数字化方式更新配置电子战(Electronic Warfare,EW)设备,包括上传更新数据、编写新的软件代码以及更换硬件或软件设备等其他手段,此类过程被称为重编程序。新配置后的电子战设备能够使美空军作战飞机或其他平台在电磁频谱不利的环境中及时做出反应或回击。当前,EWIR 机构主要通过以下三种形式完成目标:一是改变战机的作战任务程序;二是更新机载任务数据文件——即包含预先感知威胁的特征特点或对该威胁做出相应的反应程序;三是调整硬件设施,包括提高或改进传感器的处理能力。 报告称电磁频谱的更新速度远远要比 EWIR 机构创立之初设定的目标快得多。因此,美空军正在积极探索如何实现更加主动、更快且更先进的电磁频谱有关能力的提升。报告研究的重点是实现美空军在执行任务时软件重编程序中各项指标的建设,帮助进一步增强机器学习算法。换言之,将电子战和电磁频谱作战管理的数据通过软件让机器正确理解,最终使美空军武器平台能够自主学习、重编程序、适应并回击飞行中遇到的各类威胁,而这种基于机器学习的能力被称为认知型电子战。 为了实现美空军的最终愿景,该报告认为需要关注以下四个方面: ①认知型电子战的操作路径:在载有参数

续表

主题	时间	部门	内容
电磁频谱智胜对手	2023	美国智库兰德公司	化发射器数据的情况下,加强信号比较的能力;推进开发和部署适应性的电子战系统;将战机执行任务中的数据直接应用在适应性和认知型电子战中。 ②云集成和数据工程:EWIR 的实时自主需要标准化的数据定义,数据需要来自多个传感器和未来分布式、复杂的系统,并且数据必经过工程设计。实时自主 EWIR 将需要可持续的数据整合和数据管道管理方法。 ③飞行进程软件和容器化微服务:容器化允许将软件打包到特定服务组件或微服务中,进而缩短 EWIR 运作的时间。 ④机载高性能计算:关注依赖机载高性能计算的进展,以及在相应尺寸、重量和功率限制范围内,支持计算密集型算法对处理能力的需求。
防御、国土和网络防御	2022	以色列国防部负责武器和技术出口部门	该目录介绍了以色列国防系统的各类军事技术和武器装备,下面介绍电子战相关部分。 SPREOS 是目前市场上最先进的定向红外对抗解决方案,可为各种机载平台提供增强保护,抵御便携式防空导弹的直接威胁,SPREOS 具有多种独特功能,包括威胁确认、跟踪、干扰先进的红外制导导弹。 AMPS 机载导弹保护系统,包括导弹接近确认传感器,结合了基于雷达的确认传感器和最先进的第五代激光干扰机的 SPREOS、为各式飞机量身定制的一体化保护舱。 自我保护力量增幅器,埃尔比特系统公司研发的统一电子战套件,集成了电子战控制器、数字雷达告警接收机(RWR)、红外导弹告警系统(MWS)、激光告警系统(LWS)、对

续表

主题	时间	部门	内容
防御、国土和网络防御	2022	以色列国防部负责武器和技术出口部门	抗措施分配器系统(CMDS)、定向红外对抗措施(DIRCM)和电子对抗措施干扰机。C-GEM舰载离舰主动诱饵，C-GEM对当前和新一代反舰导弹非常有效。现代跟踪雷达导引头导弹利用单脉冲和锁定接收技术来跟踪舰船，C-GEM能够干扰和欺骗不同方向的威胁，独立于舰船行动，使用独特的阵列技术和复杂的技术发生器，采用同步重合干扰和有效发射功率。系统由固态多波束阵列发射机(MBAT)组成，能够在受到威胁的方向上进行巧合干扰，覆盖360度方位角，实现即时、强大的响应。综合情报和电子战系统，高度先进、完全集成了ESM、电子情报(ELINT)、通信情报(COMINT)、电子对抗(ECM)、通信干扰(Comjam)和指挥控制系统，可满足所有电子战作战需求，系统解决方案支持被动和主动智能，包括收集、处理和开发，电子战对抗和指挥与控制，一体化综合、可集成和可定制系统。为决策者提供完整的、实时的信号情报和电子战图像，有力地响应来自空中、海上和地面平台的现有以及新出现的威胁，实现实时态势感知、电子支持和电子攻击的同步操作。

2.5 电磁空间重大事件

2.5.1 电磁空间重大国际事件

近年来，电磁空间领域的重大国际事件情况如表2.9所示[34,42,60,62,86]。

表 2.9　各国电磁空间重大事件

项目名称	国家	内容
美国国防部《电磁频谱优势战略实施方案》	美国	2021年7月,美国国防部发布《电磁频谱优势战略实施方案》,为美军"在选定的时间、地点和参数上实现电磁频谱中的行动自由"的愿景提出了实施纲领。该实施方案定为机密,不对外公布。从国会要求及《电磁频谱优势战略》的内容看,该方案是多方位且具体实施的。不过从目前透露出来的有关频谱作战监管人和机构上的变化而言,与预期相比,国防部在电磁频谱上的举措依然趋向保守。
美国陆军发布新版《赛博空间行动与电磁战》	美国	美国陆军于2021年8月发布了新版FM3-12《赛博空间行动与电磁战》,描述了指挥官和参谋人员应如何在统一的地面作战中将赛博空间行动与电磁战集成融合,为美国陆军从事赛博空间与电磁战的各级指挥官和参谋人员提供顶层指导。
美国空军发布《电磁频谱优势战略》	美国	2021年4月,美国空军发布《电磁频谱优势战略》,对美国空军和太空军的电磁频谱相关行动提供指导,与国防部电磁频谱优势战略保持统一。提出了三个目标:①建立相关机构;侧重于统一空军范围内的电磁频谱体系活动,提高电磁频谱作战的领导地位,为电磁频谱体系提供情报支持等。②快速提供敏捷的电磁战、电磁频谱能力,包括采用开放式体系架构快速开发电磁战/电磁频谱能力,开发鲁棒性的电磁战斗管理能力,改进电磁频谱作战试验和训练基础设施等。③开发电磁战、电磁频谱的优势力量。
美国空军成立第350频谱战联队	美国	2021年6月美国空军第350频谱作战联队正式成立。该联队属于空军战司令部,是空军首个专注电磁频谱的联队。联队包含第350和第850频谱战大队,下辖7个电子战中队和1个F-35支援机构,人员编制2131人。该联队的使命是提供自适应和先进的电磁频谱能力,为作战人员提供技术和战略竞争优势以及攻击、机动和防御自由。

续表

项目名称	国家	内容
美国空军启动"怪兽"认知电子战项目研究	美国	美国空军于2021年9月宣布将启动"怪兽"认知电子战开发项目。该项目的主要目的是研发新型认知电子战技术,提高运输机、轰炸机、加油机、预警机等大飞机在高端对抗前沿地带的生存力,从而实现作战力量和作战方式的变革。
美国研制"列奥尼达斯"高功率反无人机系统	美国	2021年2月,美国伊庇鲁斯公司研制出"列奥尼达斯"高功率微波系统,可一次击落数十架无人机。2021年2月,伊庇鲁斯公司演示了"列奥尼达斯"在反无人机蜂群方面的能力,成功击落所有参演的66架无人机。 2022年2月,美国伊庇鲁斯公司推出"列奥尼达斯"高功率微波吊舱。该吊舱为模块化、固态、多脉冲高功率微波系统,可搭载于无人机等多种平台上应对无人机蜂群的威胁。伊庇鲁斯公司于2020年推出"列奥尼达斯"地基高功率微波反无人机系统,是该系列的第二款产品。"列奥尼达斯"吊舱号称全球首型无人机载高功率微波武器,是伊庇鲁斯公司推出的第二型高功率微波武器,显示其技术已趋成熟,值得高度关注。
"洛马"公司推出"莫菲斯"无人机载高功率微波系统	美国	2021年3月,洛克希德·马丁公司推出"莫菲斯"(MORFIUS)反无人机解决方案。它以"阿尔提乌斯-600"(ALTIUS-600)小型无人机为平台载体,搭载高功率微波载荷抵近对方无人机群,通过近距离发射千兆瓦级的微波功率让敌方无人机失效。
美国海军AARGM-ER反辐射导弹试射成功	美国	2021年7月,美国海军AGM-88G"增程型先进反辐射导弹"(AARGM-ER)试射成功。8月,项目通过里程碑C评审,该新型反辐射导弹进入低速初始生产阶段。

续表

项目名称	国家	内容
美国空军测试 F-16 飞行中电子战系统软件升级能力	美国	2021 年 7 月，美国空军宣布 F-16C 战斗机在空中飞行时完成了机载电子战系统软件远程升级能力。此次测试在内华达州的内利斯空军基地进行，属于美国空军"先进战斗管理系统"计划的一部分。测试期间研究人员向 F-16C 战斗机的 AN/ALQ-213 "电子战管理系统"的对抗措施信号处理器发送了更新的任务数据文件，处于飞行状态的 F-16C 战斗机通过机载超视距卫星通信系统完成了软件接收。
美国空军改进 F-35 电子战系统	美国	2021 年 1 月，诺斯罗普·格鲁曼公司宣布将其 AN/ASQ-242 综合通信、导航与识别系统和 BAE 系统公司的 AN/ASQ-239 进行整合，进一步增强电子战能力。
美国空军接收首架装备 EPAWSS 的 F-15EX 战斗机	美国	2021 年 3 月，波音公司向美国空军第 96 测试联队第 40 战斗机飞行测试中队交付了首架装备 EPAWSS 的 F-15EX 战斗机，这将极大提升 F-15EX 战斗机的战斗力。
美军在"北方利刃"演习中演练电子战新战术	美国	2021 年 5 月，美国印台司令部在阿拉斯加及周边地区举行了"北方利刃 2021"联合演习。F-15 首次在战术编队演习中使用 EPAWSS 进行战术演练，探索第四代机和第五代机联合作战的电子战新战术。
美国空军和海军联合研发 HiJENKS 新型高功率微波武器	美国	2022 年 7 月，由美空军和海军联合研发的"高功率联合电磁非动能打击武器"(HiJENKS)，在中国湖海军航空站顺利完成最终能力评估，成功进行多次打击试验。美军最早的高功率微波武器项目是 90 年代的"反电子高功率微波先进导弹"项目(CHAMP)，CHAMP 设计用于安装在 AGM-86 巡航导弹上，可针对敌方纵深指控中心、通信站、防空系统等高价值电子设备，通过引爆弹头发射高能电磁脉冲的方式实施破坏或毁瘫。

续表

项目名称	国家	内容
美国空军和海军联合研发 HiJENKS 新型高功率微波武器	美国	HiJENKS 是美军在 CHAMP 基础上开展的深化研究，项目为期五年，计划通过减小设备自身尺寸和重量、增加通用性来解决 CHAMP 的实战应用问题。此次能力评估可为 HiJENKS 在各军种的后续应用提供良好基础，为美军高功率微波武器的研制铺平道路。
美国空军 F-15E 开始装备鹰爪电子战系统	美国	2022 年 7 月，波音公司首次在 F-15E 上安装了"鹰无源/有源告警与生存能力系统"(EPAWSS，简称"鹰爪")。9 月 7 日，BAE 系统公司获得"鹰爪"第二批次低速率初始生产合同，继续为美国空军 F-15E 和 F-15EX 战斗机生产"鹰爪"。此前，"鹰爪"已完成了 6 次任务系统软件迭代、12 次主要地面测试，参加了 3 次靶场演示，在 8 架 F-15 上进行了试飞，飞行测试时间达 1521 小时。"鹰爪"是 BAE 系统公司"极致电子战 2.0"(EWX)战略的支柱产品之一，包含了该公司创新的"风暴"(Storm)多功能电子战模块，将为战机提供先进的态势感知和自卫能力。
美军开发集装箱式电子战装备	美国	美国海军正在研究适合运用标准集装箱部署的电子战装备，以更快捷方便地应用于大型舰艇、飞机和车辆等平台。2022 年 9 月，美国海军研究办公室发布"电磁机动战模块化套件"(EMWMS)合同。EMWMS 将以集装箱、转运箱为平台，应用于具有开放甲板的两栖战舰和非战斗后勤船只，为其提供电子攻击和情报搜集能力。EMWMS 改变的不仅是电子战的装备形态，也是一种新的部署模式，拓展了电子战的适用范围。
美军进行电子战无人机蜂群演示	美国	2022 年 4 月 25～5 月 12 日，美国陆军在犹他州杜格威试验场进行了交互式"空射效应"(ALE)无人机蜂群演示。此次演示也是陆军 2022 年"实验演示网关活动"(EDGE 22)的环节之一。由 30 架 ALTIUS-600 和"郊狼"联网组成的无人机蜂群参加了演示，利用无人机

续表

项目名称	国家	内容
美军进行电子战无人机蜂群演示	美国	的电子战能力对目标进行自主探测和识别，并提供目标指示，演练了电子感知、电子攻击和反无人机电子战等内容。"空射效应器"遵循狼群的特点，无人机具备分层能力，可以协助指挥官实时决策。该项目完成后，可能改变美国当前作战方式，增加无人机群的功能性，还能提升陆军未来攻击侦察机的战斗力和生存力，从而有效打开敌方防空体系缺口。
美军举行首次卫星干扰电子战演习	美国	2022年9月19~23日，美国太空训练与战备司令部举行了"黑色天空2022"（Black Skies 2022）首次现场模拟太空战备演习。本次演习将电子战作为重点，在模拟实战情况下对租用的一颗商业卫星进行了干扰演练。演习由美国太空军第1德尔塔部队下属第392战斗训练中队负责，太空作战司令部第3德尔塔部队第4、16电子战中队、第11德尔塔部队第25太空靶场中队等多支部队参与。演习范围横跨加利福尼亚州和科罗拉多州，并上延至海平面以上22000英里（3.5万多千米，同步轨道卫星高度）的空间范围。此次"黑色天空"演习作为"天空"系列演习的第一场，也是美国太空军首次进行的以干扰卫星为重点的太空电子战演习，对太空军演习的发展来说有其特殊的意义。
英国加快"海上电子战项目"研制	英国	2021年英国首次将MEWP列入年度重大项目清单，以加快项目进度。5月，英国国防部发布招标公告，寻求采购"炽狼新型海上通信电子支援系统"，以取代23型护卫舰上使用的"锤头通信电子支援系统"。9月，国防部授出价值1.336亿美金的MEWSIC增量1合同，用于采购雷达电子支援系统。

续表

项目名称	国家	内容
法国发射了3颗"西瑞斯"信号情报卫星	法国	2021年,欧洲范围内,法国发射了3颗"西瑞斯"信号情报卫星,以加强空间电磁监视。英国将"海上电子战项目"列入年度研发重点,授出多份合同实质性地推进了项目进展,以实现海军电子战能力的现代化。
以色列推出"天蝎座"电子战系统	以色列	2021年11月,以色列航空航天公司对外宣布,该公司推出名为"天蝎座"的新型电子战系统。"天蝎座"利用有源电扫阵列的多波束能力,能扫描周边整个空域,发射窄波束对多个频谱实施干扰。
以色列空军展示了新型"光明"(Oron)信号情报飞机	以色列	以色列空军展示了新型"光明"(Oron)信号情报飞机。该机是首型搭载合成孔径雷达和地面动目标指示器的电子情报飞机,装备了先进雷达、电子情报和通信情报传感器。其航空航天工业公司宣布推出"天蝎座"新型电子战系统,称该系统实现了电子战性能上的突破,能提供革命性的电子战能力。
德国研发"台风"ECR电子战飞机	德国	德国国防军宣布将开发欧洲战斗机电子作战/侦察型,即"台风"ECR,以替换老式的"狂风"ECR,满足北约对机载电子攻击能力的需求。6月在柏林国际航空航天展上,空客公司展出了"台风"ECR电子战飞机全尺寸实体模型。多家欧洲厂商也推出了可用于该型电子战飞机的解决方案。德国计划采购15架"台风"ECR,预计在2028年服役。欧洲战斗机"台风"ECR也被称为欧洲"咆哮者"。德国曾计划采购美国EA-18G,而最后决定自研,是希望在机载电子攻击能力上减少对美国的依赖,同时推动欧洲电子战工业的发展。
"天狼星"便携式无源侦察系统	瑞典	2022年5月,瑞典萨博公司推出"天狼星"(Sirius)便携式电子战无源传感器。该型传感器尺寸小、重量轻、功耗低,能满足不同级别战术行动中的监视需求。"天狼星"是萨博公司推出的一系列基于通用架构的创新的无源传感器系统,在陆海空都有对应产品进行情报搜集和监视。"天狼星"便携式是其中的战术型,该模

续表

项目名称	国家	内容
"天狼星"便携式无源侦察系统	瑞典	块化传感器可集成到无人机、车辆、桅杆或便携式设备上,既可单独部署使用,也可以作为传感器网络的一部分,对雷达和数据链进行无源探测、识别与优先级排序,并对威胁进行定位,是战术无源传感器的典范。
"桑贾克"(SANCAK)新型电子攻击系统	土耳其	土耳其开始列装"桑贾克"(SANCAK)新型电子攻击系统,以对高频通信实行干扰,同时开始研制"秃鹫"(Akbaba)新型反辐射导弹。

2.5.2 电磁空间重大安全事件

近年来,电磁空间领域的重大安全事件情况如表 2.10 所示[84,85,87-89]。

表 2.10 电磁空间重大安全事件情况

国家/事件	具体情况
美国	美国国防部发布《电磁频谱优势战略实施方案》; 美国陆军发布新版《赛博空间》; 美国空军发布《电磁频谱优势》; 美国空军成立第 350 频谱战联队; 美国空军启动"怪兽"认知电子战项目研究; 美国研制"列奥尼达斯"高功率反无人机系统; "洛马"公司推出"莫菲斯"无人机载高功率微波系统; 美国海军 AARGM-ER 反辐射导弹试射成功; 美国空军测试 F-16 飞行中电子战系统软件升级能力; 美国空军改进 F-35 电子战系统; 美国空军接收首架装备 EPAWSS 的 F-15EX 战斗机; 美军在"北方利刃"演习中演练电子战新战术;

续表

国家/事件	具体情况
美国	美国空军和海军联合研发 HiJENKS 新型高功率微波武器； 美国空军 F-15E 开始装备鹰爪电子战系统； 美军开发集装箱式电子战装备； 美军进行电子战无人机蜂群演示； 美军举行首次卫星干扰电子战演习。
英国	2021 年 6 月 23 日，英国国防部宣布启动"电子战卫星"项目，计划在 2023 年发射一颗小型卫星，用于测试太空中的电子战能力，包括对敌方卫星的干扰和欺骗，同时提出英国加快"海上电子战项目"研制。
法国	法国发射了 3 颗"西瑞斯"信号情报卫星。
俄罗斯	2021 年 7 月 3 日，俄罗斯总统普京签署了《俄罗斯联邦国家安全战略》，其中明确指出，电磁空间是国家安全重要组成部分，需要加强电磁空间的监测、控制和防护，以及提高电磁兼容性和抵御外部干扰的能力。
以色列	以色列推出"天蝎座"电子战系统； 以色列空军展示了新型"光明"(Oron)信号情报飞机。
伊朗	2021 年 8 月 18 日，伊朗在波斯湾举行了一次大规模的无人机演习，演习中使用了数百架无人机进行攻击和干扰演示，展示了伊朗在电磁空间领域的进步。
德国	德国研发"台风"ECR 电子战飞机。
瑞典	瑞典萨博公司推出"天狼星"便携式无源侦察系统。
土耳其	土耳其宣布成功开发了世界上首艘具有电子战功能的无人艇"枪鱼斯达"； 土耳其开始列装"桑贾克"(SANCAK)新型电子攻击系统。

续表

国家/事件	具体情况
俄乌冲突	2022年2月，俄罗斯宣布对乌克兰展开"特别军事行动"，俄罗斯、乌克兰及其背后以美国为首的西方国家在电磁空间中进行了激烈交锋； 2023年5月16日，俄罗斯空天军战机携带总计18枚导弹，全部被乌克兰成功拦截，并被在空中击毁。 2023年俄罗斯阅兵前三日，乌克兰用从美国、英国获得的先进的无人机对俄罗斯进行了侦察式偷袭，但是被俄罗斯强磁干扰器强力干扰失去功能而坠毁； 2023年3月23日，乌克兰特种作战部队在顿涅茨克州摧毁俄罗斯动物园1型反炮兵雷达； 2023年7月22日，俄军最先进的米波雷达被距离超过100公里的乌军摧毁。
美军对我国沿海侦察和干扰	2023年5月26日，一架美国的RC-135侦察机抵近我国东南沿海地区； 2023年6月7日上午，美军一架RC-135U侦察机从冲绳基地起飞，向南飞往巴士海峡，穿越海峡后向西北方向飞行，抵近台湾岛和福建、广东沿海侦察。

2.6 电磁空间重大科学装置

2022年以来，空中电子战装备的研发受到一贯重视，大型地面电子战系统因其防空作战中的地位受到垂青，舰载电子战装备在应对反舰导弹方面的作用得到青睐，应对天基卫星威胁的太空电子战装备研发成为热门，各国均开足马力发展全域电子战装备，与之相关的电磁空间重大科学装置如表2.11所示[54,55,57,58]。

表 2.11　电磁空间相关重大科学装置

名称	国家/地区	具体情况
线性对撞机(LCLS-II)	美国	LCLS-II 是斯坦福线性加速器中心(SLAC)所建设的极端紫外光和 X 射线自由电子激光装置。它是全球首个高重复率自由电子激光器,能够产生高强度的激光脉冲,用于研究材料科学、生命科学以及化学等领域。
James Webb 太空望远镜	美国	James Webb 太空望远镜是美国宇航局(NASA)与欧洲空间局(ESA)以及加拿大航天局合作建设的大型太空望远镜。它是当今最大、最强大的太空望远镜,被称为"迈向深空的时间机器"。它可以观测远离地球的天体,揭示宇宙的起源和演化。
Advanced LIGO	美国	Advanced LIGO 是一组地面探测器雷射干涉引力波天文台,用于探测引力波。它由两个位于美国路易斯安那州和华盛顿州的探测器组成。Advanced LIGO 的建设旨在捕获引力波信号,帮助了解宇宙中的黑洞、中子星等宇宙现象。
极端光学射线和自由电子激光装置(XFELO)	美国	XFELO 是劳伦斯伯克利国家实验室(LBNL)正在研究建设的射线装置,它将结合自由电子激光和 X 射线自由电子激光技术。通过将激光器和加速器技术结合,XFELO 将提供一种高强度、高亮度的 X 射线光束,用于研究材料物理、化学、生物等领域。
原子蒸气科学	美国	2021 年,美国国防高级研究计划局(DARPA)宣布启动"用于新技术的原子蒸气科学"(SAVaNT)项目,研究电场传感和成像、磁场传感和量子信息科学(QIS)的高性能原子蒸气,以推进原子蒸气在机载电子战、传感器和海军反潜战等应用领域的电场传感能力的发展。该计划分为两个阶段实施,阶段一解决技术挑战的物理学基础,阶段二验证集成的台式物理封装包。该项目的三个研究领域包括:一是开发里德堡原子传感器,利用原子感应电场,为

续表

名称	国家/地区	具体情况
原子蒸气科学	美国	毫米波提供超窄带宽、高灵敏度的电场探测;二是关注矢量测磁技术,以实现小尺寸、低重量、小功率的室温磁场传感器;三是研究蒸气量子电动力学,使量子网络的关键部件能在室温工作,而当前的方法需要低温或者激光冷却及捕获。
量子孔径研究	美国	2021年8月,美国国防高级研究计划局(DARPA)宣布了入选"量子孔径"(QA)项目的研究团队,该项目旨在开发射频天线或孔径,使用量子技术来改变射频频谱的访问方式。其目标是开发便携式和定向射频接收器,加快调整传感器的时间,提高对小信号的灵敏度,增强动态范围,并扩大与现代信号的兼容性。被选入该项目的研究团队将努力推进量子射频传感器的现有技术水平——里德堡传感器来解决当今的天线限制。与传统的基于天线的接收器相比,里德堡传感器不受同样灵敏度挑战的困扰,不必与热噪声做斗争;在接收射频频率波长方面没有尺寸限制,这种孔径形状和射频频率的解耦可以在很大的频率范围内进行编程。"量子孔径"项目的最终目标是展示检测和处理一些常用波形(GPS、数字电视)的能力,以及开发能够利用里德堡接收器独特的射频传感特性的新型波形,用于未来的国防应用。
"太空篱笆"雷达	美国	"太空篱笆"是由多个S波段雷达构成的地基系统,其研发大大增加了美国太空监视网络的能力。"太空篱笆"可以提供前所未有的灵敏度、覆盖范围和跟踪精度,并有能力探测、追踪和记录低轨、中轨和地球同步轨道上的小型物体,有助于完成关键太空任务。"太空篱笆"探测、追踪和记录地球轨道上成千上万的卫星和残骸的能力将使空间态势感知技术发生巨大变革。"太空篱笆"有两个需要少量人工操作的雷达站点,第一个雷达站点已经

续表

名称	国家/地区	具体情况
"太空篱笆"雷达	美国	建成投入使用,位于太平洋上赤道附近的夸贾林环礁,第二个站点位于西澳大利亚,目前还未开展任何计划。这些雷达站点可以确保探测到低轨目标,然后再通过位于阿拉巴马州的亨茨维尔的运营中心进行汇总。首个在夸贾林环礁的雷达将提供一个由成千上万个雷达波束构成的持续监视"篱笆",这些波束可以覆盖低轨。随着地球自转,这个"篱笆"可以扫视环绕地球的太空,从而能够确保探测到卫星和轨道残骸。为了实现高质量的轨道估算,该雷达用专用波束对目标进行长时间的追踪。"太空篱笆"还可以根据任务要求对中轨和地球同步轨道等更高轨道上的目标进行搜寻。第二个雷达站点将会补充第一个站点的低轨覆盖范围,并且能够完成中轨和地球同步轨道上的任务。
下一代航空运输系统(NextGen)	美国	联邦航空管理局(FAA)提出了发展 NextGen 项目,旨在增大空域交通容量,提高飞行效率,增强可预测性。该项目迄今为止开始实施的部分功能包括监视、导航、通信、信息管理和自动化。
伊莫卡望远镜	欧洲	伊莫卡望远镜是欧洲南方天文台(ESO)位于智利北部的一座大型光学望远镜。它具有 39 米的主镜直径,是迄今为止世界上最大的光学和红外望远镜。伊莫卡望远镜用于研究宇宙的起源、星系的形成和演化等。
XFEL 欧洲自由电子激光器	欧洲	XFEL 是欧洲 XFEL 计划的一部分,是在德国汉堡建设的一座自由电子激光器设施。它利用超导技术产生高能量的电子束流,并通过束流与一个系列的脉冲磁铁进行相互作用,以产生强激光脉冲。XFEL 激光器用于开展材料科学、生命科学和化学等领域的研究。

续表

名称	国家/地区	具体情况
未来圆形对撞机(FCC)	欧洲	FCC计划是欧洲粒子物理研究中心(CERN)提出的重大计划之一。该计划旨在建立一个更大、更强的圆形对撞机,用于在更高能量范围内研究基本粒子的性质和相互作用。FCC计划包括建设一个高能量质子-质子对撞机(FCC-hh)和一个电子-正电子对撞机(FCC-ee)。
Athena X射线天文台	欧洲	Athena是欧洲空间局(ESA)计划的一颗X射线天文卫星。它将采用世界上最大的X射线望远镜,用于观测和研究宇宙中的X射线源,包括黑洞、星系等。
欧洲单一天空计划(SESAR)	欧洲	欧洲单一天空计划(SESAR)项目于2004年成立,是欧洲单一天空倡议的技术支柱,用于界定、开发和提供新的或改进的空中交通管理(ATM)技术和程序。欧洲单一天空计划在2016年后的计划阶段称为SESAR 2020。SESAR 2020朝着为空域使用者(如航空公司)以及欧洲公民提供最高等级、全球互通性、高效能空中运输服务的目标前进。希望带来安全、低成本以及友善环境的空中载具与航空管理作业、系统及服务等。 SESAR 2020的解决方案在部署之前,必须经过定义、概念发展、计划排定、验证、效能评估、商业验证、部署情景规划等过程。解决方案包括:延伸到场管理及繁忙终端管制空域基于效能导航解决方案(Extended Arrival Management and Performance Based Navigation in High Density Terminal Manoeuvring Area)、整合机场及吞吐量解决方案(Airport Integration and Throughout)、弹性空域管理及自由航路解决方案、网络协同管理解决方案(Network Collaborative Management)、初始SWIM管理以及初始轨迹分享解决方案(Network Collaborative Management, Initial Trajectory

续表

名称	国家/地区	具体情况
欧洲单一天空计划(SESAR)	欧洲	Information Sharing)等。SWIM 是一种分享式、网络集中式、同步式以及品质管控式的资讯管理,建构在共通的标准及资讯模型基础上。
斯克奈北天望远镜	俄罗斯	斯克奈北天望远镜(Skynet-NT)是一座位于俄罗斯卡拉恰耶夫卡的大型光学望远镜,由斯克奈天文台管理。它具有 1.3 米的主镜直径,用于天体物理学和天文学的观测和研究。
露西亚天线阵列	俄罗斯	露西亚天线阵列(LUCIA)是俄罗斯设计和建造的一个低频射电天线阵列,用于研究宇宙微弱的射电信号。它由多个天线组成,提供了对宇宙微弱信号的灵敏观测,以揭示宇宙的起源和演化。
爱特拉夫尔高原万亿电子伏特加速器	俄罗斯	该加速器计划由俄罗斯萨拉托夫州的国立研究中心——庞加莱研究计划负责。它是计划中的一个重大项目,旨在建立一台运行于万亿电子伏特尺度上的高能加速器,用于研究粒子物理学和高能物理学。
SFAI 地磁观测系统	俄罗斯	俄罗斯科学院的地磁观测系统(SFAI)是新一代地球物理观测装置。它包括一系列地磁观测仪器和网络,用于监测地球的地磁场变化,以研究地磁活动和磁层物理学。
以色列大型望远镜项目	以色列	以色列天文学家计划建设一座大型望远镜,目标是提供更高分辨率和更深入的宇宙观测能力。该望远镜将用于研究宇宙学、星系形成和演化,以及其他天体物理学问题。
索达尔	以色列	索达尔(SODAR)是以色列空间总署的一个重要项目,旨在研究大气中的风向和风速。通过使用声呐技术,索达尔可以提供大气各层的风速剖面,对于气象研究和天气预报具有重要意义。

续表

名称	国家/地区	具体情况
以色列同步辐射设施(ILS)	以色列	以色列同步辐射设施是以色列建设的一座大型实验设施,用于进行同步辐射实验。它可以提供高亮度、高能量的光束,用于材料科学、化学以及生物医学研究等领域的实验。
Subaru望远镜	日本	Subaru望远镜是位于夏威夷的一个大型光学望远镜,由日本国立天文台管理。它具有8.2米的主镜直径,被广泛用于天体物理学和天体观测研究。
交叉冷却原子钟	日本	交叉冷却原子钟是由东京大学和其他研究机构共同开发的新型原子钟。它实现了利用冷却和操控钠原子和铯原子的精确性测量,以提高原子钟的稳定性和精度。
Super KEKB加速器	日本	Super KEKB加速器位于日本筑波市,是高能物理研究中心(KEK)的一项重大工程。它是一台高亮度电子-正电子对撞机,用于研究粒子物理学。Super KEKB加速器旨在产生更高强度的束流,并与位于同一实验室的Belle II探测器一起使用,以进一步探索物质的基本构成。
KAGRA引力波望远镜	日本	KAGRA引力波望远镜位于日本静冈县,是一个地面探测器雷射干涉引力波天文台。它是世界上第一个地下引力波探测器,用于探测和研究引力波产生的天文现象。

2.7 电磁空间知识产权标准

近年来,国际上与电磁空间相关的标准和知识产权如表2.12所示[35,39]。

表 2.12 重要的国际标准和知识产权情况

国家	国际标准
美国	①IEEE 天线标准测试程序 IEEE Standard Test Procedures for Antennas ②用于电磁干扰辐射发射测量的天线校准的美国国家标准 American National Standard for Calibration of Antennas Used for Radiated Emission Measurements in Electro Magnetic Interference ③美国电磁兼容性国家标准：电磁干扰(EMI)控制中的辐射发射测量：天线校准和鉴定(9 kHz～40 GHz) American National Standard for Electromagnetic Compatibility：Radiated Emission Measurements in Electromagnetic Interference (EMI) Control：Calibration and Qualification of Antennas (9 kHz～40 GHz)
中国	①GB/T 40602.2-2021 基础测量 高增益天线方向图室内平面近场测量方法； ②GB/T 40602.1-2021 基础测量 天线方向图的室内远场测量方法； ③GB/T 6113.104-2021 无线电骚扰和抗扰度测量设备 辐射骚扰测量用天线和试验场地。
日本	①JIS C 5141：该标准是关于射频无线电设备的使用频率规定。它规定了无线电设备的频率范围、频率分配和使用条件等要求，旨在确保无线电设备在频谱资源利用和干扰管理方面的合规性。 ②JIS C 5180：该标准是关于电磁兼容性的指南。它提供了关于电磁兼容设计和测试的基本原则和方法，以确保电子设备在电磁环境中能够正常运行而不受干扰，同时也减少对其他设备和系统的干扰。 ③JIS C 5335：该标准是关于无线电频率占用监测的要求和方法。它规定了对无线电频谱进行监测和测量时的要求和方法，以监测和控制无线电频谱的有效利用和干扰管理。 ④JIS C 5412：该标准是关于无线电接收机性能要求和测量方法的规定。它规定了无线电接收机的性能指标、测试条件和测量方法，以保证接收机在指定的频率范围内能够正常接收并满足所需的性能要求。
英国	①无线电通信的发射和接收设备光纤无线电技术及其性能标准 用于 5G 的基于光纤无线电的室内分布式天线系统(DAS) Transmitting and Receiving Equipment for Radio Communication. Radio over Fibre Technologies and Their Performance Standard Radio-Over-

续表

国家	国际标准
英国	Fibre-Based Indoor Distributed Antenna System (DAS) for 5G (British Standard); ②BS EN 55011：该标准是关于工业、科学和医疗(ISM)设备的辐射与传导发射的限制。它规定了 ISM 设备的电磁辐射和传导发射的限值，以确保设备在工作时不会干扰其他设备。 ③BS EN 55022：该标准是关于信息技术设备的辐射与传导发射的限制。它规定了信息技术设备(包括计算机、打印机等)的电磁辐射和传导发射的限值，以确保设备在工作时不会干扰其他设备。 ④BS EN 61000 系列：这是一系列关于电磁兼容性(EMC)的标准。其中包括 BS EN 61000-4-2(对静电放电的抗干扰测试)、BS EN 61000-4-3(对辐射抗干扰测试)等，这些标准用于规定电子设备在各种电磁环境下的抗干扰能力。 ⑤BS EN 62233：该标准是关于人员与电磁场的暴露评估的标准。它规定了针对工作场所和公众暴露于电磁场的评估方法和限值，以确保人员受到电磁辐射的合理保护。
法国	①NFC 14-100：该标准是法国电信部制定的一项无线电频率使用规定，主要涉及电磁兼容性和频率管理。它规定了无线电设备的频率范围、干扰限制和频率使用条件等要求。 ②NF EN 55032：该标准是法国国家标准化组织制定的一项关于多媒体设备的辐射与传导发射的限制标准。它规定了多媒体设备(如电视、音频设备等)的电磁辐射和传导发射的限值，以保证设备间互不干扰。 ③NF EN 61000 系列：这是一系列关于电磁兼容性(EMC)的标准，由法国国家标准化组织制定。该系列包括对抗干扰、电力、静电放电等不同方面的测试和评估标准，用于规范电子设备的抗干扰能力和电磁兼容性。 ④NFC 89-100：该标准是法国电磁兼容技术协会制定的一项标准，主要涉及电磁辐射和抗干扰技术。它规定了电磁兼容性测试的方法和要求，以确保设备在电磁环境中的正常运行和相互兼容。

续表

国家	国际标准
国际统一标准	IEC 61000 系列：这是国际电工委员会(International Electrotechnical Commission, IEC)发布的一系列电磁兼容性(EMC)标准。IEC 61000-4-2(静电放电测试)和 IEC 61000-4-3(辐射抗扰性测试)等，用于评估电子设备的抗干扰能力和电磁兼容性。 IEC 61400-1：这是关于风力发电机组的国际标准，包括计划、安全、设计和维护要求等方面的规定。 IEC 60926：这是关于电子应用设备的滤波器性能和试验的国际标准。该标准规定了电子应用设备滤波器的性能要求和测试方法，以减少电磁干扰的传导发射。 CISPR 16 系列：这是关于无线电干扰和抗干扰测试的国际标准。其中包括 CISPR 16-1-1(对电磁场的测量方法)和 CISPR 16-2-3(对抗干扰性测量方法)等，用于评估设备的辐射和传导干扰性。

参 考 文 献

[1] 李坤, 黄学军. 俄罗斯近 30 年电子战发展历程及启示. 外军信息战, 2022(1): 11-16.

[2] 祝学军, 赵长见, 梁卓, 等. OODA 智能赋能技术发展思考. 航空学报, 2021, 42(4): 10-19.

[3] 李博骁, 张峰, 李奇峰, 等. 人工智能技术在军事领域的应用思考. 中国电子科学研究院学报, 2022, 17(3): 238-246.

[4] 马天. 美军人工智能技术的应用背景、现状与思考. 军民两用技术与产品, 2023(1): 20-23.

[5] 胡景博, 蒋平, 杨克巍. 无人智能装备应用分析. 军民两用技术与产品, 2023(6): 10-13.

[6] 高松, 陈健, 段哲, 等. 俄罗斯地面电子战装备现状及发展趋势分析. 飞航导弹, 2021(10): 87-91.

[7] 陆震, 冯向京. 空间武器的发展态势. 兵器装备工程学报, 2017, 38(9): 1-7.

[8] 刘杨钺, 张旭. 网络空间武器化的发展态势以及对战略稳定的影响. 信息安全与通信保密, 2019(9): 8-10.

[9] 刘科. 联合全域战争背景下的敏捷作战概念研究. 国防科技, 2022, 43(6):

71-77.

[10] 韩长喜, 董金良, 邓大松, 等. 2021年雷达技术态势与发展趋势. 中国电子科学研究院学报, 2022, 17(4): 329-334.

[11] 王冠, 尹童, 曹颖. 国外高超声速武器攻防发展态势研究. 现代防御技术, 2022, 50(2): 26-32.

[12] 齐心, 周思卓, 林屹立. 美军小卫星"三化"前沿技术发展探析. 国际太空, 2021(3): 54-59.

[13] 丰松江, 常壮, 王谦. 印度航天力量发展与战略重点探析. 国防科技, 2021, 42(6): 26-30,63.

[14] 张煌, 杜雁芸. 人工智能军事化发展态势及其安全影响. 外交评论, 2022, 39(3): 99-130.

[15] 杜雁芸. 网络空间军事化发展态势及其应对. 太平洋学报, 2021, 29(12): 53-64.

[16] 李袁柳. 美军海战场电磁频谱管控分析. 舰船电子工程, 2010, 30(6): 14-16.

[17] 魏睿, 张令召. 分布式电磁频谱监测定位系统设计. 电讯技术, 2023, 63(7): 987-992.

[18] 许登荣, 邵正途, 翁呈祥, 等. 美军电磁频谱作战发展分析及启示. 国防科技, 2023, 44(3): 134-141.

[19] 杨蔚, 高祺, 王渊, 等. 俄乌冲突中电磁频谱应用分析. 航天电子对抗, 2023, 39(3): 1-4,20.

[20] 李欣童, 杨蔚, 郑鹏飞, 等. 美军电磁频谱领域的发展. 航天电子对抗, 2023, 39(5): 54-59.

[21] 凌夔, 陈星语. 俄乌冲突中乌克兰情报工作研究. 情报杂志, 2022, 41(11): 15-20.

[22] 于翔, 何杰, 宿丁. 联合电子对抗装备体系仿真模型建模思路探析. 系统工程学报, 2023, 38(2): 169-176.

[23] 余显祥, 姚雪, 杨婧, 等. 面向感知应用的通感一体化信号设计技术与综述. 雷达学报, 2023, 12(2): 247-261.

[24] 李洪, 王超, 王睿. 关于电子战发展趋势的一些思考. 中国军转民, 2023(1): 57-59.

[25] 崔国龙, 余显祥, 魏文强, 等. 认知智能雷达抗干扰技术综述与展望. 雷达学报, 2022, 11(6): 974-1002.

[26] 龙晓波, 张圣鹊, 余晨, 等. 复杂适应性系统: 电磁频谱战的解决之道. 中国电子科学研究院学报, 2022, 17(11): 1037-1041,1056.

[27] 李凯, 朱璇, 张宝良, 等. 联合电磁频谱作战的发展特点与技术分析. 战术导弹技术, 2022(6): 138-144.
[28] 吴涛涛, 王茜, 武晓龙. 定向能武器在无人化战争中的制胜机理及运用特点. 国防科技, 2022, 43(5): 137-142.
[29] 张旭, 刘攀, 惠腾飞, 等. 面向联合作战的天基智能频谱管控技术研究. 空间控制技术与应用, 2022, 48(5): 18-28.
[30] 于周吉. 从俄乌冲突看电磁频谱战走向. 舰船电子对抗, 2022, 45(5): 1-6.
[31] 许晓剑, 秦开兵, 张银锋, 等. 美军联合电磁频谱作战研究. 舰船电子对抗, 2023, 46(4): 5-8.
[32] 杨刚, 李景龙. 美军海上电子情报支援. 中国军转民, 2023(14): 95-96.
[33] 王久龙, 蔡盛. 美国国防部电磁频谱应用现状与应对策略. 太赫兹科学与电子信息学报, 2023, 21(6): 703-712.
[34] 佚名. 国工程院院士苏东林: 电磁频谱支持和电磁兼容. 中国无线电, 2023(1): 19.
[35] 郝才勇. 鹰眼360天基无线电监测系统综述. 中国无线电, 2023(1): 52-54, 62.
[36] 王永芳, 许健明, 徐晓艳. 基于专利分析国外高功率微波武器发展情况. 国防科技, 2022, 43(6): 14-19.
[37] 彭亚平, 陈亚宁, 范赛. 俄乌冲突中北约对乌克兰战场情报支援活动分析. 情报杂志, 2023, 42(6): 1-6.
[38] 范振雄, 彭国强. 日本5G规划与发展情况概述. 中国无线电, 2022(8): 26-29.
[39] Mitchell L. 无线电频谱之争. 科技纵览, 2022(7): 36-41.
[40] 刘晓勇, 范希茜, 朱林, 等. 全球应急专网通信频谱研究概述. 电信科学, 2022, 38(7): 114-125.
[41] 刘琪. 日本频谱资源开发利用及管理政策分析与思考. 中国无线电, 2023(1): 46-48, 51.
[42] 王晓东, 朱松. 2021年外军电磁频谱作战发展综述. 中国电子科学研究院学报, 2022, 17(4): 347-350.
[43] 张梓巍, 白玉星, 李晨曦. 全球导航卫星系统的发展综述. 科技与创新, 2023(9): 150-152.
[44] Scott R. Intrepid tiger II pod flies on MV-22 osprey. Journal of Electromagnetic Dominance, 2021, 8(1): 16-21.
[45] Scott R, Knowles J. European commission announces EW-related capability projects. Journal of Electromagnetic Dominance, 2021, 9(1): 15-16.

[46] Knowles J. US Air Force to develop AI / ML EW technologies under project Kaiju. Journal of Electromagnetic Dominance, 2021, 10(1): 14-15.
[47] 李欣童, 杨蔚, 郑鹏飞, 等. 美军电磁频谱领域的发展. 航天电子对抗, 2023, 39(5): 54-59.
[48] 梅豪, 都兴霖, 许登荣, 等. 有人/无人机协同电磁频谱作战问题研究. 舰船电子对抗, 2024, 47(1): 29-34.
[49] 刘都群, 郭冠宇. 俄罗斯电子战领域发展现状与趋势分析. 飞航导弹, 2019, 10(10): 6-9.
[50] 马浚洋. 俄军电子战武器: 从"暴力干扰"到"循循善诱". 解放军报, 2019, 3(15): 1.
[51] 刘娟, 陈鼎鼎. 俄罗斯反太空电子战能力. 航天电子对抗, 2019, 35(5): 56-59.
[52] 高松, 滕克难, 段哲. 美军核心电子战支援装备及其发展趋势分析. 飞航导弹, 2019(11): 12-17.
[53] 赵勋. 美俄人工智能军事应用对比研究. 国防科技工业, 2020(1): 55-58.
[54] 陈建峰, 闫涛. 人工智能在电子战领域应用及未来发展建议. 电子对抗, 2018, 6(6): 6-15.
[55] 李高云, 旷生玉, 江果, 等. 智能化电子战装备发展路径探讨. 中国电子科学研究院学报, 2022, 17(1): 7-11.
[56] 龚芳海, 李刚. 外军预警装备电子防护关键技术与运用研究. 现代雷达, 2021, 43(7): 54-62.
[57] 刘丽, 汪涛, 张宇涵. 美海军重点电子战装备技术项目发展概述. 航天电子对抗, 2021, 37(6): 56-60.
[58] 杨曼, 舒百川, 朱松. 2022年外军电子战发展综述. 中国电子科学研究院学报, 2023, 18(6): 573-577.
[59] 沈祉怡, 赵博文. 外国反舰导弹发展趋势分析. 舰船电子工程, 2023, 43(4): 1-4.
[60] 魏艳艳. 2022 年外军定位导航与授时领域发展综述. 中国电子科学研究院学报, 2023, 18(3): 264-269.
[61] 朱虹, 戴钰超. 2022 年外军指挥控制领域发展综述. 中国电子科学研究院学报, 2023, 18(2): 113-118.
[62] 高环, 马方晨, 冯周成. 外军地面无人装备发展现状与趋势研究. 现代导航, 2022, 13(4): 292-296, 302.
[63] 张瑞. 外军无人平台射频对抗技术发展趋势研究. 电子质量, 2022(8): 210-213.

[64] 赵仁星, 何明浩, 冯明月, 等. 外军网电对抗作战思想浅析. 电子信息对抗技术, 2022, 37(2): 9-13.
[65] 张涛, 王玉珏. 海战场电磁频谱管理系统体系设计的借鉴与思考. 电子技术与软件工程, 2021(20): 63-65.
[66] 沈冬远, 武丹丹, 马谢. 当前电磁安全面临的形势及发展建议. 信息安全与通信保密, 2020(2): 115-121.
[67] 黄林江, 于小红, 王杰娟, 等. 基于电磁频谱管控的研究综述. 信息工程大学学报, 2023, 24(4): 499-505.
[68] 史军, 冯晓东, 李成. 信息化装备供应商和用户协同保障研究. 中国电子科学研究院学报, 2023, 18(5): 476-481, 487.
[69] 孙璞. 美国国防部加强反无人机应对能力的动向分析与启示. 网信军民融合, 2021(2): 26-28.
[70] 陈银娣, 郑惠文. 美国国防部正在大力研发反无人机系统. 中国航天, 2021(4): 58-61.
[71] 王肖飞, 李冬, 丁伟锋, 等. 美军反无人机试验与演习研究. 飞航导弹, 2020(12): 43-48.
[72] 中国信息通信研究院. 2022年量子信息技术发展与应用研究报告. 2022, 22(1): 95.
[73] Graham T M, Song Y, Scott J, et al. Multi-qubit entanglement and algorithms on a neutral-atom quantum computer. Nature, 2022, 604(7906): 457-462.
[74] Messinger A, Kilian E, Wolfgang L, et al. Universal parity quantum computing. Physical Review Letters, 2022, 129(18): 180503.
[75] 余泽平. 量子科技及其未来产业应用展望. 中国工业和信息化, 2020, 11(1): 20-26.
[76] 李晓巍, 付祥, 燕飞, 等. 量子计算研究现状与未来发展. 中国工程科学, 2022, 24(4): 133-144.
[77] 中国信息与电子工程科技发展战略研究中心. 中国电子信息工程科技发展研究——量子器件及其物理基础专题. 北京: 科学出版社, 2022.
[78] 安达, 龚振炜, 陈岩, 等. 量子信息技术工程化应用发展初探. 中国电子科学研究院学报, 2022, 17(8): 809-815.
[79] 汪晶晶, 杨宏, 雷根, 等. 量子计算产业化国内外发展态势分析. 世界科技研究与发展, 2022, 44(5): 631-642.
[80] Blunt N S, Camps J, Crawford O, et al. Perspective on the current state-of-the-art of quantum computing for drug discovery applications. Journal of Chemical Theory and Computation, 2022, 18(12): 7001-7023.

[81] 蒿巧利, 赵晏强, 李印结. 全球量子传感发展态势分析. 世界科技研究与发展, 2022, 1(44): 59-68.
[82] 戴赟. 人工智能武器的发展及其国际规制研究. 北京: 外交学院, 2022.
[83] 汤孟南. 智能武器对国际安全的影响研究. 上海: 华东政法大学, 2021.
[84] 吴琦, 刘元安, 闻映红, 等. 重大基础设施非核强电磁脉冲威胁与防护策略研究. 中国工程科学, 2022, 24(4): 249-258.
[85] 邱志明, 孟祥尧, 马焱, 等. 海上无人系统发展及关键技术研究. 中国工程科学, 2023, 25(3): 74-83.
[86] 杨长风, 杨军, 杨君琳, 等. 北斗卫星导航系统规模应用国际化发展战略研究. 中国工程科学, 2023, 25(2): 1-12.
[87] 李帅, 申志强, 侯宁葵, 等. 我国空间应用发展总体构想. 中国工程科学, 2023, 25(2): 67-78.
[88] 高亮, 李培根, 黄培, 等. 数字化设计类工业软件发展策略研究. 中国工程科学, 2023, 25(2): 254-262.
[89] 王毓龙, 刘曰胜, 赵玲, 等. 以色列国家导弹防御体系建设发展研究. 中国电子科学研究院学报, 2023, 18(1): 97-102.

第 3 章 我国电磁空间发展现状与挑战

3.1 我国电磁空间总体发展情况

3.1.1 电磁频谱运用发展现状与挑战

随着越来越多无线业务的引入和部署,可用频谱资源越来越紧张。拓展频谱的使用范围,在超低频和超高频上的研究与开发已经成为目前电磁空间发展的趋势。另外,在现有频谱资源上通过高效统筹多频网络资源,实现多频段之间融合互助,充分发挥各频段的特点和长处,能够有效提升频谱效率,在有限的频谱资源条件下获得最佳的整网性能,最大化频谱价值[1-3]。

首先,我国已经建立了一套完整的电磁频谱管理制度[4]。这套制度包括频率规划、频率分配、频率使用和频率监测等方面,能够有效地保障电磁频谱资源的合理利用和保护。此外,我国还推出了一系列电磁频谱政策和措施,加强了对电磁频谱资源的管理和保护[5-7]。这些政策和措施包括建立国家电磁环境监测网、加强对无线电设备的管理和监管、建立电磁辐射限值标准等。其次,在电磁频谱利用方面,我国的通信技术已经实现了从 2G 到 5G 的跨越式发展,建立了全球最大的移动通信网络。这使得我国人民可以随时随地进行语音通话、文字聊天、视频通话,大大促进了信息的传递和交流。此外,我国在卫星通信、雷达探测、电子对抗等方面均有重要进展。例如，我国的北斗卫星导航系统已经覆盖全球，成为全球第三个实现全球覆盖的卫星导航系统。同时，我国的雷达技术和电子对抗技术也在不断提升，能够有效地保障国家安全。

然而，我国在电磁频谱利用方面仍面临一些挑战和问题。电磁频谱资源日益紧缺，需要更好地管理和利用。随着无线通信、物联网等技术的不断发展，对电磁频谱资源的需求也在不断增加[8]。

3.1.2 电磁空间理论发展现状与挑战

电磁波的理论研究已经较为成熟，包括电磁波的传播特性，电磁波的干涉、衍射、折射和反射等现象的解释。大量实验数据的积累促进了电磁波理论的发展，不断拓展了电磁空间理论的应用范围。高性能计算机的发展推动了电磁空间理论的计算模拟研究，使电磁空间的预测和分析更加准确。数值计算方法的发展推动了电磁场仿真研究，使电磁空间的设计、优化和改进更加高效和精确。新一代信息技术、先进制造技术、新材料技术等融合应用，孕育出一大批更智能、更高效、更低碳、更安全的新型生产工具，多学科交叉融合发展推动了电磁空间理论的交叉研究，如电磁波与材料、电磁波与生物等交叉领域。

在电磁空间理论的研究中，理论模型和数学方法创新是一个重要的方向。传统的电磁理论模型难以描述一些复杂的电磁现象，例如，非线性效应、多物理场耦合、弱信号检测等，因此需要新的理论模型和数学方法。一些新兴领域如超材料、等离子体和纳米光学等也涌现出了一些新的电磁空间理论模型和数学方法。

其中，超材料是一个重要的新兴领域，典型的超材料如左手材料、"隐身斗篷"、完美透镜等，已在光学、通信、国防等领域获得应用；多种电磁超材料、力学超材料、声学超材料、热学超材料及基于超材料与常规材料融合的新型材料相继出现，形成了新材料的重要增长点。其具有负折射率、折射率为零、色散关系和等离子体共振等特性。通过设计和制造不同结构的超材料，可以实现对电磁波的控制和调节，从而在电磁空间中实现一些特殊的功能。例如，利用超材料可以实现超分辨成像、隐身技术和电磁波屏蔽等应用。因此，超材料成为电磁空间理论研究的热点领域之一。

另一个重要的领域是等离子体理论，它涉及等离子体在电磁场作用下的行为和性质。等离子体是一种带电粒子的气体，具有独特的电磁性质，包括折射率、吸收和散射等特性。通过研究等离子体的性质和行为，可以深入了解电磁波在空间中的传播和相互作用机制。等离子体理论在激光加工、等离子体医学和聚变等领域有重要的应用。

此外，纳米光学也是电磁空间理论中的重要研究领域。纳米光学主要研究光在纳米尺度下的传播和相互作用行为，例如，金属纳米颗粒表面等离子体共振和局域化表面等离子体共振等现象。这些现象可以应用于传感器、光电器件和生物医学等领域。

3.1.2.1 我国在电磁空间理论的发展现状

电磁空间理论在我国得到了广泛的应用和研究，同时也面临着一些挑战和问题，如理论研究和应用技术的结合、精度和效率的提高等。未来，我们需要进一步加强基础研究和技术创新,推动电磁空间理论和应用技术的发展[9,10]。我国目前在国家级科技重点实验室布局中,进行电磁空间理论的研究部门仍属空白,亟待填补。

一是加强电磁场理论的基础研究。在电磁场理论的基础上,研究电磁波在空间传输的特性,探究电磁场的分布、辐射和散射等现象。

二是加强电磁场数值模拟与仿真。利用数值计算方法,研究电磁场在空间中的传输和相互作用过程,并对电磁场的特性进行模拟和仿真分析。

三是加强电磁场探测与监测技术。利用电磁场探测技术,研究电磁场的辐射和散射特性,并探测和监测电磁场的强度、频率、方向等参数。

四是加强电磁场应用技术。利用电磁场理论和技术,研发和应用电磁波通信、雷达探测、电子对抗、卫星通信等领域的技术和装备。

总之,电磁空间理论的发展不断推动着电磁学领域的进步和应用,将为人类社会的发展做出重要的贡献。未来,随着科技的不断进步和需求的不断增加,电磁空间理论的研究将继续深入。

3.1.2.2 我国在电磁空间理论的新挑战和新要求

当前,美、欧、日等发达国家或地区都十分重视电磁空间理论与关键技术的研究,先后成立了专门的研究机构,致力于从电磁空间基础理论到关键核心技术的攻关,建立了跨领域、多学科的研究团队,注重加强系统层面的创新设计研究,取得了一系列里程碑式的成果,引领了本国乃至世界高性能电子装备的创新发展[11,12]。

我国面临电磁空间理论的新挑战和新要求，亟待针对以下不足进行改进和提出措施：

一是对电磁空间存在的复杂性研究不足。电磁空间作为电磁波构成的物理空间，是在统一时空基准上，以多种形式，如时间、空间、频率、强度、相位、编码、极化等，承载和传递信息的电磁场与波的集合。由于其传播空间、承载实体以及应用环境均存在极大的复杂性，往往是跨越信息空间和物理空间，是将"信息空间和物理空间中的人、机、物、环境、信息等要素"有机连接起来，在一定条件下，通过内部系统之间的协同作用，与外部环境进行物质、能量、信息的交互和交换，在时间、空间上动态地自组织运行，在宏观上呈现有序结构和有序状态，并最终稳定聚合形成特定的整体性行为和整体功能。针对这样的复杂性，亟待发展系统理论，在进行系统设计时，对于各专业处于严重分离的状态，寻找正确的设计方案，解决其"跨域"、"跨层次"、"跨专业"的问题。从方法论角度看，亟须开展"信息域"的效能需求是否能够正确分解到"物理域"？通过在"物理域"的系统设计，是否能够正确集成并建构出符合预期的"信息域"效能？最终有效保证电磁空间效能突显。

二是电磁空间的多种因素耦合关系亟待进一步厘清。机械结构因素对电性能的作用实质亟须更深入研究，设计上只实现了机电综合，而非机电耦合。即电磁(气)设计人员根据电性能指标要求，估算电子装备的精度指标要求，而后机械结构设计人员的任务就是想方设法去满足。这种分离化的设计模式不是导致电子装备精度要求过高难以实现，就是精度达标而电性能却不一定达标，需要反复修整调试，其造成的高成本和长周期严重制约了现有电子装备的性能提高和下一代装备研制的自立、自强。

究其原因，其一是没有厘清机械结构与性能耦合作用的物理本质，难以掌握众多结构因素(结构类型、拓扑、形状、尺寸等)以及结构变形对电性能影响的规律；其二缺乏准确描述机械与电关系的数学模型，无法确定不同频段、不同尺度、不同温度时，机械结构因素、材料物性参数与电磁传输、透射、辐射、散射的耦合机理，导致对相同电性能，既存在大位移、小应变，也出现小位移、大应变，既有电流分布与材料介电常数的变化，也有温度分布与流体压力速度的变化。最终导致难以实现面向性能的电子装备精确设计，无法达到电性能与机械性能的全优，与国外相比，有较明显的差距。

三是制造环节对电子装备性能影响机理不清。制造与装配精度对电性能的影响规律尚不十分清楚，难以实现融合电性能指标的电子装备制造技术与工艺的突破。电子装备的高性能需要科学合理的制造技术与装配工艺来保证。制造与装配精度对电性能的影响具有多重非线性关联的特点，给高性能电子装备的精度控制与性能保障带来很大挑战。

3.1.3 电磁空间应用科学发展现状与挑战

在新一轮科技革命和产业变革推动下，美俄等国纷纷加快以强激光武器、高功率微波武器、粒子束武器等为代表的电磁硬摧毁装备技术发展，电磁空间作战手段正呈现由"以软为主"向"以硬为主"的发展趋向。电磁硬摧毁手段的体系化运用将推进电磁空间作战样式创新，并在毁瘫敌天基体系、打赢无人战争、夺控战场制权和战略制衡博弈中发挥关键性作用[13,14]，未来的战场频谱规划与应用科学主要有以下几个方面的发展趋势[15-17]：

一是覆盖全维度，实现全方位、全频段、全要素的作战频谱规划。

二是嵌入联合作战全过程，强调频谱辅助作战决策，能像指挥控制火力使用一样组织管理电磁频谱的使用，通过创新的频谱分析手段和方式为联合指挥人员提供战场频谱决策支持信息，提升战场电磁空间的筹划、指挥及协同能力。

三是突出多兵种联合作战，强化频谱资源协同运用，精确开展用频筹划，高效组织用频协同，提高频谱资源使用效率。

四是强调数据先行，实现动态和实时的作战频谱规划，能及时主动地发现潜在频率冲突和干扰，利用灵活的规则和策略来动态调整部队用频，避免冲突和干扰，保障作战行动实施。

五是强化技术研究，体现自动化和智能化的作战频谱规划。要求作战频谱规划能结合现有云计算、数据挖掘、人机结合智能决策、可视化推演分析等新技术，实现自动化数据采集、智能化决策分析，使未来的作战频谱规划系统操作更简便、功能更强大、保障更简单。

电磁空间应用是指在电磁空间中进行通信、导航、遥感、探测、侦察等活动的应用。在这些应用领域，我国已经取得了很大的进展。

在通信领域，我国的移动通信技术已经实现了从 2G 到 5G 的跨越式发展，并建立了全球最大的移动通信网络。我国的卫星通信技术也得到了快速发展，目前已经建成了一系列卫星通信系统，包括"天通一号"、"中星 9 号"等。此外，我国还在探索 5G 卫星通信、光通信等新技术[18]。

在导航领域，我国的北斗卫星导航系统已经实现了全球覆盖，能够提供高精度、高可靠的导航定位服务。同时，我国还在开展基于北斗系统的增强技术研究和应用推广[19-21]。

在遥感领域，我国已经建成了一系列遥感卫星，如"遥感一号"、"高分一号"等，能够提供高分辨率的遥感数据和服务。这些数据和服务在土地利用、资源环境管理、灾害监测等领域有着重要的应用价值[22-26]。

在探测和侦察领域，我国已经建立了一系列先进的雷达系统和电子对抗装备，如"高精度雷达系统"、"高效信号侦察系统"等，为国家的安全和军事应用提供了重要支撑[27-31]。

虽然我国在电磁空间应用方面已经取得了很大进展，但同时也面临一些挑战和问题，如技术水平与国际先进水平的差距、应用需求与资源约束之间的平衡等。未来，我们需要进一步加强技术创新和应用推广，推动电磁空间应用的发展[32-35]。

3.2　我国电磁空间理论发展现状

3.2.1　电磁计算理论发展现状

我国在电磁计算理论方面已经取得了很大的进展，尤其在有限元方法、边界元方法等方面，取得了很多的成果。

有限元方法是电磁计算理论中的一种重要方法，广泛应用于电磁场分析、电磁波传播分析等。我国的有限元方法研究起步较早，已经取得了很大的进展。例如，北京大学和清华大学等高校的研究团队在有限元方法方面进行了深入的研究，积累了丰富的经验和技术。有限元方法的研究和应用在我国的电磁场理论研究和电磁场问题的解决中，发挥了重要的作用[36-40]。

边界元方法是电磁计算理论中的另一种重要方法，与有限元方法不同的是，边界元法仅需对边界进行离散化处理。在我国，边界元法也得到了广泛应用，并取得了很多的成果。例如，电子科技大学在边界元方法方面进行了深入研究，提出了很多新的理论方法。边界元方法在电磁场理论研究、电磁场问题求解等方面的应用，使得我们能够更准确地预测电磁场的行为，为解决实际问题提供了有力的工具[41-45]。

除此之外，我国在电磁计算理论方面还在不断探索和发展其他方法，如时域有限差分方法、时域辐射场计算方法等。时域有限差分方法是一种计算电磁场的数值方法，它将时域离散化为一系列的时间步长，将空间离散化为一系列的节点。时域辐射场计算方法是一种计算电磁辐射场的数值方法，它可以分析电子器件辐射噪声、辐射干扰等问题。这些方法在电磁场分析、电磁波传播分析、电磁兼容性分析等领域都有着广泛的应用。

我国在电磁计算理论方面已经取得了很大的进展，但与国际先进水平相比，仍存在一定的差距。因此，需要进一步加强技术创新和人才培养，提高核心技术和关键装备的水平。同时，还需要加强学术交流和合作，借鉴和吸收国际先进经验，不断提高我国的电磁计算理论水平。只有这样，我国才能在电磁计算理论领域取得更大的进步，为电磁场理论的研究和应用做出更大的贡献[46-50]。

3.2.2 电磁传播理论发展现状

在我国的科技发展中，天线理论和技术也一直得到重视，取得了很多的进展。以下是我国在天线理论和技术方面的一些发展现状。

3.2.2.1 可重构智能表面技术

智能超表面是一个多学科融合技术，在智能超表面诞生之前，以超材料理论和界面电磁理论为代表的相关基础理论已发展了半个多世纪，为智能超表面理论体系的建立打下坚实基础[51-58]。在关键技术方面，与智能超表面相关的相控阵、可编程逻辑门等技术均有在其他领域应用发展。虽然智能超表面相关概念在近十年才被提出，被视为一种潜在 6G 关键技术，但已有的理论与技术基础支撑了智能超表面研究的快速发展[56-60]。

目前，面向 6G，可重构智能表面技术，具有与毫米波/太赫兹高频通信、通感一体、全双工等多个前沿技术领域相结合的可能。

3.2.2.2 共口径天线技术

多频段融合的发展促进了多频共口径天线的研制。针对较低频比，多采用多频技术，引入其他谐振点来实现频段融合。2022年，Fazal等人研究一种双频微带天线，如图3.1所示。针对大频比共口径天线，主要采用的技术有重叠法、镂空法、嵌套法、交错法；对于小频比应用，天线多采用多频技术。整体上，共口径天线技术将会向着频率覆盖更广、异频隔离更高、天线结构更加紧凑的方向发展。

目前，国内外对异频共口径阵列的研究大多数集中在频率间隔较大的情况，缺少邻近频段组合的异频天线阵列研究。另外，采取嵌套布局或叠层布局虽然能一定程度上减轻低频天线对高频天线的遮挡问题，但是整体设计更为复杂，不同频段天线组阵的自由度低。若采取组阵自由度更高的交叉布局，则面临异频天线间的遮挡问题，是目前亟待解决的挑战。因此，根据不同频率间隔大小深入地研究不同多频共口径组阵方式，提高阵列集成度的同时保持各频段天线原有性能，具有十分重要的价值和意义。

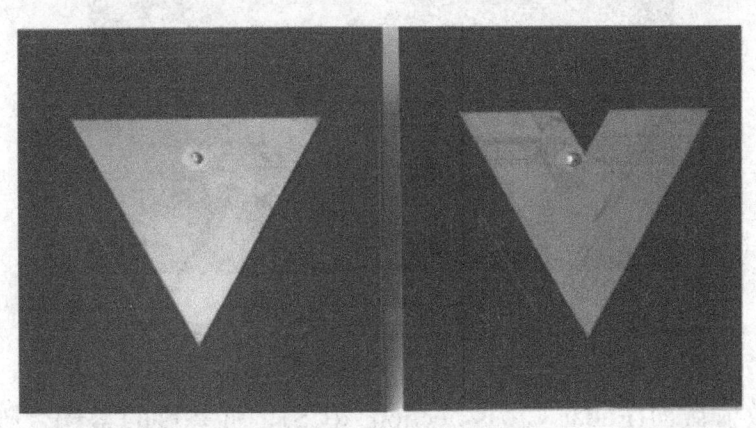

图3.1 双频微带天线

3.2.2.3 紧耦合天线技术

传统的相控阵天线设计思路多为先设计天线单元，为了实现宽角扫描，再引入去耦结构，但是去耦结构的带宽通常无法做到超宽带，因此使得传统相控阵天线的宽带性能与宽角扫描性能相冲突。

紧耦合天线技术很好地解决了这两项性能指标的冲突问题。而常规的紧耦合阵列的馈电网络设计难度大，尤其体现在巴伦上，设计成本大，并且外置电路多难集成。Vouvakis 团队研制出平面超宽带模块化天线阵，在偶极子两臂接上短路探针以缩短谐振长度，抵消因结构不平衡带来的谐振，使该天线阵能够在 7GHz～21GHz 的大带宽频段内实现±45°扫描角覆盖，如图 3.2 所示。

图 3.2 常规紧耦合阵列

2022 年，孙建旭设计了一款超宽带、低剖面、低雷达散射截面(Radar Cross-Section, RCS)、可共形的紧耦合阵列，主要利用了超表面代替宽角匹配介质层，最后实现了 2GHz～18GHz 的工作带宽，如图 3.3 所示。

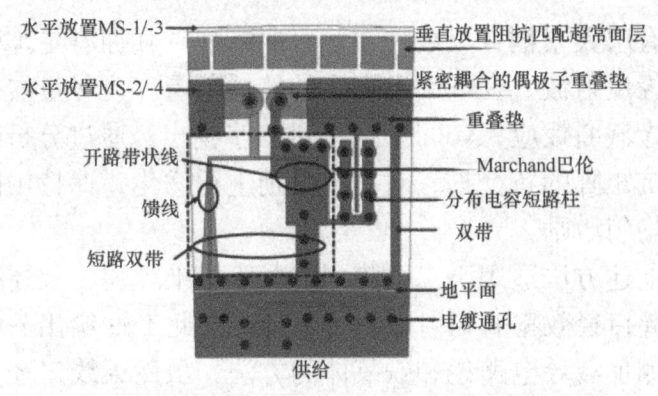

图 3.3　超宽带、低剖面、低 RCS 紧耦合阵列

2023 年，杨仕文团队设计了一款超宽带且共口径的紧耦合阵列，其结构如图所示，在高频的紧耦合阵列中加入了低频的紧耦合单眼，最后实现了低频 0.24GHz～0.93GHz，高频 0.9GHz～5.1GHz 的工作带宽[61]，如图 3.4 所示。

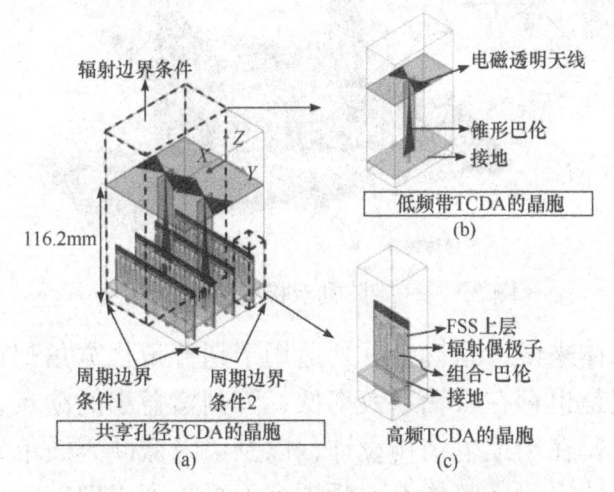

图 3.4　超宽带共口径紧耦合阵列单元

有限大紧耦合天线阵相较普通阵列，其拥有更加强烈的边缘反射波、在阵面上更广的传播范围。为尽量缓解这种边缘截断效应，Volakis 团队进一步提出：通过分析阵列互阻抗矩阵的特征模，对单元激励进行优化，保持中间单元的均匀激励。

上述方法适用于二维阵列，对于一维阵列，上述操作会引起口径效率和辐射效率的下降。因此 Lee 给出一种线阵两侧加载导电栅栏和铁氧体的方法，虽然天线口径更加紧凑，但该阵列的阻抗带宽仅为 2.2∶1(有源驻波比系数 < 2.3)，最大扫描角也只有 30°，如图 3.5 所示。目前，紧耦合一维阵列超宽带性能的有效实现仍需要更好的设计方案。

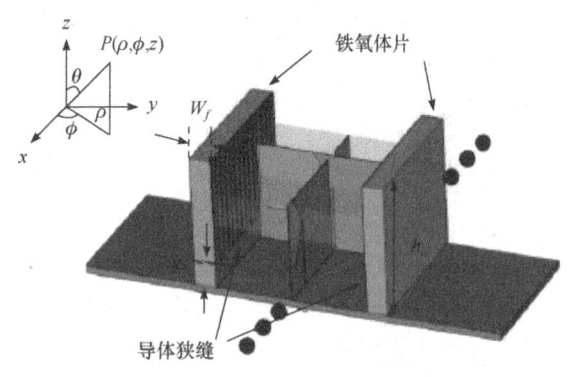

图 3.5 一维阵列双极化紧耦合单元

总体来说，紧耦合阵列适用于超宽带且宽角扫描的应用，但是也存在着辐射效率低、阵列增益小的缺点，设计难点主要在于馈电结构设计，以及边缘截断天线单元的工作环境的设置。整体上，紧耦合天线阵列正向着宽带化、模块化、小型化的方向发展。

3.2.2.4 面向 5G 的大规模 MIMO 天线技术

5G 网络的部署加快推动了天线技术的创新。传统的天线结构通常是固定的，但 5G 天线需要更高的灵活性和多频段操作能力。因此，研究人员一直在努力开发新型的 5G 天线技术，包括多输入多输出(MIMO)技术和波束赋形(Beamforming)技术，以提高信号传输速度和容量。

3.2.2.5 适用终端的多频小型化天线

随着无线通信设备的不断减小和多功能化，天线的小型化和集成化成为一个重要的发展趋势。研究人员正在开发具有较小尺寸、低功耗和高性能的天线，以适应越来越多样化的应用场景，例如，智能手机、物联网设备和可穿戴设备等。

3.2.2.6 毫米波太赫兹系统

毫米波频段(30GHz～300GHz)被认为是下一代无线通信的关键频段，具有更大的带宽和更高的传输速度。然而，由于毫米波频段的传输特性，需要更复杂的天线设计和波束赋形技术来克服信号传输中的挑战。

3.2.2.7 智能天线系统

智能天线系统结合了天线技术和信号处理技术，能够感知环境和用户需求，并自动调整天线参数以优化信号质量。这种系统可以实现自适应波束赋形和波束跟踪，以提供更好的无线连接质量和覆盖范围。

3.2.2.8 天线阵列机电耦合理论

天线阵列是由多个天线组成的系统，可以实现多波束传输和接收。我国的天线阵列研究起步较早，目前已经取得了很多的进展。从机电耦合和系统思维的角度，揭示电子装备设计、制造、服役过程中的机械结构、电磁、传热等多场、多域、多尺度的影响机理，建立耦合理论模型，为突破电子装备研制的关键技术问题奠定理论与技术基础。

研究多工况、多因素下机械结构因素对电性能的影响机理，如材料参数、结构因素(结构参数、制造精度)、服役环境对电性能的影响机理等。

一是电子装备多场与场路耦合。需要研究电磁场、结构位移场、温度场等多物理场之间的耦合关系，分析多场之间相互作用机理，探索微波电路与温度场和位移场的耦合机制，进而建立电子装备多场与场路耦合理论模型。

二是面向全过程与全性能的跨尺度建模。面向电子装备设计、制造和服役过程，从微观、介观和宏观跨尺度建模的角度分析微波电路与辐射电磁场、结构微观形貌与微波传输特性、服役环境与有源电路动态响应的关系，结合前述多场与场路耦合模型，建立电子装备全性能分析模型，为机电耦合的先进设计奠定基础。

三是结构与材料双重因素对电子装备电性能的影响机理。需要深入分析电子信息功能材料参数(介电常数、电导率、磁导率、介质损耗等)与装备结构物性参数(弹性模量、泊松比、热传导率等)对电子装备电性能的影响，揭示结构参数和制造装配精度对装备电性能的影响机理，探索服役环境条件下材料特性的变化规律。

四是机电耦合设计方法。针对高性能电子装备研制周期长、成本高等问题，在现有机电耦合技术基础上，研究电子装备先进设计理论与方法，一方面提供装备设计的稳健性，另一方面，降低对工艺要求，包括基于耦合理论的多学科优化方法、面向恶劣服役环境的装备稳健设计方法、考虑服役全过程的容差设计方法。

3.2.2.9 电磁控制技术

我国在天线控制理论和技术方面已经取得了很多的进展，但与国际先进水平相比，仍存在一定的差距，需要进一步加强技术创新和人才培养，提高核心技术和关键装备水平。

针对雷达天线、微波武器等电子装备快响应与高指向精度的特点和要求，重点研究机械结构与控制系统之间的相互作用关系，挖掘结构与控制的耦合机理，深入开展结构与控制集成设计和研究。天线结构和性能研究是天线领域中的重要内容，我国的研究工作已经取得了很大的进展，尤其是在毫米波和太赫兹波段的天线研究方面。南京邮电大学的研究团队提出了一种新型的毫米波阵列天线，能够实现高效率、高增益的信号传输。此外，中国科学院和中国电子科技集团等单位也在天线结构与性能研究方面做出了很多有意义的尝试。这些工作不仅为天线应用的实际需求提供了支持，也为相关领域的科学研究提供了有力的支撑。

一是雷达伺服系统结构与控制的耦合机理。针对雷达天线、微波武器的伺服系统高精度、快响应及工作环境恶劣的特点，研究与伺服跟踪性能密切相关的机械结构因素，如质(惯)量分布和摩擦、间隙等,以及冲击、振动等服役环境对控制系统的影响机理。建立系统的、层次化的分析和求解模型,为高性能伺服控制系统的机电集成设计奠定基础。

二是基于耦合机理的天线与激光武器等伺服系统耦合设计方法。将天线与激光武器等伺服系统的结构因素和控制参数集成到一起进行综合设计,以达到最优的总体性能。在设计控制系统时考虑其结构特性,开展基于自抗扰控制和自适应补偿机制消除或减小结构误差因素对系统性能不利影响的研究;探究结构因素和控制参数对伺服系统性能指标的影响关系,探索结构和控制统一建模和求解的策略与方法。

三是柔性机(结)构的机电耦合设计方法。研究柔性机(结)构轻质化带来大柔性和非线性,进行动力学建模与分析,结合柔性机构力学特性与控制特点,解析运动指标、工作空间及控制策略间的关联影响,将机械结构和控制系统进行集成设计,提高系统整体性能。

四是天线测量技术。天线测量技术是评价天线性能的重要手段,我国在天线测量技术方面也取得了很多的进展。例如,西安电子科技大学提出了一种基于 SAGE 算法的天线测向方法,可以实现高精度的天线测向。此外,天线测量技术在电磁兼容和电磁环境方面的应用也越来越广泛,对于保障国家安全和社会稳定具有重要的意义。

3.2.2.10 新材料和先进制造技术

一些重大颠覆性技术创新正在不断创造新产业新业态,信息技术、生物技术、制造技术、新材料技术、新能源技术广泛渗透到几乎所有领域，带动了以绿色、智能、泛在为特征的制造业重大变革。新材料的发展为天线设计师提供了更多的选择，先进制造技术又将设计师的想法变成现实。例如，石墨烯、纳米材料和铁氧体等材料在天线性能和制造过程中具有潜在的优势。

此外，先进的制造技术，如3D打印和纳米制造，也在天线领域得到应用，可以实现更高精度和复杂度的天线结构。

3.2.3 射频电路和器件技术发展现状

当前，主流的商用射频器件仍以完成某个独立的功能为主要定位，如滤波器、移相器、低噪声放大器、功率放大器、锁相环等都是以独立器件的形式出现。在射频电路的设计过程中，设计者根据不同的工作场景和指标要求来完成系统的链路分析并选择合适的组件。然后，根据各组件之间的传输关系，完成组件之间的阻抗匹配和信号完整性设计，并通过印刷电路工艺来完成系统的板级集成。随着无线通信技术的不断发展，射频电路与器件作为射频系统的重要组件，其核心性能、制备水平、设计工艺也在不断地进步，射频系统的集成度和数字化程度也在不断提高。集成了模拟/数字有源相控阵、模拟/数字基带、数字信号处理核心的一体化射频通信、感知芯片已经逐渐成为主流的射频系统方案[62]。

集成电路设计产业领域，我国虽起步较晚，但从产业规模来看，我国集成电路设计行业始终保持着持续快速发展的态势。我国已经在加快集成电路、工业母机、高端装备、量子计算机等关键核心技术攻关，并促进关键核心技术向国民经济各行业快速应用验证，推动新兴产业发展形成新质生产力。目前多个高校、科研院所在射频电路和系统的集成化设计方面已经取得了很大的进展。

随着通信技术的不断发展，对微波滤波器件也提出了高频宽带化、超低功耗等全新技术要求，这对微小型滤波器件的基本设计原理、设计方法以及制备与测试技术均提出了新的挑战。亟须发展新型微波介质滤波器件的高频低功耗设计原理、高度集成制造与纠偏微调技术及器件测试与评价方法。

应集中力量开展具有优良介电性能，适合新一代无源集成组件应用的低、中、高介电常数低温共烧陶瓷介质材料的开发工作；重点解决器件集成中异质材料工艺匹配、外场下的性能稳定性等关键问题，获得材料结构-工艺-性能-服役等全生命周期优化的有效途径，推动适用于低成本、高性能的无源集成器件的介质材料制备工艺发展；针对新一代无线通信、可穿戴电子系统应用，探索基于自主介质材料的新型无源器件的设计、制备与集成技术。

我国对芯片行业有着高度的重视，尤其是芯片设计领域，其产业的布局、资金的投入、技术的研发、人才的培养都在紧锣密鼓地进行中。芯片设计业处于半导体行业的最上游，无论是全球还是国内，都是增速最快的领域。受益于国内下游终端需求巨大和政府政策大力支持，国内 IC 设计产业一直高速迅猛发展。

3.2.4 信号处理技术发展现状

在雷达信号处理领域，深度学习算法也用于解决雷达信号处理相关问题，如自动目标识别、智能检测、波形识别、干扰杂波的识别与抑制、雷达波形设计、阵列设计等；对于穿墙雷达成像，背景相消、滤波器设计、子空间投影和低秩求解算法是目前广泛使用的杂波抑制方法。

此外，我国在统计信号、自适应信号处理领域取得了一系列重要成果，特别是在图像处理、语音识别等方面。自适应信号处理与5G/6G相结合是当前的研究方向之一，自适应信号处理技术与深度学习技术的融合，在语音识别、图像处理等领域得到更广泛的应用。

针对稀疏信号处理的研究主要为开展杂波及目标回波稀疏特性分析、基于稀疏域高分辨表示的杂波抑制、稀疏变换低可观测目标特征提取、复杂背景下稀疏域低可观测目标检测以及算法验证和性能评估等研究，突破杂波稀疏域的判定及影响因素分析、雷达回波自适应稀疏表示及多分量混合信号稀疏域分析、快速稳健的稀疏时频分布构建及计算、稀疏域生成数据形成恒虚警检测器(Constant False Alarm Rate, CFAR)检测统计量的方法等[63,64]。

3.3 我国电磁空间应用领域发展现状

3.3.1 雷达应用领域发展现状

随着世界新一轮科技革命和产业革命加速推进，新域新质生产力的赋能，雷达相关的创新应用进入空前活跃的时期，当前我国雷达技术已经与世界先进水平比肩，成为全球雷达技术和应用的重要参与者，并在部分领域达到国际领先地位。主要发展现状如下[65-70]：

一是在技术创新和研发方面。我国在雷达领域进行了大量的技术创新和研发工作，包括基础雷达理论的研究、新型雷达系统的设计和开发、信号处理算法的优化等。我国在雷达波束形成、合成孔径雷达(Synthetic Aperture Radar, SAR)、相控阵雷达(Phased Array Radar, PAR)等方面取得了显著进展，并不断推出新型的雷达产品和解决方案。同时，国内雷达智能化应用也在迅猛发展，随着大数据、人工智能、高端集成电路等技术的快速进步，传统雷达也正加速向数字化、网络化、智能化转变。

二是在国防应用和发展方面。我国在雷达领域的国防应用和发展也取得了重要进展。我国发展了多种先进的雷达系统，包括陆基雷达、舰载雷达、空基雷达和地基雷达等。这些雷达系统在目标探测、跟踪、导航和火力指导等方面发挥着关键作用，提升了作战能力和战略防御能力。国内雷达由单装向体系化发展，呈现雷达在陆、海、空、天、电、网的联合全域应用，已经形成全面覆盖陆海空天全谱系的预警探测雷达产品，为各军种领域大量核心骨干信息化装备提供坚实支撑。

三是在民用应用和创新方面。我国在民用领域也积极推动雷达技术的创新和应用。雷达在天气预报、气象监测、飞行安全、航空交通管制、海洋监测等方面发挥着重要作用。我国开展了一系列民用雷达项目，包括车载雷达、农业雷达、气象雷达、机场雷达、海洋监测雷达等，为民众生活和国家发展提供了有力支持。

四是在商业化发展方面。我国在雷达领域也逐渐实现了商业化发展。一些企业开始涉足雷达技术的研发、生产和销售，为国内外市场提供各类雷达产品和解决方案。这些企业致力于推动雷达技术的创新和应用,为社会和产业发展提供雷达技术的支持和服务。雷达正加速融入我国的千行百业,在自动驾驶、对地观测、航空管理等领域的应用不断扩大,在智慧城市、数字交通、智慧农业、智能制造等领域前景广阔,实现与各行各业协同发展。

值得注意的是,雷达技术的发展是一个不断演进的过程。尽管我国在雷达领域取得了显著的发展,但仍面临一些挑战:在产业方面,国内的雷达商业化刚刚起步,市场份额目前还是以国外产品为主;在标准方面,我国的标准目前仍以国外的标准为基础和主导;在频谱方面,在传统领域的部署比较成熟,而在新兴领域的部署还滞后于国外;在顶层布局方面,我国在统筹规划上还有不足;在核心技术方面,我国仍然有很多关键环节受制于人。未来,我国将继续加强雷达技术的研发和创新,推动雷达领域的国际合作与交流,并应对新的技术挑战,不断提升雷达技术在国家发展中的应用水平和贡献。

我国雷达三大主流体制,包括相控阵雷达、合成孔径雷达、脉冲多普勒雷达,已发展成熟,并由于微波集成电路和数字处理的相关技术进步而进一步演化。其工作频段已经扩展至太赫兹和激光频段。未来的雷达主要特征将是多维信号空间(全频段、全极化、多波形、多信息源)、三维多视角布局和多探测器复杂构型。

近年来我国在民用雷达领域快速追赶,车载雷达被列入《中国制造2025》,国家还出台了包含农业雷达、气象雷达的发展规划文件。在技术现状方面,国内的研制主体已经具备了自主研发能力,并突破了若干关键核心技术;在产业格局方面，我国存在产业"小散弱"，产业链不完整、不充分的状况。

3.3.2 通信应用领域发展现状

中国通信领域在5G/6G通信技术、人工智能和大数据、卫星通信、物联网等方面取得了显著的发展。中国在通信技术创新和国际合作方面持续努力，为未来通信领域的发展奠定了坚实基础。我国是全球的5G技术重要推动者和领头羊，已经在全国范围内建设了超过160万个5G基站，5G技术的发展正在推动数字经济建设和产业升级、智慧城市等各个领域的创新和发展。我国拥有全球最大的比例的民用卫星数量，同时我国正在推出"悟空号"组网和"神舟系列"卫星等一些领先技术。近年来，卫星通信技术取得了迅速的发展，技术和理论体系日趋完善，社会和经济效益逐年提高。近年来通信卫星领域主要发展态势如下[71-76]：

一是高通量通信卫星快速发展。NSR预测数据显示，高通量卫星容量需求将超过传统卫星，这是为满足机载宽带、4G基站回传等高信息速率业务需求，另一方面高通量将使卫星传输通道单位带宽的成本下降，卫星通信相关应用普及也将会加快。

二是地面通信网络与卫星通信网络融合化。这包括地面通信网络与卫星通信网络的异构融合、卫星通信技术与人工智能技术的融合等。可能的突破点包括卫星通信网络与地面网络融合，从实验走向实战；航空宽带解决方案形成以地空互联网技术(Air to Ground, ATG)为主、卫星网络补充的形势；卫星通信在人工智能的加持下，组网、性能、质量等得到进一步优化。

三是卫星通信系统逐步朝易用化方向发展。卫星通信终端发展的主要趋势将是小型化、自动化。要实现规模化发展，终端的"易用"将是重要决定因素。同时，卫星通信也将实现不换卡、不换号，同时享受地面和卫星网络服务。

3.3.3 电磁对抗应用领域发展现状

近年来，电子对抗卫星技术取得了迅速的发展，技术和理论体系日趋完善，社会和经济效益逐年提高。近年来电磁对抗在卫星领域主要发展情况如下[74-78]：

一是逐步采用机动性更高的平台。针对电子对抗平台移动性大、暴露性和开放性的特点，高机动性能平台将是电子对抗卫星系统的重要发展方向。

二是采用灵巧型、精确型对抗方式。当前的电子对抗多采用功率压制方式，对地方目标进行简单的射频干扰，而灵巧型干扰通过发射与目标信号通信体制匹配的干扰信号，通过较低的发射功率实现对目标的有效对抗。

三是卫星平台小型化、模块化。随着军事航天技术的飞速发展，卫星通信中采用的通信频段、调制方式等也越来越多。由此，电子对抗卫星的任务也向多样性发展。采用模块化设计，可以减少不同类载荷之间的关联简化系统设计。同时，小型化平台可以大大增强卫星平台的机动性、灵活性和隐蔽性。

3.3.4 研究成果产业化

加快研究成果产业化，是电磁空间领域创新发展的重要建设内容，亟待加强研究成果产业化，推进研究成果转化、产业化和应用发展[79]。以美国为例，其高度重视新兴技术开发，并融合新技术的产业化，实现快速成果转化，形成新型装备快速建设和部署能力。可借鉴世界各国在产业化方面的经验如下：

一是以美国洛克希德·马丁公司、意大利泰勒斯阿莱尼亚航天公司等为代表的民用企业纷纷与相应军事部门签订合同，致力完成军事通信装备的更新换代。依托民用企业的人才、技术等资源，助力军事装备发展已成为重要渠道。

二是世界各国陆续完成各新型通信装备的审核和功能演示验收，由军事部门牵头、民用企业配合的执行方式成为军事成果转化运用的重要形式。

三是以美国SpaceX公司"星链"低轨宽带互联网卫星系统为代表的商用系统在俄乌冲突中投入使用，并发挥重要作用引起巨大反响，军商混用通信技术的研究和成果转化运用再次得到世界各国的高度关注。

参 考 文 献

[1] 徐晓帆, 王妮炜, 高璎园, 等. 陆海空天一体化信息网络发展研究. 中国工程科学, 2021, 23(2): 39-45.

[2] 庄洪林, 姚乐, 汪生, 等. 网络空间战略预警体系的建设思考. 中国工程科学, 2021, 23(2): 1-7.

[3] 张世杰, 赵祥天, 赵亚飞, 等. 星地融合网络：一体化模式、用频与应用展望. 无线电通信技术, 2023, 5(49): 1-14.

[4] 李宇涛. 我国无线电管理体制改革研究. 北京：国际关系学院, 2023.

[5] 张国勇, 王斌, 顾文先, 等. "无人+有人"协同空战体系中的电磁频谱作战思考. 航天电子对抗, 2022, 38(1): 19-25.

[6] 刘洁. 全球小卫星发展势头强劲. 国际太空, 2024(2): 38-41.

[7] 张余, 柳永祥, 张涛, 等. 电磁频谱战作战样式初探. 航天电子对抗, 2017,

33(5): 14-17, 50.
[8] 高蕾, 符永铨, 李东升, 等. 我国人工智能核心软硬件发展战略研究. 中国工程科学, 2021, 23(3): 90-97.
[9] 李佳, 王长焕, 刘献杰, 等. 面向电磁频谱战的策略研究. 无线电工程, 2021, 51(4): 326-330.
[10] 贾焰, 方滨兴, 李爱平, 等. 基于人工智能的网络空间安全防御战略研究. 中国工程科学, 2021, 23(3): 98-105.
[11] 吴晗. 电磁频谱快捷变接收的监测节点设计与实现. 西安: 西安电子科技大学, 2020.
[12] 李峰, 禹航, 丁睿, 等. 我国空间互联网星座系统发展战略研究. 中国工程科学, 2021, 23(4): 137-144.
[13] 刘宗巍, 宋昊坤, 郝瀚, 等. 基于 4S 融合的新一代智能汽车创新发展战略研究. 中国工程科学, 2021, 23(3): 153-162.
[14] 吴克, 张哲, 杨文飞, 等. 深空安全研究现状与未来发展. 中国工程科学, 2022, 24(4): 240-248.
[15] 徐文伟, 肖立志, 刘合. 我国企业人工智能应用现状与挑战. 中国工程科学, 2022, 24(6): 173-183.
[16] 李晓巍, 付祥, 燕飞, 等. 量子计算研究现状与未来发展. 中国工程科学, 2022, 24(4): 133-144.
[17] 李芳, 何国胜, 李刚, 等. 航天技术应用及服务产业"十四五"发展形势环境分析. 中国航天, 2021(3): 13-17.
[18] 翟立君, 潘沭铭, 汪春霆. 卫星 5G 技术的发展和展望. 天地一体化信息网络, 2021, 2(1): 1-9.
[19] 乔凯, 智喜洋, 王达伟, 等. 星上智能信息处理技术发展趋势分析与若干思考. 航天返回与遥感, 2021, 42(1): 21-27.
[20] 王小军. 中国航天运输系统未来发展展望. 导弹与航天运载技术, 2021(1): 1-6.
[21] 2022 年中国商业遥感卫星行业全景图谱. 北京: 前瞻产业研究院, 2021.
[22] 伍光新, 姚元, 祁琳琳. 雷达通信波形一体化发展综述. 现代雷达, 2021, 43(9): 37-45.
[23] 刘尚争. 未来雷达探测发展重点. 现代雷达, 2022, 44(2): 102-103.
[24] 刘宏伟, 严峻坤, 周生华. 网络化雷达协同探测技术. 现代雷达, 2020, 42(12): 7-12.
[25] 易伟, 袁野, 刘光宏, 等. 多雷达协同探测技术研究进展: 认知跟踪与资源调度算法. 雷达学报, 2023, 12(3): 471-499.

[26] 刘泉华, 张凯翔, 梁振楠, 等. 地基分布式相参雷达技术研究综述. 信号处理, 2022, 38(12): 2443-2459.

[27] 杨君琳, 方宇菲, 王浚, 等. 我国卫星导航产业政策现状与转型发展. 中国工程科学, 2021, 23(2): 138-145.

[28] 邱志明, 马焱, 孟祥尧, 等. 水下无人装备前沿发展趋势与关键技术分析. 水下无人系统学报, 2023, 31(1): 1-9.

[29] 姚明超, 焦慧锋, 张琳丹, 等. 水下预置式无人装备现状及发展分析//第五届水下无人系统技术高峰论坛, 西安, 2022.

[30] 孙祥仁, 曹建, 姜言清, 等. 潜空跨介质无人航行器发展现状与展望. 数字海洋与水下攻防, 2020, 3(3): 178-184.

[31] 邱志明, 罗荣, 王亮, 等. 军事智能技术在海战领域应用的几点思考. 空天防御, 2019, 2(1): 1-5.

[32] 彭周华, 吴文涛, 王丹, 等. 多无人艇集群协同控制研究进展与未来趋势. 中国舰船研究, 2021, 16(1): 51-64.

[33] 初军田, 张武, 丁超, 等. 跨域无人系统协同作战需求分析. 指挥信息系统与技术, 2022, 13(6): 1-8.

[34] 孟祥尧, 马焱, 曹渊, 等. 海洋维权无人装备发展研究. 中国工程科学, 2020, 22(6): 49-55.

[35] 蒋庄德, 李常胜, 孙林, 等. 高端光学元件超精密加工技术与装备发展研究. 中国工程科学, 2023, 25(1): 131-141.

[36] 陈再高. 全电磁粒子模拟算法研究及软件研制进展. 现代应用物理, 2023, 14(3): 1-11.

[37] 陈云, 张云华, 李东. 基于电磁计算的同时极化雷达成像仿真. 现代雷达, 2023, 9(1): 1-10.

[38] 刘彻, 杨恺乔, 鲍江涵, 等. 智能电磁计算的若干进展. 雷达学报, 2023, 12(4): 657-683.

[39] Zhang Q, Yin C, Li A, et al. An inverse scattering reconstruction method for perfect electric conductor-dielectric hybrid target based on physics-inspired network. IET Radar, Sonar & Navigation, 2023, 17(8): 1286-1298.

[40] Kishk A, Yeap H K. Recent microwave technologies. IntechOpen, 2023.

[41] Santis D V, Francesco D A, D'Aloia G A. A numerical comparison between preisach, J-A and D-D-D hysteresis models in computational electromagnetics. Applied Sciences, 2023, 13(8): 5181-5189.

[42] Kushagra R, Kumar A S, Kumar Y P. Demonstration of graphene-assisted tunable surface plasmonic resonance sensor using machine learning model.

Applied Physics A, 2023, 129(5): 351-358.

[43] 王楠, 陈贵齐, 赵延安, 等. 城市环境电磁态势计算中的并行 UTD 方法. 西安电子科技大学学报, 2023, 50(3): 171-181.

[44] 王攀, 王仲根, 孙玉发, 等. 新型压缩感知计算模型分析三维电大目标电磁散射特性. 物理学报, 2023, 72(3): 54-61.

[45] 张尊, 牟媛, 郭琨毅, 等. 超电大粗糙背景复合目标电磁散射的快速计算方法. 空天防御, 2022, 5(4): 67-75.

[46] 雷明, 张挺, 王宇鹏. 复杂电磁环境下设备辐射信号的建模仿真. 安全与电磁兼容, 2023(4): 42-47.

[47] 王兆祺, 徐然, 公佳龙, 等. 通信导航一体化波形关键技术及研究进展. 无线电通信技术, 2023, 49(5): 853-864.

[48] 邓彬, 李韬, 汤斌, 等. 基于太赫兹雷达的声致海面微动信号检测. 雷达学报, 2023, 12(4): 817-831.

[49] 符晓磊, 夏伟杰, 董诗琦. 面向跨水空介质通信的雷达水表面声波提取. 声学技术, 2023, 42(4): 452-461.

[50] 杨露, 张得礼, 王苑, 等. 基于 FPGA 的阵列雷达矩阵算法研究. 现代雷达, 2023, 45(7): 1-8.

[51] 田宇泽, 金晶, 杨河林, 等. 微波电磁超材料设计与应用研究进展. 中国科学: 物理学 力学 天文学, 2023, 53(9): 197-207.

[52] 陈天航, 何磊明, 袁宏皓, 等. 电磁超材料及智能超材料隐身技术发展现状及趋势. 空军工程大学学报, 2023, 24(3): 26-33.

[53] 刘雄飞, 王壮, 吴尧尧, 等. 电磁吸波结构研究进展. 材料导报, 2023(22): 1-21.

[54] Xia J L, Feng X, Mei W, et al. Working mechanism and progress of electromagnetic metamaterial perfect absorber. Photonics, 2023, 10(2): 205.

[55] Yong J Z, Hua J D, Jun Y W, et al. Research progress and development trend of smart metamaterials. Frontiers in Physics, 2022(10): 1069722.

[56] 金嘉升, 马成举, 李东明, 等. 基于 EIT 超材料的太赫兹慢光效应研究进展. 红外, 2023, 44(1): 32-38, 46.

[57] Diana L, Vincent G, Alan V, et al. Effect of electron number densities on the radio signal propagation in an inductively coupled plasma facility. Acta Astronautica, 2023, 212: 408-423.

[58] Ding Y R, Cheng Y J. Ku/Ka dual-band dual-polarized shared-aperture beam-scanning antenna array with high isolation. IEEE Transactions on Antennas and Propagation, 2019, 67(4): 2413-2422.

[59] Hao R S, Zhang J F, Jin S C, et al. K-/Ka-band shared-aperture phased array with wide bandwidth and wide beam coverage for LEO satellite communication. IEEE Transactions on Antennas and Propagation, 2022, 71(1): 672-680.
[60] 吴峰, 顾杰, 蒲泳庄, 等. 基于原子传感的微波信号测量方法研究. 中国电子科学研究院学报, 2022, 17(12): 1197-1202, 1210.
[61] 黄林江, 于小红, 王杰娟, 等. 基于电磁频谱管控的研究综述. 信息工程大学学报, 2023, 24(4): 499-505.
[62] 王洪迅, 王洪雷, 邓靖, 等. 电磁域主动防御理论研究. 现代防御技术, 2023, 51(3): 99-106.
[63] 袁鑫, 江浩, 黎龙燕, 等. 基于遗传算法的电子对抗侦察搜索策略控制方法. 电子质量, 2023(6): 78-81.
[64] 张友益, 宫尚玉. 电磁频谱战在海上编队电子对抗联合作战中的需求与应用分析. 舰船电子对抗, 2023, 46(3): 1-6, 84.
[65] 张亚军. 大型AUV及其水面侦察技术浅析. 数字海洋与水下攻防, 2023, 6(4): 406-412.
[66] 贾雨薇, 邵忻. 基于多蚁群系统的多无人机反侦察航迹规划. 舰船电子对抗, 2023, 46(3): 14-19.
[67] 邹顺, 王玉山. 高集成小型化电子侦察关键技术研究. 航天电子对抗, 2022, 38(4): 41-45.
[68] 乔冠禹, 代大海, 纪朋徽. 星载合成孔径雷达电子侦察技术研究. 现代雷达, 2022, 44(8): 31-42.
[69] 王兆祺, 徐然, 公佳龙, 等. 通信导航一体化波形关键技术及研究进展. 无线电通信技术, 2023, 49(5): 853-864.
[70] 赵祥模"国家重点研发计划项目"(2021YFB2501200)团队. 自动驾驶测试与评价技术研究进展. 交通运输工程学报, 2023, 23(6): 10-77.
[71] 周亮, 黄银山, 杨晓, 等. 毫米波三维异质异构集成技术的进展与应用. 微波学报, 2022, 38(5): 91-98.
[72] 彭星. 关于网络安全防御中人工智能技术应用的分析探究. 网络安全技术与应用, 2023(9): 24-26.
[73] 王裕, 牛晓, 董云泰. 从态势感知角度探析我军网络空间安全模型构建. 网络安全技术与应用, 2023(9): 128-130.
[74] 张宇. 信息融合背景下的网络安全态势感知模型及关键技术分析. 科学技术创新, 2023(21): 112-115.
[75] 陈大薇, 张永亮, 段鹏飞, 等. 高超声速飞行器数据链关键技术分析及展

望. 航空兵器, 2023, 30(4): 26-32.
[76] 王荣浩, 高星宇, 向峥嵘. 有人/无人机协同系统及关键技术综述. 兵器装备工程学报, 2023, 44(8): 72-80.
[77] 陈伟, 马琪琪, 杨利霞, 等. 基于ISMM方法的非均匀磁化等离子体湍流中电磁波传播特性研究. 电波科学学报, 2023, 9(1): 1-7.
[78] 刘少芳. 卫星通信领域研究现状与热点前沿分析. 科学观察, 2023, 18(4): 28-37.
[79] 郎为民, 安海燕, 余亮琴, 等. 6G关键技术分析和典型场景应用. 电信快报, 2023(8): 1-5.

第4章 电磁空间的全球发展态势

4.1 硬件系统呈现微系统化、宽带化、柔性化、可重构化发展态势

电磁空间的硬件系统越来越朝着微系统化、宽带化、柔性化、可重构化的方向快速发展，出现了一系列的新概念雷达、射频微系统等电磁装备硬件系统。

4.1.1 微系统化推动片上雷达装备发展态势

微系统化、宽带化、芯片化等技术，推动了片上雷达的突破性发展，近年来，片上雷达取得技术突破，市场潜力巨大。

片上雷达是一种新兴的雷达传感器技术，其将雷达组件、单片微型计算机和数字信号处理组件等集成在一个芯片上。与传统雷达相比，生产成本更低，尺寸更小且功耗更低。如今，片上雷达已经大量出现在消费市场上，多种消费类应用可以部署在单个芯片上。高集成度射频毫米波芯片技术[1]、数模混合SoC芯片技术[1,2]的快速发展，异质异构集成[3]、三维封装等先进封装技术的不断进步，是片上雷达技术发展的重要技术驱动力。微型化武器装备、智能感知场景、高精度探测/检测等应用场景仍将持续牵引着片上雷达技术进一步发展。

在第68届国际固态电路会议(International Solid-State

Circuits Conference, ISSCC 2021)上，中国电科发布了一款高性能 77GHz 毫米波芯片及模组，在国际上实现两颗 3 发 4 收毫米波芯片及 10 路毫米波天线单封装集成，探测距离达到 38.5 米，刷新了全球毫米波封装天线最远探测距离的新纪录。77GHz 毫米波雷达芯片作为汽车雷达传感器的核心器件，是国际公认的难以攻克的领域，技术难度高，市场潜力巨大[4-11]。

片上雷达未来的发展方向可以从以下两个方面来思考：首先，在当前的设计规则和工艺水平的限制下，片上雷达的天线构型受到一定的制约。因此，有必要研发能够集成更多天线构型的片上雷达，以显著拓展其应用场景。其次，受封装工艺的限制，天线与芯片之间的接口存在较大的电感，导致片上雷达仍然存在大量能量损耗的问题。未来的发展方向包括提升封装工艺水平，并深入研究天线与芯片之间的接口材质，以进一步降低片上雷达的功耗。

4.1.2 射频电路和器件发展态势与未来展望

现代化与信息化的高速发展带动着射频电路和器件相关应用在各个领域的广泛渗透，包括通信、计算机、消费电子、医疗保健、汽车、工业控制、航空航天等。随着无线通信科技的不断发展，射频集成电路及核心器件将继续在许多领域发挥重要作用。结合射频电路和器件技术的发展态势，射频集成电路的设计和将进一步向着效率更高、尺寸更小、功耗更低、集成度和数字化程度更高的方向发展。以下是在电磁空间硬件系统未来发展的态势之下，射频电路与器件技术未来展望的几个关键方面。

第一，高度集成化是未来电磁空间硬件系统集成电路设计和制造的关键。通过进一步推动复杂射频系统的一体化设计，射频电路和器件的尺寸将大幅降低，数字化和集成化程度不断提升，系统整体设计将更加紧凑和高效。随着元器件尺寸不断接近甚至突破其物理极限，新型集成电路技术正在朝着纳米级别不断发展[12]。

第二，射频无线输能和低功耗设计将成为未来电磁空间硬件系统集成电路的重点。系统功耗管理在很大程度上决定了系统的供能方式或续航时间。随着亚毫米波、毫米波、太赫兹通信技术的发展，射频电路和系统的能量密度大幅增加，新一代电磁空间硬件系统将面临来自系统散热的巨大挑战。因此，新一代电磁空间硬件系统集成电路必须采用更高效的能源管理和功耗控制技术，以提高无线通信设备、移动设备和物联网等应用的续航能力和可靠性。

第三，多模多带、多功能集成是未来电磁空间硬件系统集成电路的趋势。随着技术水平的提升和新型材料的研发，我国在集成电路方面的芯片集成度不断提升，主要体现在特征尺寸不断缩小，同时能够在最新的系统方案上实现对现有多种通信模式的兼容性设计。

第四，射频电路数字化和可重构化是未来射频电路的重要发展方向。可重构射频电路通过数字或模拟手段重构射频系统工作状态，是未来射频电路的一个重要方向。通过不断提升射频系统的数字化程度，可以重构相控阵波束赋形、射频滤波器、数字上/下变频、数字基带等模块的工作状态，从而增强射频电路和器件的灵活性和复用性。

总之，为了应对上述发展趋势，实现射频电路和器件的先进性，必不可少的是新技术的推动。这涉及的新技术主要包括鳍式场效应晶体管(Fin Field-Effect Transistor, FinFET)技术、三维封装技术、堆芯封装技术、深度学习加速器、超导量子计算机芯片、柔性电子技术、SiC 和 GaN 功率器件、集成可重构智能反射面(Reconfigurable Intelligent Surface, RIS)等多种新技术和应用[13-18]，如表 4.1 所示。

表 4.1 新技术推动射频电路和器件发展

序号	新技术	技术要点
1	FinFET	FinFET 技术是一种新型的晶体管结构，它可以提高晶体管的开关速度和能效比，同时减少漏电流。
2	三维封装技术	三维封装技术可以将多个芯片垂直堆叠在一起，从而提高芯片的集成度和性能，同时减小芯片的体积和重量。
3	堆芯封装技术	堆芯封装技术是一种新型的封装技术，可以将多个芯片层层叠加在一起，形成一种"芯片三明治"的结构，从而实现更高的性能和集成度。
4	深度学习加速器	深度学习加速器是一种新型的芯片，它可以加速人工智能应用的运算速度，同时减少能量消耗。
5	超导量子计算机芯片	超导量子计算机芯片是一种新型的芯片，它利用量子位的特殊性质来实现更快的计算速度和更高的计算能力。
6	柔性电子技术	柔性电子技术是一种新型的电子器件制造技术，可以将电子器件制在柔性的基底上，从而实现更加灵活的部署或可共形的电路、天线等。
7	SiC 和 GaN 功率器件	SiC 和 GaN 功率器件是一种新型的功率半导体器件，可以实现更高的功率密度和更高的效率，从而应用于电动汽车、太阳能电池等领域。
8	可重构智能超表面	随着全球 5G 移动信息网络的商用化，6G 的研究已经引发了全球各研究机构和通信企业的浓厚兴趣。可重构智能超表面(RIS)作为一种新型的人工电磁超表面，具有灵活调控电磁波的频率、幅度、相位、极化和传播方向等特性，其低成本、低能耗、轻质量等优点使其成为面向下一代 6G 无线通信网络的关键使能技术之一。

续表

序号	新技术	技术要点
9	空时编码超表面	空时编码超表面在传统的基于空间相位调制的超表面基础上,引入了时间这一额外自由度,极大地拓展了超表面的电磁调控能力和应用范围。但时间调制的引入往往伴随着许多不希望的谐波频率(即边带)产生,这些边带不但会分走一部分电磁能量,还会干扰相邻电磁频道,造成转换效率低和频谱污染等问题,这成为目前阻碍空时编码超表面和时间调制阵列天线广泛应用的瓶颈,是业界亟待解决的关键问题。

4.1.3 天线与电波传播发展态势与未来展望

天线与电波传播技术在无线通信和信息传输领域扮演着重要角色。随着科技的进步和需求的不断演变,天线与电波传播技术将迎来一系列的创新和发展。以下是天线与电波传播未来展望的几个关键方面:

一是多频段和宽带化。未来的天线技术将更加注重多频段和宽带化的设计。随着通信需求的增长,天线需要能够支持更多频段的信号传输,包括高频、毫米波和太赫兹波段。同时,宽带化的发展使得天线能够传输更大带宽的信号,满足高速数据传输和高质量音视频传输的需求。其中多频段天线朝着多频小型化共结构终端天线发展,以及共口径阵列天线发展,宽带化则朝着超宽带小型化天线单元和基于紧耦合理论的超宽带相控阵列技术发展。

二是低功耗自持续能源利用。未来的天线设计将更加注重高效能源利用。随着对可持续发展和能源效率的重视,天线将采用更高效的辐射模式、辐射功率控制和能量捕捉技术,以提高能源利用率并降低对电池的依赖。这将有助于延长设备的续航时间，减少能源消耗，为可持续的无线通信和物联网应用提供支持。

三是 MIMO 和波束成形技术。未来天线系统将进一步发展 MIMO 和波束成形技术。MIMO 技术利用多个天线进行数据传输和接收，提高系统的容量和可靠性。波束成形技术则通过调整天线的辐射方向和形状，将信号聚焦在特定的目标区域，提高信号的传输效率和覆盖范围。这些技术的发展将为高容量、高速率的无线通信和大规模物联网应用提供支持。

四是自适应和智能化。未来的天线系统将更具自适应和智能化的特性。通过引入智能算法和感知技术，天线系统能够根据环境条件和通信需求自动调整天线的参数和工作模式。这将提高系统的性能和适应性，减少人工干预，同时优化信号传输和接收的质量。

五是天线集成和柔性化。未来的天线设计将注重天线的集成和柔性化。集成化的天线设计将更多元化地嵌入到设备或系统的结构中，使其更紧凑和便于集成。同时，柔性化的天线设计将采用柔性基板和材料，使天线能够适应不同形状和曲面，提供更灵活的安装和布局方式。这将为物联网设备、可穿戴设备和智能表面等应用提供更多设计自由度和可靠性[19]。

六是混合天线技术。未来的天线系统将探索混合天线技术的应用。混合天线技术结合了不同类型的天线，如天线阵列和纳米天线等，以实现更高的方向性、增益和灵敏度。这将有助于提高无线通信系统的性能和覆盖范围，并满足不同应用场景的需求。

七是天线集成微系统。天线集成微系统的技术趋势正在朝着更小型化、更高性能、更广泛应用和更智能化的方向发展。随着 5G、物联网和卫星通信等领域的不断发展，天线设计需要更紧凑的解决方案，以适应多样化的应用场景。此外，多模式和多频段的天线设计变得更为重要，以适应不同频段和通信协议的要求。智能天线集成系统还在崭露头角，能够自动调整天线性能以适应不同环境和通信需求，提高了系统的效率和可靠性[20]。

八是新兴应用领域。未来的天线与电波传播技术将在新兴应用领域得到广泛应用。例如，在物联网、智能交通和无人机领域，天线技术将支持设备之间的无线通信和数据传输。在边缘计算和 5G 通信中，天线与电波传播技术将实现更高的数据处理和传输速度。此外，天线技术还将在航空航天、遥感和雷达等领域发挥关键作用。天线与电波传播技术在未来将不断发展和创新。多频段和宽带化、高效能源利用、MIMO 和波束成形技术、自适应和智能化、天线集成和柔性化、混合天线技术以及在新兴应用领域的应用，都将推动天线与电波传播技术的进一步发展，为无线通信、物联网、智能交通和航空航天等领域带来更高性能、更广泛的应用和更大的创新潜力。

九是相控阵天线作为重要发展方向，主要表现为以下的技术发展特点和趋势：随着新型低轨宽带卫星以及 5G/6G 通信技术的迅猛发展，天线的工作频率正朝着更高频段演进。从早期的 L/S 频段，到近些年广泛使用的 Ku 和 Ka 频段，以及正在发展的 Q/V 频段，天线的工作频率逐步向提供更高频段和更宽频带的毫米波频段迈进。波束形成方式也经历了从模拟波束形成向数字波束形成的转变。模拟波束形成作为一种经济实惠的方式，具有成本低、宽带和功耗低的优点。然而，随着所需处理的波束数量不断增加，其所需的成本代价也相应成倍增长。相较之下，数字波束形成技术具有更大的灵活性，能够生成更大规模数量的波束。为了提高资源的分配灵活性，第一代和第二代低轨星载多波束相控阵天线均采用的固定波束覆盖方式逐渐暴露出资源损耗大、星载功率利用率低等问题。为解决这些问题，第三代低轨星载多波束相控阵天线逐渐开始采用跳波束覆盖技术，这种技术能够根据实际需求动态调整波束覆盖范围，从而在保证覆盖效果的同时，有效降低资源浪费。此外，相控阵天线也在朝着收发共口径、稀疏化的方向发展。采用收发共口径设计，可以有效降低对载荷平台的需求，提高天线的空间利用率。同时，如果相控阵采用稀疏阵设计，可以大大减少单元通道数，从而降低成本。

4.2 信息处理呈现一体化、分布化、协同化、融合化、认知化发展态势

4.2.1 雷达信号和信息处理发展态势

雷达信号处理算法更加系统化和智能化，传统的雷达信号处理框架可能只作为预处理环节存在，雷达系统本身也可能只作为一个传感器出现在某个探测系统中，其获取的数据通过人工智能算法与其他类型传感器数据进行融合，从而获得远超当前的信息处理与输出能力。

雷达信号处理的发展态势如下：

一是雷达探测信息处理向精细化、智能化方向发展。未来复杂多变的战场环境要求雷达探测能够具有更强的环境适应能力。例如，法国 MASTER 系列雷达能够根据环境自主优化信号处理模式，并通过对点迹信息进行自主分类，大幅提升雷达的环境适应能力；加拿大 McMaster 大学提出认知雷达概念，并开展试验验证关键技术性能，从而有效牵引未来雷达装备朝着智能化、精细化方向发展。

二是雷达探测资源调度向多任务、多功能一体化方向发展。未来战场环境中电磁系统越来越多，要求电子设备彼此整合，从而降低电子设备的个数和种类，提高电磁信息的利用效率。美国 F-22 和 F-35 构建一体化航电系统，美国下一代舰载防空雷达设立了先进共享孔径计划 (Advanced Shared Aperture Program, ASAP)、先进多功能射频系统概念 (Advanced Multi-Function Radio Frequency Concepts, AMRFC)等多个先期技术演示项目。近期，美国开展集成上部结构(Integrated Topside, InTop)项目，重点研究能够同时具备雷达/电子战/通信能力的开放式体系架构，可适用于多种类型的海军舰艇，从而为多功能一体化奠定基础。

三是雷达探测技术将持续提升反杂波、反干扰、反隐身和目标识别的性能。雷达的改造升级本质上是探测综合性能的提升，核心就是反杂波、反干扰、反隐身和目标识别。美国新一代防空雷达的典型标志就是探测威力、分辨率、目标识别能力和环境适应能力的大幅提升。

四是超分辨率雷达成像被视为未来雷达信号处理发展的重要方向。太赫兹器件的发展，使得波长进一步降低，带宽进一步增加，超大规模 MIMO 能在较小的尺度上实现，通过超分辨计算，雷达成像的分辨率可以提高一个数量级，因此，超高分辨率的实现也离不开算力的突破[21-24]。

五是未来统计信号处理技术将在深度学习、大数据分析等领域有所突破。自适应信号处理技术将朝着低功耗、高性能的方向发展。随着物联网、智能驾驶等技术的普及，自适应信号处理将在更多应用场景中发挥作用。深度学习与稀疏信号处理相结合的研究将推动信号处理技术在医学、遥感等领域的应用，稀疏信号处理技术在量子计算、神经计算等新兴技术领域也有巨大潜力。

4.2.2 通信信号和信息处理发展态势

超高速通信基带作为超高速通信系统的关键部分，其发展前景非常广阔。随着数字化、智能化和网络化的不断深入，越来越多的应用需要超高速通信基带来支持，例如高清视频、云计算、物联网、5G 等领域。未来，超高速通信基带的发展将会体现在以下几个方面：

一是更高速的通信技术。未来随着通信技术的不断发展和应用场景的不断扩展，超高速通信基带的传输速率将会不断提高，从目前的 10Gbps 以上到 100Gbps、400Gbps 甚至 1Tbps 以上。太赫兹通信使用的高频载波能将带宽提升至几十吉赫兹甚至更高，可以提供太比特级的超高数据传输速率和高速无线数据分发，是 6G 的关键候选技术之一。

二是更高效的信号处理技术。未来超高速通信基带将会采用更高效的信号处理技术，例如深度学习、卷积神经网络、量子计算等，以提高信号处理的效率和精度。

三是更智能的网络管理技术。未来超高速通信基带将会采用更智能化的网络管理技术，例如人工智能、机器学习等，以实现网络资源的优化分配和动态调整，提高网络的稳定性和可靠性。

四是更加安全的通信保障技术。未来超高速通信基带将会采用更加安全的通信保障技术，例如量子通信、密码学等，以保障通信的安全和隐私。

总之，随着技术的不断发展，超高速通信基带将会不断创新和发展，为超高速通信系统的应用提供更加可靠和高效的通信支持。未来，超高速通信基带将会在更多的领域发挥重要作用，成为数字化、智能化和网络化时代的重要基础设施之一。

4.3 电磁空间应用领域呈现多学科交叉、多功能化、集群化、智能化发展态势

4.3.1 雷达应用领域发展态势

雷达应用领域的发展态势呈现出物理形态向平台一体化、高集成化方向发展，功能向任务多功能化、射频一体化方向发展[25-27]，探测体系架构向网络化协同感知方向发展，探测软件架构向开放式、通用化方向发展，随着智能技术快速发展，雷达探测也正朝着智能化方向发展。

4.3.1.1 雷达探测物理形态呈现平台一体化、高集成化发展态势

临近空间超高声速等新型作战平台的发展，以及作战

平台隐身化的发展趋势，均要求雷达能够实现高度集成和与平台的高度一体化，以费尔康为代表的新一代机载预警雷达已经开始尝试构建新型的天线构型。

此外，ISIS 和传感器飞机等项目均开展了轻薄天线阵列、柔性阵列和智能蒙皮等关键技术攻关，从而为实现传感器平台一体化奠定技术基础[28-30]。

4.3.1.2 雷达功能呈现任务多功能化、射频一体化发展态势

一体化技术发展，可有效解决传统电子系统按人为功能划分、独立分散工作与简单集成模式等问题，将战场所需的侦察、干扰、探测、通信、导航、攻击、管理、评估等多功能由一个统一的电子系统来实现，具有资源集约化、功能互增强、可控多维度、能力自重构和装备活性化等特征[31-42]。

从 20 世纪 90 年代开始，国外针对多功能一体化的研究一直没有停止。典型项目有可重构孔径(Reconfigurable Aperture, RECAP)、AMRFC、综合传感器(Intelligent Sensor Systems, ISS)、InTop 等[43-52]。

4.3.1.3 雷达探测体系架构呈现网络化、协同化感知发展态势

国外的防空反导、空间目标监视、空基预警和舰艇编队系统等均需要具备网络化作战的能力、信息融合能力和协同探测的能力。此外，分布式信息融合、协同探测和专用通信网络等关键技术已经开展多年攻关，有效推动雷达探测体系架构的网络化感知技术发展。

4.3.1.4 雷达探测硬件架构呈现宽带数字化、可重构化发展态势

以 E-2D 等机载预警雷达、3DELRR 等防空预警雷达、E-8C 等机载监视雷达、TerraSAR-X2 等星载成像雷达为代表的新一代雷达探测装备均以数字有源相控阵为典型特征。

此外，以微系统为基础的超轻薄有源阵面和高速数据互联等关键技术，有效推动射频前端朝着宽带化、数字化方向发展，从而为雷达探测实现软件化和多功能一体化奠定硬件架构上的基础[53]。

4.3.1.5 雷达探测软件架构呈现开放式、通用化发展态势

以俄罗斯"达里亚尔"系列和"沃罗涅日"系列 FD 预警雷达均采用多层式软件结构和开放式架构设计，美国 MIT 的空间目标监视网络从 2008 年起也开始构建开放式架构和互联、互通和互操作性能验证，2014 年美国开展数字化软件化多功能分布阵列雷达的研制。通用化处理器和软硬件去耦中间件等关键技术在国外已经开展大量研究，从而为雷达探测实现软件化奠定软件架构基础。

4.3.1.6 雷达探测系统呈现智能化发展态势

智能化技术可以使雷达具备智能化环境感知、信息处理、决策反应及行动控制等自主能力。因此，未来智能化技术进一步要求雷达可以通过持续性自主学习及能力优化实现信息精细化处理，同时提高雷达对于目标探测、识别

以及对于环境的适应能力,进一步提升雷达多功能化能力。雷达智能化发展主要包括智能化信息处理、智能化波形设计、智能资源调度管理以及智能抗干扰。

4.3.2 通信应用领域发展态势

通信应用领域发展迅猛,特别是在卫星通信、下一代通信与网络、毫米波通信与太赫兹通信、通感一体化的感知和通信的协同智能化等方向呈现快速发展态势,在深度融合的应用场景下,未来具有强劲的发展空间。

4.3.2.1 下一代通信与网络总体发展态势

下一代通信与网络是一种具有韧性适变能力的空天地一体化立体通信网络,通过实时在线学习、云边协同、大带宽与全频谱协作、网络一体化满足超高传输速率和超高连接密度的应用需求,以提供泛在、无线、智能的新型连接、新型计算、新型存储服务。下一代通信与网络技术是与当代军民用通信与网络相比具有代级跃升的变革性技术,其发展趋势主要是从平面网络向天地一体化立体网络转变,从人-机通信模式为主向全域智联的万物互联模式转变,从单一通信体制向韧性适变体制发展。通信数据链与网络系统技术在未来需要进一步保障海陆空等平台在强对抗地理和电磁空间遂行远近海的网络化进攻和防御,通信数据链装备和系统需要大量运用多域联合自适应抗干扰/抗截获、高速大带宽、芯片化、高速隐蔽通信波形等新技术[54-57]。

因此,下一代通信与网络技术领域包括物联网、韧性网络、5G/6G 技术应用三大技术方向,将成为重点发展方向和技术趋势。

4.3.2.2 太赫兹通信关键技术取得突破及未来展望

(1)太赫兹波

太赫兹波(Terahertz wave, THz), 频段范围为100GHz～10THz, 位于微波和远红外之间, 蕴含着尚未完全开发的丰富的频谱资源, 能够穿透非极性分子材料和非金属复合材料, 同时对分子振动、转动能级有光谱分辨能力。太赫兹波, 从最初的天文学应用, 到最近十年安检和无损检测技术的发展和逐渐成熟, 已经不再是40年前所谓的"Terahertz Gap"。

(2)太赫兹通信

太赫兹通信, 是指以太赫兹频段的电磁波作为通信载波实现无线通信的技术。由于太赫兹频段有超大带宽的频谱资源可以利用, 支持超大速率的无线通信, 所以太赫兹频段被认为是未来6G的太比特每秒(Tbps)通信速率的重要空口技术备选方案, 在全息通信、微小尺寸通信、超大容量数据回传、短距超高速传输等场景中有望得到应用。

太赫兹频段丰富的频谱信息, 既可以用来感知外部环境, 或作为无损检测技术, 又可以作为通信频段。太赫兹频段的精确定位、测距、高分辨成像、光谱分析、高速通信等多方面功能的智能化协作和资源调度、软硬件共用是通感融合研究的重点。传统信息论的度量只局限于信息的传输, 且一般是在电磁波远场条件下使用香农定律, 也没有关注信息的感知和获取。通感融合有望打破旧有理论体系, 建立更加适应6G信息化时代的基础理论体系。太赫兹频段的丰富的光谱信息和无损检测能力与太赫兹通信技术结合，也是6G"感知-通信"一体化发展的一个重大趋势。

在推动太赫兹通信和相关应用的产业化方面，美国具有两项标志性事件：一项是2018年2月，美国联邦通信委员会(Federal Communications Commission, FCC)批准一项名为"Spectrum Horizons"的通告，对未来移动通信应用开放了95GHz～3THz频段，鼓励相关产业机构加入到太赫兹无线移动通信的应用研究中，该报告和命令于2020年8月24日由美国国家电信与信息管理机构(NTIA)批准正式生效；另一项是美国工业伙伴联盟和DARPA共同创建了ComSenTer研究中心和产业联盟，开发太赫兹无线传输和感知应用技术。

在太赫兹固态电子学核心器件和模块方面，美国有着以VDI为代表的旗舰型公司。以德国KIT研究所和Fraunhofer协会为代表的欧洲科研机构，在太赫兹核心器件(光电导天线、基于Plasmonic的MZM调制器)和光电结合通信系统的研究中具有优势，并且也启动了太赫兹通信和传感协同发展的T-KOS项目[58-63]。

日本政府将太赫兹技术列为未来十年十大关键科学技术首位。2006年，日本电报电话公司(NTT)完成世界上首例太赫兹通信演示，并在2008年成功用于北京奥运会的高清转播。该系统工作频点120GHz，传输距离可达15公里。目前NTT正在全力研究0.5THz～0.6THz高速大容量无线通信系统。以NTT和大阪大学为代表的日本科研机构，在核心光电器件UTC-PD和光-电结合太赫兹通信系统的研究中占据最领先地位。

我国在太赫兹技术研究起步稍晚。科技部等多个相关部委陆续设立了太赫兹相关研究计划，高校和研究院所以不同形式进行了互通协作，促进了太赫兹技术的发展。经过十余年的技术发展，以电子科技大学、中国工程物理研究院、中国电科、中国科学院上海微系统与信息技术研究所、天津大学等单位，在太赫兹核心器件和原型系统的开发上取得了许多成果。

同时，于2020年成立了IMT-2030(6G)推进产业联盟，参与单位涵盖了通信运营商、通信设备供应商和主要的高校和科研院所，如中国联通、华为、上海交通大学、电子科技大学、中国电科、中国工程物理研究院等相关科研单位。随着6G研究工作的推进和相关单位的推动，太赫兹频段的感知-通信一体化研究成为太赫兹通信在6G研究中的一个重要主题。太赫兹远程通信和组网技术领域则主要是电子科技大学、中国电科、中国工程物理研究院、航天科工等少数单位参与。当前，国内太赫兹通信技术的研究工作，短板在核心芯片、器件和模块方面的性能指标。

(3)太赫兹通信应用场景及未来展望

为进一步推动太赫兹通信技术的发展、成熟和走向产业应用，除了继续在核心器件和芯片方面持续投入外，推进太赫兹频段的频谱资源划分，寻找太赫兹通信潜在的应用领域，作为现有通信技术的补充或替代，也是太赫兹通信研究的重要组成部分[64-67]。

在太赫兹通信应用场景方面，主要从以下三个方面开展研究：

一是地面通信。太赫兹波具有超大带宽的频谱资源，可以支持太比特每秒量级的峰值通信速率，适合与地面超高速无线通信。适用场景包括：超高速无线移动场景，例如全息通信、高质量视频在线会议、增强现实/虚拟现实、3D游戏等；固定无线接入场景；高速无线回传；无线数据中心；数据亭下载等。

二是非地面通信。在临近空间以上，太赫兹波的传播损耗很小，较低的功率就能够传输很远的距离。在天线对准和跟瞄方面以及抗大气湍流扰动方面，以及在星地大容量数据传输场景下太赫兹通信技术相对于无线激光通信方面，拥有更大的技术优势。

三是微系统通信领域。太赫兹波长极短，随着太赫兹通信技术的持续突破和发展，未来有可能实现毫米尺寸的部件和收发机，应用领域十分广泛。

4.3.3 电磁对抗应用领域发展态势

随着国际军事环境的变化，应用空间技术成果，发展电子对抗卫星系统，对敌方通信卫星系统发出的通信信号进行侦察和监视，并且引导己方空间电子对抗设备对敌通信链路进行干扰，从而达到破坏敌方正常通信的目的，是实现空间军事作战能力跨越发展的需要。

当前，全球电子对抗卫星主要呈现出以下几大趋势：

一是高机动平台。针对电子对抗平台移动性大、暴露性和开放性的特点，高机动性能平台将是电子对抗卫星系统的重要发展方向。

二是灵巧型、精确型对抗。当前的电子对抗多采用功率压制方式，对地方目标进行简单的射频干扰，而灵巧型干扰通过发射与目标信号通信体制匹配的干扰信号，利用较低的发射功率实现对目标的有效对抗。

三是小型化、模块化平台。随着军事航天技术的飞速发展，卫星通信中采用的通信频段、调制方式等也越来越多。由此，电子对抗卫星的任务也向多样性发展。采用模块化设计，不仅可以减少载荷体积重量，而且可以简化不同类载荷之间的关联设计。同时，小型化平台可以大大增强卫星平台的机动性、灵活性和隐蔽性。

4.3.4　电磁空间信息应用领域发展态势

4.3.4.1　信息技术应用领域总体发展态势

根据《2022年十大数字科技前沿应用趋势》报告，其应用领域呈现以下总体态势，如图4.1所示。

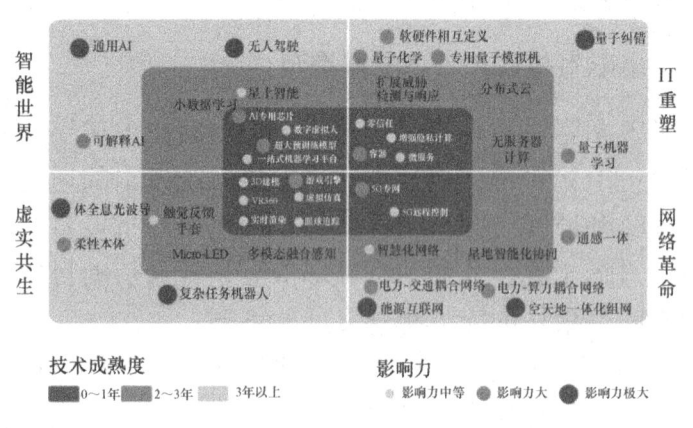

图4.1　2022年十大科技前沿

一是云原生、人工智能、云网融合、云安全、量子计算等领域的新变革有望重塑信息基础设施。

二是星地协同智能化、能源互联网、复杂任务服务机器人与信息技术的融合正迸发出强劲的跨界创新势能。

三是万物孪生、扩展现实将进一步连通虚实世界，为人们创造全新的体验和数字生产力，让虚拟世界更真实、让真实世界更丰富。

数字化信息化时代背景下的信息技术应用发展，以下重要观点可供参考。

中国工程院院士邬贺铨指出：

"25 年前，尼葛洛庞帝在《数字化生存》一书中描绘了一种在数字空间工作、生活和学习的全新生存方式。而今天，这些预言已经转化为现实，数字科技正全面渗透到人类生产生活的各个角落，成为经济社会发展的核心驱动力。"

"面对疫情和全球产业格局调整带来的不确定性风险，我们更需要加强科技预判，瞄准世界科技前沿，引领科技发展方向。这份报告给我们提供了诸多有价值的洞见，我们看到云原生、机器学习平台、零信任安全等技术将为实体经济的新旧动能转换提供更为坚实基础；卫星互联网、能源互联网、智能机器人将带来连接变革、能源革命和服务升级；随着数字引擎和虚拟现实领域、增强现实领域的应用扩展，一个与物理世界共生的数字世界正在向我们走来。数字科技之力正在转化为未来的新动能，推动我国经济更高质量发展。"

中国工程院院士、虚拟现实产业联盟理事长赵沁平指出：

"当前，全球正在加速进入科技革命跃迁、经济范式转换和生产要素重置的重要变革期。云计算、人工智能、未来网络等技术与各行业持续深度融合，推动质量变革、效率变革和动力变革。随着个人生活、企业运营和城市管理更多地转移到数字世界中，云原生安全能力在未来尤为重要。"

"虚拟现实构建了物理世界的数字镜像，自然化了人机交互方式，数字孪生的发展实现了虚拟世界和物理世界的贯通融合，为人们认识、理解和改造世界提供了新手段。这将让虚拟世界更真实、让真实世界更丰富，不仅为人们带来体验的升级和认知的升维，还有望推动更多新物种、新产业、新经济的涌现。"

"数字科技对各行业具有极强的交叉融合特性和支撑赋能作用，定会在碳中和、太空探索、装备制造、医疗健康等重大国家战略中发挥更大作用。数字科技的蓬勃发展，必将进一步推动实体产业的数字化和智能化，助力构建国内国际双循环的新发展格局。"

中国工程院院士余少华指出：

"新一轮科技革命与产业变革正重构世界创新版图、重塑全球经济结构，加之新冠疫情给经济社会发展增添了不确定性，国家迫切需要通过科技创新提供经济发展新动能。该报告提出的一些信息领域新趋势值得我们格外关注。"

"在信息通信方面，信息网络将更智能、更弹性，人网物三元万物互联以及网络与各行业深度融合，将为数字经济发展提供大连接、广覆盖、智能化、无人化、高可靠的一体化网络体验。在信息计算方面，云计算、人工智能、量子计算、类脑计算的演进，让数字发动机更快运转，进一步释放数据要素的巨大价值。在信息交互方面，VR、AR、数字孪生等技术的不断成熟，构建了虚实世界互动的新通路、新模式。在信息控制方面，更柔性、多模态的机器人有望执行更为复杂的任务，成为人类的帮手，为解决国家老龄化等问题带来新思路；此外，能源互联网将助力人类加快解决能源的管理和控制问题。星地协同智能化将加速数据中心资源更大范围灵活调用，网络将继续由地面的平面互联向空间三维互联、太空和星际互联延伸。"

综上所述，在信息技术领域的发展态势呈现"十大"趋势，主要如下[68-71]：

一是云原生加速 IT 体系迈进全云时代。云原生是一种 IT 技术方式，使组织能够在云计算环境中构建和运行可扩展的应用程序。在多云、混合云等多元化部署的主流环境下，随着容器、无服务器等关键技术及工具不断创新与兼容，以及分布式云服务的兴起，云原生能更有效应对业务和数据动态多变的环境，促进新一轮的软硬件相互定义乃至融合发展，推动 IT 体系向全面云化的新阶段演进。当然，云原生涉及整个 IT 体系的变革，其发展也面临可视化、复杂性、安全性等诸多挑战，需要跳出传统 IT 思维，用云原生的技术和管理模式进行系统应对。未来，伴随着云原生操作系统的持续发展和完善，在多元场景下提供一致的云计算产品服务和体验将成为业界共同努力的方向。

二是量子计算嘈杂中型量子(Noisy Intermediate-Scale Quantum, NISQ)时期仍将持续。国际国内量子计算均有较为明显的科研成就。量子比特数量实现较大规模增长，各量子计算硬件技术也皆有发展；越来越多的机构开始研发上层软件和算法,并有越来越多的算法在小规模实际问题上得到实验。未来,仍是量子计算积蓄力量的阶段,量子计算有望突破1000个量子比特,量子纠错的进展对实现可用逻辑量子比特至关重要,量子计算与经典计算相结合的混合计算体系或将成为更加有效的应用方案,而量子计算在组合优化、化学制药、机器学习等领域也有望产生实际的应用价值。

三是人工智能迈向普适化和工业化新阶段。人工智能已经在一些特定的任务上超越了人的能力,但大规模应用仍存在瓶颈,包括依赖大量标注数据、模型泛化能力不强、研发效率低和安全风险等问题,限制了产业的进一步发展。未来,多种人工智能技术将加速演进,超大模型有望推动通用人工智能进程,小样本学习技术将破解行业数据不足的难题,一站式机器学习平台正成为人工智能研发的基础设施,针对人工智能算法优化的专用芯片可望在更多场景落地,加之可信和安全 AI 的持续探索,人工智能将与更多的行业深度融合,向更加普适化和工业化的方向迈进。

四是云网融合构建"连接升维"。通过引入云计算技术,信息通信网络的核心功能将在虚拟机和容器上构建,这使得未来网络核心网的扩容更加灵活便捷、弹性即用。感知与智能将成为网络技术演进的新趋势,推动连接能力升维。无线通信与无线感知能力相融合实现了通信感知一体化,网络由此具备了原生感知能力,从连接信息变成连接行为,从交互认知延伸到交互感知。同时,新型无线 AI 网络架构和协议可以高效捕获信道特征、适应未知环境,带来物理层面的性能提升。此外,空天地一体化的网络将实现人联与物联、无线与有线、广域和近域、空天和地面等的智能全连接，不仅可以在全球实现宽带和物联网通信，为用户提供泛在通信服务，还可以将增强定位导航、实时地球观测等新能力集成到网络系统中。

五是疫后新需求按下云原生安全发展快进键。后疫情时代，开放网络架构、技术应用场景泛化将导致多种不同安全风险叠加。新一代网络攻击技术使攻击变得更加隐蔽、快速，攻击范围从个人向企业、基础设施蔓延，造成的攻击损失成指数增长。在此背景下，零信任将重塑安全新边界，成为远程办公时代有效的安全解决方案；面对攻击更加复杂、赎金不断增长的勒索攻击，云上安全防御将成为最优解。面对快速的网络攻击，全面覆盖网络、端点以及云基础架构的扩展威胁检测与响应(Extended Data Representation, XDR)升级，将促进更多的组织增强"主动免疫力"。

六是多路径并行演进推动万物孪生。在行业数字化变革进程中，数字孪生成为理解和优化物理实体的中间件。数字孪生具备实时感知、虚实映射、人机交互等多种能力，可以帮助人们通过对虚拟空间的观察和交互，去理解和优化真实的物理空间。伴随3D建模、物理仿真、影像技术、实时渲染等单点技术的突破及交叉融合，各类数字孪生工具百花齐放。其中，游戏引擎为行业数字孪生提供了新路径。通过融合行业知识和新兴技术，数字孪生的功能和性能得到了进一步提升，从设备、产线到工厂，从街道、区域到城市，从细胞、器官到人体，各领域的孪生体正在加快构建中。

七是硬件迭代驱动扩展现实(Extended Range, XR)产业拐点到来。VR光学、显示、定位和交互等硬件技术发展方向和思路比较明确，超短焦的光学设计、Micro-LED、更轻便的交互控制器将是未来方向。而AR光学模组是AR产品的核心，目前仍在不断演进中，自由曲面BirdBath、光波导等技术路线各有优劣，短期内仍将共存。未来，VR发展需要优质内容和生态助力硬件在消费端的普及，而AR设备在算力、电池限制条件下，需要进一步优化实时的环境识别、定位、虚拟与现实交互等算法。此外，互联网平台将与虚拟现实行业不断融合，在内容分发、优质生态资源虚拟化，以及虚拟现实原生概念和场景方面深入合作，让真实世界更丰富，虚拟世界更真实。

八是多模态融合驱动复杂任务服务机器人进入家庭生活。在消费升级等需求驱动下，家庭服务机器人有望成为新蓝海。随着多模态融合感知、非结构化场景AI分析与柔性本体等核心技术的突破，家用机器人感知、理解、控制的能力将进一步提升，从而更自如地在非结构化家庭环境中执行复杂任务。在感知方面，触觉传感技术突破，以及多模态感知融合技术的迭代，将提升机械臂工作的精度和准确率，实现对不同材质、形状和软硬性状物品的抓握推举；在理解方面，基于计算机视觉和NLP技术的进步，机器人对复杂服务任务和家庭环境的理解将进一步深入；在控制方面，柔性、仿生机器人本体技术的持续进展，将显著提升人机互动的体验和安全性。未来3~5年，家庭服务机器人有望实现更自然的人机交互，完成更复杂的操作任务，逐步成为家政、娱乐、教育、陪伴等细分场景的生活助手。

九是"双碳"目标倒逼能源互联网加快发展。随着新能源技术与信息技术的发展和成熟,能源互联网成为双碳背景下能源结构转型的重要解决方案。可以预见,未来电网的源、荷、储三端将会发生重大变化。在源端,波动的清洁能源将大规模、高比例地接入电网;在负荷侧,大量用户将迎来参与发电和储能的"新身份";在储能方面,大量电化学储能技术的发展,尤其是氢储能技术,将大大降低能量的存储与运输成本。这些变化将给能源互联网发展带来重大变革:在能量层,建设多能互补的综合能源系统,以匹配多变的能源供需;在信息层,通过建设电力-交通耦合网络、电力-算力耦合网络等,实现智慧的能源管理和控制;在价值层,能源互联网的建设需要探索能源共享经济,引导全民参与,实现共建共享共赢。

十是星地协同智能化开启"大航天"时代。航天科技作为国家综合竞争力的体现,其发展模式正由国家主导向国家和企业共同推进演化。星地协同、智能化、大众化成为航天科技关键技术突破新趋势:星地协同实现了卫星对地面数据中心资源的灵活调用;人工智能技术加快了星上数据智能化处理与卫星数据深度挖掘;航天服务正在"下沉"到大众用户,亚轨道旅行、卫星影像私人订制、时空信息数字化等新物种加速涌现。

4.3.4.2 电磁信息理论及其应用发展态势

2023年发布的《电磁信息论白皮书》指出:电磁信息论是麦克斯韦电磁学与香农信息论跨学科交叉融合研究思潮的产物,并且在四轮发展浪潮的不同科技元素驱动之下并行发展。在多个关键问题和多条技术路径的共同驱动下，麦克斯韦电磁学与香农信息论跨学科交叉融合研究的必要性得到越来越多的认同。可是，到目前为止，电磁信息论仍然没有找到自己的"万有引力定律"和"信息熵"，没有收敛形成业界公认的统一定义和核心公式。

目前，虽然学术界和工业界暂时没有公认的关于电磁信息论的准确定义，但已有相关机构和学者给出了他们对电磁信息论的理解和定义。电磁信息论关注无线通信基础问题和天线工程问题的理论刻画，这涉及麦克斯韦电磁理论和香农信息论这两个成熟领域的交叉，由此形成的这类波动论与信息论问题及其解决方案构成一个跨学科领域，即电磁信息论。可以理解为：针对"物理信道中电磁波传播"这一科学问题，电磁波携带信息在不同物理属性和不同物理尺度上变化规律的统一理论框架。

基于电磁理论的信息论。从理论上讲，麦克斯韦的数学与香农的数学是彼此独立的，并在同一框架里，是一个难题。此外，新型天线和电磁超材料的应用使得天线和无线传播信道环境不可分割。通过天线理论、电路理论和信道理论可能能够把电磁理论与信息论拉通融合，有利于信息传输的容量上界提升，指导天线设计和通信系统设计。对基于电磁理论的信息论分析，立足点在科学合理的系统建模，包括符合电磁学和具有明确通信意义的信道和噪声模型、对承载信息的电磁场的建模、基于连续算子理论的信息论分析等。对相关问题的研究可能能够回答有限口面内通信系统性能极限、最优天线设计等问题。

在电磁信息技术基本方法层面，主要包括时频空高维联合设计、多尺度电磁结构设计、场域与路域一体化设计、统计与确定性融合建模、AI 辅助的电磁感知成像、数据与模型双驱动优化等基本方法。

4.3.5 电磁频谱作战发展态势

4.3.5.1 电磁频谱作战的发展态势

美军条令明确,电磁频谱内的作战行动也必须像在空中、海上、陆地、太空和赛博空间那样进行指挥控制,如图 4.2 所示。美军的电磁频谱作战域,可以结合 JP3-85《联合电磁频谱作战》条令、电磁战斗管理的进展和其他资料,了解目前美军电磁频谱域的指挥控制。美军电磁频谱域的指挥控制能力尚不能完全满足作战需求,但其对电磁频谱域进行有效指挥控制又是亟需的,主要如下:

一是电磁频谱域相比其他几个域比较特殊。在美国国防部层面,电磁频谱域和其他五个域关系密切,难以分离。在讨论电磁频谱域指挥控制时很难把握和其他作战域的关系和联系,而且可能涉及各军种、各机构之间复杂的难以协调的指控关系。

二是在美军概念下,电磁频谱域中的军事活动不等于《美军联合电磁频谱作战》条令明确的电磁频谱作战活动,在讨论指控关系时,有些活动无法归类。近年来美军关于电磁频谱作战的概念内涵不断变化延伸,但类似于通信、雷达感知等活动目前尚不是电磁频谱作战中的一部分,而它们毫无疑问在电磁频谱域作战活动中极为重要。

三是目前美军电磁战斗管理系统的兼容性较差。电磁战斗管理流程和系统是美军现阶段正大力开发的,目的就是管理电磁频谱作战活动,支持电磁频谱作战的指挥控制。电磁战斗管理将是联合全域指挥控制的主要电磁频谱解决方案,同时也是电磁频谱作战自成体系的关键。美国各军种此前均独立探索这种系统,例如美海军的实时频谱作战(Real-Time Spectrum Operations, RTSO),但目前各系统之间兼容性较差。在国防部层面,美国全球电磁频谱信息系统将重点关注电磁战斗的管理能力,但目前也尚未有统一的系统工具,美国想要集成联合统一的电磁战斗管理仍然还有很长的路要走。

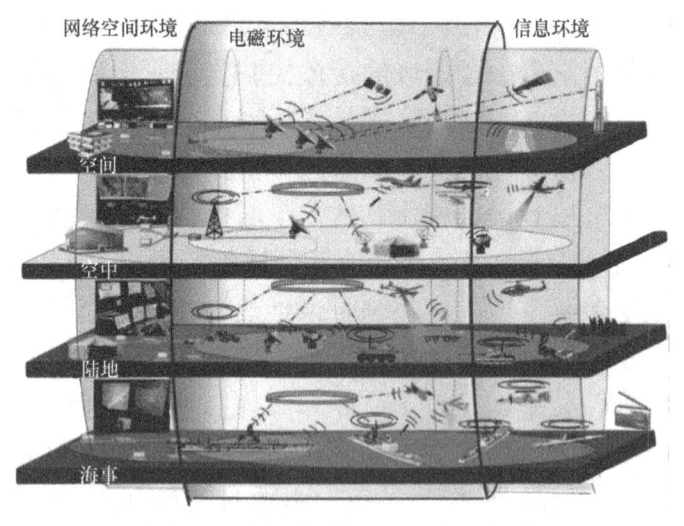

图 4.2 电磁频谱的空间应用划分

电磁频谱战包括频谱管理、电磁战、信号情报等作战模式,这些作战模式之间可协同、相互使能,每种作战模式都可实现 OODA 闭环。然而,电磁战斗管理与电磁频谱作战之间没有直接的隶属关系,二者之间可视作一种"正交"关系:电磁战斗管理的管理对象就是电磁频谱作战的

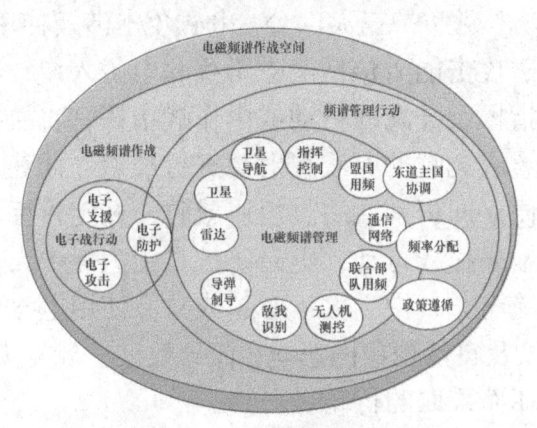

OODA 环的闭环过程，如图 4.3 所示[72-77]。

图 4.3　电磁频谱作战概念

其中应重点区分电磁战斗管理和电磁频谱管理的关系。电磁频谱管理属于电磁频谱作战的一部分，主要管理对象是电磁频谱本身，而电磁战斗管理的主要管理对象是联合电磁频谱作战。联合电磁频谱管理由电磁战斗管理流程支持，从而确保联合部队对电磁作战环境的利用、攻击和防护行动可以最有效和高效的方式充分整合到拥塞和对抗的电磁作战环境中。

电磁战斗管理可在决策支持和指控层面产生很大增益。由于电磁战斗管理的"输入"通常是作战任务本身的需求，所以决策支持与指控也相应地从传统模式转型为面向任务的指控、以决策为中心的作战(决策中心战)新模式。随着人工智能技术的快速发展，这种模式还将大幅提升"控制"的效率与能力，最终实现一种"人工指挥+机器控制"的新模式[78]。

在整个电磁频谱作战中，指挥控制的活动就是电磁战、电磁频谱管理和信号情报。其中电磁战主要包括电磁攻击、电磁支援、电磁防护三大部分。电磁攻击涉及使用电磁能，典型的电磁攻击能力包括电磁干扰和电磁入侵；电磁支援涉及作战指挥官分配的行动或由作战指挥官直接控制的行动，对有意或无意的电磁辐射源进行搜索、截获、识别和定位，以便立即识别威胁、规避威胁，标定目标、制定规划和执行未来作战行动；电磁防护是指为保护人员、设施和装备免受己方、中立方、对手或敌方使用电磁频谱的任何影响，以及自然现象的影响，而导致己方战斗力被削弱、压制或破坏而采取的行动。

电磁频谱管理是指通过作战、工程和管理上的程序，规划、协调和管理电磁频谱的联合使用，主要包括频率管理、频谱协调和联合频谱干扰解决方案三部分。

信号情报是一种情报类别，可以是单一的通信情报、电子情报(Electronic Inteligence, ELINT)和外国仪器信号情报，也可以是所有这些情报的任意组合。信号情报是描述电磁作战环境的基础，包括与无线电、雷达、红外设备和定向能系统相关的那些频率。JP3-85 明确将信号情报纳入联合电磁频谱作战中，体现了电磁频谱作战域各作战活动的融合化趋势，实际上电磁支援和信号情报行动通常共享相同或相似的资产和资源，并且可能要同时收集满足两方要求的信息。

4.3.5.2 电磁频谱作战的技术趋势

(1)网络化

如图 4.4 所示，将平台、传感器与诱饵和干扰机进行联网，将有助于共享对威胁的感知，并协调其运动和辐射，

第 4 章 电磁空间的全球发展态势

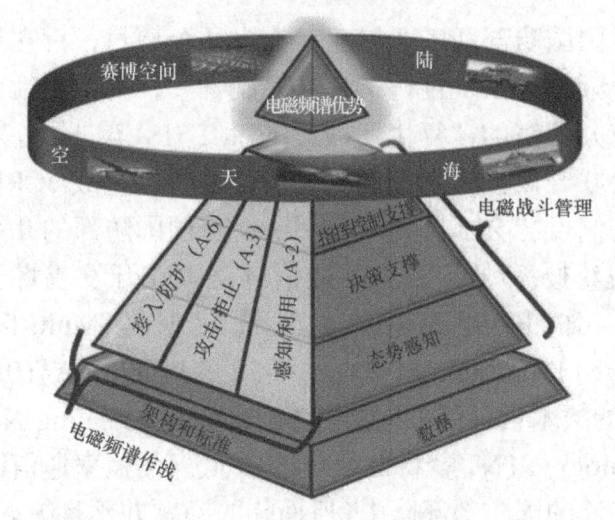

图 4.4 电磁频谱作战与电磁战管理的关系

以提高突防平台的生存能力。如图 4.5 所示，多基地雷达、无源定位、无源相干探测等技术都依赖于来自多个传感器的输入[79,80]。

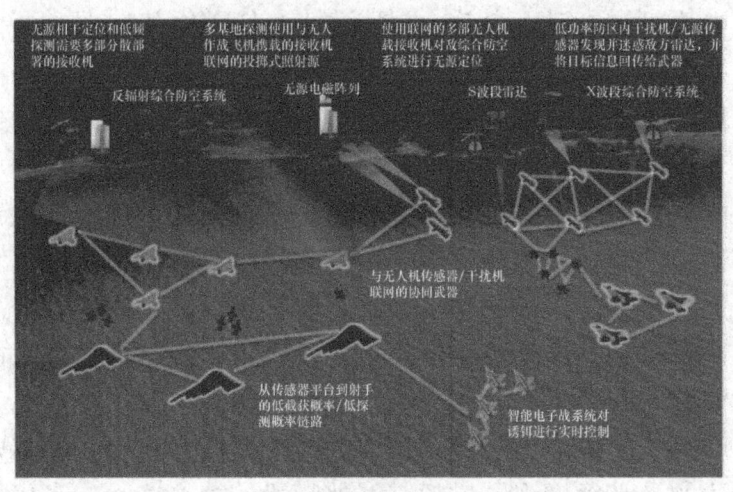

图 4.5 网络化的电磁频谱战

美国国防部和工业界正在推进几个项目，旨在对分布式电磁频谱战系统进行指挥与控制[81,82]，其中包括美国海军研究办公室的"复仇女神"(NEMESIS)定向红外对抗项目以及联合反无线电控制简易爆炸装置电子战(JCREW)项目，它们可能会部署到联合部队。美国国防部的几个大带宽低截获概率/低探测概率通信链路正在开发或将于近期部署，如F-35的多功能先进数据链(Multi-function Advanced Data Link, MADL)、F-22的机间数据链(IFDL)、E-2D的战术目标瞄准网络技术(Tactical Targeting Network Technology, TTNT)。将低截获概率/低探测概率通信链路纳入更广泛的国防部部队中，所面临的问题并不是缺乏技术，而是缺乏联合标准。

(2)捷变性

电磁频谱战可改变频率、波束方向、方向图、功率电平，并能够定时进行，这样才能有效作战、有效对抗敌方的电磁频谱行动。频谱(或频率)捷变使美军传感器和通信系统通过在未被敌方监视的电磁频谱区域行动或者在当前的环境条件下更加有效，具备在敌方的无源探测系统周边机动的能力。如图4.6所示，整个频谱中只有一小部分在技术上和法律上是可供美军在和平时期使用的。将传感器和通信限制在这些频谱部分可能为敌电磁频谱部队搜索它们提供便利。未来的美军系统将能够在更大的电磁频谱范围进行机动，这样就会延长敌方发现、干扰、诱骗或对抗它们的时间。

对于对抗能力来说，频谱的捷变性同样重要。尤其要关注的是必须增强电磁频谱红外频段的捷变能力。当代的红外对抗系统大多着重于对抗近程红外导弹导引头，而未来的红外对抗系统则必须能有效对抗在低红外频谱工作的远距离传感器，特别是在新型焦平面技术和强大的计算机处理能力提高了无源红外传感器的精度和探测距离的情况下[83,84]。

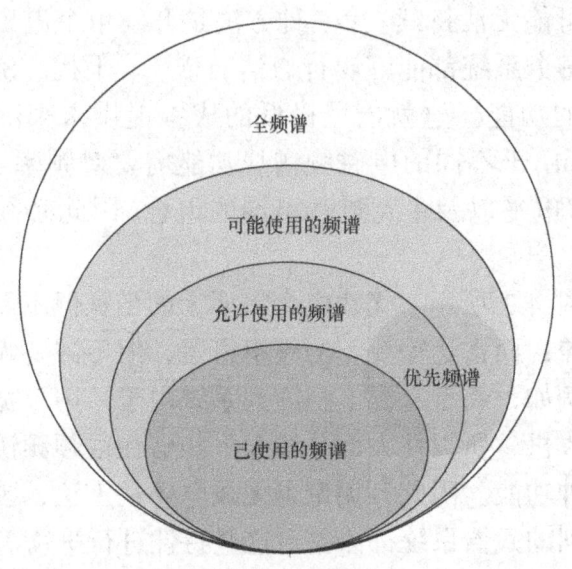

图 4.6　频谱捷变

捷变性还能够降低敌无源传感器对有源传感器、通信和对抗系统的探测概率。同时，传感器和通信系统还应该具备改变其工作模式的能力，以阻止敌方拦截、分类和利用预定信号。如果传感器或通信系统能够将其功率调节到所需的最小值，那么就能够降低被敌方利用的风险。

(3) 多功能化

当前的作战概念要求在未来战场上所有的平台、有效载荷都要成为电磁频谱战网络的一部分。要获得所需的机动性和地理及空间覆盖,这对于当前的单一任务无线电台、雷达和干扰机来说将是充满挑战的任务。装备有单一任务能力的平台需要三种以上的独立系统来完成通信、无源感知和噪声干扰任务。第二种方法是每个功能都由一个单独的平台来完成。推广到整个部队,这两种方法都过于复杂、昂贵且可能无法持续。第三种方法是开发单个电磁频谱战系统,每个系统都能够履行通信、感知、干扰、诱骗或照射目标的功能。这就能以极低的成本提供未来部队所需的能力。由于不同的电磁频谱战功能需要对频率、动态范围、功率电平以及带宽进行不同的组合,因此必须采用新的技术。

如图 4.7 所示,无线电台需要大的带宽但不需要宽的频率覆盖;而雷达需要宽的频率覆盖,但不需要大的动态范围。例如,新型有源电扫阵列系统由于采用了宽带发射机和接收机,所以在大部分情况下能够在射频频谱中同时完成多种功能。因此,无论是无线电还是雷达,装备有源电扫阵列的武器系统都需要对这些特性进行平衡。

(4)小型化

最新的作战概念提出在对抗区域使用小型投掷式无人机和带有动力的载荷执行多基地无源感知、低功率防区内干扰和诱骗行动[85]。电磁阵列越小,大型有人和无人平台所具备的电磁频谱孔径就越多,从而增大了其发射和接收范围。如果是分布式阵列,单架无人机就可以发射一枚用红外激光器照射目标的导弹,无人机用一个阵列无源接收反射的红外能量,同时使用定向射频数据链通过另一个阵列与准备攻击被照射目标的有人平台进行通信。如图 4.8 所示,小型电磁阵列目前由拖曳式诱饵、"小型空射诱饵"、F-22、F-35、自卫干扰机携带[86]。这些系统仍然相对昂贵,系统及其控制装置没有批量生产,无法满足大型电磁频谱战网络的需求。为了充分利用敏捷的网络化多功能能力带来的机会,未来的电磁频谱战系统应该比目前的系统小得多、便宜得多。

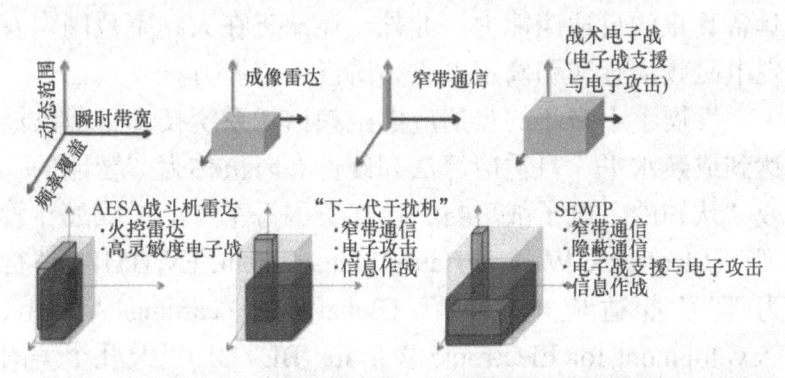

图 4.7 各种电磁频谱战系统所需的特性

图 4.8 拖曳式诱饵和"小型空射诱饵"

(5) 自适应

如果要充分发挥其潜力,敏捷的多功能网络化电磁频谱战能力应该具备更强的自适应能力。"自适应"这种能力与无线电通信、干扰机、雷达或诱饵中普遍具有的自动化功能并不相同[87]。例如，自动化系统可以在较窄的范围内进行频移，从而为无线电通信找到空闲频谱部分，或者为诱饵找到威胁传感器。它们还可以对威胁做出反应，用预先计划的对抗措施(如干扰或生成欺骗信号)来对抗已识别的敌方雷达或干扰机。数字射频存储干扰机就是新近的一个自动化例子。但是，目前的自动化电磁频谱战系统并不具备真正的自适应能力。此外，还缺乏在大频率范围内发现电磁频谱感知和确定电磁频谱机会的能力。

发展了十多年的自适应电磁频谱战系统技术目前已经达到成熟水平。自适应算法和硬件有时被称为"智能的"或"认知的"电子战项目，已在美国海军"电子战战斗管理"(Electronic Warfare Battle Management, EWBM)和"行为学习自适应电子战"(Behavioral Learning Adaptive Development for Electronic Warfare, BLADE)以及几个美国国内企业投资项目中进行了验证。这些系统控制自适应电磁频谱战行动的基本步骤为：首先开发电磁频谱环境感知，包括测量电磁环境中的信号的频率和强度；确定其位置；描述其是敌是友或是未知(即使这些信号不具有任何可识别特征)；评估其工作模式。

4.3.5.3　电磁频谱作战的未来发展

决定战争形态的关键特征要素是需要从战斗力生成模式出发，把握信息系统发展规律，以作战效能为主导，推动复杂电磁空间作战、电磁频谱作战的能力生成[88-90]，发展自适应处理技术，快速推动发展认知电子战，提升复杂电磁环境作战的自适应和反隐身能力，如图4.9所示[91,92]。目前，美军在电磁频谱域指挥控制领域遇到的难题，也正

第 4 章 电磁空间的全球发展态势

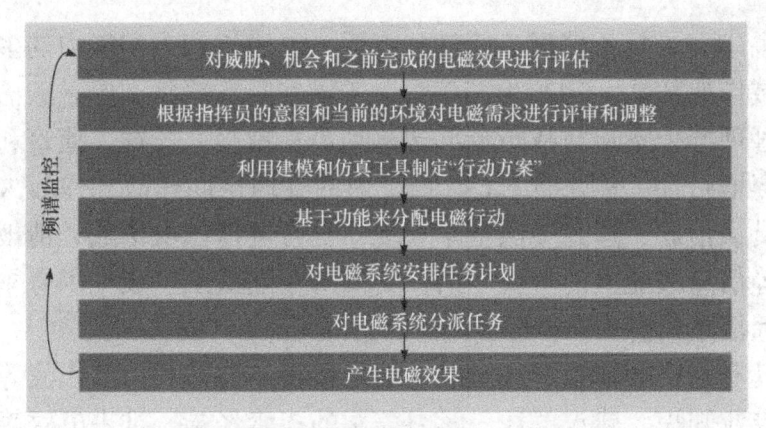

图 4.9 自适应电磁频谱战行动周期

是我们可以利用、避免或者提前改善的，主要有以下建议：

一是解决电磁频谱作战规划、指挥控制等流程仍然过于冗长、复杂问题。一方面优化流程，另一方面研究先进的规划、指控辅助工具，利用人工智能技术辅助决策。

二是解决电磁频谱作战的概念内涵不断变化延伸但仍显不够的问题，建议联合电磁频谱的概念和内涵尽可能囊括电磁频谱域的所有活动。美军电磁频谱作战概念内涵的延伸已经显示出了美军电磁频谱作战的发展方向，即将电磁频谱域中的所有活动都认为是电磁频谱战的一部分，但现有条令对通信和雷达感知两大领域仍然语焉不详，半遮半掩，这使得很多频谱关联度很高的活动无法联合统一。

三是解决电磁频谱作战人员分属机构过于分散问题。实际上美国各军种都已经做出行动，推进电磁频谱作战人员的机构统一，但效果如何尚待观察。这里的电磁频谱作战人员涉及通信、电磁战、电磁频谱管理以及 ISR 等人员。例如，美国陆军正在开发一体化信号情报、电磁战和网络平台——地面层系统(Terrestrial Laser Scanning, TLS)，也建立了具备情报、信息、赛博、电磁战和太空能力的多域作战部队。2020年10月，美国空军正式将其电磁频谱管理办公室从空战司令部转移到负责情报、监视、侦察和赛博行动的副参谋长(A2/6)管理的赛博空间作战和作战人员通信局，这是美国空军大规模整合赛博、电子战、情报等信息战能力的重要举措；美国海军陆战队也成立了海军远征军信息大队(Management Information Gateway, MIG)，具有网络、情报、电子战、信号情报、通信和信息作战等专业知识。建议关注、学习美军的探索经验，推进电磁频谱作战人员的联合化、一体化。

四是解决电磁战斗管理系统兼容性较差问题。美军在开发电磁战斗管理系统方面走在前面，但目前各军队系统兼容性较差。应吸取美军的发展经验，避免陷入以上困境。

参 考 文 献

[1] 陆益军. 宽带射频集成电路的全芯片 ESD 防护. 西安: 西安电子科技大学, 2022.

[2] Liu B, Ma K X, Fu H P, et al. Recent progress of silicon-based millimeter-wave SoCs for short-range radar imaging and sensing. IEEE Transactions on Circuits and Systems-II: Express Briefs, 2022,69(6):2667-2671.

[3] 赵涤燹, 陈智慧, 尤肖虎. CMOS 毫米波芯片与 4096 发射/4096 接收超大规模集成相控阵设计实现. 中国科学: 信息科学, 2021, 51(3):505-519.

[4] 刘兵, 李旭光, 傅海鹏, 等. 毫米波雷达前端芯片关键技术探讨. 电子与信息学报, 2021, 43(6):1485-1497.

[5] 贾海昆, 池保勇. 硅基毫米波雷达芯片研究现状与发展. 电子与信息学报, 2020, 42(1):173-190.

[6] Zhu C, Wan Y, Duan Z, et al. Co-design of chip-package-antenna in fan-out package for practical 77 GHz automotive radar// 2021 IEEE Electronic Components and Technology Conference (ECTC), San Diego, 2021.

[7] Kou K J, May J W, Rebeiz G M. A millimeter wave (40-45GHz) 16-element

phased-array transmitter in 0.18-μm SiGe bicmos technology. IEEE Journal of Solid-State Circuits, 2009,44(5): 1498-1509.

[8] Yu Y M, Zheng Q Y, Zhao C X , et al. A 60-GHz vector summing phase shifter with digital tunable current-splitting and current-reuse techniques in 90 nm CMOS//2015 IEEE MTT-S International Microwave Symposium, Phoenix, 2015.

[9] Zhu W, Li P, Wang Y, et al. A 21 to 30-GHz merged digital-controlled high resolution phase shifter-programmable gain amplifier with orthogonal phase and gain control for 5-G phase array application// 2019 IEEE Radio Frequency Integrated Circuits Symposium (RFIC), Boston, 2019.

[10] Forstner H P, Knapp H, Jajer H, et al. A 77GHz 4-channel automotive radar transceiver in SiGe//2008 IEEE Radio Frequency Integrated Circuits Symposium, Atlanta, 2008.

[11] Kim J G, Kang D W, Min B W, et al. A single-chip 36-38 GHz 4-element transmit/receive phased-array with 5-bit amplitude and phase control//2009 IEEE MTT-S International Microwave Symposium Digest, Boston, 2009, 1(1):561-564.

[12] 王钰山, 王志刚. TR组件中关键射频电路设计//中国电子学会. 2022年全国微波毫米波会议论文集(下册). 2022, 3(1):449-451.

[13] 单春燕. 5G终端射频开关与天线调谐器的设计与研发. 北京: 中国电子科技集团公司电子科学研究院, 2023.

[14] 曹佳仪. 面向下一代无线通信的小型化射频接收机的研究. 南京: 东南大学, 2022.

[15] Min B W, Rebeiz G M. Single-ended and differential Ka-band BiCMOS phased array front-ends. IEEE Journal of Solid-State Circuits, 2008, 43(10):2239-2250.

[16] Ku B H, Inac O, Chang M, et al. A high-linearity 76-85-GHz 16-element 8-transmit/8-receive phased-array chip with high isolation and flip-chip packaging. IEEE Transaction on Microwave Theory and Techniques, 2014, 62(10):2337-2356.

[17] Atesal Y A, Cetinoneri B, Kou K J, et al. X/Ku-band 8-element phased arrays based on single silicon chips//2010 IEEE MTT-S International Microwave Symposium, Anaheim, 2010.

[18] Kim S Y, Inac O, Kim C Y, et al. A 76-84-GHz 16-element phased-array receiver with a chip-level built-in self-test system. IEEE Transactions on

Microwave Theory and Techniques, 2013, 61(8): 3083-3098.
[19] Zhang Y P, Mao J F. An overview of the development of antenna-in-package technology for highly integrated wireless devices. Proceedings of the IEEE, 2019, 107(11):2265-2280.
[20] Townley A, Swirhun P, Titz D, et al. A 94-GHz 4TX-4RX phased-array FMCW radar transceiver with antenna-in-package. IEEE Journal of Solid State Circuits, 2017, 52(5):1245-1259.
[21] Sadhu B, Tousi Y, Hallin J, et al. A 28-GHz 32-element TRX phased-array IC with concurrent dual-polarized operation and orthogonal phase and gain control for 5g communications. IEEE Journal of Solid-State Circuits, 2017, 52(12):3373-3391.
[22] 史敏. 毫米波波束成形天线前端系统设计. 西安: 西安电子科技大学, 2023.
[23] 石荣, 张礼, 包金晨. 雷达系统与通信系统基本概念、模型的关联与交融. 空军预警学院学报, 2020, 34(1): 5-10.
[24] Yi X, Wang C, Chen X B, et al. A 220-to-320 GHz FMCW radar in 65-nm CMOS using a frequency-comb architecture. IEEE Journal of Solid-State Circuits, 2021, 56(2):327-339.
[25] Mishra K V, Bhavani S M R, Koivunen V, et al. Toward millimeter-wave joint radar communications: a signal processing perspective. IEEE Signal Processing Magazine, 2019, 36(5): 100-114.
[26] Hassanien A, Amin M G, Aboutanios E, et al. Dual-function radar communication systems: a solution to the spectrum congestion problem. IEEE Signal Processing Magazine, 2019, 36(5):115-126.
[27] Liu F, Masouros C, Petropulu A P, et al. Joint radar and communication design: Applications, state-of-the-art, and the road ahead. IEEE Transactions on Communications, 2020, 68(6):3834-3862.
[28] Dandu K, Samala S, Bhatia K, et al. 2.2 High-performance and small form-factor mm-wave CMOS radars for automotive and industrial sensing in 76-to-81GHz and 57-to-64GHz bands//2021 IEEE International Solid- State Circuits Conference (ISSCC), San Francisco, 2021, 2(1):39-41.
[29] Ng H J, Kucharski M, Ahmad W, et al. Multi-purpose fully differential 61 and 122 GHz radar transceivers for scalable MIMO sensor platforms. IEEE Journal of Solid-State Circuits, 2017, 52(9):2242-2255.
[30] Lou L, Tang K, Chen B, et al. 14.2 An early fusion complementary RADAR-

LiDAR TRX in 65nm CMOS supporting gear-shifting sub-cm resolution for smart sensing and imaging//2021 IEEE International Solid-State Circuits Conference (ISSCC), San Francisco, 2021.

[31] 朱洛言, 何丹萍, 钟章队, 等. 雷达通信一体化在智能铁路中的应用. 中国铁路, 2021(1): 17-24.

[32] 王莉, 魏青, 徐连明, 等. 面向通信-导航-感知一体化的应急无人机网络低能耗部署研究. 通信学报, 2022, 43(7):1-20.

[33] 张明友. 雷达-电子战-通信一体化概论. 北京: 国防工业出版社, 2010:94-98.

[34] 马定坤, 匡银, 杨新权. 侦干探通一体化现状与关键技术研究. 中国电子科学研究院学报, 2016, 11(5):457-462.

[35] Moo P W, Difilippo D J. Multifunction RF systems for naval platforms. Sensors, 2018, 18(7):2076.

[36] Chiriyath A R, Paul B, Bliss D W. Radar-communications convergence: coexistence, cooperation, and Co-design. IEEE Transactions on Cognitive Communications and Networking, 2017, 3(1):1-12.

[37] 刘凡, 袁伟杰, 原进宏, 等. 雷达通信频谱共享及一体化: 综述与展望. 雷达学报, 2021, 10(3):467-484.

[38] 肖博, 霍凯, 刘永祥. 雷达通信一体化研究现状与发展趋势. 电子与信息学报, 2019, 41(3):739-750.

[39] 王杰, 梁兴东, 陈龙永, 等. 面向雷达通信频谱共享的一体化信号研究综述. 信号处理, 2022, 38(11):2248-2264.

[40] 潘时龙, 宗柏青, 唐震宙, 等. 面向 6G 的智能全息无线电. 无线电通信技术, 2022, 48(1):1-15.

[41] 李轩, 周逸潇, 赵尚弘, 等. 基于线性调频的雷达通信一体化波形研究综述. 激光与光电子学进展, 2023, 60(5):43-55.

[42] Keskin M F, Koivunen V, Wymeersch H. Limited feedforward waveform design for OFDM dual-functional radar-communications. IEEE Transactions on Signal Processing, 2021, 69(1):2955-2970.

[43] Su N, Liu F, Masouros C. Secure radar-communication systems with malicious targets: integrating radar, communications and jamming functionalities. IEEE Transactions on Wireless Communications, 2021, 20(1):83-95.

[44] Xu T Y, Liu F, Masouros C, et al. An experimental proof of concept for integrated sensing and communications waveform design. IEEE Open Journal of the Communications Society, 2022, 3(1):1643-1655.

[45] Gaudio L, Kobayashi M, Caire G, et al. On the effectiveness of OTFS for joint

radar parameter estimation and communication. IEEE Transactions on Wireless Communications, 2020, 19(9):5951-5965.

[46] Yuan W J, Wei Z Q, Li S Y, et al. Integrated sensing and communication-assisted orthogonal time frequency space transmission for vehicular networks. IEEE Journal of Selected Topics in Signal Processing, 2021, 15(6):1515-1528.

[47] 田旋旋, 胡念平. 基于 OFDM 的无人机雷达通信一体化设计方法. 信号处理, 2020, 36(10):1714-1720.

[48] Tian X X, Hu N P. Design method of radar-communication integration using OFDM signals for UAVs. Journal of Signal Processing, 2020, 36(10):1714-1720.

[49] 胡邓雨, 谢锐, 罗锴, 等. OFDM 雷达通信一体化的同频干扰抑制技术. 信号处理, 2022, 38(11):2320-2331.

[50] 雍萍, 王杰, 葛俊祥. 基于失配处理的 OFDM 雷达通信一体化共享信号旁瓣抑制技. 信号处理, 2020, 36(10):1698-1707.

[51] 张飞飞. 基于 OFDM 的 5GHz 雷达通信一体化实现技术研究. 上海: 上海交通大学, 2020:55-62.

[52] Zhang R Y, Shim B, Yuan W J, et al. Integrated sensing and communication waveform design with sparse vector coding: low side lobes and ultra reliability. IEEE Transactions on Vehicular Technology, 2022, 71(4):4489-4494.

[53] Sangeeta S, Kumar R A. RF Circuits for 5G Applications: Designing with mmWave Circuitry. New York: John Wiley & Sons, 2023.

[54] 白炳辰, 张岩, 俞能杰, 等. 小卫星测控通信一体化透射阵天线设计. 无线电通信技术, 2023, 10(1):1-7.

[55] 张雷, 徐天河, 聂文锋, 等. 近海环境不同天线北斗/GNSS 数据质量及定位性能分析//中国卫星导航系统管理办公室学术交流中心. 第十四届中国卫星导航年会论文集——S01 卫星导航应用, 2024(1):54-60.

[56] 张世杰, 赵祥天, 赵亚飞, 等. 星地融合网络: 一体化模式、用频与应用展望.无线电通信技术, 2023, 9(1):1-14.

[57] 刘炜. 虚拟现实的无线网络传输技术研究进展. 无线互联科技, 2022, 19(15):10-12.

[58] Zhang Q, Zhang J, Jin S. Grant-Free random access in pilot-reused multicell massive MIMO systems with backoff mechanisms. China Communications, 2023, 20(9):185-195.

[59] Sandra S, Viktor U, Daniel M, et al. MIMO state feedback control for redundantly-actuated LiBr/HO absorption heat pumping devices and experimental validation. Control Engineering Practice, 2023(140):105661.

[60] Tülün D, Yasemin A. A compact 4×4 reconfigurable MIMO antenna design with adjustable suppression of certain frequency bands within the UWB frequency range. AEU-International Journal of Electronics and Communications, 2023, 170(1):154848.

[61] Jiang H, Dai L. Transformer-based downlink precoding design in massive MIMO systems for 5G-advanced and 6G. Science China: Information Sciences, 2023, 66(9):303-304.

[62] 李昀诗. 基于标准 CMOS 工艺的毫米波振荡器及其应用研究. 杭州: 浙江大学, 2022.

[63] Xu W D, Xie L J, Ying Y B. Tunable transparent terahertz absorber for sensing and radiation warming. Carbon, 2023, 214(1):118376.

[64] 郑艺媛, 张凯, 代鲲鹏, 等. 340 GHz GaN 大功率固态倍频链. 微波学报, 2023, 9(1):1-6.

[65] Liu X C, Zhao K, Mao X Y, et al. Characterization and evaluation of oil shale based on terahertz spectroscopy: a review. Energy Reviews, 2023, 2(4):100041.

[66] 杨嘉炜, 郑春阳, 庞亚会, 等. 耦合蝶形天线的石墨烯室温太赫兹探测器. 物理化学学报, 2023, 9(1):1-10.

[67] 张葆青, 冯明明, 张翼飞, 等. 石墨烯动态调控太赫兹表面等离激元. 太赫兹科学与电子信息学报, 2023, 21(8):965-970, 976.

[68] 潘乐炳, 葛林强, 王铄. 信息系统发展: 从网络驱动到知识驱动. 中国电子科学研究院学报, 2022, 17(9):929-934.

[69] 郭梦媞. 2021 年全球航天产业观察与发展展望. 卫星应用, 2022 (3):18-21.

[70] 张莉, 王继扬, 张文清, 等. 材料交叉前沿与颠覆性创新发展战略. 科学通报, 2021, 66(23):2915-2919.

[72] 赵凰吕, 李欣欣, 王丹. 美军综合电子信息系统重大工程建设分析. 中国电子科学研究院学报, 2022, 17(5):452-456.

[73] 徐永智, 王旭. 日本海域态势感知体系的构建与影响评析. 太平洋学报, 2023, 31(8):59-73.

[74] 韩光松, 曾政, 郝晓雪. 新世纪美军主要联合作战概念. 中国电子科学研究院学报, 2022, 17(9):923-928.

[75] 张博, 梁延峰, 李建营, 等. 空中无人蜂群作战发展现状及对抗策略研究. 中国电子科学研究院学报, 2022, 17(8):755-763.

[76] 许文琪, 陈孟原, 聂春明, 等. 美军网络任务部队强化战备水平的训练举措分析. 中国电子科学研究院学报, 2022, 17(8):816-821.

[77] 云超, 郑腾, 蒋攀攀, 等. 军事通信抗干扰能力现状及发展建议. 中国电

子科学研究院学报, 2022, 17(8):801-808.
- [78] 王洪迅, 王洪雷, 邓靖, 等. 电磁域主动防御理论研究. 现代防御技术, 2023, 51(3):99-106.
- [79] 仲维彬. 无源探测技术分析与展望. 现代导航, 2023, 14(5):376-380.
- [80] 叶巨翼, 谈何易. 美军反无人机作战现状研究. 中国电子科学研究院学报, 2023, 18(5):482-487.
- [81] 张友益, 宫尚玉. 电磁频谱战在海上编队电子对抗联合作战中的需求与应用分析. 舰船电子对抗, 2023, 46(3):1-6, 84.
- [82] 王亮, 童忠诚. 海军后方仓库战时面临的电磁威胁及应对措施. 舰船电子工程, 2023, 43(3):198-201.
- [83] 任汉. 复杂环境下新体制雷达信号的无源定位技术研究. 北京: 中国科学院大学(中国科学院微小卫星创新研究院), 2023.
- [84] 李康, 纠博, 赵宇, 等. 雷达智能博弈抗干扰技术综述与展望. 现代雷达, 2023, 45(5):15-26.
- [85] 陈安强, 罗银, 缪炜星. 国外机载任务吊舱发展研究综述. 航空兵器, 2023, 30(4):49-56.
- [86] 陈美杉, 胥辉旗, 曾维贵, 等. 美军微型空射诱饵武器发展综述及启示. 航空兵器, 2023, 30(2):91-98.
- [87] Chen X, Wang W, Zou R, et al. A novel radar operating mode identification approach based on variational relevance vector machine with chaotic gravitational search optimization. Transactions of the Institute of Measurement and Control, 2023, 45(8):1397-1410.
- [88] 陆军, 杨云祥. 战争形态演进及信息系统发展趋势. 中国电子科学研究学报, 2016, 11(4):329-335.
- [89] 陆军, 程晔增. 运用科学体系工程思想经略智慧海洋. 无线电通信技术, 2021, 47(4):379-381.
- [90] 陈竹梅, 雷川, 龚光红, 等. 效能主导的复杂电子信息系统跨域协同设计关键问题与方法论. 中国电子科学研究院学报, 2020, 15(5):403-414.
- [91] 王沙飞, 鲍雁飞, 李岩. 认知电子战体系结构与技术. 中国科学: 信息科学, 2018(12):1603-1613.
- [92] 王沙飞. 人工智能与电磁频谱战. 网信军民融合, 2018(1):20-22.

第 5 章 电磁空间研究热点和亮点

5.1 电磁频谱作战研究与应用

5.1.1 全球态势

2022 年,国际战略环境动荡,美国继续推进大国竞争战略转型,俄乌冲突爆发,在此背景下,外军关键通信数据链装备发展加快步伐,取得重要进展。随着现代战争形式的不断演变,平台互联的需求进一步提升[1-6]。美国希望将原先单纯五代机与四代机互联的功能进一步发展,将不同军种之间的传感器、作战系统和武器,整合进入同一个战斗网络,实现将任意传感器数据实时传输给战场上的任意作战单元,组建以网络为中心的分布式作战体系。为实现该构想,美国空军正在大力推进"先进作战管理"(Advanced Battle Management System, ABMS)系统的建设。该系统被美国空军视为"军事物联网",已成为美国国防部实现"联合全域指挥与控制"(Joint All-Domain Command & Control, JADC2)的重要技术解决方案和核心支撑系统之一[7]。

5.1.1.1 俄乌冲突成为最大的地缘政治事件

俄乌冲突是 2022 年世界军事领域最重要的事件之一,吸引了全世界的关注。从电子战的角度看,在冲突中,尽管俄罗斯投入了大量电子战装备,但效果却不尽人意,并没有展现出压倒性的优势。在冲突初期，俄罗斯就对乌克兰境内的雷达阵地、防空系统进行定向打击，摧毁了乌克兰大部分雷达设施。

(1)乌军将大量无人装备用于俄乌战场

乌克兰方面，初期迫于俄军的压力，不得不采用在炮位上方拉起铁丝网，以挡住俄军"柳叶刀-3"巡飞弹的俯冲攻击，使巡飞弹未能起爆。

随着战争深入，乌克兰大量将无人机用于战场，其多为引进型号，装备类型丰富，运用样式多变。乌军在冲突开始未获得制空权，且在俄空天军和防空力量压制下损失严重，故大量使用无人机装备。乌军使用无人机主要包括从土耳其采购的"旗手"TB2察打一体无人机，由美国援助的RQ-20"美洲狮"小型侦察无人机和"弹簧刀-600"巡飞弹等，据悉，北约国家的RQ-4"全球鹰"无人机和MQ-9"死神"无人机频繁出现在俄乌战场周边，可能为乌克兰作战部队提供了丰富的战场情报信息。

乌克兰在冲突中使用主要无人机为"旗手"TB2，该机曾在利比亚内战和纳卡冲突大规模使用，取得显著战果。此次冲突中，乌克兰借鉴前述战例，出动"旗手"TB2无人机对俄军燃油车、地面输油车装置、弹药补给车等后勤保障节点实施精准打击，对敌形成有效威慑。但受限于无人机飞行高度、速度等能力，乌军"旗手"TB2被俄罗斯防空系统击落达到35架，超过列装数量一半，表明此类无人机在俄军先进防空系统下仍然面临生存难题。随着俄乌双方在顿巴斯地区进入巷战阶段，由北约援助的RQ-20"美洲狮"、"弹簧刀-600"等小型侦察和打击类无人机被大量投入战场，为乌克兰地面部队提供有效支援。

UJ-22"天空"无人机是乌克兰研制的多用途小型无人机，可在昼夜及多种气象条件下执行侦察监视、火炮校射、目标指示和搜救等多种任务；乌克兰研制的"莱莱卡-100"小型战术侦察无人机，可常规起降，也可垂直起降，采用模块化设计，两人可在 5 分钟内完成组装，可挂载高分辨率相机、高清白光摄像机以及夜间热成像传感器，执行大范围航空测绘及侦察监视任务，可按照地面终端在电子地图上规划的路线和高度自主飞行，且具备通信受阻下自主返航功能；"惩罚者"无人机是乌克兰研制的另一款小型武器化平台，具备自主导航能力，在本次冲突中，已执行 60 余次任务，主要打击俄油料储存设施、弹药补给节点和电子战基站等目标。

(2) 俄罗斯充分发挥电子战装备实施打击

俄罗斯方面，俄军在乌克兰战场的电子战主要战术包括三类，即扰乱和强力干扰(这也是主要战术)、在特定区域展示存在、打造电子战优势。基于这三类战术，俄罗斯在此次冲突中利用电子战装备优先执行了如下战术任务：一是通过部署干扰站来压制敌人的无人机；二是俄罗斯干扰乌克兰军方所采用的 HF/VHF/UHF 通信电台、卫星通信终端、手机全球移动通信系统(Global System for Mobile Communication, GSM)通信；三是干扰乌克兰军用设备中的 GPS 接收机；四是利用信火一体集成，实现电子战系统对火力打击武器的精准引导；五是利用电子战手段实施舆论战、心理战等。

因此，俄乌冲突的电子战以通信对抗为主，包括干扰乌克兰无线通信、卫星通信，压制无人机的导航及指控链路等，同时兼顾一定程度的雷达对抗[8-10]。

俄罗斯充分发挥电子战装备实施打击，对上述战法进一步总结如下：

①发展传统电子攻击或信火一体打击。

在俄乌冲突中，发起传统电子攻击或信火一体打击作战成为一种新的运用方式，主要包括：干扰指定设备(雷达、电台等)；在特定领域制造干扰；通过电子战无源侦察发现、定位反炮兵雷达的位置，并对其进行火力打击。

②实施心理战。

部署在别尔哥罗德地区的俄罗斯电子战营(隶属于西部战区维斯瓦河第3摩托化步兵师)，使用"里尔-3"电子战系统"窥探"通信网络，并向乌克兰政府军发送宣传短信。乌军第53旅收到短信："乌克兰军人们，俄罗斯军队已经进入顿涅茨克和卢甘斯克。趁现在还不迟，赶紧回家！"第54旅官兵收到短信："莫斯科已授权在顿巴斯使用武装力量！还有时间挽救你的生命，离开交战区域。""俄罗斯军队已经准备进入，乌克兰的士兵们，为了保证你的个人生命安全，请离开吧"。

③干扰无人机。

俄罗斯对乌克兰的无人机实施针对性极强的电磁压制、火力摧毁。2月23日，乌克兰政府称一架TB-2无人机受到严重干扰导致GPS信号中断，操作人员报告称其暂时失控。据简氏等媒体分析，此架无人机是受到了前述别尔哥罗德地区部署的俄罗斯"克拉苏哈-4"电子战装备的干扰。俄军曾称该电子战营的主要任务是建立有效的电子防御并对抗敌方的侦察手段。此外俄罗斯也利用"居民"R-330Zh 自动干扰站对乌克兰的 TB-2 无人机实施了针对性的通信与导航干扰。

④发起通信与无线网络攻击。

发起通信与无线网络攻击主要包括：阻断通信，使得乌方无线电通信因不明原因突然消失，或者利用"帕兰廷"电子战系统定位和干扰乌军指挥所通信，甚至引导炮火实施精确打击；利用"提拉达"等系统干扰"星链"通信，使"星链"系统多次中断服务，甚至导致"灾难性"的通信失联；通过火力打击破坏乌有线通信和微波接力通信，迫使乌克兰使用 GSM/卫星通信/移动互联网进行通信，然后阻塞 GSM 无线通信，在其恢复过程中识别出接入点，然后对接入点实施火力摧毁或集中电子攻击；借助所控制的无线通信基站等发起全网压制；向乌方士兵手机发送带有集合地点指令的短信，进而实施精准打击；实施超远距离持续性短波通信监视与干扰，使用基于新物理原理的电磁武器来破坏乌方设备，如"摩尔曼斯克-BN"系统可以辐射400 千瓦的功率，压制 5000 公里范围内的短波接收设备。

⑤干扰 GPS 以降低乌方现代化武器效能。

GPS 干扰是俄罗斯贯穿始终的做法。在发起军事行动前，俄罗斯就利用"田野-21"等电子战系统在切尔诺贝利以北地带对乌克兰-白俄罗斯边境实施了大规模的 GPS 干扰，同时也在顿巴斯地区、克里米亚、黑海、波罗的海等地区对乌克兰部队实施 GPS 干扰。俄乌冲突爆发后，俄罗斯发起 GPS 干扰与欺骗的频次、影响程度显著加剧。

(3)俄乌冲突启示

俄乌冲突表明，在现代战争中，无人机因其成本低、无人员伤亡风险、机动性能好等优点，在现代战争中起着越来越重要的作用，例如将无人机应用于战场侦察，具有很少受气候条件限制、昼夜可用，能在目标上空持续很长时间实施侦察和监视，并能实时传输目标图像等独特优势。同时，无人机被用作空中侦察和通信平台，提供接入回传一体化的通信网络，可满足在复杂战场环境中实现空中和地面作战单元(包括有人和无人)以及与作战人员之间的态势共享和通信服务。

5.1.1.2 联合战术无线电聚焦体系作战能力

(1)联合战术无线电系统

联合战术无线电系统(Joint Tactical Radio System, JTRS)是美军通用的数字战术电台，覆盖广泛的频率范围，包括多种型号，支持软件可编程和模块化，具备多频段多模式多信道和网络互联功能。这使得JTRS电台在战场环境下实现互通互兼容，为不同兵种提供跨越广阔战区的远程、安全和多媒体通信。JTRS有望成为美军数字化战场的主要通信手段。同时，水面电子战改进项目(Surface Electronic Warfare Improvement Program, SEWIP)系统在协同电子战中联网合作，应对对手的射频威胁[11-13]。

(2)美军联合全域指挥与控制(JADC2)

联合全域指挥与控制是美国国防部(Department of Defense, DOD)的概念，旨在将来自所有军事部门的传感器连接到一个网络中。JADC2战略描述了迫切需要集中力量推动部门行动,以增强其联合部队指挥官在所有作战领域和整个电磁频谱范围内指挥联合部队所需的能力,以威慑、并在必要时在全球任何时间、任何地点击败任何对手[14-16]。

2022年11月,美国陆军通过"会聚工程-2022"演习,试验评估下一代传感器和通信网关、智能目标配对、数据编织等近300项新技术,验证了多域融合、跨域协同新能力。12月,美国国防部将"联合作战云能力"合同授予亚马逊、谷歌、微软和甲骨文公司,正式启动多云架构信息基础设施建设,为国防部提供跨所有安全等级、覆盖战略到战术、全球可用的企业云服务,将显著提升美国联合全域作战效能。

(3)美国陆军新一代情报地面站(TITAN)

战术情报目标接入点项目是美国陆军提出多域战概念后,为促进其发展,在美国陆军高层的推动下而筹划TITAN项目。美国陆军情报电子战与传感器项目执行办公室(PEOIEW&S)负责了该项目的实施。该项目计划深度整合当前陆海空天网电等多作战域的传感器,并通过网络技术和分布式存储体系结构,使用人工智能和机器学习技术,实现对情报、监视、侦察数据的接收、分析、处理、传输与分发。美国陆军期望通过该项目,使指挥官和相关作战部队能实时获取目标数据以便更好地了解战场态势[17]。据称,该项目将逐步并行和取代美陆军现有的地面站。印太战区的多域任务部队将优先部署该项目,削减中国反进入/区域拒止作战优势。

该项目发展至今，按照相关计划，于2022年推出首款太空情报监视侦察信息地面站原型机；2028年将建成综合陆海空天网电多作战域传感器的地面站，完成陆军多域作战情报监视侦察层面的现代化建设。

总体来看，美国陆军对多域作战概念的发展与实践已经取得了大量成就，美国陆军企图依靠多域作战概念来进一步推动转型升级以适应大国竞争的需求。研究美国陆军多域作战概念对我方建设发展以及应对美军现实挑战具有重大意义和价值。加强对美国陆军多域作战概念发展与实践的持续性跟踪研究刻不容缓[18]。

(4)基于通信与数据链持续提升多域协同作战能力

在通信与数据链领域，美国新一代数据链的研制一直没有突破性进展，但却没有妨碍美军各军种利用已有数据链开展各种多域协同作战能力演示验证，这也意味着美国现役战术数据链的传输性能足以满足目前的多域作战概念需求，反映到数据链领域的研究进展来看，就是新链路需求不大，但是现有数据链网络性能改进需求不少。

在通信与数据链领域，2021~2022年度的发展特点和趋势总结如下：

①Link-16加改装继续推进，主要终端供应商被并购；

②军工企业纷纷展示多域集成解决方案，力求抢占美军JADC2建设先机；

③美国国防部大力推动5G技术的军事应用，5G技术已经成为了满足战术边缘单元组网需求的热门候选；

④建设混合航天体系架构，充分发挥民用资源优势，提高卫星通信体系容量和弹性；

⑤探索星间链路标准化，光学星间链路成为首选；

⑥国防航天体系传输层一期建设启动，战术数据链波形设计成为趋势。

总之，在JADC2能力建设的指引下，国外军工企业在2022年重点发展支撑JADC2的组网解决方案，特别是5G技术的军事应用。美国航天发展局(Space Development Agency, SDA)在2022年大力推进以低轨卫星通信星座为主的天基传输层建设，推动卫星通信从支持战略任务转向战略和战术任务都支持，满足JADC2需求。

5.1.1.3 电磁装备向无人化、小型化方向快速发展

(1) 土耳其开发出世界上最小的抗干扰GPS/GNSS系统

2021年11月，土耳其的TUALCOM公司开发了世界上最小的一款抗干扰GPS/GNSS系统——TUALAJ 4100 Mini。

该系统应用新的波束形成技术消除干扰，并通过提供无干扰的GNSS信号为关键任务提供支持。采用4阵受控辐射(CRPA)天线，可在存在多个干扰源的情况下确保GNSS接收机正常运行。TUALCOM公司的抗干扰GNSS CRPA系统可以在各种配置下使用，并能与民用和军用GPS接收机一起用于陆地、海洋、空中平台(包括无人机系统)和固定设施。该系统可以配备各种天线，实现进一步抑制性能的物理方案(如仰角遮蔽)，也可以作为天线选项提供。TUALAJ 4100 Mini可立即满足迫切作战需求，装配简单，易安装或改进，可以兼容所有外部GPS接收机和车载导航系统，而且所需的集成培训工作最少，并且具有重量低和结构紧等优势，同时具有优越的抑制性能，可嵌入式GNSS接收机选项，易集成到新平台或传统平台中，具有可靠PNT

能力。

(2)美国测试无人机载电子吊舱系统"MFEW-AL"

2022年8月，美国陆军在马里兰州阿伯丁试验场对其"多功能电子战空中大型系统"(Multi-Function Electronic Warfare Air Large, MFEW-AL)进行了演示验证。MFEW-AL项目计划研发无人机载电子战吊舱系统，为美国陆军提供一种进攻性电子战(包括网络攻击)能力，并帮助塑造电磁作战环境。MFEW-AL吊舱可以安装在MQ-1C"灰鹰"无人机上，这两者的组合可以提升美军随队一体化电子对抗和察打一体的作战能力。MFEW-AL应用了洛克希德·马丁公司开发的"沉默乌鸦"网络战和电子战平台构架，拥有电子侦察、传感、攻击和干扰等多种功能。该吊舱还采用开放式结构设计，可以快速更换各种天线和功能模块，并做到即插即用。

与此同时，美国陆军也正在计划将该项目拓展成为一个可在空中为地面作战人员提供各种网络战/电子战能力的系统家族，通过各种小型无人机吊舱，打造"多功能电子战空中小型系统"(Multi-Function Electronic Warfare Air Small, MFEW-AS)。

(3)土耳其推出具有电子战功能的无人艇

2022年9月，土耳其宣布成功开发了具有电子战功能的无人艇。该电子战无人艇被称为"枪鱼斯达"(Marlin Spike Interface Data Adapter, Marlin SIDA)。它以"枪鱼"无人艇为平台，长约15米。土耳其称是其迄今研制的功能最强的无人水面艇，是世界上最好的无人水面平台之一，具有水面战、水下战、电子战和不对称作战相关的重要载荷和能力。该无人艇9月参加在葡萄牙举行的北约演习，是第一个代表土耳其参加北约演习的无人平台。

"枪鱼斯达"的推出表明通过无人水面平台实施电子战是一种趋势，将对未来海战产生深远影响。

(4)俄罗斯将"蚊子"通信干扰无人机投入顿巴斯战场

2022年11月，俄军中央军区电子战部队将"蚊子"(Moskit)通信干扰无人机投入顿巴斯战场使用，有效削弱了乌克兰军队的指挥、协调和控制能力。

据悉，基于"海雕-10"侦察无人机研制的"蚊子"通信干扰无人机，配备了额外的设备模块，其中包括可抑制敌方控制和数据传输通道的电子系统，能够在最远5公里的范围内对蜂窝和无线电通信实施干扰，从而使前线的敌军难以与后方的指挥机构进行沟通。与此同时，还能够拦截和计算手机信号，进而识别个人身份并发送心理战短信息。

此外，这款无人机还配备了视频系统，允许操作人员根据所执行的电子战和空中侦察任务的不同，灵活地在电子干扰和视频监视设备之间进行切换，进而获取敌方态势和位置的图片和视频，标示无线电发射源等。在小型无人机上配置电子战系统是俄罗斯军工联合体多年来致力于攻关的一个方向[19-21]。

"蚊子"通信干扰无人机的亮相，标志着俄罗斯国防工业在电子战系统小型化应用领域取得了一定的成功。

5.1.1.4　多国推动太空军信息对抗能力发展

(1)意大利开发安全抗干扰卫星通信系统

2021年6月，意大利国防部向Thales Alenia航天公司和 Telespazio 公司授出一份合同，开发包含地面段在内的 SICRAL 3 安全卫星通信系统。意大利安全通信和警报系统 (Italian System for Secure Communications and Alerts, SICRAL)项目主要部署用于机密战略和战术通信的地球同步卫星，其旨在满足意大利国防通信和互操作性要求。它会确保与现有的由 SICRAL 1A、1B 和 SICRAL 2 卫星提供的 SHF 和 UHF 通信服务的连续性，同时通过提供 Ka 波段有效载荷扩大其服务，并支持安全、公共救援和民间保护服务。其空间段包含两颗地球同步卫星，这种电推进式创新平台基于模块化和自主轨道转移设计，利用 GNSS/GPS 传感器和接收机获取卫星定位和卫星姿态，通过复杂的算法在轨道上保持正确姿态。

(2)美国太空军进行"黑色天空"卫星干扰太空演练

2022 年 9 月，美国太空军进行了"黑色天空"训练演习，旨在训练如何在感知和操作受限的环境中进行在轨战斗，并将联合电磁战作为演练重点。此次演练利用实际的电子干扰设备，通过实际的指挥控制系统，进行了模拟实战情况下对实际通信卫星干扰的演练。

本次演练涉及了空中联合作战、地面特种作战以及网络空间作战等场景，并规划和执行了集成行动，演练了指挥控制关系。演习主要依赖已经属于太空部队的电磁战基础设施，卫星干扰装备包括反通信系统(Communications Subsystem, CSS)。此次"黑色天空"演习开启了美国"天空"系列太空攻防作战演习，该系列还包括以轨道战为重点的"红色天空"演习和以网络战为重点的"蓝色天空"演习。

(3)美国太空军完成对抗干扰卫星通信原型审核

2022年3月,美国太空军和波音公司完成了对受保护战术卫星通信原型(PTS-P)的审核。2023年4月,波音公司介绍了其抗干扰有效载荷的设计,该有效载荷已集成于美国太空军计划2024年发射的宽带通信卫星中。

该有效载荷能够提供干扰机地理定位、实时自适应调零、跳频和其他技术,可自动对抗干扰,使作战人员在对抗激烈的战场上能够保持连接。PTS-P 被计划搭载在美太空军的宽带全球卫星通信(Wideband Global Satellite, WGS)-11卫星上。PTS-P的星上测试计划于2025年进行,此后将过渡到作战应用。波音公司表示,PWS可与所有现有 WGS 用户终端无缝协作,同时允许在战区逐步部署 PTW 调制解调器。

5.1.1.5 电磁空间一体化成为研究热点

电磁空间一体化是指将电磁空间作为一个整体进行管理和利用,包括频谱管理、电磁环境监测、电磁辐射防护、电磁信息安全等方面[22-27]。

(1)电磁空间一体化面临的挑战

快速增长的无线设备和应用。全球范围内,无线通信设备和应用不断增加。移动通信、物联网、卫星通信、广播电视等领域的发展,使得对电磁频谱资源的需求增加,需要更好的管理和协调。

电磁频谱的有限性。电磁频谱是有限的自然资源,随着无线通信需求的增长,频谱资源的稀缺性变得更加明显。世界各国都在努力寻求更有效的频谱管理方法,以提高频谱利用效率并满足不断增长的通信需求。

电磁环境的复杂性。电磁环境中存在各种电磁波源，包括通信设备、雷达、无线电广播等。这些电磁波源的频率和功率不断增加，对电磁环境产生影响，可能对人类健康和生态环境带来潜在风险。

(2)电磁频谱管理与产业现状

当前，电磁频谱管理与产业现状主要如下：

一是电磁频谱管理。中国国家无线电管理机构(国家无线电管理委员会)负责电磁频谱资源的管理和分配。通过制定频段规划、频率分配和电磁监测等措施，确保电磁频谱的有效利用和合理分配。

二是电磁环境监测与保护。我国积极开展电磁环境监测工作，评估电磁辐射对公众健康和环境的影响。相关部门制定了电磁辐射防护标准，对电磁波辐射进行限制和管理，确保公众和工作人员的安全。

三是电磁信息安全。电磁信息安全是保护国家安全和信息通信系统的重要领域。我国致力于加强对电磁信息安全的研究和技术发展，建立健全相关法律法规，加强网络安全防护和信息保密工作。

四是科技创新和产业发展。我国在电磁空间一体化领域进行了大量科技创新和产业发展。在通信、雷达、卫星导航、电子信息等领域，取得了一系列创新成果，并积极推动相关产业的发展。

综上所述，电磁空间一体化是全球范围内的重要议题，包括电磁频谱管理、电磁环境监测、电磁辐射防护和电磁信息安全等方面。我国也正在积极推动电磁空间一体化的发展，加强相关管理和保护工作，促进科技创新和产业发展。

5.1.1.6 电磁空间安全成为极为重要的发展战略

电磁空间安全是确保国家各类电磁波活动,尤其是重大电磁波应用活动,能够在国家领土内正常进行且不受威胁的状态。这对国家安全和国家利益至关重要,包括维护国防安全和促进国家发展[28-30]。

(1)电磁空间优势将成为未来战争的"制高点"

电磁空间安全面临不断加剧的威胁和挑战,包括电磁干扰、泄漏和攻击。全球范围内,各国已经意识到电磁空间安全的紧迫性,纷纷采取措施以应对这些挑战。

美国一直在加强电磁频谱战略,将电磁频谱视为国家的关键战略资源。美国国防部发布了新版的《电磁频谱战略》,并通过立法措施推进创新性电子战系统和能力的发展,以及电磁频谱作战的规范。同时,一系列法规和条令,如《联合电磁频谱管理行动》、《联合电磁频谱作战》和《赛博与电子战作战》条令等,为电子战和电磁频谱作战提供了指导和框架。

不同于美国,俄罗斯作为电子战的起源国,已经将电子战发展成独立的作战模式,涵盖整个电磁频谱领域。《俄罗斯电子战能力 2025 报告》详细介绍了其电子战军事思想、组织机构调整和实战应用,强调了电子战和网络中心战的协同。

此外,国际社会普遍认识到,没有电磁控制权,将无法确保制空、制海、制天和制信息等领域的优势。电磁空间的地位已经成为未来战争胜负的决定性因素[31-33]。

(2)国内电磁空间安全研究现状与发展思路

我国高度重视电磁空间安全,积极推进相关领域的研究和发展。国内建立了电磁频谱管理机构,加强电磁频谱资源的管理和分配。同时,我国加强电磁辐射安全的监测与管理,并制定相关的标准和规范。在电磁信息安全领域,我国加强相关技术的研究和应用,加强网络安全防护和信息保密工作,以维护国家的信息安全和电磁空间安全[34-38]。

我国电磁空间安全面临多重挑战,需综合提升对抗能力、防护能力、保障机制和关键技术掌握。电磁空间的关键性质跨越国计民生和国家安全等多领域,国家电磁空间安全发展应纳入国家战略考虑。

具体措施包括:制定电磁空间安全国家发展战略,加强系统应对策略规划;将电磁空间提升为独立作战域,发展统一的电磁空间攻防作战力量,形成综合的电磁空间攻防体系;构建多维一体的电磁空间攻防对抗技术防御体系,采用先进技术提高设备抗干扰、抗检测和抗毁能力,加强设备的防护和作战适应性;挖掘人才资源,加强人才培养,协调军用、民用和国际电磁资源;建立长效机制,使电磁空间安全治理规范化、制度化。这些措施将有助于提高我国的电磁空间安全水平,并确保国家的电磁资源受到有效保护[39-43]。

5.1.1.7 电磁空间军民融合发展热点亮点

(1)美国太空军将低轨商业卫星数据和商业技术用于卫星抗干扰通信

射频干扰是美国面临的一个长期问题,解决该问题的挑战之一是确定干扰源的精确位置。2022年1月,美国太空军向弹弓宇航公司授出一份合同，计划开发一种数据分析工具原型，利用低轨商业卫星导航数据识别潜在地面电子干扰源。该项目主要思路是：通过不断增长的低轨商业卫星遥测数据，并充分利用已有现存的 GNSS 传感器生成的数据，加强对电磁作战环境的感知，探测、定位、缓解对美国在轨空间资产构成直接威胁的射频(Radio Frequency, RF)和 GPS 干扰源。该原型系统旨在实现数据挖掘技术自动化，提供低延迟、用户友好型产品[44-46]。

2022 年 2 月，美国国防部授予 Orbital Insight 一份合同，为识别全球有意 GNSS 干扰和操控提供技术平台。Orbital Insight 的平台旨在利用其多传感器数据堆栈、人工智能和机器学习能力等商业技术，结合利用当前公开可用的大量商业数据，来满足 PNT 态势感知需求。同年 8 月和 9 月，由美国国防创新部门(Defense Innovation Unit, DIU)领导的"和谐车"(Harmonic Rook)项目在演习活动中测试了该项商业技术。

(2)美国太空军初步集成军民双用卫星通信系统

2022 年 4 月前后，波音公司展示了其受保护战术企业服务(Protected Tactical Enterprise Service, PTES)软件单元与业界合作伙伴用户终端的成功集成，验证了美国太空军"探路者"计划的技术成熟性。PTES 是美国太空军受保护抗干扰卫星通信项目的重要组成部分，其地基采用美军抗干扰战术波形(Protected Tactical Waveform, PTW)处理，并通过宽带全球卫星通信(Wideband Global Satcom, WGS)卫星、商业卫星和美国太空军的新型受保护战术卫星(Protected Tactical Satellite, PTS)实现安全运行和受保护战术通信覆盖，无须对航天器进行改装。该项目中的军用级保护措施使卫星能在敏感环境中保持安全、高数据速率的通信能力。

2022年6月前后，休斯公司与波音公司和美国太空军团队成员合作演示了受保护战术企业服务项目的抗干扰卫星通信能力。"PTES over WGS"利用WGS的军用能力特性，结合其PTW扩频跳频的宽带宽能力，为美国国防部在全球任何地方提供关键的受保护通信。它能够在对抗环境中缓解对高数据率卫星通信的无意/有意干扰，增强韧性，并在其他拒止区域执行任务。

美国太空军太空系统司令部(Space Systems Command，SSC)于同年3月8日表示，其已经成功通过一颗在轨运行卫星演示了受保护战术企业服务(PTES)，验证了美国太空军地基抗干扰卫星通信能力。

(3) "星链"系统投入俄乌战场，"星盾"系统实现通遥一体化

2022年，俄乌冲突爆发后，SpaceX公司将其商用系统——"星链"低轨宽带互联网卫星系统投入使用并发挥重要作用。在乌军传统指控通信系统遭到破坏后，"星链"通过提供超视距通信手段保障乌军指挥链畅通，通过传输大量空天态势感知信息为乌军打击俄军目标提供重要支持，通过建立指挥中心与察打一体无人机之间的数据传输链路为乌军构建快速闭合杀伤网。

同年12月，SpaceX公司正式推出专为政府服务的"星盾"卫星项目，利用"星链"技术和发射能力，以模块化设计、快速开发部署、弹性可扩展为特征，聚焦形成服务

于国家安全任务的地面动目标侦察、全球通信保障以及与军星安全互操作等能力。"星盾"项目的推出代表着"星链"向军事化应用迈出关键一步。

星盾已经实现通遥一体化，本身可实现在轨实时数据处理，并且具备星地低时延、大容量信息传输功能。此外，星链作为目前唯一在轨运行的星间激光通信系统，同样具备星间激光通信功能的星盾，可利用已有的星间激光通信网络，实现全球范围内全天候的数据获取与传输。星盾依托于自身平台功能高度集成化和星链的庞大星间激光通信网络，将缩短"发现-锁定-跟踪-瞄准-交战-评估"闭环时间，压缩作战各环节执行时间，以快打慢，致力于实现《美国国防战略》强调的"战略上可以预判，战术上难以捉摸"。

5.1.2 2021~2023年热点与成就

5.1.2.1 美国持续发力，加快构建全域电磁频谱作战能力

(1) 美国陆军授出"旅战斗队地面层系统"项目新合同

2022年7月13日，美国陆军授予洛克希德·马丁公司一份价值5890万美元的合同，在2023年10月前为美国陆军提供"旅战斗队地面层系统"(Terrestrial Layer System-Brigade Combat Team, TLS-BCT)概念验证阶段样机。

TLS-BCT是美国陆军下一代电子战装备，能推动陆军发展进一步满足联合多域作战概念。TLS-BCT是一套综合传感器，装载于装甲车上，能为部队提供防护和态势感知，如图5.1所示。此外TLS-BCT还能提供可破坏目标敌方系统的电子攻击和赛博能力，从而拒止或削弱敌方作战效能。

除了"斯瑞克"装甲车，美国陆军还计划将 TLS-BCT 集成到陆军的新型武装多功能装甲车上，并装备步兵旅。

图 5.1 装载有 TLS-BCT 系统的"斯瑞克"装甲车

(2)美国陆军测试空中大型多功能电子战吊舱

2022 年 8 月，美国陆军在阿伯丁开展了"空中大型多功能电子战吊舱"(MFEW-AL)的演示试验，如图 5.2 所示。MFEW-AL 是美国陆军旅建制的机载电子攻击装备，并具备一定的赛博攻击能力。美国陆军 2022 财年 MFEW 项目的采购预算削减了 1200 万美元，在 2023 财年预算中又增加了 300 万美元。

图 5.2 能搭载 MFEW-AL 吊舱的 MQ-1C "灰鹰"无人机

MFEW-AL 系统由洛克希德·马丁公司生产，最初计划安装于 MQ-1C "灰鹰" 无人机。目前，美国陆军正在打算将 MFEW-AL 搭载在其他载机平台上进行测试，以适用于其他部队和作战环境。

(3) 美陆军推进综合战术电子战架构的构建

美国陆军 2022 财年电子战采购经费从 2021 财年的 1.23 亿美元缩减至 4800 万美元，但仍在多功能电子战、旅战斗队地面层系统和旅以上梯队地面层系统、电子战规划和管理工具等综合战术电子战项目的研发方面投入巨资以构建战场架构，旨在与国家电子和网络战术系统相连接。预想的网络和电磁活动架构将集成一套系统，使陆军能够进行多域作战，并连接其战术重点平台和国家战略系统[47-54]。

为适应未来信息化战争的现实需要，美国陆军的电子战装备向多平台、多手段、多功能的综合一体化电子战系统方向发展。当前，美国陆军主要电子战系统包括用于信号情报搜集的 AN/MLQ-44A(V) "预言家"(PROPHET)、"战术电子战系统"(Tactical Electronic Warfare System, TEWS)/"轻型战术电子战系统"(Tactical Electronic Warfare Lightweight, TEWL)、地面层系统、多功能电子战系统以及 VMAX/VROD 背负式电子战系统等。其中"预言家"系统以及 VMAX 和 VROD 背负式电子战系统已广泛部署于旅战斗队，部分旅战斗队部署了"战术电子战系统"或"轻型战术电子战系统"，地面层系统和"多功能电子战"(Multi-Function Electronic Warfare, MFEW)系统目前正处于研制阶段并将很快投入使用，"空中大型多功能电子战"吊舱正在全速生产，EWPMT 即将全面部署。

为适应多域作战的需要，美国陆军多措并举推进综合战术电子战架构的构建。

一是探索电子战和网络空间战的融合。拟通过射频使能网络空间能力项目，探索创新型方法入侵对方网络。大体思路是：通过雷达系统/电子战系统这类向作战系统反馈信号的平台，找到射频入侵切入点，实施创新性网络攻击。"空中大型多功能电子战"吊舱采用美国陆军 C4ISR/EW 模块化开放标准套件，实现网络空间战/电子战技术的快速研发和部署，不同地面和机载平台之间软件和硬件的互操作能力，新型硬件技术的快速插入，将在单个平台上实现电子战与进攻性网络空间战的融合。

二是注重电子战装备的"一体化"和"通用化"发展。美国陆军作战能力发展司令部开展了"多域作战中的电子战基础研究"项目，将电子战能力视为大规模作战和多域作战取得成功的必要条件，而该项目旨在推动从单一作战平台转变为攻防兼备的一体化多功能电子对抗系统，实现了美国陆军在争夺电磁频谱控制权中的战术优势。美国陆军同时在开发模块化开放套件标准(Common Modular Open System Standard, CMOSS)，并在 2021 年 7 月的"网络现代化试验"中演示了 CMOSS 能力，涉及战术通信能力和新兴波形、电子战和数据加密能力、保证定位导航授时能力，以及 CMOSS 基础设施原型等。

三是依托人工智能发展认知电子战技术。"空中大型多功能电子战"吊舱将基于人工智能技术提升系统应对各种威胁的反应速度和灵活性。2021 年 8 月发布"变革人工智能研究与应用"广泛机构公告,寻求人工智能研发的白皮书和建议书,旨在支持新技术和技术研究转化的方法,进而推动陆军基础研究、应用研究和先进技术研究的确定、调整和应用,为陆军在2028年的联合、全域、高强度冲突环境中做好部署、战斗和决胜准备,并保持其非正规战争作战能力[55,56]。

(4)美国海军研发轻量型SEWIP系统

2022年初,诺斯罗普·格鲁曼公司在对美国海军SEWIP Block 3电子战系统进行升级,如图5.3所示,以使其轻量型能够快速、有效地部署到小型水面舰艇上,为舰艇提供先进的射频威胁无源探测能力及同时对多目标的精确电子攻击能力,从而应对来自反舰导弹、无人驾驶飞行器、掠海飞行的飞机及其他船只的威胁。

图5.3 SEWIP Block 3系统概念图

(5)美国海军接收NGJ-MB量产型吊舱

2022年7月,美国海军AN/ALQ-249"下一代干扰机-中波段"(NGJ-MB)量产型吊舱抵达位于马里兰州帕图森河的美国海军空战中心飞机分部(NAWCAD)，如图 5.4 所示。

雷神公司的 NGJ-MB 吊舱是一种先进电子攻击系统，能够拒止、破坏和降级敌方通信工具和防空系统，为 EA-18G"咆哮者"电子战飞机提供电磁频谱优势。NGJ-MB 是 NGJ 的中波段部分，系统最终将取代目前在 EA-18G"咆哮者"电子战飞机上使用的 ALQ-99 战术干扰吊舱。

图 5.4　AN/ALQ-249"下一代干扰机-中波段"吊舱

(6)美国海军开发可用标准集装箱运输的电子战和电子情报套件

2022 年 9 月，据报道美国海军正在努力开发一种适合在标准运输集装箱内的电子战和电子情报套件。这样做的目的是在一个通用包中提供这些能力，可以根据需要相对容易地安装在任何足够大的平台上，包括有人/无人舰船、飞机和地面车辆。关于"电磁机动战模块化套件"(EMWMS)

的细节包含在美国国防部 9 月 15 日发布的日常合同通知中。系统工程联合公司目前已经从海军研究办公室(Office of Naval Research, ONR)获得一份价值高达 2450 万美元的合同，用于 EMWMS 的工作。

(7)美国空军"愤怒小猫"电子战吊舱通过作战评估测试推进电子战智能化发展

2022 年 4 月，美国空军加利福尼亚州中国湖试验基地对新型"愤怒小猫"战斗吊舱执行了为期两周的作战评估，飞行总架次 30 次，在加利福尼亚州中国湖试验基地完成了最终测试，旨在确定"愤怒小猫"战斗吊舱的效能和适用性。作战评估期间，"愤怒小猫"电子战吊舱的任务数据文件软件每晚根据当日飞行中遇到的威胁进行更新，以提高对该威胁的对抗效能。在飞行过程中通过一种可扩展设计进行升级，美国空军希望在未来更多地采用该方法。这次作战评估属于美国空军研究实验室开发的"应用使能快速重编程电子战/电磁系统"(App-Enabled Rapidly Reprogrammable Electronic warfare/electromagnetic Systems, AERRES)试验的一部分。该试验旨在为美国空军第 350 频谱战联队和整个电子战界提供应用使能的电子战/电磁系统解决方案。此次测试结果很成功，未来美国空军还会将该技术应用到更多的测试中，"愤怒小猫"战斗吊舱的效能还将进一步验证，如图 5.5 所示。

2022 年 8 月，美国空军研究实验室开发的"愤怒小猫"电子战战斗吊舱通过一系列作战评估测试，标志着该吊舱已成为美国空军将应用于实战的电子战吊舱，并表示该战斗吊舱有望重塑美国电子战未来。

"愤怒小猫"电子战吊舱采用基于人工智能和机器学习

算法的开放式体系架构,将大幅提升美国空军电子战能力的更新能力和应变速度,进一步推进了美国电子战的智能化发展。

图 5.5 测试中的"愤怒小猫"电子战吊舱

"愤怒小猫"吊舱研发始于 2012 年,美国陆军、海军,尤其是美国空军大力资助"愤怒小猫"的能力开发,旨在提升其电子战能力并装备战斗机。2016 年起,美国空军将"愤怒小猫"电子战吊舱装备其"侵略者"中队进行各种测试和训练。2021 年,美国空军研究实验室资助佐治亚理工学院联合开发"愤怒小猫"吊舱的更新版本。2021 年 8 月,美国空军在"北方闪电"演习中对"愤怒小猫"吊舱进行了作战评估,评估了该吊舱的协同作战能力,确认将"愤怒小猫"吊舱从训练吊舱转变成战斗吊舱所需的改进事项,空战司令部建议将至少 4 个吊舱改为战斗吊舱,以协助战斗机飞行员作战。2021 年 10 月 18 日~11 月 5 日,美国空军第 53 联队在埃格林空军基地的微波暗室对挂载"愤怒小猫"电子战吊舱的 F-16 战机进行了测试，检验该吊舱与 F-16 战机火控雷达的协同工作能力。

随着电子战威胁环境的不断变化，以及人工智能等技术发展大潮的推动，为了在复杂电磁环境中更快速智能地应对不断出现的威胁，美国空军在提升四代机的态势感知能力、作战效能和生存能力方面，开始广泛应用认知电子战技术，寻求加强战斗机电子战系统的智能化升级，加快部署重点型号装备。"愤怒小猫"战斗吊舱能实现系统快速升级或重编程的能力将显著提高战斗机的战场适应性和应变能力。

随着美国将中国和俄罗斯作为战略竞争对手，大国对抗愈演愈烈。为了赢取大国竞争，提高电子战作战效能，美国逐步将认知概念引入电子战装备，以推进电子战智能化发展。随着电磁频谱技术的发展，战场射频系统更加灵活复杂，以"自适应电子战行为学习""自适应雷达对抗"为代表的认知电子战技术相继出现，并取得重大突破，认知电子战装备开始进入平台应用阶段。"愤怒小猫"电子战吊舱是一种电子攻击吊舱，采用基于机器学习算法和复杂硬件的认知电子战技术，能为机载威胁响应系统提供更高水平的电子攻击能力。

(8)美国空军打造 EC-37B 新型空中电子攻击平台

2022 年 8 月，一架未经涂装的 EC-37B 飞机到访亚利桑那州戴维斯-蒙森空军基地，与运营 EC-130H 的第 55 电子作战大队进行交流；10 月，BAE 系统公司宣布完成"罗盘呼叫"基线-3 关键部件交付。从载机平台的改装完成情况以及关键电子设备的交付状态可以看出，替换 EC-130H

的第一架 EC-37B 新一代电子战飞机已于 2023 年交付美国空军。新的载机平台和升级的罗盘呼叫系统将为 EC-37B 带来全新的能力。

美国空军的 EC-130H 电子战飞机于 1981 年首飞，1982 年开始交付使用，并于 1983 年达到初始作战能力。从服役至今，EC-130H 电子战机参加过美国空军参与的几乎所有军事行动，在实战中展示了强大的电子战能力。但作为一款服役四十多年的电子战飞机，由于服役时间长、承担的作战任务重，机体老化严重，美国空军需要投入大量人力和物力定期对 EC-130H 的机身结构进行检查，老旧的机身架构也无法快速插入先进电子技术；此外，其电子战功能基于硬件开发设计，没有采用开放式体系架构，能力升级改进空间有限，虽然经历了多个基线的技术升级，但总体技术性能趋于落后。为此，美国空军从 2014 年起提出将逐步退役 EC-130H 电子战飞机，并于 2015 年 10 月开始征集替换方案。

2017 年，美国空军正式启动"EC-X"项目，对 EC-130H 的载机进行替换，"湾流 G550"共形预警机正式确定为 EC-37B 新一代电子战飞机的机体平台。EC-37B 的研制工作主要包括载机平台的改装以及各类电子设备的移植和升级改造。从目前公开的信息来看，载机平台已交付进行飞行测试，"罗盘呼叫"系统关键部件已完成将会，已于 2023 年交付第一架 EC-37B 飞机。以基于软件无线电技术的开放式可重构动态架构(SWORD-A)为核心的基线 4 能力已完成关键设计评审，计划 2027 年开始交付。

新的载机平台和升级的罗盘呼叫系统将为 EC-37B 带

来全新的能力。其通信情报设备和干扰设备主要继承于 EC-130H，但通过采用模块化开放系统架构对其进行升级。软件化改造是 EC-37B 的重大能力提升点，采用全新的"小型自适应电子资源库"(Small Adaptable Bank of Electronic Resources SABER)技术对"罗盘呼叫"系统升级等工作，使得原有基于硬件的电磁频谱作战能力转变为基于软件的作战能力，有助于电子战系统新能力的快速部署及升级。SABER 产生的新波形经由 SPEAR、TRACS-C 和 NOVA 系统发射，以应对不断演进的各类新型威胁目标，更好地适应复杂的战场电磁环境。SABER 的软件无线电可以根据不同的任务需求进行重新配置，以减少所需要的设备和数量，在减轻重量的同时具备了更大的灵活性，不需要增加或更换硬件就能提供新的能力，能够对更复杂的任务提供支持。同时，EC-37B 电子战飞机在机身两侧具有大面积的天线安装结构和整流罩，能够支持更多先进机载电子装备的安装和应用。

此外，新的载机平台在飞行速度、飞行高度及飞行距离性能方面的提升，也为 EC-37B 带来新质能力。EC-37B 使用的"湾流 G550"共形机载预警机平台飞行速度 0.8 马赫、最大飞行高度 15544 米，都是 EC-130H 的两倍，而最大航程达到 12500 千米，是 EC-130H 的三倍多。这些增量提升了 EC-37B 的作用距离、作战范围、响应速度，使它能够更好地执行作战战术并具备更强的战场生存能力。

(9)美国空军 F-16 将配备下一代电子战套件

2022 年 3 月，美空军战斗机与先进飞机管理局授予诺斯罗普·格鲁曼公司一份修订版未定价变更单，用于采办

F-16 战机的一体化"蝰蛇"电子战套件(Integrated Viper Electronic Warfare Suite, IVEWS)。

一体化"蝰蛇"电子战套件是一种下一代电子战系统，安装在 F-16 战机内部，可与机载 APG-83 有源相控阵雷达互操作。该系统的设计满足开放式任务系统要求，为长期能力提升预留了空间，可支持未来升级，如增加光纤拖曳式诱饵、自适应/认知处理，以及应用开放式系统体系架构。

(10)美国海军陆战队部署"设施型反小型无人机系统"

2022 年 7 月，美国海军陆战队陆基系统项目执行办公室称将部署"设施型反小型无人机系统"(Installation-Counter small Unmanned Aircraft System, I-CsUAS)，为地面固定设施提供防护。CsUAS 是一种综合系统，装备了各类对抗小型无人机的手段，对无人机进行探测、识别、追踪和挫败。海军陆战队将首先接收该装备，实现固定设施全天候防护[57-64]。

5.1.2.2　美国国防部网络安全项目进展

2022 年，拜登政府将大国竞争视为主要挑战，不断增加国防预算以维护和增强美国的国防优势。这一增长为美国在新兴技术领域开展多个项目提供了动力，包括人工智能和量子计算。特别是在量子计算领域，着重提高了计算性能和安全性，并注重发展态势感知和新型漏洞处理能力，以强化网络防御和网络攻击的优势。

我国在规划国防科研投入时，可以借鉴美国的先进经验。这包括全面覆盖军事现代化技术，支持高新技术的突破，以及关注新兴技术交叉融合带来的新安全威胁和机遇。

例如，量子计算与网络安全的融合，人工智能安全，以及5G安全等领域都需要特别关注。这将有助于我国在国防科研领域取得更多的进展[65,66]。

(1)未充分探索的实用规模量子计算系统项目

2022年2月，DARPA发布了"实用规模量子计算系统"(Underexplored Systems for Utility-Scale Quantum Computing program, US2QC)项目，旨在评估实用量子计算方法的可行性。该项目不仅关注增量改进现有中尺度量子系统，更着眼于为容错量子计算机系统进行安全验证和子系统设计。US2QC项目从设计概念出发，引导更为严格的设计过程，以确保实用规模的量子计算机按照预期的设计和操作构建，持续不断改进[67-72]。

(2)量子启发的经典计算项目

"QuICC"项目，已于2022年5月启动，旨在通过量子启发(Quantum Inspiration, QI)求解器提高高性能计算。这些求解器是混合信号系统，通过数字逻辑与模拟组件模拟动态系统的物理学，预计性能将远超传统计算机和量子计算机。该项目克服技术障碍，如模拟硬件连接限制和数字资源增长，通过算法和模拟硬件联合设计，以及应用规模的基准测试技术，寻求创新的解决方案。

(3)有保证的神经符号学习和推理项目

DARPA在2022年6月3日宣布了"ANSR"项目，旨在以新的混合(神经符号)AI算法形式解决多个挑战。这一算法融合了符号推理与数据驱动的学习，旨在创建强大的有保证的安全系统。项目分为三个阶段，目前正在进行第一阶段，致力于开发高安全性技术组件和活动识别，以及安全决策。未来的阶段将继续推进混合 AI 算法,演示和评估与国防部任务相关的用例,特别关注安全保障和自主性[73]。

(4)空域快速战术执行全感知项目

"ASTARTE"项目,旨在实现高效的空域作战和冲突消除,助力"马赛克战"概念。项目分为三个阶段,目前处于第二阶段。第一阶段主要涉及传感器、算法和虚拟实验室的开发,第二阶段则是虚拟环境集成。项目推进包括理解和决策算法的开发、严格的设计评审、实验评估技术性能,以及虚拟和现场实验评估技术在联合演习中的实际使用情况。未来项目计划将继续推进技术发展,验证性能,并在联合演习中应用。

5.1.2.3 美国太空军以下一代运行控制系统(Operational Control System, OCX)取代 OCS

2021 年 4 月,美国太空军授予雷神公司 OCX Block 3F 的开发合同。OCX 3F 计划将于 2027 年第三季度运行验收。根据美国太空军发布的 GPS 战略路线图,地面控制段的现代化工作主要就是 OCX 的升级工作。太空段的现代化工作包括 GPS III 卫星和 GPS IIIF 卫星的部署工作,用户段的工作主要是 M 码用户设备研制、部署和试验。

从 20 世纪 90 年代末开始发射 GPS 卫星起,OCS 历经多次升级,以保持对新发射卫星的控制能力。但由于 OCS 缺乏赛博安全防护能力,2007 年 2 月,美国开始为 GPS 星座开发增强型地面控制段——下一代运行控制系统(OCX),以取代 OCS。OCX 已于 2023 年下半年实现初始运行能力,将使 GPS 定位、导航和授时信号的准确性提高一倍,显著提升抵御赛博攻击的安全性，并增加可控的卫星数量。

美国现行 GPS 地面控制段 OCS 缺少现代化的赛博安全防护能力，不能指挥和控制最新的两代 GPS 在轨卫星，也无法控制包括军码，即 M 码和其他新型民用信号在内的卫星信号。自 2000 年以来，美国空军开始开展 GPS 系统现代化工作，投入数十亿美元以提供新信号操控能力、增强赛博安全性并应对各种威胁，全面提升 GPS 系统的整体性能。2005 年，美国空军发射了第一颗军用 M 码信号 GPS 卫星。M 码信号由于其抗干扰能力强的优势，已成为未来军用 GPS 基础设施的核心，但由于用户设备不支持，目前 M 码尚未实现广泛作战使用。为改进 GPS 卫星的赛博安全防护能力，实现对 GPS III 等新型卫星及 M 码信号的指挥控制能力，美国于 2007 年 2 月启动了 OCX 的研发工作，主承包商为雷神公司。

图 5.6 为 OCX 构想图。OCX 组成及功能主要如下：作为一种现代化的卫星指挥控制系统，OCX 能够指挥控制 GPS IIR、GPS IIR-M、GPS IIF 和 GPS III 卫星。OCX 采用灵活、开放式架构，能够便捷集成未来新技术，支持大多数现代军用和民用信号，包括 M 码信号的全球覆盖，具备内在稳健的信息保障能力，通过分层的安全机制来应对突发的赛博威胁，显著提升 GPS 性能。

OCX 系统如图 5.7 所示，在设计上采用了网络访问防火墙与入侵检测措施、公共关键信息加密、安全操作系统、跨域防护和安全代码五层防御体系，能够应对来自内外的赛博攻击和威胁，基本功能和作用如表 5.1 所示。

图 5.6　OCX 构想图

图 5.7　OCX 系统

表 5.1　OCX 五层防御体系的构成及其作用

层级	功能	作用
第一层	网络访问防火墙与入侵检测措施	甄别高威胁入侵或恶意访问
第二层	公共关键信息加密	对 OCX 系统的各种信息、数据进行加密保护，防止系统信息和数据遭到赛博攻击
第三层	安全操作系统	加强 OCX 系统的赛博攻击防御能力，保证 OCX 和 GPS 系统的运行安全
第四层	跨域防护	
第五层	安全代码	

OCX 项目以一系列 Block 的形式开发，目前共分四个 Block，即 Block 0、Block 1、Block 2 和 Block 3F。Block 0～Block 2 共耗资 66 亿美金，Block 3F 预计将耗资 2.23 亿美金。

OCX 系统主要包括的 Block 如下：

①Block 0。

Block 0 又称为发射和检测系统(Launch and Control System, LCS)，支持 GPS III 卫星的发射与检测，同时提供现代化的赛博安全能力。

②Block 1 和 Block 2。

Block 1 和 Block 2 将提供指挥和控制之前所有卫星及 GPS III 卫星的能力，监视并控制现有信号以及所有 M 码广播信号。Block 1 和 Block 2 的能力将同时交付。

Block 1 将实现对现有卫星(GPS IIR、IIR-M、IIF)以及现有信号(L1C/A、L1P(Y)和 L2P(Y))的控制。Block 1 还增加了指挥与控制 GPS III 卫星及现代民用信号 L2C 和 L5 的操作能力。

Block 2 增加了对新型国际开放/民用 L1C 信号的控制能力，同时还能够控制 M 码的 L1M 和 L2M 信号。

③Block 3F(F 代表 follow up，是 Block 2 的后继项目)。

Block 3F 是 Block 1 和 Block 2 的升级版，具有指挥和控制 GPS IIIF 卫星(GPS III 的后继卫星项目)的能力。Block 3F 与 GPS IIIF 卫星项目共同保证了卫星状况中心(Satellite Situation Center, SSC)能够为后继的卫星提供 GPS 定位、导航和授时能力。Block 3F 支持的 GPS IIIF 能力包括：搜救、激光回射阵列、核爆炸探测系统载荷、为美军及联盟提供区域性高性能军事信号以增强 GPS 弹性的地区军事保护(RMP)能力、创建时敏作战效应的快速重配置 GPS IIIF 卫星的能力。

除了支持美国国防部最新的赛博安全标准与实践外，Block 3F 还支持一系列先进的赛博能力，包括：增强与扩展的监控站网络以提供改进的赛博安全能力和抗干扰能力；增强的操作能力，实现对现代化军用信号的控制；支持对 GPS III M 码的操控能力；对与欧洲伽利略导航卫星系统兼容的信号以及生命攸关信号的监控。

5.1.2.4　美国探索电磁战和网络战能力融合

随着人工智能、机器学习等新技术的发展以及网络空间与电磁频谱的深度融合，电磁战与网络战之间也呈现出融合发展趋势[74-76]。

近年来，美国不断探索电磁战与网络战的融合理念、技术、装备，旨在向实战运用转化，主要在以下几个方面开展研究与应用：

一是条令理论方面，2021年6月，美国陆军未来司令部发布AFC手册71-20-8《作战概念2028——赛博空间和电磁作战》，描述美国陆军如何通过网络空间和电磁频谱进行作战，并充分整合了网络空间、电磁战和信息环境中的行动，以支持多域作战。2021年8月，美国陆军部发布野战手册FM3-12《网络空间作战和电磁战》条令，取代2017年发布的FM3-12《网络空间和电子战作战》条令，阐述美国陆军如何通过网络空间电磁行动将网络空间作战和电磁战集成和同步到地面作战中，以支持统一地面作战行动。

二是学术探讨方面，2021年4月，美国海军司令约翰·迈耶在老乌鸦协会举办的线上网络会议上指出相控阵和先进干扰技术的发展使电磁战与网络战之间的界限变得模糊，美国海军拟通过部署下一代机载电子干扰机实现电磁战和网络战能力的融合。重点领域包括：集成电磁战与网络战，实现同步的电磁攻击、电磁战支援、电磁保护和战役/战术欺骗；射频、网络和通信信号可视化；快速分析海量多源异构数据/信息(自然语言处理、人工智能(AI)与机器学习、超级计算、并行处理及相关技术)；为从战术层面到战略层面的作战决策提供技术支持；为行动方案制定、优化和确定优先级提供技术支持，并呈现具有挑战性和动态性的电磁频谱作战环境技术[77-79]。

三是训练演习方面，2021年3月，美国陆军在戈登堡进行"网络探索2021"演习，旨在评估满足网络战和电磁战能力要求的新技术。2021年5月3日～14日，由美国空军主导、美国陆军和海军共同参与的"北方利刃2021"大型联合演习是电磁频谱作战与网络空间作战联合实战演习，表明电磁战与网络战的融合正式向实战运用转化。该演习通过组织各军兵种、多种装备在近似实战环境中的演练，为美军进一步加强软硬件和系统装备能力提供指导。美国陆军作战能力发展司令部C5ISR中心在2021年5月~7月举行的"网络现代化实验"(NetModX 21)将新兴的网络战与电磁战能力相结合，评估包括C4ISR/电子战模块化开放套件标准、低截获概率/低检测概率技术等在内的约40种技术，专注于融合自动化和受保护的通信，以实现多域杀伤能力。

此外，美国各军种都在开展多种能力技术来促进电磁战与网络战的融合发展，主要包括以下两个方面：

一是美陆军开发CMOSS开放式标准架构，旨在为通信、电子战和信号情报系统提供天线、放大器等各种射频资源；促进将新能力快速插入到系统中，以实现互操作性。目前已有四个计划内的电子战和网络战项目使用CMOSS："空中大型多功能电子战"系统、旅战斗队地面层系统(TLS-BCT)、战术网络战设备(Tactical Control Element, TCE)和加密CMOSS卡。

二是美国海军"下一代干扰机"和空军"罗盘呼叫"飞机将具备射频使能网络能力。海军的"下一代干扰机"可以执行电子战和雷达任务，能够发动网络攻击，可在入侵网络时将流氓数据包插入敌方系统。"下一代干扰机"结合射频使能赛博能力，其电子战系统网络作战能力具有更好的应用前景。空军的"罗盘呼叫"飞机除了用于干扰敌方雷达和通信，也开始向利用无线电频率的无线装备传输计算机代码。这表明"罗盘呼叫"飞机在网络战与电子战融合方面发挥了新的作用。该飞机旨在干扰敌方传输，访问敌方网络，飞机在攻击时可以关闭网络，这意味着可以像许多故意断开互联网的军事网络一样以提高安全性。

2023年7月26日，美国战略司令部在奥法特空军基地举行联合电磁频谱作战中心(JEC)成立仪式，该机构根据国防部2020年《电磁频谱优势战略实施计划》设立，是美国国防部频谱优势战略实施计划的关键环节。联合电磁频谱作战中心旨在提高联合部队在电磁频谱中的战备能力，是国防部电磁频谱作战的核心。该机构将负责调整部队管理、规划、局势监控、决策和部队指挥，并侧重于培训和教育的能力评估，还将为作战司令部提供电磁频谱作战培训、规划和需求支持。

联合电磁频谱作战中心将由安玛丽·安东尼准将领导，已于2023年夏具备初始作战能力，到2025财年达到全面作战能力。该中心还将包括两个分部：得克萨斯州圣安东尼奥-拉克兰联合基地的联合电磁战中心和内华达州内利斯空军基地的联合电磁战备中心。

5.1.2.5　美国利用商用卫星提升天基信号情报能力

2022年1月，美国空军研究实验室授予"鹰眼360"公司一份价值1550万美元的合同，用于购买射频分析研发服务，帮助其测试和评估空军的太空ISR混合架构。

近些年来，随着低轨卫星技术的不断发展及发射成本不断下降，越来越多的商业公司开始涉足电磁频谱监测领域。同时在大数据、人工智能等新技术的推动下，商用卫星可在一定程度上与军用信号情报卫星形成能力互补。在这样的背景下，美国敏锐把握新发展趋势，开始试探与商业公司合作，进一步提升其天基信号情报能力。

美国在天基信号侦察领域毫无疑问是全球最强的，自1962年5月发射世界上第一颗电子侦察卫星以来，美国的信号情报卫星已从20世纪60年代的第一代卫星发展到第五代卫星。目前，美国主要使用第四代电子侦察卫星和第五代电子侦察卫星，包括"水星"、"门特"（又称"猎户座"）、"号角"、"入侵者"、"徘徊者"等。下面简单介绍其中几种电子侦察卫星。

随着低轨卫星及信号情报载荷技术的快速发展，北约国家有越来越多的防务公司或初创公司开始涉足天基射频监测领域，其中有的公司已经与美军签订合作协议，有的还在不断与美军接触，希望能与美军开展合作。在这些进入卫星信号情报领域的公司中，有的公司是充分利用自身在信号情报领域的经验积累，拓宽业务范围，如英国的水平线航空航天技术公司；有的公司是充分利用软件无线电、大数据、人工智能等新兴技术，通过收集、分析大量的射频数据，形成全球范围的射频活动态势，如"鹰眼360"公司、克勒斯太空公司、无形实验室等。

"鹰眼360"（Hawkeye 360）是第一家进入天基射频监测市场的公司，也是少数已将立方体卫星发送至轨道的公司之一，至今已成功发射9颗频谱监测卫星。随着其星座的不断扩大，"鹰眼360"公司可对多种射频信号进行识别和精确定位，包括VHF频段的海上无线电、UHF频段的对讲机通信、V和S频段海上雷达系统、自动识别系统（Automatic Identification System, AIS）信标、L频段卫星设备和应急信标等，并能使用机器学习和其他工具对收集到的数据进行处理和分析，目前已推出RFGeo、区域态势订阅、SEAker三种订阅服务。2022年3月，"鹰眼360"公司发布报告，称其在乌克兰附近检测到持续且不断增加的GPS干扰信号。

克勒斯(Kleos)太空公司主要为海上市场提供天基射频数据服务，提供全球隐蔽海上活动情况，提升政府及商业实体在没有自动识别系统信号、图像不清晰或船只不在巡逻范围等情况下的情报能力。截至2022年4月，克勒斯太空公司已经将3个星座共12颗射频信号侦察卫星送入轨道，并计划打造由20颗卫星组成的卫星群。这些卫星以软件定义无线电为基础，利用到达时差手段对VHF频段的信号进行地理定位，且监测能力最终可涵盖卫星电话。

无形实验室(Unseenlabs)公司目前已研制并发射3颗侦察卫星，主要通过射频辐射源对海上船只进行跟踪，并将收集到的射频信号数据以服务的方式出售给各类客户，还能对信号进行辐射源个体识别，从而使其能够对某一区域内的特定船只进行跟踪。

水平线航空航天技术公司以前主要从事卫星通信监控，现在也开始涉足立方体信号情报卫星领域，旨在为海上态势感知提供信号情报即服务(Signet as a Service, SAAS)，利用卫星信号有效载荷对全球船舶的射频辐射源进行定位和跟踪，主要包括S/X频段舰载雷达、自动识别系统、L频段卫星通信等，同时还能对图莱亚、IsatPhone Pro等卫星通信信号进行解调，获取诸如信号情报，波形和其他特征等。

利用商用卫星将显著提升美国的天基侦察能力，创新作战模式已经成为趋势，主要包括以下几个方面：

一是高低搭配，弥补空白。传统上的军用电子侦察卫星属于"高大上"资产，轨道高、成本高，卫星尺寸大、重量大，而目前的商用电子侦察卫星基本都是低轨小卫星，同时更多采用商用现货产品，卫星研发、生产和发射成本大幅降低。此外，低轨卫星由于距离辐射源更近，其接收灵敏度要求没有高轨卫星严苛，同时由于其相对地球表面运动，所以理论上可通过运算实现单星定位。目前商用电子侦察卫星多用3～4颗卫星组成的小星座，以实现更好的侦察效果。利用大数据及人工智能技术，可以形成全球范围的电磁频谱态势感知能力。美国通过充分利用商用电子侦察卫星的能力，从而实现高轨与低轨卫星搭配，高价值卫星与低成本卫星服务的配合，丰富其情报产品手段及能力的效果。同时由于军用电子侦察卫星研发周期长，且在设计之初就有非常明确的作战目标，所以对新兴的电磁目标（尤其是商用电磁目标）存在能力短板及空白，而商用电子侦察卫星则能在较大程度上弥补这种空白。

二是机动灵活，快速响应。商用电子侦察卫星的研发、发射都非常灵活，可以针对新出现的情况及时做出调整，例如，在研发过程中根据需要添加新的硬件或能力，或针对紧急情况临时调整发射计划，提前将卫星送入轨道并进行侦察，或利用在轨机动能力，调整重点关注区域，从而实现对突发事件所在地区进行侦察。此外，由于商用电子侦察卫星多采用软件无线电，所以在能力升级和调整方面也具有很大的灵活性，可以通过修改软件的方式来改变卫星的任务和能力。通过与商业公司合作，美国可以充分利用商用电子侦察卫星的灵活性，从而更加快速地响应作战需求，为实现电磁频谱主宰优势创造条件。

三是投石问路，创新探索。美国军方通过与商业公司合作，探索低轨信号情报卫星发展的新方式。例如，美国国家侦察局通过"鹰眼360"公司将商用射频调查、订购、编目和数据产品集成到国家侦察局的情报架构中。美国空军通过"鹰眼360"公司的合作探索其未来太空情报监视侦察的混合架构。

2022年12月，SpaceX公司推出"星盾"计划，该计划是"星链"系统的升级版，主要为美军及美国情报部门设计，其将利用卫星数量优势，进一步拓展其业务范围。由此可见，未来商业公司在美国天基侦察领域将发挥重要作用。

5.1.2.6 欧洲国家以俄乌冲突实战经验为鉴，开发满足实战需求的电子战装备

(1) 英国皇家空军引入"亮云"诱饵演示新的欺骗技术

2022年4月，莱昂纳多公司同英国皇家空军与意大利和丹麦空军合作，将新的基于软件的机载射频欺骗技术插入到"亮云"有源投掷式对抗装置中。在英国靶场进行的试验表明，"亮云"有能力在新的和不断变化的威胁面前保持领先。

(2) 英国莱昂纳多公司大力推进电子战及定向能应用

2022年7月，在英国举办的范堡罗航展上，英国莱昂纳多 DRS 公司董事长兼首席执行官威廉·林恩(William Lynn)透露，该公司正致力于提升定向能和电子战能力的应用，以应对无人机蜂群。

该公司目前正在生产的"机动式低慢小无人机综合防御系统"(MLIDS)是一种双车解决方案，一辆车上装有探测无人机的传感器，另一辆车上装有击落无人机的武器。同时，该公司也在测试一种新的单车载反无人机系统，并尝试对其升级以更好地应对无人机蜂群。

(3) 德国空军选择欧洲战斗机 ECR 作为未来电子战飞机

2022 年 3 月，德国选择洛克希德·马丁公司研制的 F-35A "闪电 II" 战斗机来更换其 "狂风"(Tornado)战斗机。

此外，德国还将开发一种新的欧洲战斗机型号，即双座电子战任务(ECR)型号，以满足北约对机载电子攻击能力的需求，夺取空中电磁频谱优势。预计德国空军将购买多达 35 架 F-35 战斗机和 15 架欧洲战斗机 ECR 电子战飞机。

(4) 德国亨索尔特公司开发 "利刃攻击" 干扰系统

2022 年 5 月，德国亨索尔特公司通过将人工智能、数字化和有源电扫阵列技术相结合，开发了一种名为 "利刃攻击"(Kalaetron Attack)的干扰系统，如图 5.8 所示，该系统能够干扰俄罗斯最新的雷达，保护飞机免遭敌方防空系统的攻击。

"利刃攻击" 是亨索尔特公司 "利刃" 全数字化产品系列的成员，为德国武装部队及其他国家军队提供自卫和信号情报能力。根据用户的需求，"利刃攻击" 可按多种配置部署在不同的平台上，用于自卫、电子支援和信号情报任务。

图 5.8 "利刃攻击"干扰系统

(5)法国启动"闪电鹰"(FlashHawk)机载通信情报/通信电子支援系统

2022 年 5 月，法国 Avantix 公司启动了"闪电鹰"(FlashHawk)机载通信情报/通信电子支援系统的初始生产。

"闪电鹰"系统的设计目标是使小型机载平台能够对通信辐射源进行三维地理定位。系统采用了低尺寸、重量和功耗设计，可以集成到一系列的空中平台上，包括固定翼ISR 飞机、直升机、无人机和气球等。作为一种通信电子支援传感器，"闪电鹰"系统能够在 30MHz～3000MHz 的通信频段内对猝发脉冲进行检测、表征、定位和识别。该系统采用了紧凑型天线设计，可以实现精确的三维地理定位，精度通常可以达到 1°的均方根误差。这个精度足以立即引导光电/红外传感器进行实时观测和视频跟踪。

(6)加拿大海军将装备"下一代达盖"(Next Generation Dagai System，NGDS)系统

2022 年 5 月，加拿大透露将为其海军下一代水面舰船

装备"下一代达盖"(NGDS)系统。NGDS系统由法国赛峰集团公司研制，是一种先进的瞄准式诱饵弹发射系统。

NGDS系统是在方位角和仰角可瞄准的双轴发射系统，可以实现诱饵有效载荷的最佳部署。NGDS系统是一种强大的多功能平台，适用于发射迫击炮、火箭弹药等各种防空/反潜弹药，包括箔条、曳光弹、遮蔽物、角反射器、反鱼雷等各种无源和有源装置，口径可达150毫米。

(7)土耳其陆军配备"乌拉尔"雷达电子战系统和电子战无人艇

2022年1月，由阿塞尔桑公司(Askeri Elektronik Sanayi Military Electronic Industries, ASELSAN)研制的"乌拉尔"(VURAL)雷达电子战系统交付土耳其陆军，用于干扰敌方机载和地面雷达，如图5.9所示。

图5.9 "乌拉尔"系统

"乌拉尔"系统是在"雷达电子支援/电子攻击"(REDET-Ⅱ)项目下研制的。该系统包含电子支援和电子攻击子系统两部分。电子支援子系统负责探测敌方雷达和由雷达制导的目标系统，并从这些系统中获取技术信息。电子攻击子系统则负责执行电子攻击任务，降低或摧毁上述目标系统的效能。

与此同时，土耳其日前宣布成功开发了具有电子战功能的无人艇。该电子战无人艇称为"枪鱼斯达"(Marlin SIDA)，以"枪鱼斯达"无人艇为平台，是在土耳其国防工业局协调下，由阿瑟桑公司和赛芬船厂联合研制的，如图5.10所示。

图 5.10　土耳其"枪鱼斯达"无人艇

"枪鱼斯达"长约15米，土耳其称是其迄今研制的功能最强大的无人水面艇，具有与水面战、水下战、电子战和不对称作战相关的重要载荷和能力。"枪鱼斯达"通过无人水面平台实施电子战，是一种改变游戏规则的创新方法，将对未来海战产生深远影响。

(8) 英德拉公司将为西班牙空军提供防御辅助子系统

2022年1月，英德拉公司宣布将为西班牙空军"猎鹰"项目中的20架新型"欧洲战斗机"提供防御辅助子系统

(DASS)，以确保该型战斗机具备西班牙空军所需的空对空和空对地作战优势。在探测到威胁时，DASS 系统将向飞行员发出告警并启动各种对抗措施，以欺骗或干扰敌方的电子系统。

(9) 英德拉公司为"虎"式直升机升级电子防御系统

2022 年 3 月，欧洲联合军备合作组织向英德拉公司授出多份总价值为 9000 万欧元(9600 万美元)的合同，为西班牙陆军的 18 架"虎"式 Mk III 直升机装备下一代任务与电子防御系统，以应对未知和复杂的未来威胁，预计直升机将于 2030 年首飞，如图 5.11 所示。英德拉公司将为"虎"式 Mk III 直升机装备最先进的数字化自卫电子战系统，以及可用的现代化程度最高的战术任务系统。英德拉公司还将为包括西班牙和法国在内的整个"虎"式 Mk III 编队共 82 架直升机提供敌我识别系统[80]。

图 5.11　英德拉公司将升级西班牙陆军所有的"虎"式直升机

5.1.2.7 俄军开展装备技术改革，发展新型电子战手段

电子战一直是俄罗斯军队的关键领域。俄军近年来通过电子战改革，提升了其电子战实力。这次改革包括了专业的电子战部队和各军兵种的电子战分队，覆盖了空中、地面和水上电子战力量。最近，俄罗斯的电子战力量逐渐崭露头角，成为军队中的重要兵种。

特别是在 2008 年俄格战争中，俄军未充分利用电子战分队，导致损失。后来，俄军采用"大青"电子战系统的"米-8SMV-PG"直升机进行电磁信号干扰，成功削弱了格军导弹制导雷达的性能，有效支持了俄军行动，如图 5.12 所示。此外，俄军还采用了反辐射导弹打击格军的防空雷达。这个经验突显了电子战在现代战争中的关键地位。俄军正在不断改进其电子战能力，以适应不断演变的威胁。

图 5.12 米-8SMV-PG

(1) "新面貌"改革后俄军电子战力量快速发展

2009 年 4 月，俄军成立第 15 独立电子战旅，隶属于

俄武装力量最高统帅部，装备了"摩尔曼斯克-BN"通信压制站和"索具-3"气动干扰源等电子战系统。此后，各战区相继建立了电子战部队，包括电子战旅和电子战中心。俄罗斯空天军升级了苏-34 前线轰炸机的电子战系统，以及"米-8"直升机的"杠杆"电子干扰站。此外，俄空天军还使用基于"伊尔-18"和"伊尔-22"的干扰机。电子战部队分为战略电子战营、战术电子战营以及两个独立电子战连。战略电子战营装备了"摩尔曼斯克-BN"通信压制站，如图 5.13 所示，战术电子战营使用装甲输送车底盘的"水底生物"系统、R-330Zh "居民"和 R-934 型电子干扰站。图 5.14 为"希比内"电子战系统。另外，图 5.15 为两个独立电子战连分别携带"克拉苏哈"电子战系统和"索具-3"气动干扰源系统，图 5.16 为广泛应用的俄罗斯电子战系统。

图 5.13 "摩尔曼斯克-BN"大型通信压制站

图 5.14 "希比内"电子战系统

图 5.15 "克拉苏哈"电子战系统和"索具-3"气动干扰源系统

俄军为关键设施提供独立电子战营，以进行电磁掩护。俄罗斯的电子战系统继承了苏联时期的设计理念，强调通过高干扰信号来进行噪声干扰。然而，这种设计理念虽然强化了干扰效果，但也降低了电子战系统的同时干扰能力。此外，强噪声干扰信号容易被敌方电磁侦察设备探测到，使其成为反辐射导弹的目标。因此，电子战系统如"克拉苏哈"需要高机动平台，以便能够快速进入有利位置实施电磁干扰,并在攻击后快速脱离。

图 5.16 俄罗斯电子战系统广泛应用

(2)俄军加强电子战部队建制和建设

俄军在 2008 年和 2009 年对军队进行了重组,对各大军区/联合战略司令部进行了重构,电子战部队也随之进行了转变。该过程中将分离的电子战单位在作战和战略层面重新组合,成立旅级单位。2009 年 4 月,西部军区第 15 电子战旅在新莫斯科斯克成立。该电子战旅的成立是一个重大转折点,标志着电子战对俄罗斯军队的重要性不断提升。2015 年 12 月,南部军区第 19 电子战旅在拉斯维特成立。目前俄军各军种重组后的机动旅(坦克旅和机械化步兵旅)架构中都包含有电子战作战单位。

(3)俄罗斯电子战装备研发的 KRET 公司

目前,俄罗斯主要从事电子战研制的企业部门有无线电电子技术公司(KRET)和俄罗斯电子战科学技术中心(NTT REB)。他们履行着向俄罗斯军方宣传和推动电子战的职责,负责未来电子战系统的研究与开发。正是有了国防工业这道后盾,俄军近年在电子战能力的发展才能如此迅猛。

(4) 俄罗斯在电子战领域发展存在的问题

目前,俄罗斯电子战系统研制存在以下问题:

电子战装备被过度包装和宣传,实际性能不如媒体所称。在过度宣传中,还存在战略考量。例如,2008年俄格战争中,俄军使用"安-12PP"飞机压制格军雷达时,同时也对自己的雷达和通信设备产生了干扰。

电子战系统的设计原理相对滞后,主要基于20世纪70~80年代的技术。这导致设备庞大、机动性下降,以及应用上的缺陷,主要是依赖强噪声干扰进行电磁压制。

俄罗斯电子战系统研发体系存在组织管理问题,缺乏统一协调,导致产品交叉重复,浪费了人力和物资资源,制约了系统的进一步发展。

(5) 俄罗斯持续推动建设"电子战能力2025"

早在2017年9月,爱沙尼亚国际防务与安全中心发布了一份题为《俄罗斯电子战能力2025》的研究报告,该报告基于俄罗斯专家和军事文献,指出俄罗斯的电子战能力对北约波罗的海国家和东翼构成严重威胁。俄罗斯的电子战技术可以干扰、破坏北约的通信、雷达和其他传感器系统、无人机等设备,削弱了盟军的技术优势。俄罗斯已开发多种电子战系统,部署在西部军区,同时改进了电子战机构、指挥架构、训练、战术和规程。未来的冲突将在激烈对抗的电磁频谱战斗中展开。

5.1.2.8 亚洲多个国家通过多渠道采办或自主研发，不断健全电子战装备体系

(1)以色列海军测试 C-GEM 创新型舰载舷外射频有源诱饵(Radio Frequency Active Decoy, RFAD)系统

2022年5月，以色列拉斐尔先进防御系统公司与以色列海军合作，成功对其 C-GEM 创新型舰载舷外射频有源诱饵(RFAD)系统进行了一系列测试。其中包括从以色列海军的 Sa'ar 6 轻巡洋舰发射 C-GEM 诱饵，以对抗多个先进威胁。

通过测试，以色列海军决定将该诱饵综合到 Sa'ar 6 多层防御编队中。这样，C-GEM 不仅可作为一种有效的软杀伤防御层，还可以作为 C-DOME 硬杀伤防御层的补充。C-GEM 能够从多个方向干扰和欺骗反舰导弹等威胁。

(2)以色列向印度出口"天蝎座-SP"干扰吊舱

2022年6月，以色列航空航天工业公司(Israel Aircraft Industries，IAI)获得了一份价值数百万美元的合同，为印度空军提供"天蝎座-SP"机载自卫干扰机吊舱(ELL-8222 SB)。

"天蝎座-SP"吊舱基于先进的 AESA 多波束技术，能同时探测和压制飞机周围不同方向上的多个威胁。该吊舱具有极高的灵敏度和发射功率，能够实现对先进威胁目标(如低截获概率雷达)的高灵敏度探测及有效干扰。

(3)以色列埃尔比特公司为印度提供地基电子战装备

2022年7月，以色列埃尔比特系统公司获得印度一份价值7000万美元、为期两年半的合同，为其提供配备有电子支援措施、电子对抗措施以及指控系统的地基电子战和信号情报装备。这些装备能够生成综合的无源空中与地面

态势图，并提供电子战斗序列，从而对空中和地面威胁做出有效响应。

(4) 日本实施 F-15J "鹰"超级拦截器计划

2022 年 3 月，波音公司获得日本 F-15J "鹰"超级拦截器计划的 2455 万美元的未确定改装合同。改装要求为日本航空自卫队增加电子战系统初始非经常性工程。

该工作将在密苏里州圣路易斯进行，预计将于 2028 年 12 月 31 日完成。该合同涉及对日本 100%的外国军售，是独家采购的结果。在授予时，需要支付 1202 万美元的外国军售资金。该项目由俄亥俄州赖特-帕特森空军基地的空军生命周期管理中心为总承包商。

(5) 澳大利亚皇家空军发布新型电子战飞机 MC-55A "游隼"(Peregrine)

2022 年 5 月，澳大利亚皇家空军发布了最新型的电子战飞机 MC-55A "游隼"(Peregrine)的照片，如图 5.17 所示。MC-55A 飞机是在 "湾流 G550"喷气式公务机的基

图 5.17　MC-55A "游隼"电子战飞机

础上改装而来，机上配备情报监视侦察与电子战(AISREW)任务系统，机身布满天线，腹部有一个大型"船形"天线罩。

MC-55A 具备防区外电子攻击和情报搜集能力，还具备地面测绘和地面动目标指示功能。MC-55A 不同于普通的电子战飞机，它将把澳大利亚机载电子攻击和监视能力提升到一个全新的高度。

5.2 电磁空间传播研究与应用

天线与电磁传播领域是电磁空间理论技术的重要组成部分，涉及天线设计与优化以及电磁波的传播特性研究。天线是用来发送和接收电磁波的设备，广泛应用于通信、雷达、卫星等领域。天线设计与优化的目标是实现更好的辐射特性、频率宽带性能、方向性和效率。在天线设计中，考虑的因素包括天线结构、尺寸、形状、材料以及辐射特性等。通过电磁场仿真、优化算法和计算机辅助设计工具，可以实现天线性能的改进和优化。

对电磁波的传播特性研究是理解和预测电磁波在空间中传播的行为。这方面的研究涉及电磁波在不同环境中的传播损耗、衰减、散射、多径效应等。其中，电磁波在不同介质中的传播特性是重要的研究内容，包括自由空间传播、大气传播、地面传播、海水传播等。电磁波传播特性的研究对于无线通信系统的覆盖范围、信号强度、传输质量等具有重要的指导意义。

实际上，电磁频谱被认为是一种自然资源，虽然人类对这种资源的开发利用也仅仅只有短短的百余年的历史，但是随着信息科技的发展，电磁频谱利用越来越广泛，电磁频谱资源的价值也越来越大。电磁频谱资源与自然界中的水、土地、矿产、石油等其他资源一样，成为人类生产生活中不可缺少的要素。从古至今，人类社会体系的构建无不与资源的分配紧密联系在一起，纵观人类历史上的战争，大多与资源的争抢紧密相关。电磁频谱资源也不例外，和平时期主要涉及电磁频谱资源的协调分配与监控管理，而在战争时期交战双方对战场电磁频谱资源的争抢与侵占，则将成为现代高科技战争中的重要决定性因素。

5.2.1 全球态势

5.2.1.1 电磁传播技术持续深入探索与创新

在全球范围内，天线与电磁传播领域的科学研究和技术发展持续推进[81-98]。各国在天线设计与优化、电磁波传播特性研究、电磁场仿真与建模等方面进行深入探索和创新，以应对不断变化的通信和雷达需求。

天线与电磁传播技术广泛应用于无线通信、雷达系统、航空航天、卫星通信、物联网等领域。全球各国都在积极推动相关技术的应用和发展，以满足不断增长的通信和信息传输需求。

在天线与电磁传播领域的研究中，利用电磁场仿真软件、数值计算方法和优化算法等工具，可以进行天线结构的设计优化、电磁波的传播建模和仿真，以满足不同应用场景下的需求，并为无线通信、雷达系统、卫星通信等提供技术支持。同时，电磁传播研究也为电磁环境评估、无线网络规划等提供重要依据。

5.2.1.2 国内研究现状与发展思路

国内积极推进天线与电磁传播技术广泛应用于无线通信、雷达系统、航空航天、卫星通信、物联网等领域。在科研实力、技术应用、产业发展方面的发展思路如下[99,100]：

一是在科研实力方面，我国在天线与电磁传播领域具有强大的科研实力。国内高校、科研机构和企业积极开展相关研究，涉及天线设计与优化、电磁波传播特性研究、电磁场仿真与建模等方面。我国的科研成果在国际学术期刊上有所涌现。

二是在技术应用方面，我国在无线通信、卫星通信、雷达系统等领域的天线与电磁传播技术应用取得了显著进展。例如，我国积极推动 5G 通信技术的发展，在天线设计与优化方面取得了重要突破。同时，我国在航空航天领域也有一定的成就，在卫星通信和导航系统中应用了先进的天线与电磁传播技术。

三是在产业发展方面，我国的天线与电磁传播产业发展迅速。一批具有创新能力和市场竞争力的企业涌现，推动了技术的商业化应用。同时，国内相关企业也积极参与国际合作和市场竞争，加速了技术创新和产业升级。

总体来说，天线与电磁传播领域在全球范围内取得了显著进展，我国作为重要的参与者之一，在科研实力和技术应用方面取得了可观的成就。未来，天线与电磁传播技术将继续发展，以满足日益增长的通信和信息需求。

5.2.2 2021~2023 年热点与成就

5.2.2.1 美国陆军持续开发量子射频传感器

美国陆军正在开发"里德堡"量子传感器，并将测试其在宽频段内连续工作的能力。该传感器样机只有鞋盒大小，能够灵敏检测 0~20GHz 射频频谱范围内的各类信号，有望突破传统电子器件在灵敏度、带宽和频率范围等方面的限制，为美国陆军在电子战、通信、导航等领域带来突破创新。

传统上基于"电信号检测与测量"的电子战理论与技术体系所能实现的性能正逐步接近或达到物理极限，对射频电场的测量精度和灵敏度已远不能满足当前科技和军事需求的快速发展。近年来，人们利用里德堡原子极化率大、场电离阈值低、电偶极矩大以及能级间隔处于微波频段的特性，发展了一种基于原子能级的电磁场测量的新方法，即基于里德堡原子特性的量子传感器。基于里德堡原子的量子传感器可以作为射频接收机系统的一部分，取代传统接收机中的天线和前置放大器部分，后面的信号处理阶段可沿用传统电子学型接收机的技术路线。

相比于传统的电子学型接收器，基于里德堡原子的量子传感器有以下几个优点：

一是传统天线通过导体中电荷电流相互作用来检测射频场，其灵敏度受到电子随机热运动产生的热噪声限制，而量子传感器虽然也受到量子噪声限制，但量子噪声可以降到比热噪声更小的数量级。

二是经典天线的尺寸和形状对其性能有很大影响，而量子传感器没有尺寸限制，单个量子传感器能够检测从赫兹到太赫兹频率范围的电磁波。传统接收机入射波和天线之间复杂的耦合会产生复杂的方向灵敏度，而量子传感器具有几乎各向同性的方向灵敏度且可以接收高入射功率。

近年来，美国陆军、国防高级研究计划局、国家标准技术研究院(National Institute of Standards and Technology, NIST)等机构都在研发量子传感器，并相互合作，其中陆军在研制量子传感器方面不断取得突破，并公布了相应研究成果。美国陆军研究实验室(Army Research Laboratory, ARL)在2018年就成功验证了"里德堡"量子传感器在10kHz～30MHz的低频段数据接收，证明了里德堡接收器可以达到理论上允许的最大性能仅受量子波函数基本坍缩的限制。

2020年1月，在DARPA的支持下，美国陆军研究实验室定量分析了1kHz～1THz宽频谱和宽振幅范围的振荡电场灵敏度，获得1kHz～20GHz频率范围内的数据接收响应曲线，并与传统的无源偶极子耦合接收机进行了灵敏度初步对比。结果显示，这种基于新型量子原理的电磁波接收机原型已具有与传统接收机相当的灵敏度。

2021年2月，美国陆军研究实验室对该接收机进一步优化，在与波导耦合频谱分析仪联用时实现了超越传统偶极子天线的灵敏度和动态范围，并在实验室条件下对0～20GHz的现实世界无线电信号进行采样，轻松检测出实验室周边环境中的调幅(Amplitude Modulation, AM)、调频(Frequency Modulation, FM)、Wi-Fi、蓝牙等类型的通信信号。该系统的固有灵敏度高达–120dBm/Hz，具有直流耦合、4MHz瞬时带宽以及超过80dB的线性动态范围。实验通过连接一个低噪声前置放大器，演示了高性能频谱分析，其峰值灵敏度优于-145dBm/Hz。

2022年，美国陆军C5ISR中心宣布将继续开发并展示这种量子传感能力，并将主要研究工作集中在信号接收上，该中心还与美国国防部副部长办公室、其他部门的研究实验室以及DARPA等机构在量子传感器方面合作，特别是与DARPA在2021年下半年启动的"量子孔径"项目进行合作。"量子孔径"项目的目标是演示"将里德堡传感器作为射频接收机系统的一部分"，开发比传统接收机具有更大灵敏度、带宽和动态范围的便携式无线电接收机，将主要解决当前里德堡传感器在增强灵敏度、实现快速宽带连续调谐、演示传感器阵列和到达角测向能力，以及接收任意波形等几个方面的挑战。

基于里德堡原子的量子传感器易于实现微型化和集成化，具有广泛的应用前景，有望实现超远距离通信、隐身目标雷达探测、全频段无线电信号检测等传统技术难以实现的任务，在电子战、潜艇探测、地理定位以及导航和通信等领域也有应用前景，而且可以大大降低大型接收系统的复杂性和规模，甚至以单兵手持的尺寸实现。量子传感器的发展给电子侦察带来了新的技术手段，有望实现性能突破，有望大幅提升电子侦察系统的信号测量精度和灵敏度，解决当前无源侦察准确度较低的问题。

在大国竞争背景下，电磁静默战将成为一种典型的作战样式，电磁隐蔽能力将成为提升战场生存能力的重要因素，无源量子侦察将在未来战场目标感知识别定位中发挥更加重要的作用，并使电磁频谱在未来军事博弈中处于更重要的地位。

5.2.2.2　美国蓝色行者3商用移动通信阵列

美国太空移动公司(American Space Technology, AST)太空蓝色行者 3 是部署在近地轨道上的最大商业通信阵列，旨在以 5G 速度通过 3GPP(The 3rd Generation Partnership Project)标准频率直接与蜂窝设备通信。卫星阵列的天线已于 2022 年 11 月 14 日在太空展开，总面积达 64m^2。这一设计特征对于支持天基蜂窝宽带网络至关重要。该卫星的预期视野覆盖范围将超过 776996km^2。

5.2.2.3　超构材料与超构表面技术持续创新发展

当前国内外电磁超构表面的研究都在追求电磁波调控维度的不断扩展，电磁波调控性能的不断提升，与国内外研究水平相当。其中，在单个或多个域(频域、角域、极化域)上对散射电磁波的不同属性(幅度、相位、极化、方向图)进行可重构调控的电磁超构表面受到了重点关注。此外融合传统电磁散射调控功能和天线辐射功能的新型电磁超构表面——电磁超构孔径也逐渐受到人们的重视。电磁超构孔径在实现传统的频选或角选透波、散射方向图赋形或极化偏转等散射波调控和重构功能的基础上，进一步增添了频率、波束指向或极化等特性能够灵活调控或重构的主动辐射功能，预计它在未来新一代无线系统中将占据重要位置。当前电磁超构表面研究另一个值得注意的特点是其越来越深度地与机器学习、神经网络等 AI 技术相结合，以促使电磁超构表面能够满足未来多功能多任务无线系统实时高效重构的要求。

2021年东南大学崔铁军、程强团队提出一种散射和辐射双重可重构的电磁超构表面，借助现场可编程逻辑门阵列(Field Programmable Gate Array, FPGA)的实时数字控制，能够同时对表面的散射和辐射特性进行调控，实现不同散射模式和辐射模式，例如，散射波极化转换、散射方向图调控、RCS缩减、低交叉极化辐射和涡旋波束辐射等。

2021年电子科技大学聂在平、杨仕文团队提出了一种辐射、散射双控超构表面阵列，由加载8个PIN二极管的可重构阵元构成。通过控制加载PIN管的通断可实现阵元辐射特性的重构，包括极化重构(通过控制贴片的等效切角实现左旋圆极化和右旋圆极化的重构)和2bit辐射相位重构(通过控制馈电结构的等效旋转实现2bit相位的重构)。通过对不同阵元辐射相位的调控可以实现圆极化辐射波束的扫描，扫描角度可以达到±45°，同时对所有组成阵元进行了随机旋转，以抑制圆极化辐射状态下因2bit相位量化误差引起的旁瓣。此外，通过不同阵元的散射场反相相消的机制，实现了带内单站和双站雷达散射截面的有效缩减。

2023年中国传媒大学李增瑞、苏建勋团队开发出一款能在同一宽频带上进行辐射方向图和散射方向图调控的电磁超构表面，被称为多功能共口径体。该超构表面的组成阵元加载有PIN二极管，通过FPGA控制PIN管的通断可以使阵元对x极化入射波产生180°的反射相位差，从而能以反射阵天线形式实现x极化宽带辐射波束的实时数字化调控，以及对x极化入射波的双站雷达散射截面缩减。此外，进一步采用无源多阵元相位抵消方法在同一频带上实现对 y 极化入射波的双站 RCS 缩减。通过对一个 16×16 阵元的多功能共口径体原型进行了加工实测，验证了该共口径体的 3dB 辐射增益带宽为 5.5GHz～9.5GHz，百分比带宽为 53.3%，10dB 以上的 x 极化和 y 极化 RCS 公共缩减频段为 4.5GHz～9.6GHz，适用于雷达和低可探测平台。2023 年该团队还提出了一款可以通过 FPGA 控制在反射、透射以及部分透射-部分反射三种模式之间切换的双向波束可重构电磁超构表面，该表面的组成阵元由上下两层极化栅和中间加载两个 PIN 二极管的调谐层构成。两个二极管同时导通或断开时，实现具有 1bit 反射系数相位分辨率的同极化反射工作模式；两个二极管一个导通一个断开时，实现 1bit 透射系数相位分辨率的正交极化透射工作模式；另外还可以将阵面分解成分别工作在反射和透射模式的两个子阵，利用粒子群优化算法优化两个子阵的阵元空间分布和相位分布，可同时得到具有低副瓣特征的目标反射波束和透射波束指向。该超构表面非常适合多功能无线系统的场合。

2022 年复旦大学徐峰团队提出将可重构的反射式电磁超构表面与人工神经网络相结合来实现控制编码到方向图，以及方向图到控制编码的精确高效映射。对于控制编码到方向图的映射，提出并采用了新颖的物理启发式神经算法(Physics-Inspired Neural Network, PINN)，该算法具有很强的小样本学习能力，所预测的方向图结果和测试结果之间的误差低至 2.3dB；对于方向图-控制编码的映射，提出基于深度神经网络(Deep Neural Network, DNN)编码生成方案，该 DNN 由 PINN 产生的辐射方向图训练得到，平均编码生成精度高于 98.4%；最后，将物理启发式神经网络、深度神经网络两种智能算法结合在一起构成了一套完整的智能波束成形方案，对于期望得到的目标方向图，可以通过 DNN 实时计算得到超构表面控制编码，由该编码综合出的方向图可以由 PINN 估算，并用来与目标方向图进行对比。该技术对于电磁超构表面在智能通信、传感等领域的应用具有重要意义。

2021～2022 年中国科学院光电研究所罗先刚团队在阵元反射系数相位 1bit 可重构的电磁超构表面内加载石墨烯薄层，通过调节石墨烯薄层的偏置电压来调节整个表面电磁波吸收率，从而在一定频带内实现散射方向图、散射强度独立可重构的特性，此外他们还通过在背衬地板的反射式贴片单元上加载一个正反偏置可切换的 PIN 二极管和一个正向偏置电流可调的 PIN 二极管，实现了反射系数相位 1bit 可重构、反射系数幅度连续可重构的反射式阵元，用种阵元组成了散射方向图和散射强度独立可重构的电磁超构表面。

2021 年空军工程大学许河秀团队设计出几何-动态反射系数相位双重可调控的反射阵元，使用该类阵元基于隐身地毯原理设计实现了分别模拟平整和非平整虚拟良导体表面散射特性的具有雷达伪装功能的二面角形态全极化超薄电磁超构表面。

2021 年西安电子科技大学杨锐等人设计出不同的二面角形态和柔性曲面形态的非均匀反射系数相位分布的电磁超构表面，通过合理设置反射系数相位在表面内的分布，成功制造出与高粗糙度或低粗糙度地面环境相似的散射方向图形状，从而实现对表面覆盖下物体的雷达伪装。

WITS 研究团队在工作中提出了一款基于相位补偿超表面的宽带、高增益法布里-珀罗腔体天线，实现了 25dBi 的最大增益及 10% 的 3dB 增益带宽。为进一步提升吞吐率，WITS 研究团队在工作中提出了一款超宽带的四端口多输入多输出天线，实现了高于 20dB 的端口隔离度及 65% 的相对带宽。

王建朋、吴文在该领域顶级期刊"IEEE Transactions on Antennas and Propagation"发表的论文"A low-profile decoupling structure for mutual coupling suppression in MIMO patch antenna"以排名第一入选。该文针对如何减小天线单元之间的互相影响从而提高通信信道容量这一热点和难点问题，从基本机理出发，提出了一种形式简洁、性能大大优于国内外现有方案的新技术，该成果在多输入多输出通信系统中具有重要理论价值和应用价值。

5.2.2.4 先进体制天线与电磁传播技术创新异彩纷呈

(1)"逐日工程"微波发射天线

2022 年 6 月 15 日，由西安电子科技大学段宝岩院士领导的地面验证系统通过验收，包括欧米伽聚光与光电转换、电力传输与管理、微波发射天线、接收与整流天线、控制与测量等五大子系统。该系统利用太阳能转化为电能，通过微波传输与接收，供给负载。

(2)非对称全数字大规模 MIMO 有源阵列天线

大规模 MIMO 技术是 5G 和 6G 通信的关键，而非对称全数字大规模 MIMO 阵列天线则突破了系统复杂性、功耗、成本等瓶颈问题，支持高数据吞吐率。这项技术获得了国家支持，并在多个领域取得了重要进展。

(3) 大规模分布孔径深空探测天线

"中国复眼"是北京理工大学领导的项目，不同于"中国天眼"，它合成多个小天线，可实现超远程探测，达到1.5亿公里的探测距离。项目已完成一期工程建设，二期工程已于2023年开始，共分三期建设。

(4) 跨频段共口径大规模天线

华南理工大学的章秀银团队研究了跨频段共口径大规模天线阵列技术，采用滤波天线提高互耦隔离度，利用空间滤波天线改善方向图畸变，实现多频段天线的一体化集成，适用于多体制的无线通信系统。

(5) 几何无关天线

清华大学的李越团队开发了新型天线，利用近零介电常数媒质，使天线的工作频率与几何形状无关，提供了新的设计灵活性，可在柔性电子、智能感知和无线通信领域应用。

(6) 大规模阵列的封装天线技术

华为研究团队展示了毫米波70GHz频段的超低功耗、高吞吐、低时延的通信原型样机，采用高效锗硅大规模阵列和不规则阵列天线，封装在手机规格的低温共烧陶瓷模块中，适用于可穿戴设备。

5.2.2.5 天线测量系统与技术取得进展

(1) 毫米波片上天线测量系统进展

中国电科思仪的毫米波片上天线测量系统，在8GHz～110GHz(可扩展至500GHz)频率范围内取得重大进展。其核心创新点在于广泛的频率覆盖、大动态范围、灵活的馈电方式、紧凑的结构和全面的测试参数，适用于微型非传统馈电形式的天线。

(2)自动化微型相控阵天线测试系统

成都天锐星通科技有限公司的自动化微型相控阵天线测试系统，覆盖 10GHz～110GHz 频率范围，最显著的创新点在于高效的一键测量，特别适用于大规模相控阵天线的自动化生产。同时，系统结合大数据分析技术，能够快速分析产品的基本性能、一致性和相关性，具备高度自动化的生产线部署能力。

5.2.2.6 太赫兹技术创新研究取得突破性进展

(1)太赫兹 16 元环形耦合振荡器-辐射器阵列

香港城市大学太赫兹及毫米波国家重点实验室的陈志豪团队，采用 65nm CMOS 技术，在 $0.8mm^2$ 的面积上成功设计并实现了一个包括 16 元环形耦合振荡器-辐射器阵列。该阵列在 472GHz 时达到最大辐射功率，为−2.8dBm。这一设计具有卓越的性能，包括极高的直流至太赫兹频率转换效率(0.12%)以及广泛的频率调谐范围(4.2%)，在毫米波领域中具有显著的创新意义。

(2)太赫兹通信研究取得突破性进展

2022 年 9 月，紫金山实验室发布了 6G TKμ 极致连接无线传输试验平台 V1.0，实现了重大突破，将无线传输技术从 5G 大幅升级。

该平台采用光子太赫兹光纤融合实时传输新架构，实现了 385GHz～435GHz 太赫兹频段上的 200Gbps 在线传输和 1Tbps 离线传输。同时，与 5G 商用终端兼容，实现了无蜂窝大规模分布式 MIMO 无线传输试验，支持 48 个空分数据流的并行传输，频谱效率超过 0.2Kbps/Hz，时延低于 400μs，核心技术达到国际最高水平。

2023年4月，中国航天科工二院25所进行了国内太赫兹轨道角动量的实时无线传输通信实验，通过高精度螺旋相位板天线，在110GHz频段实现了4种不同波束模态，通过模态合成在10GHz传输带宽上完成了100Gbps无线实时传输，显著提升了带宽利用率，为我国6G通信技术的发展提供了重要支持。

(3)太赫兹雷达技术研究热点

太赫兹雷达技术在军事研究中扮演着关键角色，特别是主动式太赫兹雷达的研究方向备受关注。这一领域的研究主要分为两部分：太赫兹低频段(0.1THz～3.0THz)采用电子学方法，而太赫兹高频段(1THz～10THz)则依赖太赫兹光电子学方法，主要用于光谱分析和辐射探测。

随着太赫兹技术的不断进步，超分辨率图像的获得成为了一个热点领域。实现图像超分辨率的关键在于建立学习模型，以确定低分辨率图像与高分辨率图像之间的映射关系，从而实现对低分辨率图像的超分辨率预测和生成。此外，卷积计算等方法也用于直接处理低分辨率图像，以提高图像的分辨率。这些方法在图像质量改进方面具有重要意义，为太赫兹技术的应用提供了更广泛的可能性。

5.2.2.7　光子芯片研究取得突破可能成为"新赛道"

集成光学被视为有可能突破摩尔定律的"新赛道"，但其自身仍存在诸多发展局限。其中，实现超低损耗集成光波导是该领域最基本、最核心的挑战之一。

目前，国际上仅美国、瑞士和瑞典拥有超低损耗氮化硅光子芯片生产技术，并已形成技术壁垒，我国很多高校和科研单位使用的相关技术和产品均依赖进口。因此，该工作是打破西方技术壁垒、建立全流程光子芯片加工技术的重要突破。相关技术对发展未来片上光器件、光通信、激光雷达、神经网络、量子信息处理、传感和精密测量将起到重要作用。

深圳国际量子研究院刘骏秋团队与杭州芯傲光电有限公司合作，实现了超低损耗氮化硅集成光学技术从"实验室演示"到"工业级大规模量产"的转化。联合团队在国内建立超低损耗、大尺寸晶圆、厚氮化硅光子芯片工艺，且多项指标和综合性能达到国际最好水平。杭州芯傲光电有限公司开发了一套基于 6 英寸晶圆的 CMOS 减法芯片工艺，结合先进的深紫外步进光刻技术，以及氮化硅材料生长、刻蚀、退火、钝化等技术，成功制备出厚度超过 810nm、光损耗低于 0.026 dB/cm 的氮化硅光子芯片，如图 5.18 所示。利用这些芯片，深圳国际量子研究院的研究人员实现

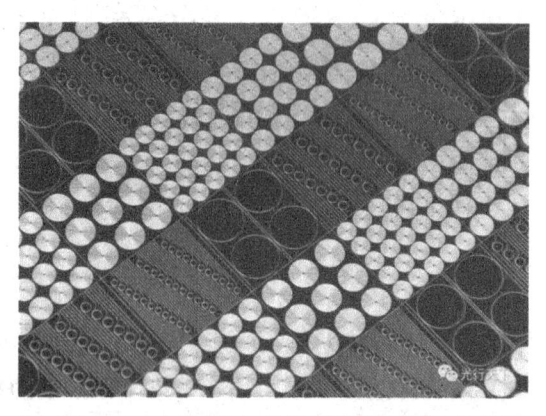

图 5.18　6 寸晶圆上实拍的氮化硅集成光路

了氮化硅芯片集成的孤子光频率梳，其光谱范围覆盖整个光通信的 C 波段，且重复频率在微波 K 波段。

5.3 电磁空间信息处理研究与应用

5.3.1 全球态势

5.3.1.1 美国在波形设计和处理方向不断创新研究

(1)运用 PTW 波形在轨测试受保护战术卫星通信 PTS-P 有效载荷

波音公司 2022 年 4 月展示了其受保护战术企业服务(PTES)软件单元与业界合作伙伴用户终端的成功集成，验证了美国太空军"探路者"计划的技术成熟性。PTES 是美国太空军在受保护抗干扰战术卫星通信(Protected Anti-jam Tactical Satcom, PATS)项目组合中开发的地面抗干扰能力。PTES 提供地基受保护战术波形(PTW)处理，通过宽带全球卫星通信(WGS)卫星实现安全运行和受保护战术通信覆盖，无须对航天器进行改装。

PTW 是美军的抗干扰波形，为数据保护提供了安全特性。利用 WGS 的军用能力特性，结合其 PTW 扩频跳频的宽带宽能力，为美国国防部在全球任何地方提供关键的受保护通信。它能够在对抗环境中缓解对高数据率卫星通信的无意/有意干扰，增强韧性，并在其他拒止区域执行任务。波音公司表示，PWS 可与所有现有 WGS 用户终端无缝协作，同时允许在战区逐步部署受保护战术波形(PTW)调制解调器。PTW 是一种通过跳频来避免干扰的军用波形。PTS-P 将搭载在美国太空军的(WGS)-11 卫星上。波音公司将WGS上集成的抗干扰能力称为PWS设计。

2022年11月，波音公司对其为美国太空军开发的卫星通信有效载荷进行了演示，成功展示了该有效载荷抗干扰攻击的能力。此次抗干扰测试是实现计划于2024年发射的受保护战术卫星通信原型(PTS-P)的关键一步。PTS-P的星上测试计划于2025年进行，此后将过渡到作战应用。

2023年3月8日，美国太空军太空系统司令部成功通过一颗在轨运行卫星演示了受保护战术企业服务(PTES)，验证了美国太空军地基抗干扰卫星通信能力。这次演示是PTES项目集成所有端到端能力，并使用商业卫星进行空中测试。

波音公司在2023年4月13日介绍了其抗干扰有效载荷的设计，该有效载荷已集成于美国太空军计划2024年发射的宽带通信卫星中。该受保护战术卫星通信原型(PTS-P)有效载荷能够提供干扰机地理定位、实时自适应调零、跳频和其他技术，可自动对抗干扰，使作战人员在对抗激烈的战场上保持连接。

未来，美国太空军将加快在轨测试PTS-P有效载荷抗干扰攻击能力，以评估其是否能够在美军网络成为电子和网络攻击目标的潜在战争场景中提供安全通信。

(2)美国无密钥抗干扰安全通信波形设计与应用

2023年3月，美国DMS公司面向航空航天和国防应用，推出了一种无密钥、无特征安全通信软件波形。该波形称为CloakCom，使用一种专门的随机无密钥算法来消除波形特征，同时不会降低带宽(即无传输开销)。这种无特征波形被称为"元波形"(Metaform)，它没有重复的元素且与频率无关。该波形还有助于减少或消除频谱管理需求。

CloakCom 不是一种扩频通信技术,而是使用了基于概率质量函数(PMF)的算法的一种抗干扰安全通信技术。概率质量函数是没有重复元素的离散随机变量。CloakCom 使用数层离散随机变量确保波形输出与背景噪声几乎相同。黑客即使有信号的许多部分,也无法重建整个信号。而当前像直接序列扩频(Direct-Sequence Spread Spectrum, DSSS)这样的技术使用如乘法器等变换方式来试图模糊信号。它们基于概率密度函数(Probability Density Function, PDF),而概率密度函数是具有重复元素的可微分平滑曲线。这使得黑客可以从获得的信号的几个部分重建整个信号。

CloakCom 波形算法不需要安全密钥。通信者之间不交换、共享或存储任何东西,这消除了时钟需求。CloakCom 独立于平台,可以使用商用现货(Commercial Off-The-Shelf, COTS)设备而不损失功能完整性。它与频率、数据速率和传输介质无关,可以加装到现有设备,保护 RF 载波本身而不是其所携带的信息。

5.3.1.2 智能化技术与电磁空间信息处理不断交叉融合

(1)美国海军 SEWIP Block 3 创新集成人工智能

2022 年 6 月 1 日,诺斯罗普·格鲁曼公司获得美国海军 2.54 亿美元的 SEWIP Block 3 半球系统生产合同。SEWIP Block 3 是对传统 AN/SLQ-32 系统的升级,将为其增加电子攻击能力。SEWIP Block 3 集成了机器学习和人工智能工具,可以分析新的或此前不熟悉的波形,而采用开放式软件和硬件架构使其可在新威胁出现时升级系统,从而跟上海上威胁形势的快速变化。

在构建舰-舰电子战协同能力的同时，美国海军继续推进"下一代干扰机"(NGJ)、"先进舷外电子战系统"(AOEW)项目发展，致力于构建舰机协同电子战能力。经验证，先进的 SEWIP 系统能够与其他平台的 SEWIP 系统以及天基节点和机载传感器联网，实现协同电子战，有效应对来自对手的射频威胁。

(2)美国空军持续加速发展认知电子战能力

2022 年，美国空军继续升级 EC-37B 和 F-16 的机载电子战系统，新型电子战系统均采用开放式架构，便于及时升级，可感知和应对新兴威胁。在 2022 年 3 月举行的美国空军部未来部队能力发展战略交流会上，美国空军研究实验室(Air Force Research Laboratory, AFRL)公布了五个美国空军能力优先事项，其中之一便是认知电子战。

2022 年，美国空军为"怪兽"认知电子战项目征求建议，并完成"愤怒小猫"战斗吊舱测试，旨在借助人工智能、机器学习等技术全面提升美空军认知电子战能力。

此外，美国空军成功演示了"212 工程"，推进"用于异构电子系统的系统之系统集成工具链"(System-of-Systems Integration Toolchain for Heterogeneous Electronic Systems, STITCHES)在电子战对抗方面的应用，旨在实现跨域异构系统快速数据交互，提升美国空军多域作战能力。

(3)DARPA 启动"宽带传感器系统的处理器重构"(Processor Reconfiguration for Wideband Sensor Systems, PROWESS) 项目

2022 年 10 月 6 日，美国国防高级研究计划局(DARPA)宣布启动 PROWESS 项目，旨在开发高吞吐量、流数据处理器，同时这些处理器可以实时地重新配置，以检测和表

征新的射频信号，构建射频自主能力，即无线电使用人工智能来感知频谱并适应感知的环境。

与人工管理的系统相比，射频自主可提高抗干扰能力并提高频谱容量以容纳更多设备，以应对战场上无线频谱环境越发复杂和拥挤的挑战。DARPA 启动的 PROWESS 项目将研发在 50ns 内自我重构的处理器，实现在不确定的环境中处理管道的"即时"合成，使未来的接收器能够根据频谱条件和决策需求实时地优化性能。

5.3.1.3 行业第一本"电磁信息论白皮书"正式发布

2023 年 3 月，由华为牵头、二十多位教授和专家参与的行业界的第一本关于电磁信息论的白皮书通过华为黄大年茶思屋正式发布。白皮书将电磁信息论定义为：针对"物理信道中电磁波传播"这一科学问题，电磁波携带信息在不同物理属性和不同物理尺度上变化规律的统一理论框架，如图 5.19 所示。

应用场景	先进MIMO	绿色通信	感知成像	高精度定位	EDA工具
关键技术	新天线形态 紧密天线阵 超方向天线 多模多端口 立体天线阵 端射天线	新电磁特性 结构电磁波 近场矢量波 球面非平稳 信息超材料 频率色散	新设计方法 自去耦设计 替代模型设计 高频快速成像 高低频混合计算 AI辅助电磁设计	新系统模型 电磁环境建模 非均匀格林函数 电磁耦合建模 动态匹配网络	
基本方法	时频空高维联合设计 多尺度电磁结构设计		场域与路域一体化设计 统计与确定性融合建模		AI辅助的电磁感知成像 数据与模型双驱动优化
基本理论	信息理论	电磁理论	电路理论	无线信道建模理论	电磁超材料理论
基本问题	电磁波对信息的承载能力		电磁波对目标的解析重建		电磁波与环境的作用机理

图 5.19 电磁信息白皮书框架

该白皮书对于相关研究内容进行了总结，认为电磁信息论的研究方向主要聚焦在下一代MIMO的频谱效率和能量效率方面，具体展开为电磁场自由度、电磁物理维度、电磁波操控、电磁耦合与去耦、电磁信道建模、无线电信道建模、信道地图构建、新型天线设计等多个子方向。除了传统无线通信的主航道之外，电磁信息论还有必要关注计算电磁学深度参与未来的无线感知、成像、定位，电磁环境数字孪生，以及电磁材料设计与优化等新兴无线需求的电磁理论和计算方法论问题。在巨系统和海量规模的电磁问题中，如何与人工智能技术相得益彰，也是下一步研究计划中的一个有价值的研究课题。

5.3.2 2021~2023年热点与成就

5.3.2.1 多国推动光电成像末制导智能化技术创新研究

近年来，人工智能技术的发展与应用，在很大程度上改变了原有的信息处理和运作模式，甚至带来了颠覆性效应。以美国为首的各军事强国在新一代武器装备中积极引入人工智能技术，并且随着基于人工智能的成像末制导技术研究成果的涌现，精确制导武器智能化程度越来越高。

(1)美国成像末制导技术智能化创新发展

美国新一代反舰导弹 LRASM(Long Range Anti-Ship Missile)，末端制导采用多模复合制导(红外成像+被动雷达)。LRASM突破了多传感器信息探测与融合、弹载高性能信息处理、自动目标识别等技术，具有多融合制导、自主航线规划与危险规避、末端自主目标筛选与识别和关键部位打击等智能化特征。凭借自身的多维信息探测、融合以及处理技术，LRASM 一方面可以进行远距离舰船目标的自主识别与捕获，并能够通过人工智能技术在众多舰艇中剔除虚假目标；另一方面，其能够在无任何中继制导信息的支持下，进行完全自主导航和攻击。面对电子对抗日益激烈的战场环境，LRASM 利用被动雷达进行电子频谱的检测定位，能够在岛岸背景下确定威胁位置与区域，并根据威胁程度和目标编队状态，自主进行航迹规划，实现高效突防；在距离目标较近时，依靠宽视场、全天候的凝视红外成像导引头，通过实时红外图片与预存基准图片进行相关匹配，识别出目标的关键部位进行打击。

美国雷神公司研制的 SDB-II(Small Diameter Bomb Increment II)小直径炸弹(GBU-53)，采用了三模导引头，具备恶劣自然环境下全天时、全天候攻击地面目标的能力。SDB-II 的三模导引头包括半主动激光传感器、非制冷红外成像传感器和毫米波雷达。该三模导引头结合了激光制导的高命中精度、红外成像的高目标识别率、毫米波雷达的高穿透性等优点，为弹药的智能化提供了优异的传感器，并结合智能信息处理技术，使得 SDB-II 可以在复杂地物背景下对坦克、装甲车辆等目标进行快速自主分类、识别和跟踪，进而实现全天时全天候条件下对地面固定或移动目标的打击。

(2) 以色列成像末制导技术智能化发展现状

以色列拉斐尔先进防务系统公司研制的"海上破坏者"第五代导弹武器系统，具备人工智能、场景匹配、自动目标识别等独特功能。"海上破坏者"配备有先进红外成像导引头，能够通过弹载计算机利用深度学习，实现场景匹配，使其可以在卫星导航拒止区域正常执行打击任务；并通过基于人工智能的自动目标识别技术，从攻击航线上出现的众多相似目标中，准确识别真实目标，并对目标关键部位实现精确打击。此外，该导弹配备有先进的数据链，支持"人在回路"的实时决策和任务规划，具有多向、同步攻击能力。

以色列拉斐尔公司研制的 SPICE-250 制导炸弹，采用电视/红外双模成像末制导，利用光电场景匹配技术、目标自动识别技术(Automatic Target Recognition, ATR)以及深度学习等技术，实现对地面固定和移动目标的精确打击。SPICE-250 将获取的地形数据与实时光电图像相结合，利用光电场景匹配技术，在 GPS 拒止环境下实现自主导航；SPICE-250 利用人工智能和深度学习技术，能够在复杂地面背景中自动识别出地面机动目标，实现对其的精确打击。

(3)其他国家成像末制导技术智能化发展现状

挪威康斯伯格海事公司研制的(Naval Strike Missile, NSM)反舰导弹，如图 5.20 所示，可以通 NSM 武器系统任务规划软件，基于战场态势/场景数据和人员的战术要求，自动生成任务规划方案，并可存储 200 个航路点的自行数据，相较于捕鲸叉 Block II 的 8 个航路点有了质的飞跃。NSM 采用先进双波段宽视场智能型红外成像(I3R)导引头，该导引头能够获取远距离目标的高分辨率双频红外图像，并通过基于模板数据库的 ATR 技术，实现复杂背景下的预定目标的分选和跟踪，并能够按照发射前选定的瞄准点，打击目标的关键部位。该导引头还内置有诱饵参数识别技术，能够从机理上提升对抗舰载红外电源干扰、箔条干扰等性能。

图 5.20 挪威康斯伯格海事公司研制的 NSM 反舰导弹

5.3.2.2 耶鲁大学团队突破"反激光"系统技术

美国耶鲁大学工程与应用科学学院的一组研究人员开发了一种突破性的"反激光"系统,可以引导光和其他电磁波进行信号处理,而不会产生任何不必要的信号反射。该设备消除了信号路由器面临的一大障碍——信号反射,而信号路由器恰恰是现代纳米光子和射频网络的关键组成部分。

下一步,研究人员们计划制造一种吸收可以忽略不计的类似设备,这样所有的能量都能有效地引导用于发挥其信息传输或传感功能。

5.3.2.3 美国 DARPA 推出"超越线性处理"(BLiP)项目

2022 年 10 月 26 日,美国防高级研究计划局(DARPA)宣布推出 BLiP 项目,旨在通过应用创新的信号处理方法提高雷达性能。BLiP 将利用高功率计算机处理来探索新型、非线性和迭代信号处理技术,这可能催生更轻、更小、更便宜，与此同时更有能力的雷达系统。

BLiP将解决目前非线性和迭代信号处理方法不成熟的问题。这一为期两年的项目将开发、分析、实施和测试端到端的雷达信号处理链。最初是通过非实时实验室测试，最后是实时实施和使用美国国家气象局业务雷达的全面现场测试。BLiP的关键技术挑战是信号处理链的开发、理解和优化，以及利用实时、高性能处理实现BLiP算法的实际问题。

BLiP项目研究的重点领域主要包括以下四个方面：

一是非线性信号处理。实施和测试迭代和/或非线性处理，将信息从孔径的原始数字化RF流转换为可被目标参数估计和跟踪能力使用的格式。可行的非线性处理方法可能包括但不限于：最大似然法、稀疏表示法、最小二乘法表示、L1和L2分解、非线性噪声切除、伯格外推法。

二是非重复性的波形和处理。增加了对非重复波形的使用。非重复波形和非线性处理的结合，有望克服由于盲区或速度造成的损失，并减轻或减少对填充脉冲的需求。正如时间序列的非均匀采样和适当的处理能够确定波形的频谱内容一样，雷达环境的非均匀时间采样和适当的处理应该能够确定雷达回波的范围和多普勒。这一重点领域包括波形设计和处理。波形设计将是预先计划的，也就是脚本化的，而不是对环境的适应性。

三是探测前的多假设跟踪。最近的发展能够将所需的目标信噪比(Signal-to-Noise Ratio, SNR)降低7或8dB，而目前的处理是先检测后多假设跟踪。多假设检测前跟踪有可能克服基于Hough-transform的检测前跟踪算法在目标动态存在时的不良表现。

四是主波束干扰缓解。随着射频频谱使用压力的增加，很明显，雷达和通信系统将共享相同的频谱。从长远来看，这表现为需要在同一频谱中共同操作；即使在主波束中存在通信发射器信号，雷达也必须表现良好。多年来，通信系统一直在共享同一频道。确保多信号下通信系统性能稳定的方法之一是估计不需要的波形，并从需要的、也许是较弱的信号中减去它。BLiP 将进行缓解主波束干扰的研究。

5.3.2.4 人工智能在雷达信号处理的创新应用成为热点

近年来，智能雷达领域的研究主要集中在利用深度学习和先验知识库等方法，实现雷达目标的智能检测、跟踪、和识别。从智能处理的角度看，国外研究包括专家系统虚警处理、基于知识的自适应处理技术以及数字地图信息的处理等，还涉及基于知识的雷达、知识辅助的信号处理与专家推理、知识辅助雷达，以及自主智能雷达系统等方面的多项研究。特别值得一提的是，最近有一些关于知识辅助和深度学习的研究成果，以及针对低虚警率和目标识别的智能系统开发。如 2015 年，俄亥俄大学提出了知识辅助贝叶斯空时自适应处理，无须依赖二次训练数据，显著提高检测性能。2017 年，法国的研究提出环境杂波学习模型和基于知识辅助的机载雷达检测优化算法，实现高效雷达目标检测。深度学习技术也在雷达目标识别领域有所应用。2015 年，启动了"竞争环境下目标识别和适应"(Target Recognition and Adaption in Contested Environments, TRACE) 计划，旨在研究低功耗目标识别系统。2019 年，提出了一种自适应雷达目标分类算法框架，提高目标分类性能。这些研究对雷达技术领域的进步具有重要意义，有望引领第三次人工智能浪潮的发展。

5.3.2.5 先进雷达信号处理技术持续创新发展

(1)将压缩感知理论与雷达信号处理结合发展成为热点

近年来，针对数据处理能力不足的问题，采用压缩感知技术来降低采样率。传统采样技术要求采样率大于信号带宽的两倍，但压缩感知理论在大数据和高采样率信号处理中取得显著成果。国内外学者将压缩感知应用于雷达信号处理，取得新进展。

压缩感知已广泛应用于数据压缩、图像加密、密码学、网络重构、信道估计、雷达等领域。它为各种加密方案提供了新途径，解决了图像认证、定位和恢复等问题。该技术通过信道稀疏性改变了信道估计的视角。2007年，Baraniuk等人首次将压缩感知与雷达信号处理相结合，引领了压缩感知雷达的研究。相关理论包括雷达信号设计和回波信号处理。

Liu等人提出了一种基于压缩感知的信号处理算法，能有效减少虚警概率和提高目标检测精度。Sun等人提出了一种频率捷变雷达的距离-多普勒重建方法，解决了离网问题。Kawami等人提出了一种用于相控阵天气雷达的压缩感知处理方法，提高了高分辨率观测。Rogers等人设计了一套MIMO雷达信号处理方法，显著提高了雷达系统性能。

压缩感知技术也应用于各领域，如车载雷达的目标定位、噪声雷达、水下雷达信号处理、虚拟域波达方向估计等。

(2)空时自适应处理(Space-Time Adaptive Processing, STAP)技术持续应用于雷达信号处理

STAP技术如今已成为一项拥有坚实理论基础的实用新技术。STAP充分利用多通道雷达和相干脉冲串提供的多个空域和时域信息，通过二维自适应滤波方式有效抑制杂波。

STAP技术已在多型装备中得到应用，其中"E-2D先进鹰眼"具有代表性。该雷达使用STAP技术，可检测陆地强杂波背景下的运动目标，包括陆基导弹等特殊目标。与E-2C相比，E-2D的作用距离提高了50%以上，能够检测距离大于402km的空中目标和大于555km的海面目标，最小可检测速度小于50km/h。

此外，Lynx多功能雷达采用了STAP技术，装备于无人机，具有运动目标指示功能。STAP技术也扩展到了星载运动目标显示、舰载(Moving Target Indication, MTI)雷达、合成孔径雷达、通信、声纳、导航和地震监测等领域。

STAP技术在美国、中国和英国研制了多型实验系统，多个单位做了大量工作，促进了STAP技术的发展。除了雷达探测领域，STAP技术还被广泛用于GPS接收机的抗干扰系统，如G-STAR(Galileo Secure Timing and Ranging)和TopShield。这些系统使用基于STAP的数字波束形成技术，提供干扰零陷抑制能力，可对抗各种干扰。

(3)雷达辅助感知技术在雷达信号处理中的应用

近年来，雷达辅助感知技术广泛应用在车辆检测、自

动驾驶、人体姿态等电磁感知领域中，并取得了非常迅猛的发展。利用级联 MIMO 雷达实现自动驾驶汽车的精确车辆检测，同时开发新的混合雷达处理和深度学习方法，利用 10 倍更精细的角度分辨率，同时应对级联 MIMO 雷达的挑战。

通过激光雷达与传统雷达的数据融合来提高车辆检测模型的性能。最近的激光雷达-传统雷达融合，如 MVDNet (Multimodal Vehicle Detection, MVD)或 STMVDNet (Self-Training Multimodal Vehicle Detection, STMVD)，已经证明在检测车辆方面具有有效的性能。

目标类型分类(Object Type Classification, OTC)是汽车雷达感知的重要组成部分，最近有学者提出了用于雷达 OTC 的图神经网络(Graph Neural Network, GNN)，它联合处理雷达反射列表和光谱。将反射中可用的全部特征和雷达光谱中丰富的目标表示结合在同一个图结构中，可以显著提高性能，大大降低误分类率。在实现效率方面，还可以将学习到的光谱特征直接附加到反射列表中，从而减少模型参数的数量。

汽车之间的多输入多输出调频连续波雷达(Multiple-Input Multiple Output-Frequency Modulated Continuous Wave, MIMO-FMCW)之间往往存在强烈的相互干扰，因此设计出可以缓解干扰的空间域检测器对于提升雷达的使用性能非常重要。研究人员新开发的模型充分考虑了受干扰雷达和干扰雷达之间的时频不一致性和慢码不一致性。与以往的空间域检测器相比，进一步利用了干扰的发射和接受转向矢量的结构特性，以实现更强的干扰缓解。

在频率调制连续波(Frequency Modulated Continuous

Wave, FMCW)汽车雷达系统中，基于在线强化学习的目标识别波形选择存在着诸多挑战。研究人员提出了一种基于满足汤普森采样的新型学习方法，它能快速识别出有望产生令人满意的分类性能的波形。通过测量及仿真证明，即使在雷达必须从大量候选波形目录中进行选择的情况下，也能快速学会有效的波形选择策略。该雷达通过优化预期分类指标，学会自适应地选择适当分辨率的带宽和慢时单模态编码，以减轻感兴趣场景中的干扰。

现有的基于深度学习的无线传感模型通常需要大量计算，而基于射频的轻量级三维人体姿态估计模型，通过估计射频热图中的人体位置并裁剪人体位置区域，然后根据裁剪后的小射频热图估计细粒度人体姿态，大大降低了所需运算量，可以满足移动设备的实时运行要求。

5.3.2.6 基于Rydberg原子的太赫兹测量与成像技术

太赫兹波因其低单光子能量、大宽带和高穿透性等特性，已广泛应用于通信、安检、医疗等领域，被誉为"改变未来世界的十大技术"之一。基于Rydberg原子的太赫兹测量与成像技术取得了显著进展，特别在太赫兹近场成像方面，利用Rydberg原子实现了太赫兹波段的近场实时成像，具有高速成像和接近衍射极限的空间分辨率。该技术主要用于较低频段太赫兹波的探测，可测量太赫兹波的全参数，并通过优化系统和提高频率，提高分辨力，从二维成像跃升至三维成像。基于Rydberg原子的太赫兹技术有望突破太赫兹探测技术的瓶颈，成为新一代功能卓越的太赫兹探测器。

中国科技大学研究团队利用深度学习方法改进了里德

堡多频微波识别，并克服了里德堡原子敏感性与噪声的挑战。他们使用神经网络进行自动特征提取，对光谱进行监督分类。这项工作将在高精度信号测量和原子传感器等领域发挥作用，具有广泛的应用前景。

5.3.2.7 可编程表面等离激元神经网络(Surface Plasmon Neural Network, SPNN)

东南大学研究的 SPNN 神经网络有望代替现代无线通信系统模拟前端(例如混频器和模拟数字转换器)中的传统射频组件，以实现大容量信号处理功能，如图 5.21 所示。更重要的是，SPNN 通信系统的解码速率将不再受基带处理时钟速率的限制，理论上能以近似光速执行。相比于以往的物理神经网络研究，此工作有以下三个鲜明的创新特征。

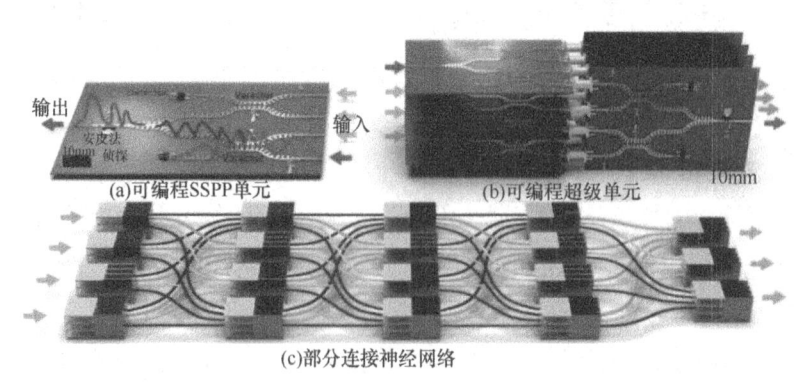

图 5.21 可编程表面等离激元神经网络

一是开创性地将人工表面等离激元用于电磁波空间人工神经网络的设计，实现了所有神经元的独立可编程，具有高度的通用性。

二是率先在波空间神经网络中实现了非线性激活函数，有望操作更加复杂的信号处理和人工智能任务。

三是该 SPNN 不但具有传统的图像智能识别功能，还具有无线通信和智能探测等功能，兼具智能计算机、通信系统、雷达系统等功能于一身。

5.3.2.8　电性源短偏移距瞬变电磁法(Short-Offset Transient Electromagnetic Method with Electric Source, SOTEM)

电性源短偏移距瞬变电磁法(SOTEM)是一种新型的瞬变电磁法，利用接地的长导线作为发射源，观测纯二次场。相较于回线源瞬变电磁法，SOTEM 在探测深度、可观测场量、适应复杂地形等方面具有显著优势，因为它采用较小的偏移距观测信号。这种方法已广泛应用于深部金属矿和煤田水文地质勘探等领域。

目前，瞬变电磁数据处理软件主要针对回线源装置，如丹麦 Aarhus 大学的 Workbench 和 SPIA(Signal Processing In Astronomy)软件、美国地球系统瞬变电磁法(Geosystem Transient Electromagnetic Method, GEOSYS-TEM)的 WmGLink (Windows Mobile Global Link)软件、美国 Zonge 公司的 STEMMINV(Scanning Transmission Electron Microscope Image Noise and Variance Analysis Software)软件、中国北京欧华联公司的瞬变电磁勘探专业系统 (Transient Electromagnetic Prospecting Professional System, TEM-pros)软件，以及中国科学院地质与地球物理研究所的边界元瞬变电磁法正演模拟软件 (Boundary Element Transient Electromagnetic Method Forward Modeling Software, BTEM)等。

5.4 电磁空间利用研究与多领域应用

5.4.1 全球态势

5.4.1.1 美国"联合全域指挥与控制"战略计划

2022年3月15日,美国国防部发布了"联合全域指挥与控制"(JADC2)计划,在此之前,美国国防部部长已于2021年5月签署了JADC2总体战略,它是JADC2实施战略的基础。这两份文件的正式签署是美国JADC2能力建设的重要里程碑。

目前,JADC2实施计划是保密的,而JADC2战略公开了非保密版摘要,该摘要文件明确了JADC2的3项关键能力(感知、理解、行动)的实现途径,以及推进3项途径落地的5条工作线和6项能力指导原则。

JADC2关键能力的实现途径包括:

一是感知(Sense)——集成全域和全频谱信息。"感知和集成"是发现、收集、关联、聚合、处理和利用来自全域(友好的、敌对的和中立的)数据的能力,并将信息作为理解和决策的基础进行共享。JADC2通过使用联合数据架构的各种情报传感和信息共享网络,支持联合部队和任务伙伴共享创新数据,利用远程传感器、情报设备和开放资源感知、集成全域内外信息,使联合部队指挥官能够获得信息和决策优势。

二是理解(Make Sense)——理解作战环境。"理解"指的是分析信息,以便更好地理解和预测作战环境、对手的行动和意图,以及自身和友军的行动。JADC2将利用人工智能和机器学习帮助指挥官快速决策，其将直接从传感基础设施中提取、合并和处理大量数据和信息，以保证对作战环境的可靠、持续、实时了解，并在整个联合部队和任务伙伴之间共享。这将要求联合部队调整和更新现有的战略、战役、战术级的指控流程和能力，同时这些规程和技术的进步将大大增强联合部队在降级环境中的作战能力。

三是行动(Act)——决策和分发。"行动"指的是向联合部队及其任务伙伴做出决策并分发的过程。JADC2将使用规划和决策支持工具，并依托先进、弹性和可靠的通信系统、无障碍和全面的信息基础设施以及灵活的数据格式，确保快速、准确和安全地传递决策。同时，JADC2将使用任务式指挥的方法，下属指挥官通过了解高级指挥官的行动意图，可按照原则被授权自主采取行动，同时保留在通信中断时或行动紧急情况下采取行动的能力。

在美国向适应大国竞争作战转型之际，跨域协同作战体系建设成为了美军各军种作战能力转型的核心，然而各军种"各行其司"恰恰是体系集成的最大阻碍。联合全域指控是美国国防部推进美军跨域协同作战体系能力建设的主要抓手，目标是实现美军各军种作战系统和能力的体系集成。

美国JADC2总体战略和实施计划的正式签署，意味着其基于联合全域指控的跨域作战体系建设将会逐步启动实质行动，后续会开展相应的系统、技术和工具研究。通信数据链系统作为支撑联合全域指控的基础核心系统，满足联合全域指控并支持不同系统间的互操作和集成是未来的主要发展趋势。

5.4.1.2 分布式星载 SAR 雷达技术发展态势

星载合成孔径雷达是一种成像雷达，其把 SAR 载荷装载在卫星平台上，同时通过发射大时间带宽积信号，如线性调频信号，通过脉冲压缩，获得距离向高分辨率。由于其具有全天候、全天时工作、大幅宽大面积成像和穿透能力，已成为对地观测的重要手段，受到各国的广泛重视。目前，星载 SAR 在军事侦察、监视和目标搜索跟踪引导瞄准、测绘、灾害监测、资源调查和海洋研究等领域显示出广阔的应用价值和巨大的潜力。

由于时钟、通信、导航等相关技术的进步，双/多基 SAR 凭借其独特优势，日益获得全球研究者的重视。由于多基 SAR 收发分置的特性，和单基 SAR 相比，多基 SAR 具备多项独特优势：收发分置，视角可变；基线配置机动灵活；静默接收，隐蔽性强；系统构型多样，收发系统可搭载于星、机、舰、弹、地面装置等。双基 SAR 作为多机 SAR 的一个特例，由于其相对实现简单，德国率先成功研制了在轨运行的星载 TanDEM-X。

分布式星载 SAR 在系统体制、成像理论、系统性能及应用上发展很快。SAR 的分辨力快速提升，未来朝着高几何分辨率、宽测绘带成像、三维成像、全息成像、多维度成像、轻小型化、多基、智能化等方面发展。

在分布式星载 SAR 系统的研究方面，我国目前还处于理论设计、分析论证以及实验样机研制阶段。电子科技大学、北京理工大学、北京航空航天大学、西安电子科技大学和中国科学院电子学研究所等单位在卫星成像雷达方面做了大量的工作，取得了很大的成果。

5.4.1.3 雷达在不同应用领域的发展态势

雷达在不同应用领域持续创新发展，在防空预警、反导预警、天基、空基、舰载等多领域快速发展，呈现以下发展态势。

(1)防空预警雷达应用领域的发展态势

防空预警雷达主要用于探测与监视空中目标，掌握目标的实时情报信息，从而引导战斗机截击目标并为防空武器系统提供目标指示。随着战场环境日益复杂，在各类新兴威胁不断涌现，挑战现有防空作战体系的同时，防空监视雷达也在不断进行革新和突破，2022年内主要呈现出以下趋势：

一是针对不断变化的作战环境，积极研发新型预警雷达装备。

二是通过部署新装备和升级现役系统，加快提升防空预警作战能力。

三是面对无人机威胁的兴起，发展反无人机探测新能力。

(2)反导预警雷达应用领域的发展态势

近年来，反导预警雷达领域主要发展态势主要是：

一是美国发布新版《导弹防御评估》报告，该报告是未来美国导弹防御的指引。

二是俄罗斯S-500反导系统开始飞行试验，具备防空反导反卫综合拦截能力。

三是日美加强同盟，在导弹防御领域的深度合作。

四是韩国的防空反导系统拦截试验初步成功，验证了反导能力。

五是印度成功开展拦截弹飞行试验,继续研发新型拦截弹。

(3)天基雷达应用领域的发展态势

近年来,天基雷达有如下的发展趋势:

一是星载 SAR 详查分辨率向 0.1m 发展,普查向 1m/100km 发展。

二是侦察监视由单 SAR 成像向 InSAR(Interferometry Synthetic Aperture Radar)和 GMTI 方向拓展,卫星近距编队协同成为 InSAR 和 GMTI 实现主方式。

三是预警探测成为新增长点,持续投入技术攻关。

(4)机载雷达应用领域的发展态势

机载雷达是各型主战飞行平台战场电磁空间信息探测感知的核心之一,近年来机载雷达领域主要发展态势如下:

一是美国计划采用 E-7"楔尾"预警机替换其老旧的 E-3 机队。

二是发展低成本、高性能、高适装性的无人机载有源相控阵火控雷达。

(5)舰载雷达应用领域的发展态势

舰载雷达要满足新的作战需求,应该具备防空、反导和协同作战能力,保护舰队、区域免遭飞机、巡航导弹及弹道导弹攻击。近年来,舰载雷达的发展趋势如下:

一是单平台多传感器向多功能综合一体化方向发展。

二是模块化、开放式体系架构技术逐步在雷达装备中得到应用和推广。

三是多平台协同探测已成为作战效能的倍增器。美国海军通过协同作战能力(Cooperative Engagement Capability, CEC)的应用大幅度提升了战力。分布式/网络化雷达体制成为现代雷达发展的重要方向。

四是海基反导已成为美国弹道导弹防御系统的重要组成部分。

5.4.1.4 雷达技术创新全球态势与未来发展

雷达作为电磁信息系统的重要组成部分,为信息化装备提供目标距离、径向速度、高低、方位等信息。雷达技术的研究与应用在全球范围内持续推进,并涉及多个领域。随着高空高速、低空低速、隐身目标的出现,特别是战场环境的日益复杂化,对雷达的探测性能和环境适应性产生了巨大威胁。雷达朝着数字化、软件化、智能化的方向发展。雷达技术领域的创新研究热点有:

一是目标识别和跟踪是雷达技术中的核心问题,对于军事侦察、航空交通管制、海上监测等领域至关重要。全球范围内的研究者致力于开发更加精确和高效的目标识别算法和跟踪系统。其中,深度学习、机器学习和人工智能等新兴技术的应用正在推动目标识别与跟踪的进步。

二是雷达成像技术在军事、航空航天、地质勘探等领域有着重要的应用。全球范围内的研究者致力于提高雷达成像的分辨率、探测深度和成像质量。新的成像算法、多波段和多模态雷达技术的发展为雷达成像的进一步改进提供了机会。

三是多波束雷达技术可以同时对多个方向进行探测和跟踪,提高雷达系统的搜索效率和目标追踪能力。全球范围内的研究者致力于多波束雷达的设计、信号处理、波束形成和资源分配等方面的研究。此外，多传感器融合和数据融合等技术的应用也在促进多波束雷达的发展。

四是雷达网络可以利用多个雷达节点进行数据共享和协同工作，能够提高雷达系统的性能和覆盖范围。全球范围内的研究者致力于雷达网络的拓扑结构、通信协议、资源管理和信息融合等问题的研究。此外，与其他传感器和系统的融合也是雷达网络研究的一个重要方向。

五是毫米波雷达具有较高的分辨率和探测精度，被广泛应用于汽车自动驾驶、安防监控、人体成像等领域。全球范围内的研究者致力于毫米波雷达的技术改进和系统优化，以满足不同应用场景对于高分辨率和远距离探测的需求。

六是绿色雷达具有低功耗、低辐射、环境友好型的特点。在全球关注环保和可持续发展的背景下，绿色雷达的研究和开发日益受到关注。全球范围内的研究者致力于研究低功耗、高效能的雷达硬件设计、信号处理算法和材料技术，以推动绿色雷达的发展。

5.4.1.5 我国雷达持续发展并成功应用多领域

过去几十年以来，我国在雷达技术领域取得了显著的进步，成为全球雷达技术和应用的重要参与者。随着计算机技术和信号处理算法的不断发展，我国的雷达系统变得更加精确、灵敏和可靠。在发射和接收技术方面，我国研发出多种高性能雷达系统，常规体制的雷达发展成熟，微波集成电路和数字技术的进步大大提升了雷达的性能，雷达协同探测、分布式、网络化雷达等新体制雷达涌现，并扩展到太赫兹频段。未来的雷达主要特征将是多维信号空间(全频段、全极化、多波形、多信息源)、三维多视角布局和多探测器复杂构型。这些新技术使得雷达能够实现更高的分辨率、更远的探测距离和更强的抗干扰能力。

同时,我国雷达技术的应用领域也在不断扩展。除了传统的军事领域,雷达在民用领域的应用也越来越广泛。其中车载雷达被列入《中国制造2025》,国家还出台了包含农业雷达、气象雷达的发展规划文件,我国的气象雷达网络覆盖全国各地,可以提供准确的天气预报和灾害预警信息。此外,雷达技术还应用于航空导航、海洋监测、空中交通管制和无人驾驶等领域。我国的航空雷达系统已经实现了全球范围内的航空安全监控和导航引导。

当前我国在雷达技术领域的未来发展前景广阔。随着人工智能和大数据技术的迅速发展,雷达系统的智能化和自主化将成为发展的重要方向。我国将进一步加大对雷达技术的研究投入,提高系统的性能和可靠性,并加强国内外合作,推动雷达技术的国际化。同时,我国还将继续扩大雷达技术在军事和民用领域的应用,满足国家安全和民生需求。

5.4.1.6 中国多款防空雷达装备亮相珠海航展

在2022年11月开幕的珠海航展上,中国电科展出的隐身防空警戒雷达、无人值守对空监视雷达、低空监视雷达等多款防空装备备受瞩目。

如图5.22所示,中国电科第14所展出了全新一代的YLC-16型S波段警戒雷达。该雷达采用全数字、全固态有源相控阵体制,以及前沿的芯片化设计和氮化镓技术,主要承担常规及隐身空气动力目标的防警戒任务,既可以用于远程警戒，又可以相对精准地跟踪目标。

图 5.22　YLC-16 型 S 波段警戒雷达

如图 5.23 所示，中国电科第 38 所推出了 JYL-1 新一代中远程三坐标对空监视雷达，采用高可靠和全自动运行设计，具有无人值守能力。作为一款新一代高性能对空监视雷达，JYL-1 新一代中远程三坐标对空监视雷达采用集成一体化设计，具有高可靠性与智能维护等特点，可以满足高原、高山、高寒、荒漠、海岛、雨林等边远艰苦地区无人值守雷达站的建设要求。

如图 5.24 所示，在此次航展上，中国电科第 38 所还推出了反"低、慢、小"目标的监视利器——三面阵低空监视雷达。该雷达采用最新的数字阵列技术和软件化设计技术，三个阵面同时工作，具有低空慢速小目标探测能力强的特点，能同时探测大型、中型、小型、快速、慢速目标。其采用"边扫描边跟踪"和"扫描加跟踪"同时工作机制，可对重点目标进行高数据率跟踪。该雷达采用软件化、模块化、标准化设计，参数可自适应调整，环境适应能力强，扩展升级能力强,具有良好的平台适应性,单车集成机动性高,可安装于越野车、装甲车等机动平台上,也可采用固定式安装。

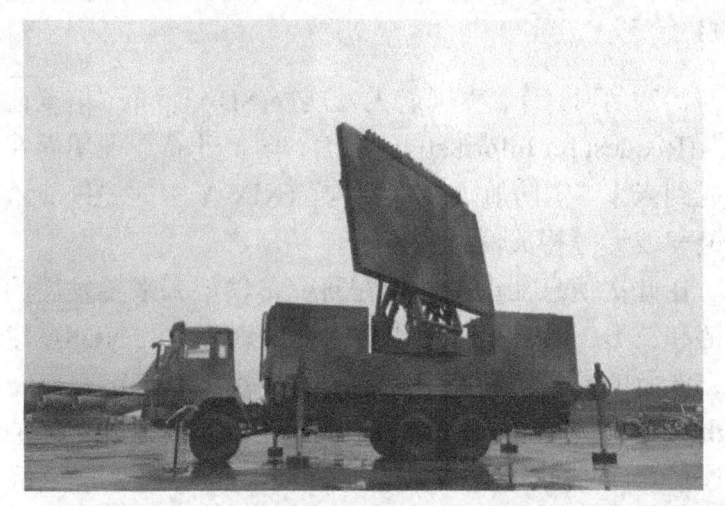

图 5.23 JYL-1 新一代中远程三坐标对空监视雷达

图 5.24 三面阵低空监视雷达

5.4.2 2021～2023 年热点与成就

5.4.2.1 美航天发展局征询集成到国防航天体系架构(National Defense Space Architecture, NDSA)中的数据链与波形

2022 年 11 月，美国航天发展局(SDA)发布"信息征询书"(Request for Information, RFI)，向工业企业征集潜在的集成到未来"国防航天体系架构"(NDSA)中的先进战术数据链和波形等相关信息和技术。

在此次信息征询中，旨在研究传输层未来要发展的数据链和波形，以引导将这些功能集成到未来的 NDSA 建设中，涉及的数据链和波形包括"直接视距"(Direct Line of Sight, DLOS)波形、"受保护战术波形"(PTW)、"受保护前线通信"(Protected Forward Communications, PFC)、"战术瞄准网络技术"(TTNT)以及其他数据或波形。SDA 正在领导建设 NDSA 计划如图 5.25 所示，目的是构建"弹性的军事传感和数据传输能力"。低轨卫星通信的目的是构建"弹性的军事传感和数据传输能力"。

低轨卫星通信将会是 NDSA 的骨干，所谓低轨通常是指轨道在地球上空 1000km 以下。根据 SDA 披露的信息，NDSA 会从 2022 年开始分几个批次交付。NDSA 包括多个"层"，每一层都会提供特定的功能，它们并不全都是天基平台，例如，支持层就包括了 NDSA 的地面设施和卫星发射基础设施。NDSA 的传感层将能探测和跟踪弹道导弹和高超声速导弹；"监视层"将能够提供武器瞄准级别的情报、监视和侦察数据；传输层则会利用低轨卫星构建天基网状网络，用以支持 NDSA 各种应用之间的数据传输，如图 5.26 所示。

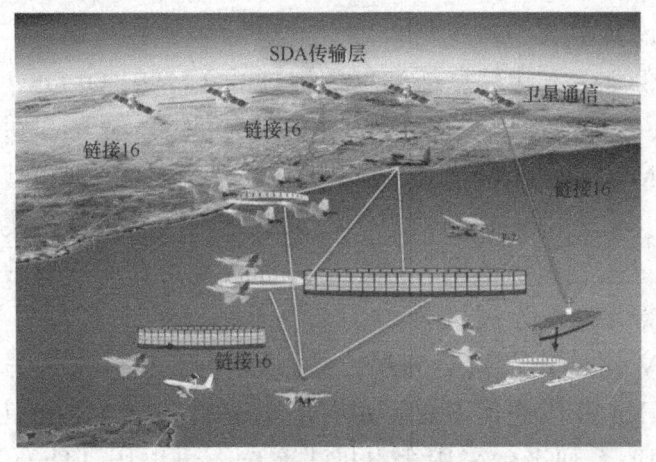

第 5 章 电磁空间研究热点和亮点 ·373·

图 5.25 未来"国防航天体系架构"(NDSA)

图 5.26 集成低轨卫星拓展覆盖范围和创新应用模式

SDA 正在建设的传输层星座被认为是未来美国联合全域指控的骨干网络，其不同于以往通信卫星的主要特点是将会集成战术数据链能力。按照规划，传输层一期将会集成 Link-16 和"综合广播服务"(Integrated Broadcast Service, IBS)数据链，目前已经开始研制试验卫星，后续还会考虑集成其他数据链。

例如，本次信息征询书中提到的 TTNT、DLOS、PTW 和 PFC 等波形以及 F-35 战斗机装备的"多功能先进数据链"(Multi-function Advanced Data Link, MADL)现役战术数据链，大多都面临通信范围仅限视距的问题，通过集成低轨卫星拓展覆盖范围和创新应用模式无疑会为现有战术数据链带来新的发展机遇。

ViaSat-3 星座(美洲星)，属于人类有史以来最强的高通量 Ka 波段通信卫星，也是波音 702MP+平台的卫星，702MP 系列平台采用全电推进系统，可以用 1Tbps 的速度传输数据。

这颗卫星通过 SpaceX 重型猎鹰运载火箭完成发射，此次发射采取不回收(三枚芯级全抛)的模式，用最大推力直送 GEO 地球静止轨道，卫星定点后将为西半球的南北美洲提供通信服务。

Viasat-3 整星质量约 6 吨，星上安装了一对巨大的光翼(共 16 块太阳能板)，巨型伞状天线使其通信速率高达 100+Mpbs，通信容量更是高达 1Tbps。

据介绍，这些卫星计划至少运行 15 年，而 ViaSat 公司之前也花了近一年的时间来测试该航天器的众多系统和子系统。这些测试包括将卫星置于极低的温度下，并模拟有关辐射的恶劣空间环境等。

ViaSat 声称，这颗卫星是迄今为止建造的容量最大的电信卫星。波音公司还介绍说，ViaSat-3 是该公司建造的最强的卫星，仅太阳能板就能够产生 30 千瓦的超强电力(约国际空间站发电能力的 1/4)。

5.4.2.2 美国国防部发起"后 5G 创新"(Innovation Beyond 5G, IB5G)项目

随着美军全域作战能力建设的推进，在战场上部署越来越多的传感器以改进态势感知，进而实现信息以及决策优势成为美军发展的重点。这也意味着需要构建战场物联网以满足战场空间内无处不在的网络接入需求，美国国防部认为基于商用 5G 技术进行创新具备满足未来战场网络连接需求的潜力，为此美国国防部近期开展了多项 5G 相关的研究。

其中，比较典型的是"美国国防部负责研究与工程的副部长办公室"(Office of the Under Secretary of Defense for Research and Engineering, OUSD R&E)2022 年 6 月启动的"后 5G 创新"(IB5G)项目。该项目研究利用创新的 5G 技术构建战场物联网，重点研究移动分布式 MIMO 组网和综合战术通信网络等技术，如图 5.27 所示。随后，2022 年 8 月启动三项新的技术研究，并授出开发合同。

图 5.27 美国"后 5G 创新"(IB5G)项目

(1) 移动分布式 MIMO 组网

目前商业 5G 领域已经利用基于地面基础设施(基站)支持的地面蜂窝网络成功地演示验证了规模化"多输入多输出"(MIMO)技术(天线数量不断增长),这通常也被称为"集中式 MIMO"(Centralized Multiple-Input Multiple-Output, C-MIMO)。但是,美国的战术网络大都包含有多种移动节点,典型节点如徒步士兵(停止或移动中)配合地面装甲车辆和空中平台(如无人机或低轨卫星)执行作战任务。5G"独立组网"(Standalone, SA)具备将这些节点配置成客户端或网络中继的潜力,并且可以支持节点之间的协作以实现多种 MIMO 配置,这样就能实现"分布式 MIMO"(Distributed Multiple-Input Multiple-Output, D-MIMO)运行模式。

分布式 MIMO 重点研究两个方面的关键技术:一是 MIMO 天线系统的适应性和 ad-hoc 移动网络运行的体系架构;二是支持端到端弹性网络性能的相关协议工程。

该项研究计划分为三个阶段,第一阶段开展初始研究、概念研究和开发,第二阶段设计、制造和演示验证促使原型设备,第三阶段则开展较大规模演示验证。

(2) 综合战术通信网络

综合战术通信网络是要研究将新兴的 5G 技术引入美国下一代战术网络,将商用地面 5G 网络与机载网络集成到一起。重点研究以下三类技术:

一是 ad-hoc 模式下 5G 网络的直接设备到设备或直连通信(在传统 5G 基站网络覆盖范围之外)。

二是集成接入与回程(Integrated Access and Backhaul, IAB)。

三是软件化、模块化 5G "无线接入网"(RAN)实现,类似"开放无线接入网络"(Open-RAN)联盟提出的相应技术。

综合战术通信网络领域研究分为两个阶段,主要研究综合战术网络运行的设计方法,包括地面和空中部分;而协议栈工程设计则包括所有相关无线电参数(频段、信道带宽、发射功率、物理层波形/调制/编码)的完整描述并进行验证,研究技术要点如表 5.2 所示。

表 5.2 主要技术研究要点

序号	主要研究技术点
1	地空链路的物理层
2	增强的多普勒和同步技术,以及 MAC/"无线链路控制"(Radio Link Control, RLC)相关技术
3	"自动重复请求"(Hybrid Automatic Repeat reQuest, HARQ)和切换管理混合应用
4	成熟化支持 ad-hoc 通信的设备到设备"直连"模式(不考虑网络覆盖),包括设备发现、对等(Peer-to-Peer, P2P)认证和网络形成
5	利用"直连"形成网状网络
6	利用接入流量控制服务将非 5G 接口集成到"多无线电接入技术"(Multi-Radio Access Technology, Multi-RAT)
7	地空集成网络体系架构对比分析
8	兼容 5G 的开放式 RAN

同时,美国在 2022 年 8 月启动了三项新的技术研究:

一是 Open6G,开展 6G 系统研究,重点研究"开放 RAN"和支持新兴后 5G/增强 5G 应用的 5G 协议栈特性的开源实现。Open6G 将为作为美国国防部 6G 技术研究的基础,由美国东北大学 Kostas 研究院协同美国陆军研究实验室负责管理。

二是"频谱交换安全性与可扩展性",该技术研究由Zylinium研究所负责,该研究所近期利用"开放无线数据驱动试验研究"(Open Wireless Data-Driven Experimental Research, POWDER)的平台演示了动态频谱分配所需的频谱交换能力,美国国防部计划继续投入推动频谱交换研究。

三是IB5G还在与诺基亚贝尔实验室合作研究覆盖MHz到GHz的大规模MIMO,大规模MIMO被认为是提高无线战术通信弹性和吞吐量的关键支撑技术。

总之,商业5G经过多年的发展已开始广泛商业应用,并且基于5G的应用场景也不断拓展,可以满足多种复杂场景的应用需求,这也使其越来越受到美国国防部及军工企业的关注,并在2022年开展了一系列研究工作推动5G的军事化应用,IB5G就是美国国防部开展的5G军事应用典型项目。除了美国国防部,美国军工企业洛克希德·马丁、诺斯罗普·格鲁曼等也在积极研究基于5G技术的系统集成解决方案。这也意味着商业5G以及后续演进技术在未来联合全域战场将会迎来新的发展机遇。

5.4.2.3 美国陆军试验绕过"爱国者"雷达直接与其拦截弹通信

美国陆军集成火力任务司令部和第43防空炮兵团3营协作在2022年11月17日成功进行了两次所谓的"特殊测试事件"(代号IFT-2)的综合防空反导作战指挥系统(IBCS)实弹试验,如图5.28所示。美国陆军将IBCS网络中生成的火控数据通过"远程拦截制导"-360(RIG-360)通信设备,绕过"爱国者"雷达直接上传给拦截弹。试验解决了IBCS

对"爱国者"雷达提供的拦截弹通信链路的依赖性,并进一步证明了 IBCS 快速集成新兴技术的能力。RIG-360 是一种软件定义的 X 频段导弹通信设备,可提供 IBCS 与"爱国者"系列拦截弹的全半球 360°空中通信。

图 5.28 综合防空反导作战指挥系统(IBCS)实弹试验

美国陆军这次试验是多域战发展的典型新型杀伤链,通过创新杀伤链实现创新的作战效能。此次试验的成功,标志着美国陆军可利用 IBCS 集成陆、海、空基传感器的信息指挥"爱国者"拦截弹发射,此举可规避"爱国者"雷达探测范围小的缺点,大幅增加"爱国者"系统的防御范围。此前,IBCS 已展示了连接和融合多军兵种传感器和火力的能力,验证了"联合全域指挥与控制"(JADC2)的可行性。

5.4.2.4 通用原子航空系统公司演示空对空激光通信

2022 年 9 月 26 日,通用原子航空系统公司(General Atomics Aeronautical Systems, Inc., GA-ASI)成功利用两

架测试飞机测试了空对空激光通信链路。在飞行测试期间，成功建立了传输速率达 1Gbps 链路并进行了数据传输，传输的数据包括实时导航、视频和话音数据。

如图 5.29 所示，激光通信具有极大的军事应用潜力，传输数据速率远高于射频系统。目前，激光通信在空间通信领域已相对成熟，越来越多的卫星星座采用光学星间链路，而在地/海面和空中领域，激光通信进展相对缓慢，此次通用原子航空系统公司演示成功，为后续在更多平台(包括无人机、海上船只和卫星系统)上验证激光通信铺平了道路，也意味着激光通信在战术平台上应用初露曙光。

图 5.29　通用原子航空空对空激光通信

5.4.2.5　防空预警雷达不断推陈出新提升防空预警体系能力

(1)洛克希德·马丁公司 AN/TPY-4 雷达中标 3DELRR 项目

2022 年 3 月，美空军宣布洛克希德·马丁公司成为三维远征远程雷达(3DELRR)项目总承包商,旗下的 AN/TPY-4 雷达成为唯一指定雷达。AN/TPY-4 雷达集成了全数字阵技术、软件化架构、氮化镓放大器、高密度天线电子器件、基于图形处理单元的数据处理等多项关键技术,代表了洛克希德·马丁公司防空雷达研制能力的最高水平,具备以下四大突出优势和特点。

一是第一款软件化雷达。TPY-4 是美国"雷达开发系统架构"(Radar Open Systems Architecture, ROSA)相关标准及设计原则的示范推广项目,基于单元级全数字阵列和超过 1000 个氮化镓 T/R(Transmit-Receive)组件,保证了波形设计、资源分配的灵活性;采用开放式架构、模块化设计和统一接口,实现了软硬件分离,仅通过更改软件(不需要大的架构重设、硬件替换)即可实现功能转换和升级,具有极强灵活性,称为世界上第一款软件化雷达。

二是集多种功能于一身。TPY-4 拥有对空警戒、导弹搜索跟踪、小型无人机跟踪、对海监视、卫星跟踪五种任务类型。该雷达可同时执行五种或其中几种类型任务,检测到目标后,操作员可以按下按钮快速切换任务,实现资源在跟踪目标上的始终精准聚焦。

三是具备网络中心化特征。作为美国空军下一代雷达,TPY-4 可接入美国陆军、海军陆战队和海军的各指控节点,共享目标数据,提供广域、准确、实时的空中态势图像,支持防空作战和反导作战,为战场指挥官提供最大的决策支持,具备先进的网络中心特征。

四是具有高机动与高可靠性。TPY-4 基于洛克希德·马丁公司成熟的商用技术,具有高的作战可用性和可靠性;

作为一款远征型雷达，TPY-4 兼顾高可运输性、可维护性和可持续使用能力。

(2)美国陆军 IBCS 系统已完成 IFT-2 巡航导弹拦截试验验证

IBCS 系统是美国陆军一体化防空反导(Army Integrated Air and Missile Defense, AIAMD)体系的核心组成，基于"系统解耦、要素重组"的思路，将多域异构传感器、武器系统统一调度、统一管理，通过"要素分散、力量聚合"的作战要素"即插即打"，重塑"传感器到射手"。

2022 年 11 月，美国陆军第 43 防空炮兵团在白沙靶场完成综合作战指挥系统(IBCS)的 IFT-2 巡航导弹拦截试验。此次试验中，IBCS 系统将生成的火控数据通过 RIG-360 远程拦截制导通信设备，绕过"爱国者"雷达直接上传至 PAC-3MSE 拦截弹，解决了 IBCS 对"爱国者"雷达提供的拦截弹上行通信链路的依赖性。此次试验实现了"爱国者"雷达与拦截弹的通信脱钩，标志着 IBCS 系统向作战要素的完全解耦又迈出了坚实的一步。

(3)俄罗斯开发新型"铌-SV"米波雷达，补充完善防空预警体系

俄罗斯新型雷达系统 1L125E "铌-SV" 2021 年 4 月出现在靠近哈萨克斯坦边境的俄罗斯西部城市奥伦堡，这款雷达能识别低空隐身目标，是俄罗斯最先进的雷达系统之一。

1L125E 雷达能探测和跟踪 500 千米远的飞机、直升机、巡航导弹、弹道导弹和小型无人机等目标，识别其所属国家，并向指挥所或防空系统传输数据。由于具有小型

化、高机动、高可靠性等诸多优点，这种新型米波雷达入役后，与俄军现役"天空"系列等米波雷达形成互补，从而进一步补充俄罗斯防空预警探测缺口，增强其反隐身作战体系。

5.4.2.6 反导预警雷达不断优化提升协同反导能力

(1)美国不断优化反导探测体系，突出反导反临一体和多系统协同

美国导弹防御局在第23届太空和导弹防御年会上透露了美国反导系统的最新发展和未来设想，强调对多层反导体系的持续优化、反导反临能力一体化，以及多系统协同反导等。在反导预警体系中，红外预警卫星是唯一的现役天基预警装备，采用"同步轨道+高轨+低轨"的三轨式设置，其天基红外系统、空间跟踪监视系统和国防支援计划，可实现全球覆盖，对战略战役弹道导弹、潜射导弹具备助推段预警、全弹道跟踪、中段识别、毁伤评估等能力。

目前，美国空军正在开发下一代 SBIRS(Space Based Infrared System)系统和低轨预警卫星星座。其中，下一代 SBIRS 系统也称为过顶红外系统(OPIR)，采用"3+2"构型，预警覆盖全球。此前，三颗同步轨道卫星合同已授予洛克希德·马丁公司。2020年5月，美国空军向诺斯罗普·格鲁曼公司授予两颗极地轨道预警卫星合同，第一阶段开发工作持续到2025年底，2027年发射第一颗极地卫星。到2029年，五颗 OPIR 卫星全部投入使用。针对高超声速威胁的迫切需求，美国计划通过构建低轨预警卫星星座，构建反导反临预警一体化能力。

(2)美国完成新型低层防空反导传感器试验测试

雷神公司于2021年3月完成了美国陆军LTAMDS雷达天线阵列的试验测试。

LTAMDS是一种能应对高超声速武器等先进威胁的下一代雷达系统,将取代美国陆军"爱国者"系统的现役雷达。美国陆军已于2022年底部署装备了新型雷达的"爱国者"导弹营。LTAMDS入役后对"爱国者"系统作战能力起到了大幅提升的作用,并进一步巩固升级了美国反导作战体系。

5.4.2.7 天基雷达应用领域不断开发新技术服务美国太空军战略需求

(1)美国太空军研发天基地面动目标指示能力

2022年9月,美国太空作战部长雷蒙德将军在美国空军协会年会上表示,作为取代老化的联合监视目标攻击雷达系统(Joint Surveillance and Target Attack Radar System, JSTARS)机群的"多域"方法的一部分,美国太空军太空作战分析中心(Space Warfighting Analysis Center, SWAC)已完成了为期一年的备选方案分析,以获取从太空跟踪移动目标的能力——天基地面动目标指示(Ground Moving Target Indication, GMTI)能力。美国太空军已计划于2024财年为天基GMTI项目申请经费。如果天基GMTI雷达卫星项目得以顺利实施,完成部署后,必将提升美国的实时情报、监视与侦察(Intelligence, Surveillance and Reconnaissance, ISR)能力。

(2)DARPA发布星载合成孔径雷达技术改进项目

2022年2月和3月,美国DARPA发布了Fiddler自动目标识别、分布式雷达成像技术(Distributed Radar Image Formation Technology, DRIFT)、大规模交叉相关(MAX)等三个项目的广泛机构公告(Broad Agency Announcement, BAA)，拟重点实现三个领域星载 SAR 技术改进，即自动目标识别、分布式雷达成像、数字信号处理。

项目1：Fiddler 自动目标识别

Fiddler 项目的目标是改进 SAR 图像的自动目标识别能力。对能够产生动态海事环境训练数据的机器学习与计算机视觉方法的使用是该项目关注的重点。该项目的实施方案是从真实 SAR 图像中进行学习，生成/渲染新的几何形状及配置的合成 SAR 图像。随后，项目执行者将演示从若干真实案例中产生各种训练数据，从而快速训练强大的 SAR 目标探测方法。

项目2：分布式雷达成像技术(DRIFT)

DRIFT 项目扩展了小型 SAR 商业卫星的军事应用，能够为 DARPA 提供应对以下领域挑战的革新方案：分布式星基雷达数据收集、卫星编队飞行、双基合成孔径雷达、卫星集群指挥与控制等。在此基础上，演示验证以编队飞行的 SAR 卫星集群能够实现的先进能力——实现科学、设备与系统等软硬件方面的革命性突破。该项目研发的技术将赋能太空领域"马赛克战"概念的实现。

项目3：大规模交叉相关(MAX)

MAX 旨在通过利用模拟相关器设计近年来的先进技术及其他革新技术，在先进的 CMOS 工艺节点实现相关性的颠覆式飞跃，从而在未来 DOD(Dynamic Object Detection) 感知、成像及通信系统中实现优势。

MAX 将结合两种特征：一是最小化模拟计算中的能量浪费，二是应对与将模拟信号处理技术转变为大规模 CMOS 工艺节点有关的技术挑战。这种特征的结合在当今 SOA(Service-Oriented Architecture)中是史无前例的，能够同时实现数字处理相关器件最先进的动态范围，以及模拟电路器件的功效，建立一种新的技术体制，有望彻底改变军用与商用感知、成像及通信系统的类型和能力。

5.4.2.8　机载雷达应用领域不断深耕发展持续提升战场电磁管控能力

(1)美国空军将使用 E-7 替换部分 E-3 预警机

2022 年 5 月，美国空军决定用波音公司生产的 E-7"楔尾"预警机取代一部分 E-3"哨兵"预警机。E-7 预警机是唯一能够在 E-3 预警机的替代时间框架内，满足美国国防部战术战斗管理、指挥和控制以及移动目标指示能力要求的平台。美国空军已于 2023 财年授予合同，包括最初的 2.27 亿美元研究、开发、测试和评估资金，用于支持采购一架快速原型机，于 2027 财年交付。可以看出，美军短时间内将使用 E-7 这种较为成熟装备实现能力的快速更新升级，以应对近期威胁，展现了"务实有效"的特征。

2021 年以来，美国空军参谋长、空战司令部司令、美驻欧空军司令等高级将领在多个场合发表公开声明，呼吁空军应采购 E-7"楔尾"预警机替换其老旧的 E-3 机队。其机载多功能电扫描雷达能够在 10 秒内覆盖 360°方位，海上或空中探测距离大于 360 千米，可同时跟踪目标达到 3000 个。

(2)美国雷神公司推出无人机载火控雷达

2021 年 9 月，美国雷神公司推出一款紧凑型机载

AESA雷达系统，具备重量轻、尺寸小、价格低的特点，旨在为以无人机为代表的低成本作战平台提供火力控制能力。该类装备很可能将真正意义上为无人战斗机装上"空战锐眼"，有效提升对空探测效能，有助于全面赋能有人机-无人机协同，很可能将对未来空战样式产生巨大影响。

从技术上看，雷神公司推出的这款雷达系统采用开放式系统架构，可实现快速能力升级，可根据不同作战平台、不同作战功能的需求将其 T/R 组件数量从 900 个增加至 2400 个，根据需要大幅提升探测效能。此外，该雷达应用氮化镓(GaN)宽禁带半导体技术，并通过先进封装方法将数字化 T/R 组件及其处理器实现高效整合，能够在控制重量、尺寸的同时，实现对远距离目标的精确探测、识别和跟踪。值得注意的是，出于减轻雷达重量的需要，该雷达摒弃了散热性能更优的液冷技术，而是采用了独特的风冷设计，这是针对雷达性能和重量指标的一种权衡取舍，对雷达发射功率造成了一定的限制。

(3)美国"北方闪电-21"演习雷达与电子战协同分析

2021 年 9 月 9 日，在美空军"北方闪电-21"演习中，诺斯罗普·格鲁曼公司的"下一代电子战"系统完成与 SABR 机载火控雷达的协同试验。演习中，NGEW(Next-Generation Electronic Warfare)系统与 SABR 雷达搭载一架试验飞机，在 Volk 战备训练中心的"联合威胁辐射器"(Joint Threat Emitter, JTE)的信号模拟环境中，雷达同时探测多个地面和空中目标；NGEW 系统在强干扰射频环境中，对空中和地面 170 多个威胁进行了检测、识别，根据威胁特征，按需使用先进干扰技术对威胁实施了干扰。此次演习演示了雷达与电子战系统"完全的脉冲到脉冲、多功能互操作"(Full Pulse to Pulse, Multifunction Interoperability)，验证了雷达精确识别和电子战敏捷干扰的协同能力。

此次演习表明，依托开放式系统架构、数字波形等技术，可协同提升雷达的精确识别与电子战的敏捷干扰能力，对于提高战场感知和博弈对抗能力具有重要意义。

(4)印度研发新型国产预警机，推动空中预警能力升级

2022年10月，印度国防研究与发展组织(Defence Research and Development Organisation, DRDO)在印度国际防务展上展出了为印度空军开发的先进机载预警与控制(Advanced Airborne Early Warning and Control, AEW&C)系统模型，即DRDO下属机载系统中心(Center for Advanced Avionics Systems, CABS)开发的"内特拉"Mk2预警机。

该型预警机将由从印度航空公司采购的二手空客A321双引擎客机改装而成，与印度空空现役国产EMB-145"内特拉"预警机相比，新系统经过升级改进，将具有更优的探测与跟踪性能，可进一步扩充印度空军预警机机群的作战实力。印度加快自研预警机不仅将增强印度的国防工业能力，而且将大幅提升其未来空战指挥能力，进而改变南亚次大陆的军事力量格局，这一动向值得加以关注。

5.4.2.9 舰载雷达应用领域推动网络化、协同化技术验证

(1)美国网络化多任务雷达技术成功开展演示验证

美国海军研究实验室完成"灵活分布式阵列雷达"(Flexible Distributed Array Radar, FlexDAR)的安装和演示验

证试验。已经验证的 FlexDAR 的关键能力包括低的天线副瓣电平、多个同时产生的独立接收波束、多个同时子孔径、分布式雷达跟踪，以及数据吞吐等，证实了 FlexDAR 在探测距离、跟踪精度、电子防护等方面具有显著优势。

(2)美国推进 AN/SPY-7 雷达军售项目，助力"宙斯盾"系统全面升级

2021 年 5 月，美国国务院批准了价值 17 亿美元的向加拿大出售包括 4 部 AN/SPY-7 固态雷达在内的"宙斯盾"作战系统对外军售项目。而之前在 2020 年 9 月，加拿大水面战斗舰(Canadian Surface Combatant, CSC)项目的主承包商欧文造船公司已向洛克希德·马丁公司授出了为新型 CSC 护卫舰装备 AN/SPY-7 雷达的合同。而这一对外军售项目则是 CSC 获取"宙斯盾"作战系统及雷达装备。

除加拿大外，西班牙和日本等国均已选购了该型雷达。西班牙的 5 艘 F-110 级护卫舰将装配 AN/SPY-7 雷达，而日本由于岸基"宙斯盾"项目中止，也已决定转为采用配备 AN/SPY-7 的新型"宙斯盾"驱逐舰。

在美国大力推进军售的背景下，基于洛克希德·马丁公司固态雷达技术的 AN/SPY-7 雷达将为美国盟友的前线防御提供先进的防空反导能力，并大幅提升作战互操作性，从而引领下一代先进地基与海基雷达技术的发展。

5.4.2.10 星载雷达应用领域推动全天候、全天时、全透明的高精度探测

2022 年，由法国和美国联合研制的"地表水和海洋地形"(Surface Water and Ocean Topography, SWOT)观测卫星

已于当地时间 12 月 15 日在美国加利福尼亚州范登堡空军基地搭载猎鹰 9 号运载火箭发射升空，用于探测地球地表水，协助科学家对地球气候的研究。

据法新社(Agence France-Presse, AFP)2022 年 12 月报道，发射的 SWOT 卫星相比于其前代托帕克斯卫星(TOPEX/Poseidon)精度大幅提高。

美国国家航空航天局(National Aeronautics and Space Administration, NASA)地球科学部负责人卡伦·圣日尔曼(Karen St. Germain)表示"SWOT 的分辨率比当前技术提高了十倍，我们将更好地测量海面高度，更好地了解海洋锋和涡旋是如何塑造气候的"。

法国国家空间研究中心(Centre National d'Etudes Spatiales, CNES)的 SWOT 项目负责人蒂埃里·拉丰(Thierry Lafon)则将这次技术进步比喻为"以前我们只能在太空中看到地面的街道，但现在我们连每一辆车的车牌号都能看清"。

目前的技术水平只能支持科学家了解如墨西哥湾流等世界主要洋流的影响，但局部的小型涡旋也会影响海水的温度和热传导，以及海洋对大气中二氧化碳气体的吸收，因此本次发射的 SWOT 卫星将进一步改进天气和气候模型，如图 5.30 所示。

NASA 方面表示，这颗 SWOT 卫星将监测地球表面几乎所有水体，预计其运行轨道距离地球 890 千米，收集 100 米或更宽的河流，以及 250 米 × 250 米的湖泊的水面高度和坡度的测量值。这对于人类进行水管理、预防旱涝灾害都将大有裨益。

图 5.30　SWOT 卫星

中国电科发布的商业遥感 SAR 卫星"天仙星座"计划。2022 年 11 月珠海航展上，中国电科发布的商业遥感 SAR 卫星"天仙星座"计划，公布了"天仙星座"卫星"巢湖一号"影像数据。"天仙星座"计划由电科博微天地院负责星座工程总体，中国电科第 38 所提供卫星核心 SAR 载荷，由 96 颗轻小型、高性能 SAR 卫星构成，部署在多个轨道面，具备星上自主规划、成像、图像解译、实时信息传输等功能，可实现全天候、全天时、全透明对陆地、海洋、海岸港口等进行成像观测，为我国在海洋环境、灾害监测及土地利用等诸多领域提供服务。"巢湖一号"SAR 卫星作为"天仙星座"卫星，最高分辨率 1 米，可以 6 小时应急成像。目前，具备在轨实时成像能力，并成功与国内商业 SAR 卫星"海丝一号"组网运行，标志着国产商业 SAR 卫星正式进入批产组网时代。

5.5 无人机探测与反制领域的研究

无人机作为一种小型低空飞行器，具有飞行高度低、运动速度慢、雷达散射面积小，也就是"低慢小"的特点。来自无人机的威胁场景主要分为三类：基础设施、公共安全、军事战场，如机场、监狱、油田。无人机在军事战场上的使用非常广泛，最近最激烈的两次战争：纳卡冲突和俄乌冲突，无人机都发挥了重要作用[101]。

2023年5月3日晚，两架无人机对俄罗斯总统普京所在克里姆林宫的官邸发动了袭击，由于俄方及时动用反无人机系统，使无人机在克里姆林宫坠落，未造成人员受伤或建筑损坏。

无人机对抗技术主要分为三类：伪装欺骗技术、干扰技术、毁伤技术。具体的反制手段有GPS欺骗、通信信号干扰、物理网捕、传统火力拦截、高能激光武器、高功率微波武器等，以下是无人机探测和反无人机技术的主要发展趋势分析。

5.5.1 全球态势

5.5.1.1 从俄乌冲突看无人机技术发展与应用

如图5.31所示，俄军先期作战以空中、空降突击作战样式为主，楔入要地以夺控机场，试图通过"闪电战"的方式快速获取优势，因而未大规模使用无人机参与作战。冲突持续一周后，美国及其北约盟国不断向乌克兰输送武

第 5 章　电磁空间研究热点和亮点　　　　　　　　　　·393·

器，战争局势转向持久战，俄军先后使用察打一体无人机对乌克兰武装据点、指挥所等高价值军事目标实施打击，取得较好效果。战场局势瞬息万变，俄乌双方的作战样式也从传统野战向城市特种作战转变。俄乌局势双方通报的直升机战损规模都是 100 多架，说明随着便携式导弹越来越精准，武装直升机也成为空中活靶子，必将加速被淘汰出局。用便携式导弹攻击武装直升机，费效比也非常高。未来，武装直升机将被察打一体智能无人机所取代。

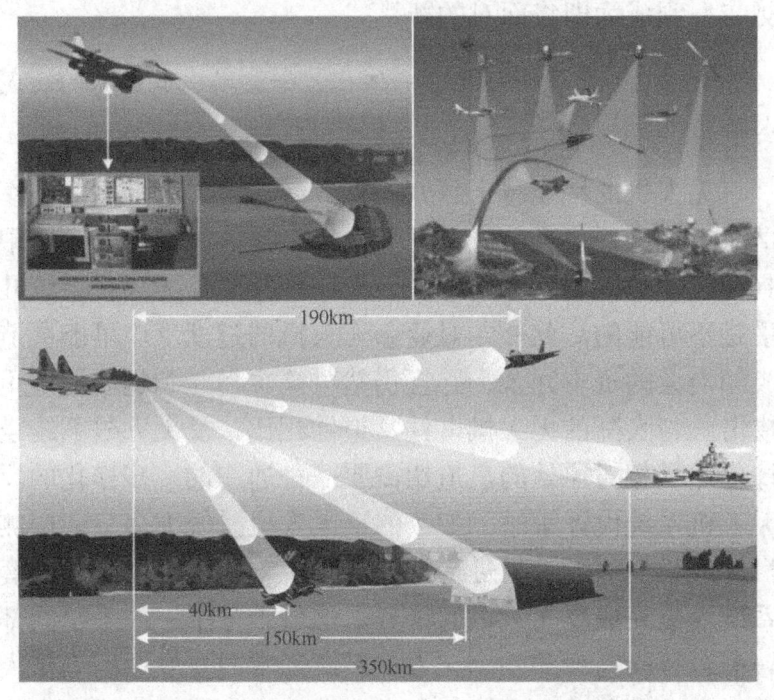

图 5.31　俄罗斯海军航空新闻示意图

俄乌冲突表明，在现代战争中无人机因其成本低、无人员伤亡风险、机动性能好等突出优点，在现代战争中起着重要的作用，例如将无人机应用于战场侦察，具有很少受气候条件限制、昼夜可用，能在目标上空持续很长时间实施侦察和监视，并能实时传输目标图像等独特优势。无人机被用作空中侦察和通信平台，提供接入回传一体化的通信网络，满足在复杂战场环境中实现空中和地面作战单元(包括有人和无人)，以及与作战人员之间的态势共享和通信服务。

因此，在未来战场中，无人机的运用使得对无人机探测与反制成为即将面对的新挑战。

5.5.1.2　发展小型化、一体化、全自动、低成本的反无人机系统

无人机的性能越来越好，有效载荷也大大提高。非军事无人机入侵也会造成相当大的经济损失，但由于预算限制和劳动力限制，在整个地区应用理想的反无人机系统几乎是不可能的。此外，对业余无人机的过度反应可能会造成相当大的资本冗余，并且仍然可能容易受到随后的严重攻击。与实际的无人机事件紧迫性相比，反无人机系统设计仍然是相对原始的。迫切需要一种通用的、多样化的反无人机系统设计策略。如今的反无人机系统大多只能探测目标或只能对无人机进行摧毁或干扰，这样至少需要两套系统才能完成反无人机的任务，这就带来了不同系统间部署配合等问题。此外反无人机系统通常需要专业的操作人员。未来随着无人机探测和对抗技术的发展，有望实现小型化、一体化、全自动、低成本的反无人机系统。这有利于反无人机系统的大量部署。

5.5.1.3 开发智能无人机平台自主对抗无人机和无人机蜂群

无人机凭借价格低廉、体积小、机动灵活等特点，且通常无其他装备在低空与其展开竞争，使得它可以轻易夺取低空制空权，对地面力量进行压制。无人机蜂群可以短时间内将数十架无人机火力集中于一处，难以有效防范。因此，只有利用无人机本身，才能更高效地对抗无人机，尤其是无人机蜂群。目前利用无人机作为反无人机平台仍处于起步阶段，无人机可以完成指定空域内的巡逻、预警；或装载机枪、捕捉网等反制武器，但大多需要操作员的实时操作以及和指挥系统的交互才能完成任务。因此，需要开发智能无人机平台，实现自主对抗无人机、无人机蜂群，这是未来反无人机的一个重要方向。

5.5.1.4 基于人工智能的无人机探测与多源信息融合技术

目前人工智能已逐渐应用于无人机探测领域并取得了良好的效果，探测无人机的难点，就在于如何把无人机信号与鸟类、车辆、行人、噪声等环境产生的信号区分开。而基于人工智能的无人机探测技术在声波处理、红外热感应、视觉图像处理、射频信号分析等领域，能够有效提取无人机的方位、尺寸、声音、图像、微多普勒等特征，并通过模型训练将其与环境信号区分开，可以预见人工智能在探测无人机方面会发挥更大的作用。

基于人工智能的无人机探测与多源信息融合技术快速发展，通过深度学习、特征融合或决策融合，将音频、图像、雷达等监视结果融合在一起，大大提升了探测的能力和性能。

5.5.1.5　构建陆海空天感知体系形成察打攻防一体化能力

反无人机应贯穿侦察、控制、打击、评估、保护全过程。探测与对抗结合，在探测系统发现无人机后，使用各种手段进行拦截或摧毁。随着射频综合和数字信号处理技术的发展，多种无人机系统有可能一体化设计，例如共用一套天线的无人机射频探测干扰系统、带有传感器和对抗载荷的无人机系统。对光电、雷达、电子侦察等系统的合理配置，形成近中远、低中高的多层次、全方位立体感知体系，并融合为察打、攻防一体化系统。

5.5.2　2021～2023年热点与成就

5.5.2.1　美国可携带电子战载荷的"空射效应器"无人机群进行大规模测试

2022年4月25日～5月12日，美国陆军在犹他州盐湖城附近开展的"2022年试验演习网关演习"(EDGE22)中，进行了一次规模最大交互式"空射效应器"无人机群测试试验。

美国陆军于2020年提出部署多种不同规模和任务配置的分层"空射效应器"(Air Launched Effect, ALE)项目是其为在未来多域作战环境中应对大国竞争对手的反介入/区域拒止威胁，打造未来垂直起降生态体系，采用低成本消耗型无人机，以协同的方式增强部队装备的生存力、威胁识别、目标瞄准和杀伤力等而提出的，旨在利用低成本无人机搭载不同任务载荷，在更大范围内提供分布式传感、电子攻击和动能攻击能力，以较低成本带来显著的战场效益。

"空射效应器"是空射无人机系统的总称，由飞行器、有效载荷、任务系统应用以及相关支持设备组成。该系统可由美国陆军先进的未来攻击侦察机和突击运输直升机从空中发射，与其他有人和无人平台协同工作，探测、识别、定位和报告(Detect Identify Locate Report, DILR)敌方防空系统中的威胁，并实施致命和非致命打击。"空射效应器"能携带光电载荷、电子战载荷、通信设备甚至战斗部，可以执行侦察、假信号欺骗、诱饵欺骗、摧毁敌方目标以及反无人机等任务。机群中的无人机有各自的任务划分，每架无人机不必执行所有任务。例如，携带红外传感器的电子战载荷的蜂群可以在目标区域检测信号辐射，确定辐射源位置，并通过网络将信息反馈给指挥所和载人机；携带干扰设备的蜂群无人机具备中断对手感知或通信的能力；携带弹头的蜂群无人机能直接用作自杀式无人机来打击目标。

2020~2022年期间，陆军与相关厂商已经开展过多次"空射效应器"试验。2020年8月的美国陆军"会聚工程"演习重点演示"阿尔提乌斯-600""空射效应器"完成与其他无人机通信的互操作性和空中回收，并为其他无人机提供目标获取信息。2021年10月的"会聚工程"演习展示了AH-64阿帕奇攻击直升机的空中发射效应飞行器发射，实现了所有测试目标，包括低空发射、机翼和飞行表面部署以及稳定的飞行器飞行控制。"2022 年试验演习网关演习"(Experimentation and Demonstration Gateway Exercise 2022, EDGE 22)将"空射效应器"无人机集群演示作重要内容之一。演习中，美国陆军使用 UH-60"黑鹰"直升机、MQ-1C"灰鹰"无人机和地面车辆模拟陆军尚在研制中的未来攻击侦察机(Future Attack Reconnaissance Aircraft, FARA)发射"空射效应器"。参与测试的"空射效应器"无人机产品包括阿雷亚-I 公司制造的"阿尔提乌斯-600"以及"土狼"Block 3 空射型。学习中，从平台上分四批发射 28 架无人机(每批 7 架)，分别执行侦察、压制、打击和评估任务，完成搜寻并摧毁假想敌军阵地。

"空射效应器"试验内容包括机密与非密行动。非密行动包括自主检测与识别、在拒止环境中通信导航、基于算法和模式的协同作战与协同搜索、提供致命目标和完整作战损害评估以及电子战能力。在测试中，第 82 空降师的士兵分四批发射无人机群，每批包含至少七架无人机，只需一名地面操作员来执行集群的任务。这些无人机可以携带不同的有效载荷按需执行任务：第一批为侦察无人机群，在空中执行侦察任务，探测潜在威胁并回传报告；第二批用于压制敌方跟踪与检测能力；第三批无人机携带动能有效载荷，能通过远程射击清除目标设施或设备；第四批无人机群负责战损评估。试验完成目标搜索、摧毁与评估任务。

"空射效应器"系统项目完成后，可能改变美国当前作战方式，增加无人机群的功能性，还能提升陆军未来攻击侦察机的战斗力和生存力，从而有效打开敌方防空体系缺口。一是无人机群的运行模式概念将从蜂群转向狼群,增强无人机群系统自身的多功能性和弹性。二是增强未来攻击侦察机体系的战斗力和生存力。三是有效对抗敌方反介入/区域拒止防空能力。交互式无人机群的开发和应用很可能会改变未来作战方式,甚至成为取胜的关键。

5.5.2.2 美国军方开始采购 Numerica 公司研发的 Spyglass 3D 雷达

如图 5.32 所示,据 Liteye 系统公司报道,美国军方将成为第一个使用 Spyglass 3D 雷达作为多任务/多领域防御解决方案的客户,已经接受生产订单于 2022 年第二季度开始交付。Spyglass 3D 雷达是由 Numerica 公司研发的,旨

图 5.32 Spyglass 3D 雷达

在对抗无人机和承担短程防空任务，已准备好投入生产。Spyglass 短程监视雷达旨在检测和跟踪 3.5 千米以外的小型自主无人机，通过精确测量来支持一系列对抗技术，该雷达可用于保障设施安全、边境监视、车队和车辆安全以及空域监控。据 Numerica 称，Spyglass 雷达利用 Ku 波段相控阵技术提供高精度测量、远距离定位和分类。它具有同时收发功能，并带有嵌入式 C2 和 AI 软件。

5.5.2.3 美国机场测试并部署了以色列拉斐尔公司的反无人机圆顶系统

2023 年 3 月 6 日，以色列拉斐尔公司获得了美国联邦航空管理局授予的一项交易协议，在大西洋城国际机场测试拉斐尔公司的 Drone Dome 系统探测、拦截无人机或使无人机失效的能力，以便正确使用该系统来应对机场周围来自无人机的威胁和干扰。

Drone Dome 系统由指挥、控制、通信、计算机和情报(Command, Control, Communications, Computers and Intelligence, C4I)中心操作，可以部署为移动或固定单元，允许与多个传感器集成，使用电荷耦合器件/红外(Charge-Coupled Device/Infrared, CCD/IR)自动视频运动检测(Video Motion Detection, VMD)和 ATR 在 3.5 千米的范围内检测到小于 0.002 米的目标，该系统提供了信号干扰和激光打击两种无人机对抗方式，还配备了人工智能技术，从而更快、更有效地检测、识别、打击和消除目标。美国国防部已在 2022 年 4 月将该系统指定为反无人机选项，如图 5.33 所示。

第5章 电磁空间研究热点和亮点

图 5.33 反无人机圆顶系统

5.5.2.4 洛克希德·马丁公司向美国国防部提供了迄今为止最高功率的电激光器

2022年9月19日，美国国防承包商洛克希德·马丁公司向美国国防部交付了一个具有战术意义的300kW级电动激光器，这是该公司迄今为止生产的最高功率激光器。

这种激光器将出现在国防部最新的演示工作中，包括美国陆军的间接火力保护能力-高能激光器(Indirect Fire Protection Capability-High Energy Laser, IFPC-HEL)系统，该系统于2022年进行了实验室和现场测试。该公司副总裁表示，洛克希德公司提高了连续波高能激光器的功率和效率，减少了重量和体积，为未来高能激光武器执行实战任务降低了风险。相比动能武器，激光武器在反无人机方面有着发射成本低、作用时间短、打击效果灵活等优点，如图5.34所示。

图 5.34　美国间接火力保护能力-高能激光系统

5.5.2.5　雷神公司与美国军方签下反无人机装备合同

2023 年 4 月，雷神公司与美国军方签下了一份价值 2.37 亿美元的合同，合同包括了提供 Ku 波段射频系统 (KuRFS) 多任务雷达和专用反无人机平台的 Coyote 无人机两项装备，如图 5.35 所示，这些装备将成为 "低慢小" 无人机综合防御系统 (Low Intensity Defense System, LIDS) 的一部分，有助于美军探测和对抗无人机。KuRFS 精确瞄准雷达和规模化的 Ku720 移动传感雷达可以提供对空中威胁的持续探测、识别和跟踪，而 Coyote Block 2 型无人机可以在更高的高度和更远的距离打击各种尺寸的单个无人机和无人机群，并具有一定的机动性。LIDS 计划将 KuRFS 和 Coyote 与格鲁曼公司的前线防空指挥控制系统和锡拉丘兹研究公司的电子战系统整合起来，成为一个多任务的固定、可移动部署系统，提供完整的远程防御解决方案。

图 5.35　Ku 频段射频系统

5.5.2.6　通用动力陆地系统公司推出了 TRX SHORAD 反无人机战斗车

美国通用动力陆地系统公司于 2023 年 3 月 28 日在美国陆军协会的全球力量研讨会上展示了其 10 吨级(TRX)履带式机器人，如图 5.36 所示，该 TRX 机器人带有短程防空(Short-Range Air Defense, SHORAD)有效载荷，是陆地系统公司反无人机系统系列车辆的最新创新。

图 5.36　TRX SHORAD 反无人机战车

TRXSHORAD 有一个遥控武器站，配备了一门 30 毫米自动炮和一对四联装导弹发射器，用于发射"毒刺"地对空导弹。作为一种热追踪的地对空导弹，"毒刺"主要用于瞄准低空的飞机和直升机。

伊庇鲁斯公司开发的高功率微波阵列 Leonidas 为车辆集成了反电子能力，Stryker Leonidas 的无限弹夹深度反电子任务(包括反无人机)，加强了车辆的移动近程防空功能，leap-ahead 技术已经在实地展示中成功反制了单个无人机和无人机蜂群。

5.5.2.7　皮尔斯航空航天公司为反无人机系统集成远程 ID 功能

2023 年 2 月 9 日，皮尔斯航空航天公司宣布与 DroneShield 公司合作，将皮尔斯航空航天公司的飞行准入 ID 远程识别技术集成到 DroneShield 公司的反无人机系统中，包括 DroneSEntry-C2 系统，从 2023 年开始赋予用户更强的态势感知和更先进的无人机识别能力。据该公司表示，将飞行准入 ID 远程识别技术集成到 DroneSentry-C2 系统中，使用户能够关联并积极识别无人机，通过提供带有目标识别功能的整体空中图像来增强安全操作，同时还拥有保护该空域所需的实时情报和手段。集成了新功能后的系统不仅可以应用于反无人机系统，还可以应用在无人机交通管理系统中。皮尔斯航空航天公司的飞行准入 ID 技术包括了远程 ID 接收器、广播模块、软件集成能力和远程管理服务，提供了当前最先进的远程 ID 解决方案。

5.5.2.8 Elettronica 公司在欧洲海军展览会上演示 Adrian 反无人机系统

欧洲海军展览会于 2022 年 10 月 18 日~21 日举行，这是欧洲海军界最重要的展示平台，Elettronica 公司展出了用于海军和海上安全船只的 Adrian 反无人机系统，Adrian 系统配备了多光谱雷达、光电技术、声学传感器和 ESM[102]，可通过雷达信号、发动机噪声和无线电传输来探测和识别无人机，多传感器可以保证系统的低误报率，可以检测到非常低的功率和跳频信号。控制系统具有用户友好的人机界面，可以确定无人机的地理位置并提供实施威胁分析。系统可以使用电子对抗措施对无人机进行软杀伤，破坏其无线电控制和全球导航卫星系统(Global Navigation Satellite System, GNSS)，GNSS 欺骗功能可以迫使无人机在安全区域降落或返回起点。

5.5.2.9 世界各国快速发展无人机探测与反制技术与应用

(1)以色列拉斐尔公司推出 SPYDER 一体化防空导弹系统

以色列拉斐尔公司在希腊国防展 DEFEA2023 上推出了 SPYDER 家族的最新成员：AiO 防空系统，如图 5.37 所示，这是一个有望重新定义防空范式的重大进展。

AiO 代表了一种新型的防空系统，将多个系统的能力集成到一辆 8×8 车辆中，强调灵活性、自主性和快速部署。SPYDER AiO(一体机)可以作为一种可靠的防空资产来应对广泛的空中威胁，包括固定翼和旋翼飞机、无人机、巡航导弹和精确追踪导弹。

图 5.37 SPYDER AiO 防空系统

SPYDER AiO 的显著优势包括由电光传感器支持的独特、隐蔽的被动参与模式和完全自主的操作模式。它的网络加固设计、空运能力和更低的生命周期成本使其进一步区别于其他防空系统。SPYDER AiO 雷达旨在探测移动中的威胁，并快速转换到停止开火模式。

(2)德国 Aaroina 推出 AARTOS(射频 RF Detection)

如图 5.38 所示，AARTOS 最新的第六代 AARTOS 反无人机系统可以实时全频监控(独有)，扫描速度高达 48THz/s，可同时追踪 3G、4G 和 5G 无人机，作用距离可达 50km，应用了最新的基于人工智能的多目标图像和射频模式识别技术。可实时解码多个无人机协议(大疆 Ocusync、大疆 Wi-Fi、Mavlink、Yuneec 等)。具有超宽频率范围 (20MHz~8GHz)360°方位和全 90°仰角无间隙全穹顶覆盖，具有高跟踪精度。可跟踪和定位控制无人机的操作员，识别无人机制造商和型号/协议。

第 5 章 电磁空间研究热点和亮点

3D DF 测量精度达到国际电联(ITU)A 级,可扩展到大型站点(机场、城市、边境,甚至全国范围的安装)。该系统使用的 RTSA-Suite PRO 是一款功能强大的实时频谱分析软件,可以集成各种硬件组件,从而使 AARTOS 系统能够进行模块化设计和控制。同时,该系统是可扩展的,可以根据用户需求和预算进行调整。AARTOS 有多种版本,适用于各种环境和各种场景,如边境、住宅区、政府设施、机场或商业/工业场所等。

AARTOS 反无人机系统高度灵活,基本上可集成到任何车辆上。无论是厢式货车、皮卡、卡车还是拖车,都可以将所有传感器安装在所需的车辆上。

图 5.38　AARTOS 反无人机系统

(3)波兰军队完成对反无人机系统 SKYctrl 的实装

2023 年 4 月 20 日,波兰国防部宣布,由先进保护系统公司开发和生产的反无人机系统 SKYctrl 现已被波兰军队实装,并被整合到波兰的多层防空系统中,如图 5.39 所示。

SKYctrl 系统旨在打击无人机,可用于探测、跟踪无人机,并通过干扰无人机的控制信号或者用网物理捕获无人机使其失效。

SKYctrl 系统工作频段是 X 频段,最小探测范围为 1m,最大探测范围在 2km～10km,范围精度为 1m～10m,距离分辨率可达 3m～6m,最低目标高度为 1m,最大目标高度为 7km～50km,方位角/仰角 90°～20°/60°～10°,其 Tx 输出功率(峰值)8W～24W,使用的技术是 AESA/MIMO,具有固定式、便携式和移动式版本。

图 5.39 SKYctrl 系统

(4)澳大利亚国防公司 DroneShield 推出了反无人机枪 DroneGun Mk4

2023 年 4 月,澳大利亚国防公司 DroneShield 推出了一款新型反无人机装备 DroneGun Mk4,如图 5.40 所示。作为 DroneGun C-UAS 系列的新成员,DroneGun Mk4 是

一种手枪形状的无人机干扰机，长 660mm，宽 356mm，高 213mm，重量为 3.2kg，电池寿命为 2h，是尺寸和有效性之间的惊人平衡，其改进的防护等级为 IP67 的坚固设计，允许系统在-20℃～55℃ 的温度范围内可靠运行。

DroneGun Mk4 对未经授权或恶意的无人机活动提供了有效的反制措施，它通过干扰无人机与控制器通信的射频信号进行工作，使得无人机无法操作，并迫使其降落或返回起点。除了干扰能力外，它还具有测距仪、激光指示器和视频记录功能。DroneGun Mk4 重量轻且易于操作，是安全人员、执法人员和军事人员在机场、军事基地和公共活动等敏感地区快速禁用无人机的理想解决方案。

图 5.40 DroneGun Mk4

(5)川崎重工、三菱重工展出为日本军方开发的反无人机激光系统

2023年3月15日~17日，日本公司川崎重工、三菱重工分别展出了为军方开发的反无人机激光系统。

如图5.41所示，川崎重工开发的2kW高功率激光反无人机系统(C-UAS)，其组成包括：激光测距仪、红外(IR)热成像摄像机、高能激光器(HEL)、万向节和2kW的电源。它被安装在川崎汽车公司的Mule Pro-FX全地形车上以实现机动性。它可以跟踪300米范围内的无人机，并摧毁100米范围内的无人机目标。三菱重工一直在开发10kW和20kW的反无人机激光系统，该系统将作为一个完整系统提供给日本军方。

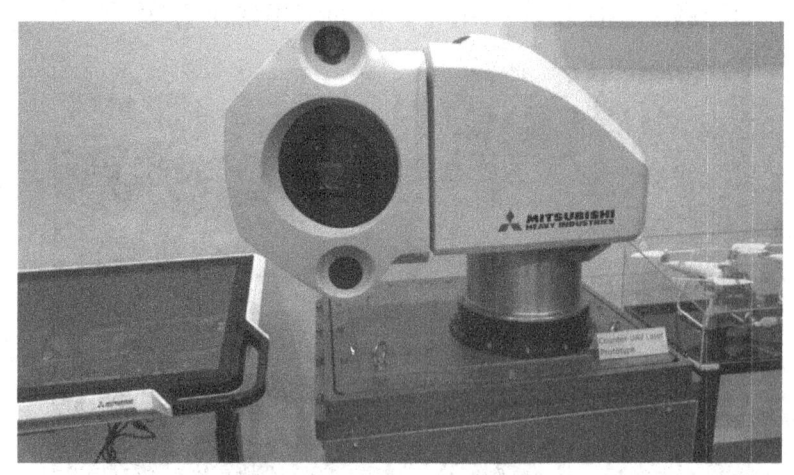

图5.41　三菱重工反无人机激光系统

(6)美韩空军联合演习打击小型无人机

据韩联社2023年2月12日报道，美韩空军在联合演习中模拟敌方无人机入侵的情况，演练用无人机干扰器"无人机克星"(Dronebuster)和K2C1步枪击落无人机，并防止无人机被击落后触发探测和爆炸装置等后续程序。如

图 5.42 所示，Dronebuster 是一种设计紧密、重量轻、性价比高的反无人机武器，该系统可以从一个集成的、固定位置的干扰机转换为一个便携式手持干扰机，供步兵、安全小组和第一反应人员在不稳定、模糊、快节奏的遭遇战中使用，多种配置可满足任务需求。Dronebuster 是获得美国国防部授权的唯一手持式电子攻击系统。该演习是美韩两军于 2 月 5 日~9 日在群山空军基地实施的联合军演的一部分。

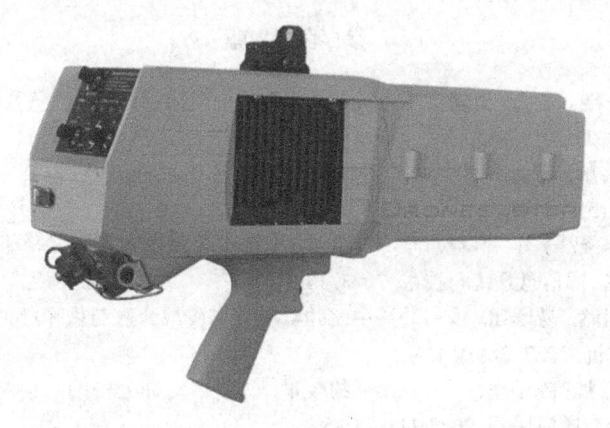

图 5.42　Dronebuster 无人机干扰器

(7)高功率微波系统 Phaser

如图 5.43 所示，高功率微波系统(High-Power Microwave System)Phaser 使用定向能量以光速击落无人机(单个或成群)。操作员将一束宽弧形能量束聚焦在无人机上，无人机会发出短时间、高功率的电磁能量爆发，摧毁它们的电子设备并将它们同时从空中坠落。这是第一种定向能武器，并已投入使用。

图 5.43　高功率微波系统 Phaser

参 考 文 献

[1] 周海瑞, 张臻. 美国空军先进作战管理系统及启示. 指挥信息系统与技术, 2020, 11(4): 57-63.

[2] 刘禹彤, 张洋. 美空军先进作战管理系统项目进展及启示. 飞航导弹, 2021(5): 13-16.

[3] 温卓漫, 李祥, 高健, 等. 美国空军先进作战管理系统演习验证情况及启示. 指挥信息系统与技术, 2023, 14(3): 7-17.

[4] 武坦然, 易楷翔. 俄乌冲突中北约电磁频谱作战介入与俄军教训. 航天电子对抗, 2022, 38(3): 1-4.

[5] 徐霄羽, 陈子胤, 吕玮. 无形的较量: 透视俄乌冲突中的通信对抗. 信息安全与通信保密, 2022(11): 28-35.

[6] 高一丹, 辛昕. 美军联合全域指挥控制探析. 飞航导弹, 2021: 84-89.

[7] 凌海风, 李瑞, 柏林元, 等. 俄乌冲突中俄罗斯电子战装备及运用研究. 航空兵器, 2023, 30(6): 32-36.

[8] 陈山. 西方援乌地面装备为何水土不服. 环球时报, 2023-8-17(8).

[9] 杨蔚, 高祺, 王渊, 等. 俄乌冲突中电磁频谱应用分析. 航天电子对抗, 2023, 39(3): 1-4.

[10] 刘丽, 汪涛, 张宇涵. 美海军重点电子战装备技术项目发展概述. 航天电子对抗, 2021, 37(6): 56-60.

[11] 张春磊, 裘琴, 易楷翔. 美电磁频谱作战技术体系与应对策略研究. 中国电子科学研究院学报, 2022, 17(5): 439-444.

[12] 刘涛, 蒋超, 崔玉伟. 美军联合全域指挥控制概念与启示//中国指挥与控制学会. 第十届中国指挥控制大会论文集(上册). 北京: 兵器工业出版社,

2022: 354-357.
[13] 张奎轩, 井栋, 李梦超. 面向全域作战的电磁频谱战概念和发展趋势分析. 飞航导弹, 2020(12): 61-65.
[14] 李凯, 朱璇, 张宝良, 等. 联合电磁频谱作战的发展特点与技术分析. 战术导弹技术, 2022(6): 138-144.
[15] 阮国庆, 易侃, 孙家栋, 等. 智能战场感知技术研究现状与发展趋势. 指挥信息系统与技术, 2022, 13(3): 17-22.
[16] Keller J. Raytheon to develop algorithms and sensor network for combat airspace management. Military & Aerospace Electronics, 2021(3): 32.
[17] 韩子硕, 范喜全, 郝齐. 国内外无人机系统研究进展及应用. 无线电工程, 2024, 3(1): 1-9.
[18] 费陈, 赵亮, 孙许可, 等. 无人机蜂群技术发展研究. 火炮发射与控制学报, 2024, 3(1): 1-13.
[19] 李军, 陈士超. 无人机蜂群关键技术发展综述. 兵工学报, 2023, 44(9): 2533-2545.
[20] 王晓东, 朱松. 2021年外军电磁频谱作战发展综述. 中国电子科学研究院学报, 2022, 17(4): 347-350.
[21] 夏海洋, 查淞, 黄纪军, 等. 电磁频谱地图构建方法研究综述及展望. 电波科学学报, 2020, 35(4): 445-456.
[22] 李喆. 美军典型电磁频谱战项目及发展趋势综述. 飞航导弹, 2020, 10(5): 71-74.
[23] 张澎, 张成, 管洋阳, 等. 关于电磁频谱作战的思考. 航空学报, 2021, 42(8): 94-105.
[24] 孟凡松, 陈俊, 徐芳. 美国军队电磁频谱作战能力发展趋势. 科技导报, 2020, 38(23): 6-11.
[25] 黄明军, 孔磊, 甘荣兵, 等. 美海军电子战作战支持的系统架构及战术运用分析. 电子信息对抗技术, 2022, 37(5): 5-9.
[26] 徐弘良. 美国《电磁频谱优势战略》报告解析. 中国无线电, 2021(1): 24-25, 30.
[27] 于晓华, 郭涛. 美军电磁频谱作战装备及其作战应用分析. 航天电子对抗, 2023, 39(3): 44-49.
[28] 许登荣, 邵正途, 翁呈祥, 等. 美军电磁频谱作战发展分析及启示. 国防科技, 2023, 44(3): 134-141.
[29] 李硕, 张春磊, 李子富, 等. 美军网络电磁一体化发展研究. 中国电子科学研究院学报, 2021, 16(12): 1190-1194.

[30] Barkan U, Yehuda S. Trends in radar and electronic warfare technologies and their influence on the electromagnetic spectrum evolution. Electrical & Electronics Engineers in Israel, 2012, 11(1): 1-5.
[31] Haig Z. Electronic warfare in cyberspace. Security and Defence Quarterly, 2015, 2(7): 22-35.
[32] 李硕, 李祯静, 朱松, 等. 美军电磁频谱战发展分析及启示. 中国电子科学研究院学报, 2020, 15(8): 721-724.
[33] 强化发射设备源头管理保障国家电磁空间安全. 人民邮电, 2023, 2(8): 1-2.
[34] 工业和信息化部无线电管理局. 拓展无线电干扰投诉渠道维护国家电磁空间安全. 中国电子报, 2023, 3(2): 1-2.
[35] 徐堃. 瞄准国家电磁空间安全打造新型电磁频谱管控尖兵//中国通信学会.2019 年全国公共安全通信学术研讨会优秀论文集. 北京: 中国工信出版传媒集团, 2019: 396-398.
[36] 李争, 何明浩, 冯明月, 等. 美俄电子战建设发展近况对比及启示. 舰船电子工程, 2022, 42(12): 20-23.
[37] 徐永智, 王旭. 日本海域态势感知体系的构建与影响评析. 太平洋学报, 2023, 31(8): 59-73.
[38] 于飞, 刘东华, 贺飞扬. 无人机"黑飞"对电磁空间安全的挑战. 中国无线电, 2018(8): 43-44.
[39] 王雪松, 李健兵, 徐丰, 等. 电磁空间信息资源的认知与利用. 中国科学基金, 2021, 35(5): 682-687.
[40] 郭丰宽, 马嘉隆. 方寸之间, 智胜千里. 解放军报, 2023-9-12(005).
[41] 武珺, 钱坤, 宋博, 等. 美军导航系统与技术发展分析//中国卫星导航系统管理办公室学术交流中心. 第十四届中国卫星导航年会论文集——S08PNT 体系与新技术, 2024: 13-19.
[42] 张雷, 徐天河, 聂文锋, 等. 近海环境不同天线北斗 GNSS 数据质量及定位性能分析//中国卫星导航系统管理办公室学术交流中心. 第十四届中国卫星导航年会论文集——卫星导航应用, 2024: 54-60.
[43] 马祥泰, 胡彦逢, 董绪荣, 等. 基于 GNSS/SBAS 的高椭圆轨道航天器导航精度分析//中国卫星导航系统管理办公室学术交流中心. 第十四届中国卫星导航年会论文集——卫星轨道与精密定位, 2024: 35-44.
[44] Trimble S. U.S. army launches second phase of lockheed EW pod development. Aerospace Daily & Defense Report, 2020(19): 272.
[45] 王华, 孙碧娇, 许剑. 美国军用 GPS 用户设备发展研究. 导航定位学报, 2023, 11(4): 1-7.

[46] 李强, 余祥, 安梦凡. 美军电子战与电磁频谱战的发展及启示//中国指挥与控制学会. 第十届中国指挥控制大会论文集(上册). 北京: 兵器工业出版社, 2022: 272-279.

[47] 宫经刚, 宁宇, 吕楠. 美国高轨天基态势感知技术发展与启示. 空间控制技术与应用, 2021, 47(1): 1-7.

[48] 王杰东, 刘北, 董强健. 美国防部《无人系统综合路线图》分析. 飞航导弹, 2019(5): 30-33.

[49] 张克成. 美国网络战政策变迁及其启示. 湖北民族学院学报(哲学社会科学版), 2015(1): 144-147.

[50] 尤晨宇, 吴建龙, 张宝珍. 美空军大型无人机核心保障能力现状浅析. 航空维修与工程, 2023(8): 23-25.

[51] Spezio A E. Electronic warfare systems. IEEE Transactions on Microwave Theory and Techniques, 2002, 50(3): 633-644.

[52] Sharma P, Sarma K K, Mastorakis N E. Artificial intelligence aided electronic warfare systems-recent trends and evolving applications. IEEE Access, 2020, 8: 224761-224780.

[53] Aatre V K. Electronic warfare: a perspective. IETE Technical Review, 2000, 17(6): 319-323.

[54] 马超, 刘宗敏, 杨俊, 等. 反无人机导航欺骗技术发展与应用. 国防科技, 2023, 44(3): 59-67.

[55] 王波, 孟志鹏, 陈小庆, 等. 从无人机蜂群发展趋势看反无人机蜂群策略. 国防科技, 2023, 44(3): 68-73.

[56] 凌海风, 李瑞, 柏林元, 等. 俄罗斯反无人机装备发展现状及启示. 国防科技, 2023, 44(3): 81-87.

[57] 贾雨薇, 邵忻. 基于多蚁群系统的多无人机反侦察航迹规划. 舰船电子对抗, 2023, 46(3): 14-19.

[58] 陈虹, 王东, 张洪江, 等. 面向反无人机蜂群的智能对抗体系. 兵工自动化, 2023, 42(6): 81-84.

[59] 周末, 孙海文, 王亮, 等. 国外反无人机蜂群作战研究. 指挥控制与仿真, 2023, 45(2): 24-30.

[60] 靳英杰, 石浩洋, 鲁姣姣, 等. 美军无人机后勤保障发展状况研究. 中国军转民, 2023(17): 66-68.

[61] 叶巨翼, 谈何易. 美军反无人机作战现状研究. 中国电子科学研究院学报, 2023, 18(5): 482-487.

[62] 曾策, 高能武. DARPA 电子复兴计划中的射频三维异构集成技术. 中国

电子科学研究院学报, 2023, 18(4): 378-385.
[63] 高松, 滕克难, 段哲. 美军核心电子战支援装备及其发展趋势分析. 飞航导弹, 2019(11): 12-17.
[64] 秦浩, 彭玉婷, 张炜. DARPA人工智能领域最新进展及2023财年项目布局分析. 中国电子科学研究院学报, 2022, 17(12): 1211-1218.
[65] 刘静岩, 缐珊珊. 量子计算发展现状及应用前景探索分析. 中国电子科学研究院学报, 2023, 18(4): 372-377.
[66] Keller J. Wanted: new ways to build quantum computers for solving difficult problems. Military & Aerospace Electronics, 2022(3): 33.
[67] Ross O. A review of quantum-inspired metaheuristics: going from classical computers to real quantum computers. IEEE Access, 2019(99): 1.
[68] Sun Y, Li Q, Kong L J, et al. Universal classical optical computing inspired by quantum information process. Annalen der Physik, 2022, 534(12): 2200360.
[69] Dahi Z A, Alba E. Metaheuristics on quantum computers: inspiration, simulation and real execution. Future Generation Computer Systems, 2022(130): 164-180.
[70] 刘禄波. 面向未来战争的智能化情报体系构想. 中国电子科学研究院学报, 2022, 17(12): 1225-1230.
[71] Parlin K, Riihonen T, Nir V L, et al. Full-duplex tactical information and electronic warfare systems. IEEE Communications Magazine, 2021, 59(8): 73-79.
[72] Lehto M, Henselmann G. Non-kinetic warfare: the new game changer in the battle space//Academic Conferences International, 2020.
[73] Johnson J S. China's vision of the future network-centric battlefield: cyber, space and electromagnetic asymmetric challenges to the United States. Comparative Strategy, 2018, 37(5): 373-390.
[74] 苏周, 韩俊, 刘飞, 等. 美军认知电子战发展特点和趋势研究. 中国电子科学研究院学报, 2022, 17(11): 1057-1064.
[75] 张春磊, 王一星, 吕立可, 等. 美军网络化协同电子战发展划代初探. 中国电子科学研究院学报, 2022, 17(3): 213-217, 237.
[76] 齐艳丽, 赵国柱, 熊瑛, 等. 美国核指挥、控制与通信系统发展演变及趋势分析. 中国电子科学研究院学报, 2022, 17(10): 1014-1020, 1026.
[77] 苏建春. 欧洲直升机电子战项目. 电子侦察干扰, 2019, 40(3): 16-20.
[78] 陆震, 黄用华. 美俄电子战对抗的现状与分析. 北京邮电大学学报, 2020, 43(1): 1-8.

[79] 高松, 陈健, 段哲, 等. 俄罗斯地面电子战装备现状及发展趋势分析. 飞航导弹, 2021(10): 87-91.
[80] 刘都群, 郭冠宇. 俄罗斯电子战领域发展现状与趋势分析. 飞航导弹, 2019(10): 16-19.
[81] Asmolov G. The transformation of participatory warfare: the role of narratives in connective mobilization in the Russia-Ukraine war. Digital War, 2022, 3(1): 25-37.
[82] 李富良, 胡荣, 韩涛, 等. 俄罗斯反无人机策略与装备发展现状. 飞航导弹, 2019(9): 53-58.
[83] 杨旭, 刘博. 盘点俄罗斯电子战装备系统发展与应用. 军事文摘, 2022(17): 11-14.
[84] 周羽丰. 俄罗斯现役陆基防空导弹系统发展综述. 飞航导弹, 2021(5): 32-39.
[85] 李双博, 马雪梅, 胡良元, 等. 主要航天国家航天工业能力发展研究. 中国航天, 2021(2): 53-57.
[86] 王培美. 当代俄罗斯电子战产品主要研制单位及装备发展综述. 国防科技, 2020, 41(6): 68-76.
[87] Mccrory D. Russian electronic warfare, cyber and information operations in Ukraine. The RUSI Journal, 2020: 34-44.
[88] Amineh R K. Applications of electromagnetic waves: present and future. Electronics, 2022, 9(5): 808-812.
[89] 董昊珅, 张启元. GPS/Galileo/BDS 三系统全频率 PPP-AR 性能分析. 全球定位系统, 2023, 48(5): 1-9.
[90] 刘少芳. 卫星通信领域研究现状与热点前沿分析. 科学观察, 2023, 18(4): 28-37.
[91] "电磁计算"专刊编委会. 电磁计算方法研究进展综述. 电波科学学报, 2020, 35(1): 13-25.
[92] 刘欣, 杨格, 郭日成. 无人艇在电子战中的应用. 科技导报, 2019(4): 20-25.
[93] 周博, 马欣怡, 况婷妍, 等. 电磁频谱空间态势认知新范式: 频谱语义和频谱行为. 数据采集与处理, 2022, 37(6): 1198-1207.
[94] 胡阳旭, 沈卫, 王建波. 2020 年国外陆军装备技术发展综述. 国防科技工业, 2021(1): 49-53.
[95] 方圆, 武坤琳. 2020 年国外装备技术合作发展综述. 飞航导弹, 2021, 4(4): 13-19.
[96] 孙茜, 刘慧梁, 王冀莲. 卫星互联网信息安全风险分析与发展建议. 中国

电子科学研究院学报, 2023, 18(5): 469-475.
[97] 孟祥辉, 刘青峰, 李晨阳, 等. 两栖作战无人装备跨域协同运用研究. 中国电子科学研究院学报, 2022, 17(10): 1032-1036.
[98] 淡忠奎. 欧洲科学院院士杨金才: 无人机和显示结合前景广阔. 每日经济新闻, 2023, 9(5): 1.
[99] 陈璐, 吴虎胜. 基于 DoDAF 的无人机集群应急响应体系结构设计. 航空兵器, 2023, 30(4): 78-84.
[100] 薛猛, 周学文, 孔维亮. 反无人机系统研究现状及关键技术分析. 飞航导弹, 2021(5): 52-56, 60.
[101] 俞宁宁, 毛盛健, 周成伟, 等. DroneRFa: 用于侦测低空无人机的大规模无人机射频信号数据集. 电子与信息学报, 2024, 3(1): 1-9.
[102] 陈亮, 宫尚玉, 王月悦. 欧洲海军新型舰载电子战装备发展分析. 舰船电子工程, 2022, 42(7): 9-13.

第6章 领域年度热词

6.1 电磁频谱作战

电磁频谱作战包括利用、攻击、防护与管理电磁环境以达成指挥官目标的相互协调的所有军事行动。电磁战是一种火力形式，也是一种新的赋能能力。电磁频谱作战包含电磁战和电磁频谱管理。电磁频谱作战是指在电磁频谱中或与电磁频谱有关的所有行动，无论这些行动的性质或敌方的涉及程度如何。电磁战是指部队使用辐射能和定向电磁能，通过对依赖于频谱的系统、网络和行动进行保护，对作战环境进行战术感知并在必要时在自身选择的时间和地点实施攻击，获得并保持对电磁频谱态势掌控的军事行动[1]。

电磁频谱作战是为利用、攻击、保护和管理电磁作战环境而采取的军事行动，包括联合部队所有电磁能发射和接收。电磁频谱作战对联合部队中所有电磁频谱行动的优先排序、集成、同步和去冲突提供指导和行为流程，从而达成统一的效果。电磁频谱作战可以通过进攻和防守方式为达成指挥官的目标提供支持。进攻性电磁频谱作战的目的是通过电磁频谱运用兵力来投送力量。进攻性电磁频谱作战是通过电磁频谱控制命令授权的。进攻性电磁频谱作战与所有其他域中全部进攻性作战形式一起进行规划、排序、集成、同步和去冲突。进攻性电磁频谱作战的目标是破坏、拒止、欺骗、降低或摧毁对手使用电磁频谱的能力。防御性电磁频谱作战是通过电磁频谱保护联合部队免受敌方物理攻击或防止己方电磁频谱功能遭到敌方电磁攻击；防御性电磁频谱作战应对未经授权的活动、告警或威胁信息做出响应，根据需要运用执法、情报、反情报和其他军事能力。防御性电磁频谱作战是采用分层、自适应、纵深防御措施实现的，结合了辐射控制以及相互支持的数字与物理防护；控制是为了直接或间接地支配电磁频谱，使己方部队能够利用或攻击敌军，并保护自身不被利用或攻击。控制通过应用电磁攻击、电磁战支援和电磁防护实现。电磁攻击限制敌军使用电磁频谱；电磁防护确保己方部队对电磁频谱的应用；电磁战支援使能指挥官对作战环境中的电磁频谱活动进行识别和监控[2]。

电磁战斗管理旨在有效掌控电磁作战环境，包括对电磁频谱的控制。它强调合理运用电磁战手段，但必须协调以避免电磁互扰或误伤，防止破坏己方赛博空间和信息网络。同时，电磁战斗管理需要在合适的时间进行干扰以支持指挥官的战术决策，其目标是平衡情报、作战和通信需求，实现电磁频谱控制[3,4]。

6.2 电磁毁瘫战

在新一轮科技革命和产业变革推动下，美国、俄罗斯等国正在加速电磁硬摧毁装备技术的发展，包括强激光武器、高功率微波武器、粒子束武器等，这些技术正在推动电磁空间作战方式的演变，从以"软"手段为主转向以"硬"

手段为主。电磁硬摧毁手段的系统化应用将推动电磁空间作战样式的创新，包括瘫痪敌方卫星系统、赢得无人机战争、夺取战场制空权以及博弈国际战略平衡等关键任务。电磁毁瘫战是一种新型作战方式，旨在消除敌方电子信息系统的优势和抗干扰能力，以增强电磁攻击效果和提高联合作战效率。这一方法主要借助强激光武器、高功率微波武器、粒子束武器等新型电磁硬摧毁工具，强调了实施空天战略毁瘫、远海体系打击、空中电磁制压、陆上电磁控杀等多领域行动，以实现联合作战目标。

随着新型电磁硬摧毁工具不断发展，电子对抗能力将变得更加完备，整体作战能力将产生质的飞跃，促使创新作战方式，形成网电一体、软硬一体、电火一体、全域一体的新局面，电磁空间整体作战领域的特征将变得更加明显。规模化和系统化应用电磁空间软硬作战力量将有助于奇袭战略平台、打压信息节点链路、瘫痪电磁赋能设备和削弱敌方防御体系，从而使电磁空间作战成为独立的战役阶段或战略性作战行动，发挥关键作用于联合作战和维护国家电磁空间战略安全中。

电磁毁瘫战已成为一种新兴的电磁空间作战方式，用于应对智能化战争所带来的新威胁和挑战。这种战术具有以下优势：针对无人化作战威胁，通过电磁硬摧毁可以有效地压制和摧毁敌方智能无人化平台，因为这些平台的电子元件容易受到电磁脉冲的损坏；电磁硬摧毁也可以作为反制高超声速武器的工具，因为高能激光等定向能武器可以在多个阶段有效地摧毁高超声速武器，从而增强防御能力；电磁硬摧毁战术可夺取战场主动权，通过整合电磁脉冲、激光、粒子束和反辐射等武器，最终精确打击敌方电子信息系统。

6.3　电磁空间一体化

电磁空间一体化是指将电磁空间作为一个整体进行管理和利用，包括频谱管理、电磁环境监测、电磁辐射防护、电磁信息安全等方面。电磁空间一体化是提升未来作战平台电子系统复杂电磁环境适应性和电磁制衡能力的关键，毫不夸张地说，在未来战争中谁占领电磁空间一体化技术的制高点，谁就掌握了战场的主动权[5]。

未来战争面临战场电磁环境越来越复杂多变的新威胁和新挑战，这将对战场电磁环境实时感知、指挥控制、各兵种间协同、打击效能评估等各环节产生重要影响，未来战争中谁能对电磁环境空间进行快速感知、精确信息获取、最优利用、灵活控制，谁就能掌握主动权，其成为决定战争胜利的关键[6,7]。

因此，融合智能化、网络化、分布化、协同化、数字化等新技术，对雷达、通信、电子战等多功能电磁装备进行电磁空间一体化技术研究成为热点，以期对电磁空间资源进行统一规划、统一设计、统一调度和统一利用，实现时、空、频、能多维度综合调度和智能化管理[8]。

6.4　电磁空间安全

在当今全球网络化和信息化快速发展的背景下，信息安全与国家政治关系日益紧密，电磁空间已成为国家政治集团控制国家稳定发展的关键信息平台，被誉为"第五维战场"，维护国家电磁空间安全成为信息时代国家安全的新挑战。

电磁空间指的是电磁波弥漫的空间，用于电磁信号传输信息的介质空间，成为现代信息对抗和信息安全的竞争场所，包括通信和非通信等各种电磁信号传输介质。电磁空间安全即指各类电磁波应用活动在此空间内能够正常进行而不受威胁，同时保护秘密频谱信息和关键目标信息免受电磁干扰的状态。

电磁频谱管理和电子战原本是两个相对独立但有联系的领域。电磁频谱管理的目标是协调各种用频设备和系统的和谐共存，电子战则旨在阻止敌方使用电磁频谱，确保我方的电磁频谱使用权，从而获得电磁频谱中的优势和行动自由。电磁频谱高效利用在现代国际竞争中具有重要战略意义。国家的电磁频谱管理机构负责管理电磁频谱资源，包括信息收集、规划分配、指令生成和监视用频情况，以确保电磁频谱的有效利用和消除冲突。

维护国家电磁空间安全涉及多个领域，需要建立统一的领导和协调机构，明确各级机构的职责，以确保电磁空间的安全和高效运行。在国际层面，我们应学习国际规则，积极参与电磁空间的国际合作，以提高我国在电磁空间领域的影响力，实现电磁空间的平等共享。

6.5 电磁空间态势

战场空间态势是在一定时空范围内，反映交战双方力量部署和行动情况的状态和形势。传统的战场态势包括地面、海上和空中态势。未来,电磁空间态势将成为信息化战场的关键要素,标志着电磁波在军事领域的广泛应用。要综合掌握信息化战场的电磁态势,需要将电磁空间态势整合到传统战场态势中,以进行设计、规划、管理和应用[9,10]。

电磁空间态势的构成要素包括电子设备或系统、其分布结构以及电磁活动。电子设备或系统如侦察预警、指挥控制、导航识别和电子对抗系统是电磁空间态势的物质要素。它们的分布不仅涉及地理位置,还包括电磁频谱上的使用。电磁活动是电磁空间态势的行为要素,涵盖了电子设备或系统的活动,如雷达侦测和电台通信。电磁波在陆海空天等各个地理空间交织,以光速传播,无处不在。电磁空间态势与地理空间态势相互交织,互相影响,且电磁空间态势变化迅速[11]。电磁空间态势的生成需要通过侦察和数据分析融合等手段来客观、实时、综合地反映复杂的电磁环境。在电子对抗情报分析处理中,电磁空间态势的不断生成和更新是必要的,以服务电子对抗指挥员和联合作战指挥员,提供电磁空间态势信息支持。

在电磁空间态势的应用方面,电磁空间态势主要服务于电子对抗指挥员和联合作战指挥员。电磁空间态势信息可以帮助电子对抗指挥员实时了解战场的电磁空间状态,分析敌方电子信息系统中的关键目标和薄弱点,以制定电子对抗计划。联合作战指挥员则可以借助电磁空间态势来预测电磁威胁、分析作战态势演变趋势,从而指导兵力部署和作战决策。美军已经开展了深入研究并研发了相应系统,以支持电子对抗和联合作战指挥员的决策[12,13]。

6.6 通感算一体化

通感算一体化是指网络同时具备物理-数字空间感知、泛在智能通信与计算能力。网络内的设备通过软硬件资源的协同，多维感知、协作通信、智能计算，网络具备信息流智能交互与广域智能协作的能力。关键核心技术包括解决通感一体化空口设计、互干扰和冲突碰撞问题，以及网络化感知等方面。通感算一体化的工作频段、波形、帧结构设计、大规模阵列天线波束赋形等是基础，需要联合最优设计解决物理层、多址接入、无线资源管控等挑战。通感算一体化使得感知、通信、计算三功能互利互惠，相辅相成，将云边端多级算力通过网络化的方式连接与协同，通过随时随地的实时感知，实现算力服务的按需实时调度与高效共享，为各类业务灵活匹配最佳算力资源节点[14,15]。

通感算一体化技术可进一步赋能网络化感知，实现通信感知相互协作，提升感知与通信整体性能。具备一体化能力的 6G 网络不仅能够支持以人为中心的信息高效传输，而且能够实现感知万物、链接万物、智慧内生，是面向人机物的全互联网络。这种融合网络可通过超宽带低时延通信传输感知数据至算力节点，实现多维融合、降维减冗等高效数据处理，协助全网智能化决策与控制，实现通感算一体化网络广域智能协作。该技术使得移动网络以较低成本内生感知能力，扩展支持多点组网协同感知，进一步面向不同应用的感知需求提供定制化感知服务。通感算一体化技术和智能化技术相辅相成，构建万物智联的 6G 网络体系，具备内生智能、丰富的环境感知信息和多层次计算能力，以满足新兴业务的极致性能需求[16-21]。

6.7　综合射频一体化

物联网和自动驾驶等领域随着移动通信网络技术的发展，正推动着泛在无线通信的兴起。这种趋势呈现出多业务融合和多频段覆盖的特点。在军事领域，宽带雷达成像、相控阵雷达、电子对抗等应用不断拓展至毫米波波段，迫切需要发展"综合射频一体化"系统。

"综合射频一体化"系统要求各子系统共享硬件资源，能够适应不同任务的工作频段、瞬时带宽和动态范围。未来，综合射频前端需在复杂电磁环境下适应不同应用场景，即工作频段广泛且可灵活切换、瞬时带宽可重构、抵抗电磁干扰等，并保持较小的尺寸、重量和功耗(SWaP)[22,23]。

传统的微波射频前端面临一系列挑战[24,25]，包括射频滤波器的全波段调谐问题、带宽可重构性挑战、电磁兼容和动态范围问题。为解决这些问题，微波光子射频前端出现了，并以其频率范围广、带宽可灵活重构、抗电磁干扰等优势，逐渐在无线通信、雷达、电子对抗等领域得到广泛应用。构建基于光子集成芯片技术的微波光子射频前端微系统成为未来发展趋势。

尽管有一些挑战，基于光子芯片的混合集成微波光子系统为实现低 SWaP 和可重构微波光子射频前端提供了可行的途径。研究人员已经开始探索这一领域，但仍需要解决光滤波器的可调谐性和带宽要求、提高电光调制和光电探测效率、降低系统链路损耗等问题，以满足系统需求[26,27]。

总体来说，射频综合一体化是一种重要的技术，可应用于各种领域，以提高系统性能、降低成本、减小体积和重量，并提供更大的灵活性。这种技术的应用范围广泛，正在不断演进，以满足不断发展的通信、雷达、电子对抗和其他领域的需求。

6.8 可重构智能表面

随着移动设备和无线数据流量的快速增长，频谱稀缺和能量消耗成为通信领域的两大问题。为了应对这些挑战，现有的通信技术如 MIMO、毫米波、非正交多址接入、光无线通信等虽然提供了高速无缝的数据服务，但由于复杂的硬件实现，增加了功耗和信号处理的复杂性，且仍然局限于信号的发送端与接收端，或者信号的调制方式上[28,29]。

IMT-2030(6G)推进组于 2021 年发布的《6G 总体愿景与潜在关键技术》白皮书中明确了智能超表面(RIS)作为未来通信发展的重要技术之一。RIS 是一种可编程的人工电磁表面，利用超材料技术，通过控制信号动态调整电磁单元的性质，实现对空间电磁波的智能调控，从而重构无线传输信道。传统超材料和超表面难以实现实际工程应用中的动态和实时调控，而 RIS 为解决这一问题提供了创新性的解决方案[30-33]。

数字编码超表面技术的发展为对电磁波的实时可编程调控、智能感知与自适应调控提供了新途径。在光调控信息超表面和声电融合调控超表面方面的研究中，通过光调控和语音识别等方法，实现了对电磁波的多物理场调控。数字编码超表面在无线通信、物联网、微波成像、雷达系统等领域具有广泛的应用前景。

可重构智能表面技术在通信领域具有潜在的应用，包括干扰消除、安全通信和传感与定位等方面。其优势在于能够通过定制传播通道和增强环境相关特征来应对多小区干扰、增强物理层安全性以及实现射频传感和定位。通过机器学习等方法，可以有效解决复杂无线环境中多个小基站的协调问题，提升通信系统性能[34]。

6.9 纳光电子与光子芯片

光具有极其丰富的信息维度(波长、相位、偏振和模式等)以及多样化的光与物质相互作用机制，在信息领域发挥着越来越重要的作用。微纳化与芯片化是信息系统中硬件发展的重要趋势。将光子芯片与集成电路相结合构建光电融合集成芯片被认为是"后摩尔时代"突破集成电路所面临的带宽和功耗瓶颈的主要技术路径之一。光子芯片的发展离不开纳光电子学，它为更高性能和集成度的光子芯片技术奠定了基础。

光子芯片采用光子/光波作为信息载体，相对于传统电子芯片具有处理速度快、信息失真小、能耗少等优势，被认为是支撑未来信息领域发展的核心技术之一。发展纳光电子及光子芯片技术面临挑战，需要解决光场局域、耦合与转化中的动量失配、能量损耗等问题。光子芯片的应用场景包括数据中心、星链网络、超级计算和通信系统等，其优势在于处理速度快、信息失真小、能耗低。纳光电子与光子芯片的关键科学问题包括深亚波长尺度光与物质相互作用、片上多场融合协同及高速高效调控、跨材料跨尺度规模化异质异构集成三大科学问题[35,36]。纳光电子与光子芯片相关研究领域将成为世界各国积极推进和激烈竞争的重大战略高地，需要在理论基础和技术工艺等方面取得突破，重点关注：一是如何实现超小型光电子器件；二是如何实现多材料体系异质异构功能集成；三是如何有效融合光子与电子芯片技术；四是如何推进光子芯片在光互联、光传感、光计算、量子计算等领域中的应用。

鉴于光电子器件及光电融合集成芯片的重要战略意义，以美国为代表的西方发达国家瞄准大容量通信、高性能计算、高灵敏传感、先进成像等关键领域需求，相继从国家层面在学术界和产业界成立了专门研究机构并部署了光电融合集成技术重大研究计划，全力推进光电子器件及光电融合集成芯片的发展[37]。

日本从 2010 年开始实施光子融合系统基础技术开发计划，作为其内阁府支持的尖端研究开发资助计划之一，目标是于 2025 年实现"片上服务器"以及"片上数据中心"。美国国防先期研究计划局在 2018 年宣布了第二阶段电子复兴计划项目(Photonics in the Package for Extreme Scalability, PIPES)，目标在于实现人工智能、相控阵、传感器和数据处理等领域的突破性发展。欧盟第八框架——地平线 2020 计划(光子集成技术项目)已经累计投入 64.7 亿欧元，并于 2017 年发布了"愿景文件"《欧洲的光时代》，为欧洲光子学界制定计划和优先事项。英国在 2020 年发布了光子长期研究计划，确定了 70 个光电子研究主题，研究内容涵盖了光电子材料、光学和物理现象、加工工艺、光电子器件和系统等重要研究领域。

我国在光电子器件及光电融合集成芯片相关研究领域也较早进行了布局[38]。2022 年 8 月 12 日，国家自然科学基金委员会信息科学部会同数学物理科学部和计划与政策局联合主办了主题为"纳光电子与光子芯片：物理与应用"的第 312 期双清论坛，来自国内 20 多个单位的 40 余名专家学者应邀参加了本次论坛。

纳米光子学的发展使得光与物质相互作用的精细调控及高集成度功能器件成为可能。将纳米光子学与微电子相融合，形成纳光电子学，为实现更高性能和集成度的芯片提供基础。纳光电子及光子芯片技术的研发对于我国在下一轮芯片的国际竞争中走出"缺芯"困境具有重要战略意义。

6.10　软件化雷达

软件化雷达是具有标准化、模块化和数字化技术特点的新型雷达系统，采用开放式体系架构，系统功能可通过软件定义、扩展和重构，软硬件解耦并以面向任务为核心，资源和功能配置高度灵活，能完成多种任务，可快速升级[39,40]。软件化雷达从传统的"以硬件为中心，面向特定应用"的理念转换到"以软件为中心，面向动态应用"的理念，其核心特征体现在：需求可定义，硬件可重组，软件可重构。软件和硬件的解耦，使得可以通过软件定义方式快速开发雷达系统，灵活地实现系统资源配置，并扩展功能和提升性能。

2022年，美国空军宣布其AN/TPY-4雷达是软件定义的雷达系统，具备应对未来威胁的能力。TPY-4是美国"雷达开发系统架构"(ROSA)相关标准及设计原则的示范推广项目，基于单元级全数字阵列和超过1000个氮化镓T/R组件，保证了波形设计、资源分配的灵活性；采用开放式架构、模块化设计和统一接口，实现了软硬件分离，仅通过更改软件(不需要大的架构重设、硬件替换)即可实现功能转换和升级，具有极强的灵活性。在国内，清华大学提出并开展了软件化雷达技术研究，在软件化雷达信号处理系统领域有丰富的技术积累。

6.11 人工智能雷达

随着新一轮产业革命的到来，人工智能成了一个不断被提及的高频词汇。人工智能与雷达相结合的雷达称为人工智能雷达，其特征是：学习积累知识，自适应优化发射接收，通过目标特征进行探测，精确化、高精度、自主感知目标和环境[41]。人工智能雷达是在现有设计的基础上，增加"智能"功能，使雷达系统或信号处理实现"智能化"[42-44]。人工智能雷达通过多传感器感知、知识积累、逻辑推理、机器学习、优化调度等，模拟人眼和大脑的感知、推理、学习和决策能力，实现雷达对环境变化的自主感知与学习适应、自主进化与协同探测、自组织与自修复。

人工智能雷达有广义和狭义的含义，广义的角度：采用人工智能技术的雷达即是人工智能雷达，应用对象可以是雷达的部分或单部雷达，也可以是多个雷达的组网；狭义的角度：具有信息获取、知识学习、自主推理和决策能力的雷达，能根据外部目标、环境及任务需求自主改变发射信号形式、工作模式、处理方式和资源分配等，以获得更优的目标探测、跟踪及识别性能[45]。

人工智能雷达是一个新的概念，也是雷达技术未来的发展方向，应引起高度关注，尽管面临诸多挑战，但很可能给雷达的未来带来光明的前景[46]。

6.12 量子雷达

量子雷达能实现高灵敏度检测和高维度量子态调制，具有探测距离远、发射功率低、探测手段丰富、目标识别准确、抗干扰能力强等优点，并不受目标隐身的影响。可应用于机载远距离预警系统、无人机反导系统等领域[47]。量子雷达充分利用量子资源，采用纠缠光子的量子雷达，可实现二次方速率的分辨率提升，相比传统雷达，目标能见度更高[48]。

对量子不同物理特性的观测和测量，可以构成不同原理和形式的量子雷达[49]。根据采用的不同量子效应，量子雷达可分成三种类型：发射非纠缠态光子的量子雷达；发射量子态光并与接收机中的光量子纠缠的量子雷达；发射经典态光但使用量子光探测提升性能的量子雷达[50,51]。

总体上看，目前量子雷达技术仍处于研究和探索阶段，但其实用化进程将会持续加速，作为未来战场上的"千里眼"，在反隐身作战、电子对抗等领域将发挥极其重要的作用[52-57]。

6.13 卫星互联网一体化

卫星互联网一体化,是指基于5G/6G的卫星互联网,是将安全与通信融合的网络,代表了未来网络的发展方向[58]。基于5G/6G制式发展衍生的天地一体化网络架构下,卫星接入与地基接入互补,地基控制与星上控制并存。接入终端可以是双连接,分别接入卫星基站和地面基站,核心网络也可以有空基的核心网络和地面核心网络,随着业务发展需要,还可能两部分核心网逐步融合成一张大网[59]。

地面网络的经济性及抗毁性都较卫星网络差且维护难度大,5G/6G与卫星网络融合是解决"信息随心至,万物触可及"的最佳方案。3GPP对5G/6G和卫星互联网的融合可以分为两个阶段:第一个阶段是卫星系统接入5G/6G的核心网,即卫星作为接入网络和传输网络;第二阶段是卫星系统与5G/6G在空口技术的融合,即卫星作为5G/6G的一种空口无线接入方式,至此卫星通信空口协议与5G/6G空口协议融合,只需在频段上稍作区分,卫星基站即成为5G/6G基站,卫星终端也可以是普通5G/6G终端。未来卫星作为地面5G/6G的一种补充接入方式或者回传方式存在,将构建灵活的天地一体化网络,实现网络的全面覆盖。未来卫星互联网一体化的四种卫星互联网应用场景包括:中继到站、小区回传、动中通和混合多播。

参 考 文 献

[1] Zhang P, Zhang C, Guan Y Y, et al. Views on electromagnetic spectrum

operation. Acta Aeronautica et Astronautica Sinica, 2021, 42(8): 525898.
[2] Liang Y, Zhao Z, Xiong L, et al. Research on electromagnetic spectrum management and control system of launch site based on big data//The 21st International Symposium on Communications and Information Technologies, Xi'an, 2022.
[3] 许晓剑, 秦开兵, 张银锋, 等. 美军联合电磁频谱作战研究. 舰船电子对抗, 2023, 46(4): 5-8.
[4] Posherstnik Y, Rocksvald E R, Lussier B, et al. Framework for interoperable command & control of joint electromagnetic spectrum operations//2019 IEEE Military Communications Conference, Norfolk, 2019.
[5] 徐晓帆, 王妮炜, 高璎园, 等. 陆海空天一体化信息网络发展研究. 中国工程科学, 2021, 23(2): 39-45.
[6] 刘永军, 廖桂生, 李海川, 等. 电磁空间分布式一体化波形设计与信息获取. 中国科学基金, 2021, 35(5): 701-707.
[7] 王超, 王李鹏, 聂艳芳. 航天发射场电磁频谱监测一体化平台建设思考//中国电子学会电波传播分会. 第十七届全国电波传播年会会议论文集. 2022: 644-649.
[8] 朱新挺, 陈志坤, 彭冬亮. 面向一体化应用的电磁信号智能检测方法研究. 信号处理, 2020, 36(10): 1708-1713.
[9] 周博, 马欣怡, 况婷妍, 等. 电磁频谱空间态势认知新范式: 频谱语义和频谱行为. 数据采集与处理, 2022, 37(6): 1198-1207.
[10] Hu H, Fang S. Design of electromagnetic situation visualization system//The 2nd International Conference on Intelligent Design, Xi'an, 2021.
[11] 李泓余, 韩路, 李婕, 等. 电磁空间态势研究现状综述. 太赫兹科学与电子信息学报, 2021, 19(4): 549-555, 595.
[12] 安永旺, 徐良, 段文齐. 战场电磁空间态势感知行动控制问题研究//中国指挥与控制学会. 第十届中国指挥控制大会论文集(上册). 北京: 兵器工业出版社, 2022: 368-373.
[13] 韩梅, 刘堃, 贝磊. 战场空间电磁态势的可视化. 电子信息对抗技术, 2015, 30(3): 68-71.
[14] 余显祥, 姚雪, 杨婧, 等. 面向感知应用的通感一体化信号设计技术与综述. 雷达学报, 2023, 12(2): 247-261.
[15] 姚雪, 邱慧, 陆军, 等. 信号相关杂波下 MIMO 探通一体化信号设计方法. 信号处理, 2023, 39(6): 975-985.
[16] 李萍, 郭晓江. 通感一体化关键技术与应用. 中兴通讯技术, 2023, 29(2):

72-78.

[17] 张浩波, 张泓亮, 邸博雅, 等. 全息通感一体化: 高能效的波束赋形设计. 移动通信, 2023, 47(3): 40-46.

[18] 唐爱民, 赵琦旻. 面向 6G 通感一体化网络的参考信号设计. 移动通信, 2023, 47(3): 47-54.

[19] 吴晓文, 焦侦丰, 刘冰, 等. 面向 6G 的卫星通感一体化. 移动通信, 2022, 46(10): 2-11.

[20] 齐旭. 中国工程院院士张平: "通感算"一体化的 6G 必须争取主导权. 中国电子报, 2022, 5(7): 1.

[21] 高飞, 王文剑, 刘建国, 等. 通感一体化融合的研究及其挑战. 移动通信, 2022, 46(5): 45-51.

[22] 蒋莹莹, 彭芃. 面向防空反导一体化的紧耦合舰载综合射频系统技术研究. 雷达与对抗, 2023, 43(2): 1-5, 55.

[23] 杨易陆, 夏飞扬, 徐进. 多功能射频综合一体化技术研究及展望. 空间电子技术, 2023, 20(4): 27-32.

[24] 齐飞林, 李朋涛, 姚近, 等. 新一代综合射频系统关键技术研究. 现代导航, 2022, 13(2): 127-133.

[25] 伍光新, 李归. 综合射频一体化系统技术发展综述. 现代雷达, 2023, 45(5): 1-14.

[26] 林锦顺, 吕大鑫, 程明, 等. 复杂电磁环境构建及综合射频一体化设计. 航天电子对抗, 2019, 35(4): 13-15, 25.

[27] Green D S, Dohrman C L, Kane A S, et al. Materials and integration strategies for modern RF integrated circuits//2014 IEEE Compound Semiconductor Integrated Circuit Symposium, La Jolla, 2014.

[28] Franca-Neto L M. High-performance RF/microwave integrated circuits in advanced logic CMOS technology: the coming of age for RF/digital mixed-signal system-on-a-package//The 16th Symposium on Integrated Circuits and Systems Design, Sao Paulo, 2003.

[29] Rimpiläinen T E, Jäntti R. Multiple scattering model for beam synthesis with reconfigurable intelligent surfaces. IEEE Transactions on Antennas and Propagation, 2023, 71(6): 4990-5000.

[30] Ramzan F, Rafique A, Khan D, et al. Reconfigurable intelligent surfaces: field trial campaign for performance evaluation from near-to far-field regions//2023 IEEE International Symposium on Circuits and Systems, Monterey, 2023.

[31] Uçan S, Arikan O, Karabulut K G, et al. Modelling of thz band graphene based

reconfigurable intelligent surfaces with high directivity//The 30th Signal Processing and Communications Applications Conference, Safranbolu, 2022.

[32] Chen L, Chung K L, Lai G, et al. Cross deployment of active and passive reconfigurable intelligent surfaces (riss) for next-generation communications//2022 IEEE International Conference on Electronic Information and Communication Technology, Hefei, 2022.

[33] 张驰亚, 刘莹洁, 李兴泉, 等. 考虑硬件损耗的可重构智能表面辅助的MIMO通信系统. 中国科学: 信息科学, 2023, 53(7): 1423-1437.

[34] Fonseca F H S, Morais G L, Clemente G C, et al. Tunable 2-bit unit cell based in a square loop for reconfigurable intelligent surface application//2022 Asia-Pacific Microwave Conference, Yokohama, 2022.

[35] 王明华. 硅基光电子光子集成芯片的现有水平与研发动向. 微电子技术, 2001(1): 6-8.

[36] 龚旗煌, 罗先刚, 刘伍明, 等. 纳光电子与光子芯片研究: 发展与挑战. 中国科学基金, 2023, 37(3): 410-417.

[37] Biberman A, Lee B G, Sherwood-Droz N, et al. Broadband operation of nanophotonic router for silicon photonic networks-on-chip. IEEE Photonics Technology Letters, 2010, 22(12): 926-928.

[38] Lin Q. Manipulating quantum states of photons on integrated photonic chips//2021 IEEE Research and Applications of Photonics in Defense Conference, Miramar Beach, 2021.

[39] 汤俊, 岑宗骏. 软件化雷达系统资源集成技术研究. 现代雷达, 2023, 45(6): 17-24.

[40] 汤俊, 岑宗骏. 软件化雷达技术发展思考与展望. 信号处理, 2022, 38(10): 1999-2008.

[41] Enbin W, Zhao J J, Zhi F M, et al. AI heterogeneous radar digital back-end platform based on RFSoC//2022 IEEE Advanced Information Technology, Electronic and Automation Control Conference, Beijing, 2022.

[42] Deng H, Himed B. Target detection and interference mitigation in future ai-based radar systems//2021 IEEE Radar Conference, Atlanta, 2021.

[43] Li Y, Wu Q, Tian Z, et al. An X-band multifrequency difference frequency-shift keying cmos radar for range tracking and AI-based human gesture recognition. IEEE Sensors Journal, 2023, 23(11): 11600-11614.

[44] Kulhandjian H, Davis A, Leong L, et al. AI-based human detection and localization in heavy smoke using radar and ir camera//2023 IEEE Radar

Conference, San Antonio, 2023.

[45] 蒋莹莹, 刘晶, 崔威威. 智能化条件下雷达技术发展趋势. 雷达与对抗, 2022, 42(2): 1-6.

[46] 陆军, 王飞跃, 董琦, 等. 多智能体系统的体系化和组织化博弈. Frontiers of Information Technology & Electronic Engineering, 2022, 23(7): 991-997.

[47] 刘霞. 首个微波量子雷达实现"量子优越性". 科技日报, 2023-7-24(004).

[48] Jie H, Hui F L, Chen Y X. Calculation and analysis of quantum radar scattering characteristics of targets in atmospheric medium. Optics express, 2023, 31(6): 9171-9185.

[49] 夏凌昊, 赵盛至, 吴诚, 等. 量子雷达检测方程及其应用. 现代雷达, 2023, 45(4): 1-8.

[50] 白文浩, 吴骥, 杜宇, 等. 基于先进量子测量技术的雷达发展动态. 宇航计测技术, 2023, 43(3): 11-15, 39.

[51] Shao L, Zhi J M, Jun H, et al. Study of analytical expression and quantum radar simulation based on triangular prism's QRCS. Chinese Journal of Physics, 2023(83): 306-314.

[52] 李庶中, 李越强. 量子雷达应用述评. 电讯技术, 2021, 61(12): 1599-1604.

[53] Amat I C, Jimenez A G, Gomez E F, et al. Advantages and limitations of quantum radar//2023 European Conference on Antennas and Propagation, Florence, 2023.

[54] Galati G, Pavan G. Noise radar technology and quantum radar: yesterday, today and tomorrow//2022 IEEE Ukrainian Microwave Week, Ukraine, 2022.

[55] Lukin K. Quantum radar and noise radar concepts//2021 IEEE Radar Conference, Atlanta, 2021.

[56] 杨扬, 冯林, 赵文元, 等. 量子技术及其在军事领域的应用. 军事文摘, 2022(11): 15-18.

[57] 祁超. 卫星互联网发展现状及政策分析. 电信快报, 2023(8): 35-38.

[58] Zhu X, Jiang C. Integrated satellite-terrestrial networks toward 6G: architectures, applications, and challenges. IEEE Internet of Things Journal, 2022, 9(1): 437-461.

[59] 毕敏, 肖飞, 石元兵. 基于5G/6G技术的卫星互联网一体化安全研究. 信息安全与通信保密, 2023(2): 17-25.

致 谢

在本书撰写过程中，得到了各位电磁空间领域专家的悉心指导和真诚帮助，中国工程院余少华院士更是亲自参加研讨并认真审阅修改，专家们严谨的科学态度和治学精神给予了我们极大的鼓舞和帮助，在此，衷心表示感谢！

衷心感谢给予指导、关心和帮助的老师、朋友、亲人！

衷心感谢在本书撰写过程中给予帮助和支持的工作组曾倬颖老师！

来自国防科技大学、电子科技大学、西安电子科技大学、电子科技大学长三角研究院(湖州)、中国电子科技集团公司电子科学研究院、中国电子科技集团公司第10研究所、中国电子科技集团公司第14研究所、中国电子科技集团公司第22研究所、中国电子科技集团公司第36研究所、中国电子科技集团公司第38研究所、中国航天科工集团公司第504研究所、中国舰船集团有限公司第701研究所等单位的多位专家参与了本书的撰写工作，在此，一并深表谢意！

本书作者：陆军 陈竹梅 张天贤 李娜 王洪